U1074891

《江苏社科名家文库》编委会

主　任：杨　岳　王燕文

副主任：周　琪　刘德海　张建康

委　员：汪兴国　徐之顺　佘江涛

李　扬　徐　海

许钧卷

许钧 著

江苏社科名家文库

江苏人民出版社

许钧自述：

1991 年 9 月起，我开始在南京大学工作，1992 年被破格从讲师提拔为正教授，1995 年获得博士生导师资格。从 1975 年大学毕业后留校任教，到如今已经 40 年了。在这 40 年里，我一直没有离开过课堂，所做的事都与翻译有关：做翻译、教翻译、研究翻译，三位一体，理论与实践结合，研究与教学结合，这些对我而言，是很幸福的事。

许钧简介

许钧，浙江省龙游县人，1954 年生。现任南京大学外国语学院教授、博士生导师，教育部长江学者特聘教授，浙江大学求是讲座教授，兼任南京大学学术委员会副主任（2005—2015）、国务院学位委员会第六届第七届外国语言文学学科评议组召集人、全国翻译硕士专业学位教育指导委员会副主任、中国翻译协会常务副会长、江苏作家协会副主席，并担任 ***META***、***BABEL***、《外语教学与研究》《中国翻译》《外国语》《外国文学》《中国外语》等国内外 10 余种学术刊物的编委。已发表文学与翻译研究论文 200 余篇，著作 7 部，翻译出版法国文学与社科名著 30 余部，译著《追忆似水年华》（卷四）《不能承受的生命之轻》《诉讼笔录》及著作《文学翻译批评研究》《翻译论》《文学翻译的理论与实践——翻译对话录》《二十世纪法国文学在中国的译介与接受》《翻译学概论》等作品多次获国家与省部级优秀成果奖，1999 年获法国政府颁发的“法兰西金质教育勋章”，2008 年和 2010 年两次获国务院学位委员会和教育部颁发的“全国优秀博士学位论文指导教师”称号，2011 年获宝钢教育基金全国优秀教师特等奖，2012 年获中国翻译协会颁发的 “翻译事业特别贡献奖”。2015 年被江苏省委、省政府授予“江苏社科名家”称号。

南京大学法语系与法国阿尔托瓦大学举办国际学术研讨会（1998），图为法国阿尔托瓦大学校长波莱教授、法国驻中国大使毛磊先生、南京大学校长蒋树声教授和许钧教授（从左到右）。

联合国前秘书长、时任国际法语国家组织秘书长的布托－加利先生访问南京大学（2002），图为加利秘书长和许钧教授。

南京大学法语系与巴黎高级翻译学院合作培养博士生（1998），图为巴黎高级翻译学院两任院长达尼卡·塞莱丝柯维奇、第二任院长玛丽亚娜·勒代雷教授和许钧教授。

许钧教授主持召开了“傅雷诞辰100周年纪念暨国际学术研讨会”（2008年），图为许钧教授在傅雷纪念展上。

诺贝尔文学奖得主勒克莱齐奥先生、莫言夫妇与许钧教授在莫言先生的旧居（2014年）。

1999年，法国政府授予许钧教授“法兰西金质教育勋章”，图为法国驻上海总领事郁白先生和许钧教授。

2009 年 11 月，许钧教授赴北京参加了中国翻译协会第六次会员代表大会暨新中国翻译事业 60 年论坛，当选为第六届中国翻译协会常务副会长，并在论坛上作了题为《探索、建设与发展——新中国翻译研究六十年》的主题报告。

图为诺贝尔文学奖得主勒克莱齐奥先生、翻译家袁筱一教授与许钧教授。

以更多的学术名家名品引领和推进江苏社科强省建设

厉以宁

《江苏社科名家文库》(以下简称《文库》)收集的成果是由10位“江苏社科名家”完成的,涉及哲学、社会学、经济学等学科,这些成果展现出几个方面的鲜明特色。

开阔的学术视野。从时间维度看,《文库》的内容贯穿于改革开放以来的各个发展阶段,是历史与现实相对接的思维,是对经济社会热点问题的深邃思考,也是对30多年来的体制转型与发展转型实践的理论提炼。从空间维度看,《文库》成果从不发达区域到发达区域、从省内到省外、从国内到国外,全方位对经济和社会发展中的重大问题进行了理论阐释和实证分析,其中既有区域研究的战略思考、地域特色的人文探讨,也有江苏发展的实践总结、学术前沿的讨论争鸣。

独有的思维张力。《文库》的10位作者分别对多学科的众多理论与实践问题进行了深入探讨,成果中既有令人耳目一新的理论阐释,也有让人十分叹服的实践分析。

质朴的行文风格。细细浏览之后,感到《文库》的绝大部分内容都是引用经典而不晦涩,系统阐述但不乏味。作者们的行文没有从概念到概念的推演,更没有“要如何如何”的说教,而是用叙述取代推演,用事实取代空议,寓理论于事件、故事之中,真正做到了深入浅出,表述方式接地气,用语质朴亲切。阅读《文库》,犹如在听作者讲见闻、讲故事,在轻松有趣的交流中了解深刻的社会科学道理。

《文库》是江苏社科发展的缩影。与《文库》的光芒相辉映的是,改革开放以来江苏哲学社会科学研究的不断拓展。

一是涌现出一大批有创见、有价值的理论精品,创出了具有江苏特色的社科品牌。社会科学界的专家和学者们以极大的热情,坚持与时代同进步、与实践共发展,在经济社会发展的每一个重要阶段,都始终站在时代潮头,以不畏艰难、追求真理的科学精神,探索、发现中华历史文化的精髓和现代经济社会发展的规律,在各自长期从事的专业研究领域形成了独特的学术体系和学术观点,推出了一批重大理论创新成果,不仅在江苏甚至在全国都产生了重要影响。例如,上个世纪 80 年代由匡亚明发起主编、共 200 部 6000 万字的《中国思想家评传丛书》,成为我国影响重大的原创性思想文化项目;由全省 160 多名社科专家编撰的 14 卷本 430 多万字的《社会主义核心价值观研究丛书》,是目前国内第一套全面研究和阐释社会主义核心价值观具体范畴的系列研究著作,得到全国学术界的高度评价。

二是致力于研究经济社会发展的重点难点问题,提出建设性意见。改革开放之初,以胡福明为代表的一批社科工作者,以大无畏的理论勇气积极参与真理标准问题大讨论,为冲破“两个凡是”的禁锢与束缚,推动全民族思想大解放,开启拨乱反正和全面改革的历史新时期,发挥了应有作用。在经济建设大潮中,江苏一批经济学人,在提炼“苏南模式”、总结园区发展经验、完善创新驱动战略、优化全面小康和基本现代化建设目标内涵等方面,先后出版了近百部专著，发表了近千篇论文，提出了近万条决策咨询建议，为江苏经济发展提供了有力的理论指导和智力支撑。为了更好地担负起决策咨询的重任，成立于1997年的“江苏发展高层论坛”已连续举办33次，先后有五任省委书记在论坛活动中向500余位专家学者问计。

《文库》的鲜明特点和江苏社科界取得的相应成就决定了它的出版至少具有两方面的价值。

首先，有助于促进江苏社科人才队伍建设。系统推出10位名家的个人专集，从一个侧面展示江苏深厚、丰富的社科研究底蕴，反映江苏社科界在改革开放的伟大实践中不断解放思想、创新理论的探索历程，彰显江苏哲学社会科学事业不断发展和壮大的辉煌成就，打造江苏哲学社会科学的高原和高峰，传播江苏学人丰硕的研究成果、严谨的治学态度、鲜明的学术个性和德学双馨的人格魅力。这是对江苏社科强省建设成果的最好展示，是对江苏社科名家影响力的再宣传、再放大，必将有助于增强广大社科工作者的荣誉感和使命感，从而有助于促进江苏社科人才队伍建设。

其次，有助于引导和激励江苏社科工作者更积极地投身于“迈上新台阶、建设新江苏”的伟大实践。习近平总书记2014年12月在江苏视察指导工作时殷切希望江苏积极适应经济发展新常态，紧紧围绕率先全面建成小康社会、率先基本实现现代化的光荣使命，协调推进全面建成小康社会、全面深化改革、全面推进依法治国、全面从严治党，努力建设经济强、百姓富、环境美、社会文明程度高的新江苏。实现习总书记为江苏发展明确的新坐标和新任务，迫切需要广大社科工作者对人民群众创造的新鲜经验进行科学总结和理论升华，以便更好地指导和引领新的发展实践。《文库》的出版，将进一步发挥江苏社科名家对整个江苏社科界的引领、示范和激励作用，从而增强江苏广大社科工作者的责任心和主动性，促使他们更加积极地投身于“迈上新台阶、建设新江苏”的伟大实践。

我是江苏仪征人，1948年毕业于南京金陵中学高中部。我在这里衷心地向故乡的杰出学者们致敬，希望他们在各自专长的领域内做出新成绩。

（2015年5月27日）

目　录

学术小传

代表性学术成果

学术小传

第一部分　求学经历

一　学生生涯

1954年9月27日，我出生在浙江省龙游县，在这里度过了无忧无虑的童年时代，完成了小学和中学学业。1970年11月，当时正上高中一年级的我应征入伍，次年11月被挑选入南京解放军第二外国语学校（先后更名为解放军南京外国语学院与解放军南京国际关系学院），攻读法语专业。1975年，我如期从南京外国语学院法语专业毕业，并留校任教，教授法语阅读课程。当年9月，进入南京大学法语教师进修班进修。1976年8月，我有幸被教育部选中，赴法国留学，在法国布列塔尼大学求学。1978年8月，我学成回国，任教于解放军外国语学院。此后七八年时间里教的是法语本科学生的精读，一至四年级都教过，教学之余研读的主要是法语语言学著作，做的也主要是法语研究。1985年9月，我顺利考入了南京大学，有幸师从陈宗宝教授攻读翻译理论与实践方向的硕士学位，把学习与研究的兴趣转向了翻译理论。1991年9月起，我开始在南京大学工作，1992年被破格从讲师提拔为正教授，1995年获得博士生指导教师资格。从1975年大学毕业后留校任教，到如今已经40年了。在这40年里，我一直没有离开过课堂，所做的事都与翻译有关：做翻译、教翻译、研究翻译，三位一体，理论与实践结合，研究与教学结合，这些于我而言都是很幸福的事。

二　村头的喇叭

小时候上学，家里穷，经常连书本费都申请免交，除了课本之外，不可能再有属于自己的书，哪怕是一部小小的《新华辞典》。

没有课外的书读，所有的精力都用在了课堂上、书本里，又仗着自己记性好，一篇篇课文都背得滚瓜烂熟。记得小学里学的最长的一篇课文叫《我跟父亲当红军》，我还被校长叫去，当着来开会的全区几十名语文老师的面，一字不拉地背过呢。书读熟了，用起来很方便，考试时死记硬背的部分，几乎从来不丢分，可写作文，总是得不到自己特别满意的成绩。问老师，老师对我说，写来写去都脱不开课本里学的那几个字，那几句话，能不能有点新的东西，让老师开开眼啊。

那时的乡村学校也几乎是一贫如洗，我在读的小学不要说阅览室，连课外阅读的书也没有一本。我又问老师，没有书看，怎么学到新东西呀。老师说，你还长着耳朵，可以多听，村里不是有喇叭嘛。听到好词好句，可以记下来，不懂的，再来问老师。于是，在清晨和傍晚，当县广播站的节目播出时，村头的大扩音喇叭下，经常站着一个瘦小的孩子，手里拿着根铅笔头，边听边在粗糙发黄的小纸片上，记下一点什么。

老师的话可真灵。广播不仅让我学到了新的字，新的词，更让我听到了很多新鲜的事儿，脑子里开始想象那些只听得到但看不见的人和物，心里开始憧憬颤悠悠的广播线连着的村外的世界。渐渐地，发黄的纸片越积越多，上面记的字、词和句子，派上了用场，我的作文开始得到了老师的赏识和同学的称赞。同时，我的想象仿佛也插上了翅膀，常常随着广播，往外面的世界飞去。

回想起来，心里真的十分感谢小学里教我语文的方老师。是他第一个教我识字，让我认识了日、月、山、川，也是他第一个让我不仅仅满足于课本，通过村头的喇叭，在读书识字的同时，走进那字与词中所展现的鲜活而丰富的世界。

三　爱书

爱书，最早是基于对书的一种渴望。

小时候，买不起书，看到家境稍好一些的同学家里有几本藏书，那份羡慕和渴望是今天的少年所难以想象的，不要说能借到手读一读，哪怕是能用手去摸一摸，也是一种满足。

也许是因为太饥渴的原因，后来到了部队，上了大学，凡是能借到的书，都恨不得细细读一遍，仿佛读了，就算是拥有了。

真正开始拥有自己的书，是在 1976 年到法兰西留学后。那时，留学的一切费用全由国家承担，每月按十元人民币的标准，另发给二十几个法郎作零用钱，听说塞纳河畔的旧书摊书很便宜，有时遇到好的卖主，花几个法郎可以买到一部古典名著。零用钱我舍不得花，积攒起来，一有机会便到河畔书摊去淘书。留学两年回国时，除了一台当时很时髦的录音机，带回的就是一箱子法国小说，虽说旧了点，有的书页已经发黄，但全是名著，于我是一笔财富，双重意义上的财富。

也有过不花钱白拿书的好事，那种满足感是难以言表的。1993

年，应法兰西文化部邀请赴法访问，进行文学翻译研究，有机会到龚古尔奖得主博达尔先生家作客。博达尔先生是名作家，他妻子是法国《观点》杂志的文学部主任，主持文学评论栏目。一进他们家门，仿佛置身于一座书城，七八个房间，到处是书，我的两只眼睛顿时发亮，四处扫射，博达尔夫人看出了我的渴望和贪婪，说："你喜欢吧。喜欢就拿，能拿多少就拿多少。但有个条件，只许拿一次。"我简直不相信自己的耳朵，顾不上什么斯文，动手开始"掳掠"：小说，传记，文论，大都是崭新的，精装的，有的还是作者赠给博达尔夫妇的。当我提着整整两大包书告别博达尔夫妇，往地铁口走的时候，我还直怨自己平时缺少锻炼，两只手没劲，不能多拿几本。

最珍贵的，是法国著名汉学家、比较文化大师艾田蒲先生给我的书。我和南京大学钱林森教授译过他的辉煌巨著《中国之欧洲》。这是他在"生命之火熄灭之前，献给西方民族愧对的中华民族的一份礼物"。我在巴黎奥代翁饭店与先生有过一次三个多小时的长谈，谈中国文化，谈法国文化，谈中西文化的双向交流。分别一个月后，我在中国意外地收到了他寄给我的书：十二部，都是他的著作，一本本全有他的亲笔题词。他在信中说，其中有几部是手头仅存的，是孤本，"送给你，因为你爱书，更因为你懂书。好书遇知音，是书最好的归宿。"我珍藏着这些书，经常拿出来读一读，想成为它们真正的知音，不想辜负了艾老先生的重托。

我早已不满足于从物质意义上去拥有书。书是会说话的，我渴望与它们交流。我一直希望我的藏书或我读过的书能有更多的知音。于是，我开始了翻译，试图将我喜爱的法语书介绍给中国读者；我开始了撰书立说，把我读书得到的启发和启发后得以深入的思考献给同行和广大读者。对我来说，译书，著书，在某种意义上，是企盼与更多的知音分享一种心灵交流的快乐。

第二部分　治学之路

如果从1975年大学毕业留校任教算起，我的教学与科研之路已经走过足足四十个年头了。大学毕业后的这四十年里，自己还有不少学习深造的机会，如到法国布列塔尼大学学习（1976—1978），先后到南京大学（1975—1976）和北京外国语学院（1980）教师进修班进修，后又到南京大学法语专业读研究生（1985—1988）。这些学习和进修的经历对于自己从事教学与科研工作无疑是非常重要的。确切地说，自己的教学与科研之路真正开始于法国留学归来的1978年，那时我在解放军外国语学院任教，教学之余研读的主要是法语语言学著作，做的也主要是法语研究。直到1985年，我有幸师从南京大学陈宗宝教授攻读翻译理论与实践方向的硕士学位，把学习与研究的兴趣转向了翻译理论，真正步入了我的译道行：做翻译、教翻译和研究翻译，三位一体。译道漫漫，于我是一种求真求美的心路历程，有过思考和探索的彷徨与痛苦，也有过顿悟和收获的惊喜与欢乐，在彷徨与惊喜、痛苦与欢乐之中，一步一个脚印地不懈前行。如今回过头来看自己所走的路，在意识、视野、判断力与思想四个方面回顾与反思自己的译道行，我想粗浅地谈谈自己对科研工作，特别是对翻译和翻译研究的一些体会。

一　意识

谈到意识，我们自然会想到时下谈研究时经常提及的“问题意识”。做科研，问题意识当然非常重要，但回顾自己所走过的路，我感觉到在不同的人生阶段，意识这个词所涉及的范围是不同的。就其根本而言，意识是告别盲目走向自觉的重要一步。通俗地说，有意识，就是要有心，做一个有心人。

一开始，我并没有做学问做研究、发现问题探索问题的强烈的意识。最早萌发的只是一种整理与总结的意识，得益于在法国留学时上的一门语法课。授课的是阿莱尔教授，她教语法，讲的不是条条框框和规则，而是根据当代法国文学作品和报刊杂志的文章提供的鲜活的语言材料，引出某个重要的语法现象，结合具体语境总结新的用法，探讨其发展的趋势。上这种课，把枯燥的语法讲授变成了生动的语法现象的讨论，我的兴趣因此大增，本来特别讨厌作课堂笔记的我，竟然完全变了一个人，恨不得把课堂上老师讲的、同学一起讨论的内容全记下来。课堂上当然记不全，于是每堂课下来，我总是抓紧时间结合课堂上发的材料、老师的讲解和同学的讨论，把有关的语法现象的典型用法和特殊用法整理出来，弄不明白的地方再去问老师，查资料、看语法书，尽可能弄清楚来龙去脉，在此基础上，根据自己的理解，再进行归纳与总结。一个学期下来，竟然整理总结出了一百多页的新的语法现象的材料。1978 年秋回国后，我没有放弃这方面的努力，还是不断阅读法国的报刊杂志和当代文学作品，有意识地搜集新语法现象，进行总结与归纳，还尝试着写了一篇比较长的文章，题目叫《谈谈当代法语中新的语法现象》。可不久后，在《外语教学与研究》上，我意外地看到了法语界的权威陈振尧教授的一篇文章，题目基本是一样的，叫《法语中近年常见的新语法现象》，我迫不及待地读完了陈教授的文章，感觉非常激动，因为自己做的工作，法语界的权威也在做，而且自己归纳总结出的一些新的语法现象，有不少与陈振尧教授所分析的是一致的，这说明自己选的题目是有价值的，文章不少地方也有可取之处。但细心地读陈教授的文章，我还发现了两点：一是陈教授所总结的某些新的语法现象，我认为并不新，而是历史的某种重复；二是有些重要的新语法现象，陈教授的文章没有涉及。对这两点发现，我心里有一种莫名的兴奋，冲动之下，斗胆写了一篇商榷性的文章，叫《对〈法语中近年常见的新语法现象〉一文的意见》，投给了《外语教学与研究》，文章竟然被录用了，很快登在了 1979 年第四期上。这篇文章的发表，对自己鼓励很大，但更多的是启示。文章的发表，看似是偶然的，但实际上，是自己在学习中做有心人，有意识地搜集资料，有意识地进行整理、归纳与总结的某种必然。在这之后的四五年时间里，自己不断努力，又研读了不少语言学方面的著作，根据自己所搜集的材料，围绕着语法问题，作了不少分析、总结与研究性的工作，先后在《教学研究》、《外国语》、《外国语文》、《法国研究》、《南京大学学报》等刊物发表了《法语动词虚拟式现状及用途缩小原因分析》(1983 年)、《略论当代法语发展趋势》(1984 年)、《法语民俗语的创新与理解》(1985 年)、《论法语名词结构的语法特征与功能》(1985 年)、《法语偏离手段的运用原则与文体价值》等一系列论文，尝到了有意识地搜集资料、有意识地向名家请教、有意识地建立研究交流途径、有意识地发现问题与探讨问题的甜头，开始了比较自觉的研究工作。

二 视野

出于对法语的热爱，我渐渐养成了一种习惯，特别关注法语中出现的新词、新的用法、新的语法现象、新的句法结构，对语言变得非常敏感。同时，由于自己常读法语报刊和当代法国文学作品，慢慢地又由对语言的热爱转向了对文学的热爱，读了大量法国文学作品，包括古典的、现代的和当代的。对当代的法国文学作品，我尤其喜欢，一遇到好的小说，肯定不过夜，非一口气读完不可，而且常常有着按捺不住的冲动，梦想着能把小说译成中文，介绍给广大的中国读者。这里要特别感谢南京大学的钱林森先生，是他引导我走上了文学翻译之路，并给我很多的机会，与他一起合作，翻译出版了许多优秀的当代法国文学作品，如获法兰西学院小说大奖的《永别了，疯妈妈》(1982 年)、著名作家勒克莱齐奥的《沙漠的女儿》(1983 年)和荣膺龚古尔文学奖的《安娜·玛丽》(1985 年)等。大量的翻译实践，对我来说，是一个学习与研究法语的良机，同时又使我在语言转换的实际过程中，发现了语言与文化之间的密切关系，意识到了翻译的复杂性，激发了自己研究翻译问题的兴趣。

如果说在法国留学期间，自己还从阿莱尔教授那儿学到了研究语言，特别是语法现象的某种方法的话，那么对于翻译问题的思考，一开始则完全靠自己摸索。遇到翻译难点，我总是记下来，向合作者或同事讨教；然后再分类，进行分析、归纳与总结，沿用的差不多是语言研究的那种方法。虽然也有收获，但翻译中遇到的障碍实在太多，有的涉及具体的语言转换，有的涉及词汇文化内涵的处理，有的涉及作家风格的传达，发现翻译活动有很多奥妙，如果还是局限于语言研究的那点办法，根本就不可能摸到翻译的门道。在这种情况下，我找到了南京大学的陈宗宝教授，表达了自己想投到他门下攻读翻译理论与实践方向硕士学位的迫切愿望。

进入南京大学攻读硕士学位，大大拓展了我的视野。陈宗宝先生从理论研究上引导我入门，从基本的翻译理论著作开始读起，一步步把我的目光引向了西方翻译理论研究的前沿；同时，他又通过与我合作翻译法国著名作家克朗西埃的代表作《黑面包》的第四卷，指导我发现翻译的真正障碍，帮助我寻找解决这些障碍的方法，在实践中加深对翻译问题的理解，提高处理翻译问题的能力。从理论到实践，再从实践到理论，我渐渐地悟到了有关翻译的一些深刻的道理，也摸出了一些研究工作必不可少的门道。

做学问，要想有所成就，除了要有研究的意识，做有心人之外，不断扩大自己的视野，也是非常重要的。所谓扩大视野，我的体会是，要保持强烈的求知欲和好奇心，不断接触新的知识、新的研究领域，不断思考新的问题。见多才能识广，识广了看问题的角度也就多了，对问题的认识就有可能变得全面一些、深刻一些。那么如何扩大自己的视野呢？

要扩大视野，首先要善于开拓学术交流的途径，利用各种机会，向名家学习，向同行学习。我的导师陈宗宝先生在法语界是有相当声望的，他曾任教育部高等学校外语专业教学指导委员会的前身、全国外语教材编审委员会法语教材编审组的组长和法语教学研究会副会长。我读研究生时，出于工作需要，他经常带着我参加有关的会议，使我有机会接触到了法语界的名家，如漆竹生、郑永慧、桂裕芳、陈振尧等前辈，当面聆听他们的教诲，大大地打开了自己的眼界。如关于翻译问题，著名翻译家郑永慧先生就多次给我指导，还亲自校定了我翻译的《法律社会学》一书。陈振尧先生更是提携我、帮助我，传授给了我许多做学问的经验。确实，对于年轻学子来说，能争取机会参加国内外的一些重大的学术会议，直接向名家讨教，对于自己尽快地进入学术圈，掌握研究的动向，了解研究的重点，避免走弯路，是很有帮助的。正是意识到学术交流活动有助于扩大视野的重要性，在读研究生期间，在南京大学领导和导师的支持下，我在南京大学成立了研究生翻译协会，发起召开了全国近三十所高校翻译研究生代表参加的"全国首届研究生翻译理论研讨会"(1987 年 5 月)；之后我又积极争取机会，以正式代表身份参加了同年七月在青岛召开的"全国首届翻译理论研讨会"。研究生毕业后，我参与策划了 1989 年 5 月在西安召开的"全国首届青年翻译理论研讨会"，论文《论文学翻译再创造的度》获得了该研讨会优秀论文奖，随后又主持了在南京召开的"全国中青年翻译家笔会"(1990 年)。通过这一系列的学术活动，交流学术见解，切磋译事经验，既扩大了自己的学术视野，又团结了一批立志为中国翻译事业做出一番贡献的青年才俊。如今在中国译学界非常活跃、起着中坚作用的一大批学者，如谭载喜、王克非、郑海凌、穆雷等大都是那个时候相互认识的。共同的志趣，共同的责任，使我们一直坚持着相互鼓励、相互交流、共同提高，为中国翻译学科的建设不断做出努力。

要扩大视野，还要善于捕捉学术信息和研究线索，不断拓展获取学术资料的渠道。搞学术研究，建立学术资料的渠道十分重要。平时，自己在研读理论著作和学术文章时，特别注意其中提供的各种学术信息和线索，一发现有什么好文章或新问世的理论著作，便想方设法，或通过访学去寻找，或写信去索取，甚至不惜花重金去购买。比如在1990年，在《巴别塔》和《国际译联通讯》上，我发现有不少出版信息，有的著作对自己了解法国当代翻译理论研究的进展非常有用。为获得这些资料，我鼓足勇气用法语向这两家刊物的主编、时任国际译联秘书长的勒内·阿埃瑟朗先生写了一封长信，向他详细汇报了自己的研究工作，并恳切地请求他的帮助，希望获得对自己的研究工作不可或缺的学术资料。令我大喜过望的是，阿埃瑟朗先生不仅给我回信，而且还给我寄了与我的研究相关的一些资料和两份杂志的有关文章，同时还对我提出了一个要求，希望我与《国际译联通讯》和《巴别塔》建立经常的交流关系，一方面负责将国内的有关学术信息提供给他们，另一方面为法语国家的翻译学者写的学术著作写书评。这样一来，我的学术资料渠道被打开了，通过阿埃瑟朗秘书长，我与西方不少学者建立了联系，包括巴黎高等翻译学院的两任院长塞莱丝柯维奇与勒代雷，以及*Meta*的两任主编热玛尔和安德烈·克拉斯。另外，通过写书评，我结识了法国和加拿大的一些学者，如米歇尔·巴拉尔和安妮·布里塞教授。后来，在勒内·阿埃瑟朗的举荐下，我还担任了国际译联学术文献委员会委员和《巴别塔》的学术委员会委员，为中外译论的交流建立了一条可靠而有效的渠道。

要扩大视野，更要根据学科的特点和研究的需要，不断学习新的学科知识，提高理论素养。翻译学科具有跨学科的性质，要研究翻译，需要有包括哲学、美学、社会学、文艺学和语言学等学科的理论基础。应该说，近四十年来，自己的翻译研究过程，是一个不断学习、不断思考、不断拓展视野、不断探索的过程。从语言到文学再到文化，我对翻译的本质有了比较全面的认识；从语言学到哲学，再到美学、社会学、文艺学，我得以不断拓展自己的研究思路，对翻译的过程、翻译的基本矛盾、翻译的价值、翻译活动要素和翻译的使命有了比较深刻的认识。

三 判断力

一个人,若有了做学问的意识,且有心、专心、用心,再加上不断学习,不断交流,眼界不断扩大,那么对于学术问题,就会比较敏感,而且思路也会比较宽广,感兴趣的问题就会越来越多。然而,一个人的精力毕竟有限,而且问题一多,也有个主次之分。对于研究而言,确定研究的方向,把握研究的重点,明确研究的意义和价值,确定研究的途径,都需要有一种学术目光和学术判断力。

在一次同乡会上,南京大学的冯端院士说过一段话,给我的启发特别大。他说只靠勤奋是当不了科学家的,要有眼光,要有判断力。就好像采矿,没有眼光,没有判断力,随便定一个地方,盲目地挖,也许什么也挖不出来;可有眼光,有判断力,找准了矿,收获就会很大。对每一个立志做研究的人来说,确实都面临着同样的问题。特别是学外语的人,要研究的东西很多,可以研究文学,也可以研究语言,还可以研究文化。每一个大的领域里面又有不少小的领域,要确定自己的研究方向,就需要结合自己的兴趣、自身的条件和学科方向的现状和发展趋势,加以综合的考虑,作出判断和选择。

如前所述,我一开始做的主要是法语语法研究,后来转向了翻译。如今回过头看,这一转向对我的学术发展来说是关键的一步。如果说开始做法语语言研究,是因为受了法国阿莱尔教授的影响,全凭自己的兴趣和感悟,那么做翻译研究,则是自己的一种自觉的选择。

当初改方向,选择翻译研究,虽然不像今天这样有着明确的学科意识和学术追求,但确实是经过自己慎重的考虑而作出的自觉的选择。这一选择主要是基于以下几点:一是我已经有相当的翻译实践,实践中遇到了许多问题,迫切需要通过学习翻译理论,去寻找某种答案;二是在翻译实践中,我发现文学翻译至少可以通向两条道路,一条通向语言,一条通向文学,值得研究的东西很多,发展的余地很大;三是我对文学翻译有强烈的兴趣,喜欢琢磨翻译中的问题,也很有意识地积累了大量翻译的实例,通过翻译研究,可以提高自己翻译的能力。除了这三个与自身的需要与条件密切相关的因素之外,当时我还意识到中国翻译历史很悠久,翻译活动也丰富多样,可研究很少,探索的空间很大。正是基于这几点,我作出了判断,认为翻译研究工作比较适合于自己,会有发展前程。

除了对确定自己的研究方向需要判断力之外,最重要的是,要学会判断一个研究课题是否有价值。如今论证一个研究课题,判断一个课题是否有价值,似乎已经形成了一个定式,那就是看这个课题是否有理论价值和实践价值。这两个方面确实非常重要,但有时论证起来显得比较抽象。理论价值到底在哪里?实践价值又有哪些?如何加以判断?做研究,课题的大小并不直接决定价值的大小。课题大,并不一定价值就高;课题小,并不一定价值就低。从我个人的研究经历看,判断一个课题有什么价值,首先看这个研究课题本身是否确实有问题需要研究。研究往往从问题出发,要有针对性。比如自己在参加法国著名作家普鲁斯特的名著《追忆似水年华》的翻译工作时,在实践的层面上遇到许多难以解决的问题:作为开意识流之先河的作家,普鲁斯特笔下那些"多层次的曲折复杂的长句"、"明喻暗比的妙笔"以及独具个性的修辞风格,给翻译造成了巨大的障碍。而参加翻译全书的有十五位译者,其中大都是有经验的翻译名家。那么他们是如何处理这些障碍的呢?长句的处理有什么方法?比喻的翻译需要注意哪些要素?十五个人翻译一部作品,风格如何统一?作者的风格与译者的风格如何协调?每一个译者在处理同一类型的障碍时是否采取同样的手段?这部被法国文学界称为不可翻译的"天书"到底有哪些不可翻译的因素?除了这些实践层面的问题之外,在理论的层面,也同样提出了许多值得思考的问题,如法语的句法结构和汉语的句法结构存在很大差异,那么如何传达普鲁斯特具有创造性的句法手段的表达价值呢?风格是一部文学作品的生命之源,那么到底应该如何去传达普鲁斯特的风格呢?普鲁斯特善用比喻,各种比喻中的文化因素和情感因素如何传达?这些问题,不仅是译者的问题,也同样是许多专家和普通读者的问题。比如在《追忆似水年华》中文版问世后,就有不少读者质疑译文风格的统一问题,也有专家提出普鲁斯特的叙事风格的传达问题。正是面对这些问题,我产生了一个大胆的想法:以国际译坛公认"极难翻译"的巨著《追忆似水年华》的第一个汉译本(译林版)为研究对象,结合中国文学翻译批评的现状,借助文学翻译研究和文学翻译批评研究的新成果,从实践出发,通过对译文多层次、多角度的评析,在研究文学翻译的基本原则和方法的同时,对文学翻译批评的基本范畴、原则和方法进行探讨,同时,为广大读者释读《追忆似水年华》这部世界名著提供新的视角。我认为,一旦从具体问题中归纳出具有普遍性的要素,便有了理论升华的基础。而从具体问题的研究中提升出的理论要素往往具有理论的启迪功能或方法论的参照意义。《文学翻译批评研究》(1992年,译林出版社)应该说是我在这方面进行尝试的一个例证。

四　思想

做研究要有思想,这应该是个共识。就我的理解,有思想,可以分两个层面。

先谈第一层面。有思想,就是要有想法,有明确的研究思路,还要有长远的目标。开始做研究时,自己缺乏长远的考虑,更不可能从学科发展的高度去确立一个远大的目标。所以基本是对什么问题感兴趣,就研究什么问题。这样做的好处是立竿见影,收效快,出几篇小的论文还是可以的,但若想对一些重大的现实问题和基础的理论难题进行深入的思考和有创造性的研究就不够了。比如我在早期做的一些研究工作,大都属于一些小的具体问题的分析与研究,往往处于整理与归纳的层次,对一些重大的理论问题缺乏总体的把握和深层的思考。但是在20世纪90年代初,商品经济大潮冲击了文化市场,随着我国加入《伯尔尼公约》,外国精神产品的输入受到了版权的限制,国内不少出版社不约而同地把目光指向了已不受版权保护的外国古典文学名著,掀起了一场复译潮。凡是在文学史上有定评的世界经典名著,几乎无不被卷入这股复译潮中,多则十几个版本,少则五六个版本,由此而出现了许多值得思考的理论问题:如何看待复译问题?文学名著重复翻译是否有必要?一部名著,出自不同的译笔,有可能产生怎样的不同?如何评价它们之间的差异?又为何会出现差异?此外,在现实的层面,有的人在名利驱动之下,以复译为名,行抄袭之实,出现了抄译、剽窃的译本;还有一些复译者,根本不具备文学翻译家的基本条件,复译中不负责任,粗制滥造。面对这些不良的现象,到底应该怎么办?应该说,当时对复译潮所提出的尖锐的现实问题和复杂的理论问题,我还是比较敏感的,意识到这些问题的提出,是对翻译研究工作者的一次挑战,事关译风、译德和文学翻译能否健康发展的大问题。同时,在理论上,由于出自不同翻译家的不同译本的出现,凸现出了有关文学翻译的一些具有根本性的问题,为我们进行有关的探讨提供了可能性。鉴于这些清醒的认识,我经过更深一步的观察和分析,发现《红与黑》的汉译问题非常具有典型意义,复译潮中所提出的问题,几乎都有涉及。为此,我从理论建设的高度，借助读书界和翻译界对《红与黑》复译问题的关注，“不失时机地发起了一场面向社会，有读者参加，历时半年的关于《红与黑》汉译的讨论和争鸣。它规模大，历时长，涉及面广，讨论热烈，可说是我国解放以来文学翻译界前所未有的盛举”，有着“深远的影响”（见谢天振《译介学》，上海外语教育出版社，1999 年，方平序，第 3 页）。著名翻译家冯亦代先生也指出：“改革开放以后译事大兴，但不合格的翻译太多，引起出版翻译作品质量的混乱，应当建立翻译的理论，提高翻译质量。1995 年的争论，对于提高翻译的质量，极为重要。”（见金圣华主编《翻译学术会议——外文中译研究与探讨》，香港中文大学翻译系，1998 年，第 40～54 页）。由于有着明确的理论追求，我在这次大讨论中做了大量的理论引导、组织、调查、评论、分析与总结工作，其意义远远超出了《红与黑》复译讨论的本身。在《翻译论》一书中，我们就这场讨论对文学翻译与文学翻译批评带来的多重启迪和重要意义作了较为全面的探讨（参见《翻译论》，湖北教育出版社，2003 年，第 416～429 页），这里不拟赘述。

再谈第二个层面，所谓有思想，就是要对研究的问题有深刻的思考和本质的把握。近四十年来，我做的主要是翻译研究。起初，自己对翻译的认识是比较肤浅的，对翻译研究的了解也相当狭隘。回顾自己所走过的翻译与翻译研究之路，我感觉到自己对翻译的认识每深入一步，研究就会相应地前进一步。从某种意义上讲，对翻译活动的认识的程度决定了研究的深浅。一开始，我只是在技巧的层面去认识翻译，看重的是翻译的转换形式，因此，早期所写的文章大多限于翻译技巧的探讨。后来，随着学习和研究的深入，我对翻译的认识也一步步加深，研究的思路也一点点打开。从《论翻译的层次》(1987)到《论翻译活动的三个层面》(1998)，在整整十年的时间里，我对翻译的本质问题不断思考、不断探索。客观地说，对翻译层次的思考及其主要问题的研究，是我比较系统地探索翻译理论问题的一个起点和尝试。我试图以层次的观点去剖析翻译活动，将翻译活动置放在一个思维与语言的相互依存的复杂关系中去进行思考，将语言符号的逻辑、语义和审美特征与语言符号的表思维、表意义和表美感的三个主要职能联系起来进行分析，对认识翻译活动的主要任务和各种障碍，并探讨翻译的可能性，应该是有一定价值的。但拿今天的目光去审视，其中存在着明显的理论缺陷。首先，将翻译活动局限于狭义的“语际翻译”，缺乏对翻译活动的本质认识;其次在对思维与语言的关系的认识中,存在着"语言工具论"的影响;再次,分析的重点主要在语言层次,没有从文化的高度去认识、把握翻译活动所涉及的众多因素。此外,对翻译等值的追求也显然在一定程度上反映了我当时对翻译的浅层理解和认识。对翻译层次论所存在问题的自觉意识,促使我对翻译继续进行思考。如果说层次论是自翻译的基础由下而上,从思维层次、语义层次和审美层次的明确区分及对各层次主要问题的分析中对翻译活动进行内部的、纵向的思考,那么对翻译活动的三个层面的探索则由内部转向外部,由语言转向文化,对翻译进行进一步的探讨。我尝试着从翻译活动的实践性出发,对翻译活动的动态过程进行了宏观的考察,指出翻译活动是翻译主体在一定的历史条件下和文化背景中通过具体的语言转换而进行的一种目的十分明确的实践活动,它涉及众多的内部和外部因素。我还从翻译的意愿、现实和道德三个层面,分析了制约、影响翻译活动的多种因素,认为"要怎么译"、"能怎么译"和"该怎么译"是翻译活动中所必然面临的问题。它们分属三个不同层面,但相互关联、相互制约、相互影响。

通过对翻译三个层面的研究,无论是对翻译本质的认识,还是对影响翻译的各种因素的了解,我都有了进一步的深入。应该说,我的这些认识与看法得益于近三十年来国内外翻译研究界不断拓展的研究视野、不断完善的研究方法和不断丰富的研究成果。从对翻译的语言层面的研究,到把翻译置放在社会、文化的大背景下,用历史发展的目光去加以审视,使自己对翻译有了更为深刻的理解。如是才有了《翻译论》(湖北教育出版社,2003 年)这部著作的问世。应该说,《翻译论》是我数十年来从事翻译活动,包括翻译实践与理论研究的心血结晶。为了这项研究工作,我做了许多学术上的准备和积累。比如,我申请了国家教委人文社会科学研究博士点基金重点项目"文学翻译基本问题研究",又主持了教育部资助优秀青年教师基金支持的"外国翻译理论研究"这一课题,通过这两个方面的努力,无论是对国内传统的翻译理论,还是对国外近几十年来的译学探索成果,都有了进一步的了解,为"翻译论"这一课题的研究打下了基础。随着研究的深入,我还认真阅读了哲学、美学、语言学、社会学等学科的有关经典著作和代表作,吸取研究的最新成果,以开阔自己的研究视野。应该说,研究的过程,是一个不断学习、不断思考、不断探索的过程。写这部书,我是有所期待的。我希望能为翻译实践者和翻译研究者提供一点什么。首先在思想的层面，我希望通过自己对翻译的思考，有助于人们尽可能全面、深刻地理解翻译活动，为翻译活动正确定位，明白翻译所肩负的历史使命。在研究层面，我希望通过自己的探索，为人们从宏观上把握翻译活动的本质，在微观上认识翻译活动的转换机制和方法提供新的可能，同时廓清翻译活动所涉及的种种要素，了解翻译活动的动态过程，特别是揭示翻译活动的基本矛盾，为人们探索解决翻译矛盾的方法与原则提供理论参照。在学术层面，我还希望为年轻的翻译研究者提供翻译研究的丰富的学术线索，给他们以方法论的启迪。更重要的，是想通过自己的独立思考和研究，为翻译学的理论建设做出一点贡献。

在我办公室，挂着一位书法家朋友给我写的一幅字："翻译以信为本，求真求美"。我至今仍然认为，翻译的忠实性非常重要。忠实于原著和充分展现原著精髓是并行不悖的，因为忠实于原著并不仅仅是忠实于原著单词意义和句子结构，最理想的忠实，是忠实于原著的精髓，或者换句话说，是忠实传达原著的风格和风貌。风格问题一向是文学翻译中最敏感、最复杂的问题之一。作者的文字风格是通过词语的调遣特征与倾向、句子的组合结构与手段、修辞手段的选择与使用等表现出来的，所以要再现作者的风格，译者就得从炼字、遣词、造句等方面去做。比如傅雷就认为"在最大限度内我们是要保持原文句法的"，因为他认为"风格的传达，除了句法以外，就没有别的方法可以传"。但是我们也应该认识到，翻译活动有其主体性，即使译者有良好的主观愿望，但要求他百分之百忠实于原著从客观上来看也是不可能的。所以说，忠实与其说是一种结果，不如说是一种态度，一种追求。态度端正了，也许不一定能够充分展现原著精髓这样的结果，但态度不端正，行动不追求，那么译作一定不会尽如人意。因此我们从事翻译活动时一定要有原则，尊重他者，虚心接受别人的观点和意见，尊重文化差异，在尊重当中求真，在真当中最后把美的东西展示出来。

除此之外，我还喜欢和人对话。对话是一种通俗易懂的交流方式，双方思路清晰，直奔主题，彼此之间无需拐弯抹角。在谈话中，我们能够抓住关键的东西，听者能够更好地理解谈话内容，双方也能更好地深入交流，加深对彼此的理解，效果甚于阅读一篇文章、一本书。和我对话的人很多，有学界前辈，同行同事，还有我的学生，我和他们经常就某一话题展开对谈，交流彼此看法，向前辈请教，和同行商榷，与学生讨论。我们之间没有谁高谁低，就是为了探讨共同关注的话题，加深对问题的理解，形成自己的观点。《文学翻译理论与实践——翻译对话录》是我尝试对话这一交流方式的有力例证。近年来，我也与国内译界同行、诺贝尔文学奖获得者勒克莱齐奥先生和莫言先生，以及我的学生们，围绕文学与翻译的各种问题，进行了多种多样的对话，由此形成的访谈录也都发表在有关学术期刊上，供大家阅读、参考。

回顾走过的路，我感到自己与翻译真是有不解之缘。我在翻译之道上不断前行，对翻译之"道"也确实有了一点领悟。翻译之"道"，如今对于我至少有两个层面的含义：一是现实的形而下的翻译之道，其为小道，关注更多的是"如何译"；二是理论意义上的形而上的翻译之道，其为大道，探讨的是关乎何为译、为何译、译何为及"如何译"之背后起着无形的重大作用的一切。近四十年以来，我一直在形而下的翻译"小道"上艰难行走，幸福却带着负罪感在迷宫般的文本世界里与巴尔扎克、雨果、普鲁斯特等大家相遇，战战兢兢地与他们对话，试图以自己的努力，让他们的心声在另一个世界的读者心中发生共鸣。同时，我又在形而上的翻译"大道"上苦苦探索，对与翻译有关的种种重大问题进行思考，虽然经常伴着不解、困惑，甚至绝望，但也有过顿悟的惊喜，在不时闪现的理性的光芒中仿佛看到了译道的方向。小道上的艰难行走与大道上的痛苦探索，留下了抹不去的痕迹，如今回过头来，那一个个艰难的脚印串成的文字，记录下的不仅仅是我走过的探索之路的依稀可辨的踪迹，也见证了我要在这双重的译道上不断走下去的决心和明白译道真谛的梦想。

第三部分 主要学术成就

一、做翻译

我多次说过，自己这一辈子，会一直以翻译为主，做翻译、教翻译、研究翻译。三十多年来，我翻译出版了三十多部法国文学与社科名著，共计八百多万字。我选择做翻译，可以说既是偶然，也是必然。我的专业是法语，因此肯定要和各种形式的翻译打交道。但真正让我萌生翻译念头的，是我的法国留学生涯。1976 年我到法国布列塔尼大学留学，留学期间，我读到了很多国内无法读到的当代法国文学作品，被法国语言文学的美深深吸引。我在如饥似渴阅读这些作品的同时，也有一点遗憾：由于语言的障碍，这些作品尚未被我的同胞们所了解。出于与更多人分享美和精神财富的心望，我开始动笔翻译。如果要说有什么神秘力量指引我进入翻译领域，我想最重要的应该就是对语言文字的迷恋。随着年龄的增长，对于文学这位"恋人"，我的激情有增无减，这也是支撑我三十多年如一日不知疲倦坚持翻译的重要原因。除此之外，这几十年来我之所以坚持不懈地翻译，还因为我对翻译重要性的认识在不断加深。我们都知道不同国家民族的交流离不开翻译，但翻译的作用并不止于双向的语言转换。只有从文化交流的高度去看待翻译，才能真正认识到翻译的价值。从整个人类社会发展来看，翻译能够克服语言差异造成的障碍，达成双方的相互理解，为交流和对话打开通道。正是借助翻译，人类社会才从相互阻隔走向了相互交往，从封闭走向了开放，从狭隘走向了开阔。

如在上文已经交待，我走上翻译之道，要感谢南京大学钱林森先生，是他引导我走上了文学翻译之路，我与他合作翻译出版了许多优秀的当代法国文学作品，如 1983 年翻译出版了著名作家勒克莱齐奥的《沙漠的女儿》。1987 年，我翻译《法律社会学》，著名翻译家郑永慧先生多次给我指导，并亲自校对这本书。后来，我有幸参加了译林出版社组织领导的 20 世纪最伟大的作家之一普鲁斯特的长篇巨著《追忆似水年华》（卷四）的翻译，花费了近三百个日日夜夜，才勉勉强强完成了所承译的二十余万字的初稿，该卷于 1990 年问世。2008 年，法国作家勒克莱齐奥问鼎诺贝尔文学奖，在这之前，我已经翻译出版了他的两部作品，1983 年的《沙漠的女儿》和 1992 年的《诉讼笔录》——该书和我 1991 年翻译出版的波伏瓦的《名士风流》、1992 年罗杰·瓦扬的《荒唐的游戏》和德古安的《约翰·地狱》一并被列为国家八五规划重点图书项目。2002 年，上海译文出版社的赵武平主任邀请我重译米兰·昆德拉的名作《生命中不能承受之轻》，我思考再三拒绝了。当时"米兰·昆德拉热"方兴未艾，我觉得这个作家还不够分量，而且韩少功和韩刚的译本已经很好了，完全没必要重译。但是赵武平跟我说："作为一个翻译家，你都没有好好理解这部作品，好好阅读它，怎么就拒绝了呢？你是不敢挑战之前的译本吗？"在阅读了 60 多万字的材料后，我发现有重新阐释的空间，接受了这部作品的重译工作。重译后的《不能承受的生命之轻》于 2003 年 7 月问世，书名的变更，轰动当时，也掀起了一股至今尚有余温的米兰·昆德拉热潮。2004 年 8 月，我又翻译出版了米兰·昆德拉的新作《无知》。除此之外，我还翻译了法国名作家的一些作品，如米歇尔·图尔尼埃的《桤木王》（1994 年）（台湾版《左手的记忆》，2003 年），巴尔扎克的《邦斯舅舅》（1995 年）和《贝姨》（1999 年），雨果的《海上劳工》（1998 年），布尔迪厄的《关于电视》（2000 年），安托瓦纳·贡巴尼翁的《现代性的五个悖论》（2005 年）等等，其中很多译作如今都已再版，于我而言，是很幸福的事。在法国外交部的资助下，我和钱林森教授合作翻译的艾田蒲的文化比较著作《中国之欧洲》（上）和《中国之欧洲》（下）分别于 1992 年和 1994 年出版发行，2010 年再版。这些译作相继问世，在我国传播开来，赢得了一批又一批读者，也给我带来了荣誉。1993 年和 1998 年，法国文化部两度给我颁发了"奖译金"，1999 年，法国政府又授予我"法兰西金质教育勋章"，既肯定了我的翻译成绩，又激励着我在翻译与文化交流事业上继续前行。

二、打开思想的疆界——我与法国文学翻译

1. 苦恋

我爱翻译，是基于对法国文学的爱。我去过法国，学过法国文学，我被"她"彻底征服了。她那么富于魅力，那么光彩照人，正如法语中流行的一种说法，她是一位"令人无法抵挡的"美女。我深深地爱上了她，并热切地想把我心中的"恋人"介绍给中国读者，让大家一睹她的风采。

也许我的这种爱是自私的。记得有一位法国作家说过："翻译是将

与自己的恋人酷似的女子奉献给他人。”不管怎么说，是自己心目中的恋人也罢，是与她长得一模一样的女子也罢，也终归是一种奉献。我的心是诚的，当我将倾注着我赤诚的爱的译作呈现在中国读者的面前的时候，我感到幸福，也感到负疚，感到害怕，我总是带着一种负罪感，担心由于自己的无能、失误与笨拙，表现不出我恋人的气质与风采，得不到中国读者的青睐；更担心由于情趣的低下，鉴别力的缺乏，不慎把一位丑陋、淫荡的女子介绍给他人，有伤风化。但我没有忘记，当钱林森教授与我合作翻译的法国文坛新秀亨利·古龙日的杰作《永别了，疯妈妈》受到中国广大读者的普遍赞誉，《人民日报》、《外国文学研究》、《当代外国文学》、《新华日报》相继发表评介文章，不少读者给我们来信倾吐他们对这部作品的爱时，我的负疚感、恐惧感曾一时烟消云散，我陶醉在这种难以言表的幸福之中。这种幸福，往往交织着自豪，当你心爱的人得到交口称赞，受到喜爱的时候，你心中难道不会升腾起一种自豪感吗？

我尝过“初恋”失败的痛苦。说来不怕见笑，我这人没有什么才气，更没有灵气，只是由于迷上法国文学，任凭着自己满腔的热情去执著地追求。不过，我还算有几分自知之明，并不敢高攀，经过慎重考虑，选择了第一位对象：著名侦探作家西默农的《黄狗》。没想到有人捷足先登，当我在希望与追求中度过了几个月，准备让自己的情人亮相的时候，我在北京火车站的售书亭偶然发现她早已被他人相中，被介绍给中国读者了。空空单相思一场，近百个日日夜夜的心血化为乌有，我感到有一种难述的苦涩。苦归苦，我还是解脱了，因为我从失败中倒产生了几分自信：我的眼力还不错。

我在法兰西当代文苑中不懈地寻觅，我爱上了勒克莱齐奥的《沙漠的女儿》，又恋上了博达尔的《安娜·玛丽》，梦中又在特丽奥莱的《月神园》中遨游。爱是幸福的，也是痛苦的。就说《沙漠的女儿》吧，她外貌并无惊人之美，更无娇媚之处，却不乏新小说的某种古怪。时空的跳跃，词语的怪奇，初次见面时，我非但没有一见钟情，感情上没有激起一丝涟漪，反而感到陌生，不理解，当时险些与她分手。可初次相见时，她的古怪中似乎涵蕴着某种新颖，我好奇地打量着她，凝望着她，渐渐地，那跳跃的时空中呈现出一个荒凉与繁华、贫乏与豪富兼而有之，对比鲜明、寓意深刻的世界，那怪奇的词语创造出一幅色彩缤纷、变幻无穷的图象，处处透溢出一种超凡脱俗的美。她理应受到，也确实得到了广大中国读者的喜爱。我庆幸没有抛弃她，要不，我会后悔一辈子的，而这种悔恨岂不也会造成痛苦？

我忘不了导师陈宗宝先生谈翻译的一句话："只有倾注了自己的爱，才可能有力量去打动他人的心。"不谦虚地说，我是努力的。既然我爱上了，我总是设法要无愧于自己的恋人。我时时在告诫自己，切勿玩弄感情，把连自己都不爱的作品推销给他人；我也经常提醒自己，不要以自己的草率、疏忽或主观，破坏了自己恋人的形象，把一部大师的优秀作品糟蹋成连一个普通读者都不屑一顾的下脚料。我更在心中默默地发誓：一定要汲取养分，完善自己，为自己的恋人争光。正是怀着这种良好的愿望，我在 1987 年应约参加了 20 世纪最伟大的作家之一普鲁斯特的长篇巨著《追忆似水年华》的翻译。

2. 创造

回想初学翻译那些阵子，兴趣浓，劲头足，胆子大，想得天真，少有顾忌，匆匆挑选一部自己较为喜爱的书，便抱着词典，"从容"操刀，速度之快捷，心底之坦然，是涉足译坛近三十多年后的我所远远不及的。

洋洋四十万言的处女译作《永别了，疯妈妈》问世后，意外地得到了一片赞誉，着实有过一阵子兴奋与陶醉，冷静之后，仔细端详着这位经我手而脱胎换骨的新生儿，怀着一股子好奇心，又对着"她"在故国的模样细细比较，愈看心中愈是不安：说像又不像，说不像又像，相似处犹感乏乏，不似处倒显魅力，个中的原因未去深究，只是感到满腹委屈，白费了自己对那位异邦之女的一片忠贞，心中不是滋味。

后来，慢慢译多了，读研究生时又专攻"翻译理论"，虽然翻译的兴趣不减，但脑子复杂多了，当初操笔时的那种"从容不迫"的感觉也消失了，并渐渐地悟出了一些道理，翻译，岂能只凭一片忠诚，况且涉及翻译的因素之多往往使你束手无策，不知忠诚于谁为好。忠其形，求貌之相似，可其神韵呢，气势呢？文学精品往往刻意寻求意在言外的效果，翻译时稍不小心，就容易得其形而忘其神，成为真正忤逆不道的"叛逆"。可是，既要忠其形，又要得其神，谈何容易啊！法国文学巨匠普鲁斯特那部称之为"不可移植"的巨著的译名，曾煞费了编辑、译家与专家们多少苦心，但《追忆似水年华》这个得之不易的译名仍无法使每个人都满意。我有幸参加了译林出版社组织领导的这部巨著的翻译，花费了近三百个日日夜夜，才勉勉强强地完成了所承译的二十余万字的初稿，其间所经受的痛苦、恐惧，往往使我心力交瘁，尤其那一种唯恐背叛原著的负罪感，使我负载着一个沉重异常的十字架，作品中那长达数十行的“意识流”连环句式，那声、色、味一应跃然纸上的形象笔触，那妙不可言的隐喻双关，还有那或细腻、或粗犷、或高雅的生花妙笔，岂得凭兴趣，凭忠诚，率而操笔所能传达？亦步亦趋地求文字对应，为两种语言特有的规律与魅力所不容，往往导致貌合神离；洒脱大胆地弃其形，求其神，又担心“创造”出一个貌离神散的畸形儿。更不谈还要不辱使命，追求作品“形式因素美学价值”的再现，“文化因素”的移植，“文学形象”的再创造和“语用意义”的传达……这般复杂，这般艰辛，这般痛苦，是当初涉足译坛时所料不及的。如今才朦朦胧胧地意识到“忠诚”与“叛逆”似乎构成了翻译的双重性格，愚笨的“忠诚”可能会导向“叛逆”，而巧妙的“叛逆”可能会显出忠诚，这也许就是“相似处犹显平乏，不似处倒见魅力”的翻译辩证法吧。这一双重性格如何把握，结局悲惨还是圆满，取决于译者的创造力，而要创造，就不能不要求译者的自我修炼与完善。

3. 开拓思想的疆界

1995 年 8 月，我去北京参加“亚洲翻译家论坛”，抽暇拜访了好友郭宏安先生，与他一起畅谈翻译。他问我，跟翻译打了这么多年的交道，感觉如何。我说很苦，也很幸福。如果有来生，还是选择翻译。

确实，我对翻译有一种难以割舍的感情，此情之诚，似乎感动了上帝。在我人生的重大转折时期，我如愿以偿，进了南京大学，得以继续和翻译打交道。这些年来，我不仅做翻译，而且还教翻译，研究翻译，三位一体，于我真可谓“至福”。

翻译于我，不仅仅是一种爱好，一种兴趣，而且是我生命的一部分。由于有了翻译，我从来没有过被命运之神忽略的悲哀，更没有过常人在商品社会里无所适从的茫然。我爱翻译，并以我执著、赤诚的爱，去影响我的学生、我的朋友，让更多的人献身于这一旨在人类交流和沟通的神圣事业。教翻译，首先教做人，翻译求真，以诚为本。钱钟书先生说，翻译最高的境界是“化境”。我想“化”与“讹”，只有一个偏旁之差，求“化境”，不能太功利，太随心所欲，不然，“化”不成，反倒有“讹”之谦。做翻译和做人一样，能保持本色最好，原汁原味，不矫不饰，以真诚求真美。

为求真美，我把更多的精力投向了对翻译的探索。翻译是人类交流史上最古老、最复杂的文化现象。它的本质是什么？翻译是艺术，还是科学？翻译是再创造，可再创造的基础何在？再创造的度如何确定？

评判翻译好坏的标准是什么？这一个个在圈外人看来根本不成问题的问题，恰为翻译理论提供了生存的基础。应该说，我对翻译的认识是在不断加深的。1997 年，法兰西共和国总理若斯潘来华访问，在访沪期间，邀请中方各界人士数十名在法国人设计的上海大剧院会面。记得在会上，我曾针对若斯潘总理在演讲中所强调的“文化价值”问题，向他发问：“文化与语言密切相关，面对世界的‘英语化’和全球经济的‘一体化’，法国政府何以维护法语的地位，又何以发扬光大法兰西文化？”他没有直接回答我的问题，而是作了一个原则性的思考：一个民族语言的丧失，就意味着这个民族文明的终结。任何一个维护民族文化价值的国家都不会听任自己的语言被英语所取代。而对世界来说，经济可以全球化，甚至货币也可以一体化，但文化则要鼓励多元化。他认为，正是本着文化多元化的精神，法兰西文化在尊重其他民族文化的同时，得到了自身的不断发展与丰富。若斯潘的这番回答，尤其他对文化多元化原则的阐发，引发了我日后对文化问题，尤其是对翻译问题的不少思考。若从政治的角度看，法国鼓励全球文化的多样性，推崇文化多元价值观，也许是对抗美国经济霸权的一种策略。但以历史的眼光来看，法兰西对文化价值的推崇，对文学艺术的追求，对实现文化多样性的努力，是以其深厚的民族传统为基础的。不然，很难想象法兰西民族会有其绵延千年、昌盛不衰、为世界瞩目的灿烂文化，更难以想象近代以来，西方思想、文化领域的诸多思潮与流派大都会发轫于法国。基于对翻译有着自己明确的理解和认识，我主编了冠以“法兰西书库”之名的开放性译丛，表明了我对文化多元价值观的一种认同，也是多元文化精神的一种直接体现，目的在于让广大中国读者能听到法兰西思想的不同声音，看到法兰西文化的不同侧面，欣赏到法兰西文学艺术的不同风采。

如今，在我看来，从源头上讲，翻译所起的最为本质的作用之一，便是基于交际的人类心灵的沟通。翻译因人类的交际需要而生，在克服阻碍交流的语言差异的同时，翻译为交流打开了通道。多亏翻译，人类社会从相互阻隔走向相互交往，从封闭走向开放，从狭隘走向开阔。阿弗雷德·波拉德在论述《圣经》翻译的重要意义时说过一段不乏诗意而又极为深刻的话：“翻译如同打开窗户，让阳光照射进来；翻译如同砸碎硬壳，让我们享用果仁；翻译如同拉开帷幕，让我们能窥见最神圣的殿堂；翻译如同揭开井盖，让我们能汲取甘泉。”波拉德的这段话虽然是针对《圣经》翻译而论的，但从中我们不难领会到，翻译给人类社会带来的，既有精神之光芒，又有物质之果实。借助翻译，人类社会不断交流其创造的文明成果，互通有无，彼此促进。应该说，没有旨在沟通人类心灵的跨文化交际活动，即我们所说的翻译活动，人类社会便不可能有今天的发展。感谢法国，感谢法国文学翻译，让我拓展了思想的疆界，领悟到了翻译的真谛。

三、研究翻译

1. 文学翻译离不开批评

我做文学翻译，又研究翻译理论，还从事翻译教学。我认为，“翻译学”作为一门科学，应该包括四大类：一是对翻译的基本原理与方法的研究，通常被我们称为翻译理论，如张今的《文学翻译理论》、刘宓庆的《现代翻译理论》；二是对翻译活动的发展及其相关问题进行探索，这就是翻译史研究的范畴，在这方面，我们已有马祖毅的《中国翻译通史》和谭载喜的《西方翻译简史》；第三方面是翻译教学研究。再就是对翻译活动的产物，即翻译作品的研究，这就是我们所说的翻译批评。在这第四个方面，上个世纪 80 年代，理论的研究似乎还是个空白。我国译坛多年来一直存在着理论研究与实践相分离的弊端：搞理论的人不做翻译，搞翻译的人也不顾理论，这对于翻译事业的发展极为不利。

应该说，文学翻译批评离不开文学翻译。从理论上讲，对文学翻译批评的研究，也同样离不开文学翻译理论的启迪，两者的关系是极为密切的。对文学翻译活动的复杂性，人们或多或少都有所认识，但对真正从事过文学翻译，特别是文学名著的译家来说，这种认识要深刻得多。

1987 年，我有幸参加了法国文学巨匠普鲁斯特的惊世之作《追忆似水年华》(卷四)的翻译，这次翻译给我提供了一个思考翻译、评价翻译和探讨翻译批评活动的空间。面对这部国际译坛公认的“极难翻译”的“天书”，我一直在思考探索，试图从理论的高度解释翻译过程中遇到的重重困难，并希望通过自己的研究给广大汉语读者带来阅读的便利。于是，围绕着这部译作，我发表了一系列文章，如《自然传神、刻意求工——〈追忆似水年华〉卷一汉译本简评》、《〈追忆似水年华〉卷四翻译札记》、《论普鲁斯特隐喻的再现》、《句子与翻译——〈追忆似水年华〉汉译长句的处理》、《形象与翻译——评〈追忆似水年华〉汉译隐喻的再现》、《风格与翻译——评〈追忆似水年华〉汉译风格的传达》。其中，《论普鲁斯特隐喻的再现》刊登于《国际译联通讯》，受到国际译坛专家的高度评价。可以说，此次翻译活动给我提供了理论观点的依据和凭证。在此基础上，我又选择了一些具有代表意义的批评对象，如傅雷的翻译风格，《红与黑》的翻译等，在研究文学翻译的基本原则和方法的同时，运用翻译层次论对文学翻译批评的基本范畴、原则和方法进行探讨。

1992年12月，译林出版社推出了我的第一部翻译批评专著《文学翻译批评研究》。这部著作是一部很不成熟的小书，也算不上一部严格意义上的学术专著，实际上是我就文学翻译展开的一些思考的记录，里面涉及我对翻译活动的认识。想通过实实在在的批评实践，结合具体的翻译作品，提出一些与文学翻译批评相关的重要问题，引起人们的关注，进而对文学翻译批评进行理论的探讨。这本小书有一个特点，就是理论与实践紧密结合，书中所探讨的问题基本上都以翻译文本为基础。若没有亲身译事的经历，是很难真正感受翻译活动中所涉及的各种要素和问题的；若不了解对翻译活动起着制约作用的诸要素和翻译的可能性及限度，要对译家的翻译活动和他们的译作进行合理、公允的评价，实际上是不可能的。我希望自己这部粗糙的著作能够起到抛砖引玉的作用，为有更多的人来关心文学翻译批评事业，进行文学翻译批评的理论探索，总结出一套系统、科学、富有指导意义的理论来。

2.《红与黑》汉译大讨论

1947年，由青年诗人赵瑞蕻执译的《红与黑》第一个汉译本问世。从它的问世到1995年这将近半个世纪的时间里，又有十几个译本问世，包括罗玉君、黎烈文、郝运、闻家驷、郭宏安、许渊冲、罗新璋等的译本，而其他剽窃、抄袭的译本不在我们的讨论范围内。这些译本都倾注了各译家大量的气血和精力，他们一致追求，希望向我国读者奉献一个堪与原著相媲美的译本。

1995年，围绕《红与黑》多个译本的问世，中国翻译界展开了一次范围很广的讨论。我积极参与了整个讨论，在某些环节上，还起到了组织、沟通的作用。首先，在上海《文汇读书周报》的大力支持下，南京大学西语系翻译研究中心发起组织了《红与黑》汉译读者意见征询。考虑到版本的影响和特色，我们主要挑选了罗玉君、郝运、郭宏安、许渊冲、罗新璋五位译家的译文，他们的译文各有千秋，各具特色，有的以“信”为本，偏向原作，带有明显的“欧化”倾向；有的忠实于原作，比较贴近原文，带有些许“欧味”；有的以再现原作的风格为己任，追求与原作风格和谐一致；有的倾注了艺术家的心灵，力求还原作以“艺术”生命；还有的能意译尽量意译，发挥译语优势，进行再创作，力求将翻译提高到创作的地位。总之，不同的译文满足了当今读者多元的审美要求和不同层次的读者的需要。征询的结果和读者的意见，刊登在《文汇读书周报》1995 年 7 月 1 日第 10、11 版。我们发现，从读者对译文语言的要求看，大多数读者比较喜欢忠实于原作，追求与原作风格一致的译文，哪怕译文带有一定的“欧味”。译者的动机和追求与读者的反应不尽一致，这一结果大大出乎某些译家的意料，也引起了一些译论研究者的重视和思考。其次，我通过对谈、书信等形式与不同译本的译家进行了深入细致的讨论，涉及文学翻译中实践与理论的关系问题、文学翻译的目的与功用、翻译与创作的关系、文学翻译再创造的“度”、翻译的风格问题、翻译是否有定本等等。在这场大讨论中，我对罗新璋、许渊冲两位翻译家的译本都公开提出过批评，他们也针对我的批评进行了回应和反批评，尽管有慷慨激昂的争论，但双方都本着实事求是的态度进行翻译探索，两位老先生丝毫没有把我的批评视作对他们的不敬，而是以广阔的胸怀和真诚的探索精神来推动翻译批评积极、健康地开展。在这样良好的互动关系下，译者与批评者互相启发、共同提高。同年，我在许多同行的支持下，把讨论中的有关文章、书信、对谈、读者调查等文字结集出版，题为《文字·文学·文化——〈红与黑〉汉译研究》。如书名所揭示的那样，一切都被包容在文字、文学与文化的和谐统一之上，文学是文字的艺术，文化的一个重要组成部分，而文学中又有文化的沉淀，因此，文字、文学、文化是一个难以分割的整体。

有人说，翻译没有理论；也有人说，翻译理论，是翻译研究者的事，翻译用不着理论的指导。《红与黑》的翻译，倒为我们提供了有力的证据，证明这些观点有失偏颇。《红与黑》的汉译证明，翻译不仅有理论，而且有不同的理论和观点；翻译不仅有理论指导，而且在不同理论的指导下，有了不同的实践，出现了风格殊异的译文。平心而论，《红与黑》的翻译，代表着我国目前法国文学翻译界的最佳水平。老一辈的赵瑞蕻、罗玉君、闻家驷、许渊冲、黎烈文、郝运都是国内外知名的翻译家，有着丰富的译事经验；罗新璋、郭宏安等译家，当时更是中年翻译家中的佼佼者。由于对翻译认识不同，主张各异，在不同的翻译原则指导下，他们的译文表现出了各具个性的特色，也在一个侧面反映了他们各自的翻译观。

这场大讨论是中国翻译批评理论界所倡导的健康、科学而客观的文学翻译批评的基本原则和基础方法的一次成功实践，也是一次开创良好文学翻译批评风气、对中国文学翻译出版事业产生积极而深远影响的活动，更是翻译批评对翻译理论发挥建构作用的一个很好的例证。这次大讨论在国际学术界也产生了很重要的影响，法国翻译理论家乌斯迪诺夫在由法国大学出版社出版的《翻译》一书中，将有关《红与黑》汉译讨论与批评的研究成果作为重要的理论探索，与多元系统理论一起做了介绍。

3. 文字、文学、文化

因为喜欢翻译，四十年来我一直也有机会做翻译，教翻译，研究翻译，渐渐地对翻译的问题变得比较敏感，喜欢琢磨思考。最初，我主要精力集中在如何翻译上面，对一些名翻译家的精彩翻译段落与原文进行仔细的比较，想从中悟到一点翻译的技巧。后来，我的视野变得相对开阔一些，对翻译的思考，也不再局限于技的层面，逐渐把目光扩大到了翻译的道的层面，不仅想领悟如何译的诀窍，也想探明老一辈翻译家们为何要这么译的道理。于是，我便有了“文学翻译基本问题研究”的设想，有了向老一辈翻译家们当面请教的愿望。1998 年，我承担国家教委人文社会科学研究“九五”博士点重点研究项目《文学翻译基本问题研究》，在《译林》杂志支持下，决定对国内不同语种的优秀翻译家进行访谈，就文学翻译问题展开交流和探讨。目的主要有两个：一是在理论的层面，希望通过学习比较前辈优秀的译作，对他们留下的宝贵的翻译经验进行分类、整理、归纳、分析和研究，借助文艺学、语言学和文化研究的最新理论成果，对文学翻译的一些具有共性的基本问题进行历时和共时的分析比较，进而上升到理性的思考，作出合理的、科学的描述和阐释，为我们认识文学翻译的本质，把握、处理好翻译中面临的各种关系，采取各种可资借鉴的手段，实事求是地研究和解决好翻译中的基本问题，提供指导，同时对中国文学翻译理论的系统、科学研究，可以提供比较可靠的依据。另一个是在实践的层面，通过对谈、通信或笔谈的形式，与翻译家一起交流，以问题为中心，以他们丰富的翻译实践经验为基础，结合他们在实际翻译中所遇到的障碍和困难，对涉及文学翻译的一些重要方面进行深层次的思考与探索，进而挖掘他们的翻译思想，总结他们的翻译策略和方法，为年轻的翻译工作者指路。此外，我们也感觉到，这些优秀的翻译家都上了年纪，迫切需要及时地把他们宝贵的翻译经验总结出来，并在理论上有所升华，留给下一代。

我们选择了20位翻译家，他们都具有相当的代表性，涉及的语种有英语、俄语、法语、德语、意大利语、西班牙语和日语。在他们中间，有蜚声中外的文化大师，有独树一帜的语言学家，有成就卓著的诗歌翻译家，有文学研究成果累累的学者，有的长期担任翻译出版的领导工作，有的毕生从事文学翻译作品的编辑工作，有的对翻译有着深入而系统的研究，有的本身就是作家、诗人。在向这些著名翻译家请教时，我们充分考虑到他们的特点，从各个角度对翻译，特别是对文学翻译的一些具有共性的问题进行探讨。我们认为，文学翻译，有其特殊性。文学，是文字的艺术，是文化的一个组成部分，而文字中，又有文化的沉淀。文学翻译既是不同语言的转换活动，也是一种艺术再创造活动，同时也是一项跨文化的交流活动。在这个复杂的活动中，无论哪个译家，都必然会遇到与上述三个活动过程相关的客观问题。不同的译家，虽然对文学翻译可能有不同的看法，但都无法回避文学翻译的语言、艺术审美以及文学所具有的社会、文化功能方面所面对的基本问题，诸如如何对待原作，是"忠实"还是"再创造"？是致力于原作的文字形式转换的对等，还是寻求艺术效果传达的近似？是"异化"还是"归化"？翻译家如何处理协调作者风格与译者风格的关系？如何发挥翻译主体的作用并保持客观性？如何认识文学翻译的目的、功能和艺术本质？如何衡量、评价一部译作的成功与否？对这些具有共性的基本问题，老一辈的翻译家们，在他们长期的翻译实践中，或多或少都有过这样或那样的思考。尤其对文学翻译中所遇到的障碍和困难，他们都有着深切的体会，并积累了许多经验，在文字、文学、文化等各个不同层次探索过克服这些障碍的方法和手段。无论是他们的理论思考，还是翻译方法或技巧，对我们年轻的翻译工作者，都有着重要的参考、启迪与指导意义。

历时三年，我们得到了《译林》编辑部的大力支持，在王理行先生的直接参与下，利用"翻译漫谈"栏目，把通过各种形式进行的对话忠实地展现给广大读者，使更多的人来思考翻译问题，关心翻译事业，关心中外文化交流和中国文化建设事业。《文学翻译理论与实践——翻译对话录》出版后，两岸三地的译界同仁给予了高度的评价，《中国翻译》、《中国比较文学》、《外语与外语教学》、《江海学刊》、《中华读书报》、《文汇读书周报》和《文学报》等报刊杂志发表了一些文章，充分肯定了这部著作的学术价值和实践指导意义。该书获得了江苏省第八届哲学社会科学优秀成果三等奖(2003)和第六届全国优秀外国文学图书奖三等奖(中华人民共和国新闻出版总署主办,2003年9月)。二十余年来,该书为从事翻译研究的同行提供了丰富的理论思考的资源,成了译学界引用最多的参考书之一。

前辈的精神对我来说,是一份取之不尽、用之不竭的遗产。这些年来,我对翻译更加钟情,对翻译的理解也不断加深,经常与媒体朋友、译界同行、学生等就翻译与文化问题交流彼此的看法。翻译似乎有说不完的话题,我想这是因为翻译跟人类的生活、文明的进程、文化的交流关系太紧密的缘故吧。我觉得翻译本身就是一种对话,它应该建立的是文明与文明之间的对话,是人与人之间的对话,是人类心灵之间的对话。

4. 翻译之用

在拙著《翻译论》(湖北教育出版社,2003年)中,我就翻译的本质问题进行了探讨,对何为翻译进行了历史的分析和理性的思考,提出了自己对翻译本质的认识,特别强调指出翻译活动具有"社会性"、"文化性",进而指出了"翻译的符号转换性"、"翻译的创造性"和"翻译的历史性"。应该说,对翻译这五个方面特征的认识,构成了我对翻译加以定义的基础:"翻译是以符号转换为手段,意义再生为任务的一项跨文化的交际活动。"对翻译的这一定义,可以说是自己对翻译的基本理解,也就是我的基本翻译观。以此为基础,我对翻译之"用"从五个方面进行了相应的探讨,认为翻译具有多方面的价值。

翻译的社会价值是由翻译活动的社会性所决定的,主要体现在它对社会交流与发展的强大推动作用。翻译活动历史之悠久,领域之广泛,形式之丰富,无疑为翻译作用的发挥提供了客观的基础。从源头上讲,翻译所起的最为本质的作用之一,便是其基于交际的人类心灵的沟通。翻译因人类的交际需要而生。在克服阻碍交流的语言差异的同时,翻译为交流打开了通道。多亏翻译,人类社会从相互阻隔走向相互交往,从封闭走向开放,从狭隘走向开阔。学者邹振环写过一部书,叫《影响中国近代社会的一百种译作》,从该书中我们可以看到翻译是如何又是在哪些方面影响了中国近代社会,对其发展起到推动作用的。邹振环以译本的社会影响为标准,选择了一百种译作。他认为,这些译作"使近代中国人超越了本民族、本世纪、本文化的生活,给他们带来了新的见闻、激动、感悟、灵智与启迪,使他们开始了从狭窄的地域史走向辽阔的世界史的心路历程”[①]。翻译之于社会的推动力，首先在于其交际性，翻译开启心灵，打开思想的疆界，交流是理解的基础，而理解是世界各民族“从狭窄的地域史走向辽阔的心路历程”的原动力之一。就对中国近代社会的影响而言，邹振环认为这一百部译作虽然“谈不上有主宰中国民族命运的天体之力”，但这种影响是“如影随形，如响应声”，起到了推动中国社会文化发展的效应和作用，“当然其中包含有精神的和理智的力量在起作用。这种影响可以是正面的，也可以是负面的；有直接的，也有间接的；有回返影响，也有超越影响。”[②]翻译对社会的推动力，还在于对民族精神和国人思维的影响。鲁迅的翻译实践和追求可为我们理解这一问题提供某种答案。王彬彬在《作为翻译家的鲁迅》一文中谈到：“启蒙，是鲁迅毕生的事业；而启蒙的重要方式，便是把异域的新的思想观念，把异域的精神生活，介绍到中国来。在20世纪的中国，可以说鲁迅是对翻译事业最重要者之一。而且，在翻译上，他有两个独特的方面。一是注意介绍弱小民族的精神生活，思想行动。与只把眼睛盯着西方强国者不同，鲁迅早年在日本时，便留心搜求被压迫民族的作品，并把它们译介给中国读者。因为他觉得弱小民族、被压迫民族与中国境遇相同，因而对中国读者更具有现实针对性，更能促使中华民族反省和觉醒，更能激发中华民族的血性、热情和斗志。另一方面，是他希望通过翻译，改造汉语，从而最终改造中国人的思维方式。”[③]鲁迅的这两个独特的方面，我们认为是互为一体的。一是翻译对于精神塑造的作用，二是翻译对于改造语言最终达到改造国人思维方式的作用，这两者在本质上是相通的。思维的改造与精神的塑造是推动社会变革的基本力量，而翻译对于这两者所起的作用往往是直接而深刻的。

翻译的文化价值。翻译在世界文明进程中扮演着重要而独特的角色。社会的发展、文化的积累和丰富与文明的进步是紧密结合在一起的，所以当我们在上文中探讨翻译之于社会的作用时，实际上已经涉及了翻译与文化发展的关系。就我们对翻译本质的认识而言，近三十年来，随着翻译研究的不断发展，翻译文化意识的日益觉醒，人们对翻译的认识与理解也不断深入与提高。当翻译界渐渐达成共识，以“跨文化的交流活动”来对翻译进行定义时，这也就意识到我们应该从文化的高

---

① 邹振环著《影响中国近代社会的一百种译作》，中国对外翻译出版公司，1996年，参见前言第Ⅴ页。
② 邹振环著《影响中国近代社会的一百种译作》，中国对外翻译出版公司，1996年，参见前言第Ⅵ页。
③ 王彬彬著《为批评正名》，时代文艺出版社，2000年，第146页。

度去认识翻译，去理解翻译。季羡林在为《中国翻译词典》所写的序言中明确指出："只要语言文字不同，不管是在一个国家或民族（中华民族包括很多民族）内，还是在众多的国家或民族间，翻译都是必要的。否则思想就无法沟通，文化就难以交流，人类社会也就难以前进。"[①]基于这一认识，我们可以说，翻译是因人类相互交流的需要而生，从这个意义上说，寻求思想沟通，促进文化交流，便是翻译的目的或任务之所在。如果说翻译以克服语言的障碍、变更语言的形式为手段，以传达意义、达到理解、促进交流为目的，那么把翻译理解为一种人类跨文化的交流活动，应该说是一个正确的定位。从这一定位出发，我们便不难理解翻译在人类文化发展进程中所起的作用了。季羡林先生在谈到翻译的作用时，曾以中华文明的发展为例，作了如下精辟的阐述："英国的汤因比说没有任何文明是能永存的。我本人把文化（文明）的发展分为五个阶段：诞生，成长，繁荣，衰竭，消逝。问题是，既然任何文化都不能永存，都是一个发展过程，那为什么中华文化竟能成为例外呢？为什么中华文化竟延续不断一直存在到今天呢？我想，这里面是因为翻译在起作用。我曾在一篇文章中说过，若拿河流来作比较，中华文化这一条长河，有水满的时候，也有水少的时候，但却从未枯竭。原因就是有新水注入。注入的次数大大小小是颇多的，最大的有两次，一次是从印度来的水，一次是从西方来的水。而这两次的大注入依靠的都是翻译。中华文化之所以能长葆青春，万应灵药就是翻译。翻译之为用大矣哉！"[②]季羡林的这段话，对我们从文化的高度来认识与评价翻译的作用，无疑具有理论的指导意义。一个民族的文化是不断创造、不断积累的结果。而翻译，在某种意义上，则是在不断促进文化的积累与创新。一个民族的文化的发展，不能没有传统，而不同时代对传统的阐释与理解，会赋予传统新的意义与内涵。想一想不同时代对《四书》、《五经》的不断"翻译"，不断阐释，我们便可理解，语内翻译是对文化传统的一种丰富，是民族文化得以在时间上不断延续的一种保证，而不同民族语言文化之间的交流，是一种需要。任何一个民族想发展，必须走出封闭的自我，不管你的文化有多么辉煌，多么伟大，都不可避免地要与其他文化进行交流，在不断碰撞中，甚至冲突中，渐渐相互理解，相互交融。在这个意

① 季羡林《中国翻译词典》序，转引自林煌天主编《中国翻译词典》，湖北教育出版社，1997年。
② 季羡林　许钧《翻译之为用大矣哉》，《译林》，1998年第4期，第210页。

义上，翻译又是民族文化在空间上的一种拓展，在内涵上的一种丰富。

翻译的语言价值。翻译语言价值主要体现在翻译活动对语言的产生的作用和影响上。梁启超在《翻译文学与佛典》一文中，从词语的吸收与创造、语法、文化之变化等方面，讨论了佛经翻译文学对汉语的直接影响，并提出了许多重要观点。梁启超十分清醒地看到了佛经翻译对于"汉语实质之扩大"所起的重要作用，而鲁迅无论是在认识上，还是在实践中，都把翻译当作改造语言、革新思维的重要事业去对待。"在鲁迅那里，翻译并不仅仅是一种手段，而且本身便是目的。把外国语译成汉语，不仅仅是把外国人的思想、情感介绍给中国人，同时本身便是汉语自身的一种实验。或者说，翻译，不仅仅是把外国人的思想、情感介绍给中国人，同时也把外国人的语言方式，也就是产生这种思想、情感的方式，一并介绍给中国。"[①]鉴于此，鲁迅极力主张"直译"、"硬译"、"宁信而不顺"，要借此使汉语得到改造，使汉语更细致精密，更富有表现力，更具有逻辑性。

当我们把目光从中国移开，投向西方语言的发展史，我们发现历史具有惊人的相似，翻译对于语言改造的特别作用在历史的进程中得以不断凸现。路德翻译《圣经》的例子具有深刻的历史内涵。从路德所处的历史环境看，路德翻译《圣经》具有两个重大意义：一是对德国宗教的改革的实质性推动，二是对德国语言统一与发展的开拓性作用。安托瓦纳·贝尔曼在《异的考验——德国浪漫主义时代文化与翻译》对此有详细的论述与分析。[②] 为了推动宗教改革，路德用德国大众的语言来翻译《圣经》，这一革命性的尝试以"土生土长"的地方性语言为出发点，在翻译的过程中进行提炼，使其成为规范语言。在我们看来，"这种具有广泛大众意义的翻译语言的创立，不仅使新版《圣经》成为德国宗教改革的基石，更是扫清了中世纪的德意志语言的积秽，成为其后几百年里书面德语的典范。"[③]在欧洲，不仅仅在德国，而且在法国、西班牙、意大利等国，翻译都起到了培育现代语言的作用，使与拉丁语这种公认的"文明语言"相对而言的"俗语言"，如德语、法语、西班牙语等，在翻译过程中不断丰富自身，在种种"异"的考验中最终显示了自身的生命力，确

---

① 王彬彬著《为批评正名》，时代文艺出版社，2000 年，第 147 页。

② Antoine Berman. *L'épreuve de l'étranger, culture et traduction dans l'Allemagne romantique*, Paris, Gallimard, 1984, pp. 45 - 48.

③ 许钧　袁筱一等编著《当代法国翻译理论》，湖北教育出版社，2001 年，第 254 页。

立了自我。

当我们在强调翻译的语言价值，论述翻译对目的语所起到的种种积极的作用时，我们也清醒地意识到，在历史上，由于翻译方法或策略运用不当，翻译的过分“异化”对目的语造成的负面影响也不容忽视，如在“五四”新文化运动前后，翻译中所出现的对“欧化语言”的过分推崇现象，值得反思。

翻译的创造价值。对翻译的创造性，在上文讨论翻译的社会、文化和语言价值时，实际上已经涉及到了翻译在上述层面所表现出的创造功能。从社会的角度看，任何社会活动都必须以交流为基础，交流有利于思想疆界的拓展，而思想的解放，又构成了创造的基础。从文化角度看，翻译中导入的任何“异质”因素，都是激活目的语文化的因子，具有创新的作用。从语言角度看，为了真正导入新的事物，新的观念，新的思路，翻译中就不可避免地要像梁启超所说，进行大胆的创造。如果说文学是语言的艺术，那么在翻译活动中，语言符号的转换更是具有创造的特征，“好的文学翻译不是原作的翻版，而是原作的再生。它赋予原作以新的面貌、新的活力、新的生命，使其以新的形式与姿态面对新的文化与读者。”①张泽乾所用的这五个“新”字在一定程度上为翻译艺术的创造性作了最为精辟的注解。探讨翻译的创造价值，我们注意到一个非常有趣的现象，那就是在“创造”两字之前，有一个限定词“再”。这一个“再”字，联接着出发语文化与目的语文化，也连接着具体翻译过程中所涉及的出发语与目的语，原作与译作，它提醒我们不要割断两者的血脉关系，也告诉了我们这样一个道理，任何创造都不可能是凭空的创造，它应该是一个继承与创新的过程。当“本我”意欲打破封闭的自我世界，向“他者”开放，寻求交流，打开新的疆界时，自我向他者的敞开，本身就孕育着一种求新求异的创造精神。这种敢于打开封闭的自我，在与“异”的交流、碰撞与融合中丰富自身的求新的创造精神，我们可视为一种翻译精神。我们认为，这种翻译精神构成了翻译的创造功能之源泉。

翻译的历史价值。树立翻译的历史价值观，包括两个重大方面的内容。首先，我们要充分认识翻译对于人类历史的发展所作的实际贡献。在上文中，季羡林就翻译在中华文明发展中所作的贡献所说的那

---

① 张泽乾《翻译百思》，见许钧主编《翻译思考录》，湖北教育出版社，1998年，第470页。

段话，是深刻而精辟的。考察人类文明发展史，我们发现历史的每一次重大进步与发展，都离不开翻译。每一次重大的文化复兴，都伴随着翻译的高潮，如古希腊、古罗马文化的复兴，往往以翻译为先锋。像发生在9世纪的加洛林王朝的古典文化的复兴，发生在12世纪的所谓的原始文化复兴，以及15至16世纪的文艺复兴，翻译起着不可替代的推动作用。其次，我们要从历史的角度来看翻译的可能性。翻译作为跨文化的人类交际的活动，有着不可避免的历史局限性。就具体的翻译活动而言，无论是对原文的理解还是阐释，都不是一个译者一次就能彻底完成的。尤其是艺术个性强的原作，往往有相对来说比较大的阐释空间，需要一代又一代译者不断去挖掘。在这个意义上，当我们认识到翻译活动的历史局限性，实际上也就是为树立翻译的历史价值发展观奠定了某种基础。换言之，我们既要清醒地意识到翻译活动的历史局限性，又要以发展的眼光来看待这种局限性。正如乔治·穆南在《翻译的理论问题》一书中所坚持的，我们要对翻译活动始终持发展的观点："翻译活动的成就是相对的，它所能达到的交流思想的水平是变化发展的。"①我们知道，翻译活动在很大程度上要受到人类知识水平和世界的认识水平等诸方面因素的限制。但这种限制，会随着人类历史的发展而不断减少，为翻译活动的可能性开启越来越开阔的空间。持翻译的历史价值观，也就是意味着：一方面，我们可以从人类的翻译活动去考察人类历史的发展，另一方面，我们可以从历史的发展来看翻译活动的不断丰富的内涵和不断扩大的可能性。

在上文中，我们以我们对翻译本质的认识为基础，从五个方面对如何认识翻译的价值进行了初步的探讨。"翻译之为用大矣哉"，季羡林的这句话可为我们认识翻译的作用提供一个启发性的答案。翻译的作用是广泛而深刻的，我们有必要指出：从本质上看，翻译的社会性重交流，翻译的文化性重传承，翻译的符号转换性重沟通，翻译的创造性重创造，而翻译的历史性重发展。交流、传承、沟通、创造与发展，这五个方面也恰正构成了翻译的本质价值所在，从某种意义上，它们也是翻译精神之体现。

译道漫漫，拙著《翻译论》是我二十多年所走的翻译探索之路的回顾、反思与小结。姚小平、王东风、刘成富、吕俊、程章灿、王理行等学界

① Georges Mounin. *Les problèmes théoriques de la traduction*, Paris, Gallimard, 1963, p. 278.

好友在《外语教学与研究》、《中国翻译》、《外国语》、《外语与外语教学》、《文汇读书周报》、《中华读书报》等重要报刊对拙著发表了评论，刘云虹教授在国际著名学术刊物 *META* 上也发表了书评，直接促进了与国际翻译界的交流。此外，拙著有幸获得第九届江苏省哲学社会科学优秀成果二等奖（2006 年），并于 2008 年入选“改革开放以来南京大学 50 部具有重要影响的人文社会科学著作”和方梦之先生主编的《中国译学大辞典》（2011 年），并被《中国人文社会科学学术影响力报告》（2011 年）一书收录。2014 年，《翻译论（修订本）》由译林出版社出版发行，受到了国内学界同仁的关注与厚爱。

5. 傅雷永远活着

因为学法语，知道了翻译，因为学翻译，知道了有一个翻译家，叫傅雷。在我 30 岁的时候，傅雷对我而言是一部书，一部普通的书，因为那时我只知道傅雷是个做翻译的，他翻译的《约翰·克利斯朵夫》、《高老头》等法国文学作品很好读、很有意思。在我 40 岁的时候，傅雷对我而言，是一棵树，一棵常青树。因为研究翻译，我知道了翻译是一种历史的奇遇，是翻译使原作的生命在异国他乡的文化土壤上得到了延伸与传承。我想，傅雷与罗曼·罗兰可谓是一段历史的奇缘，要是没有傅雷，罗曼·罗兰在中国也许不可能拥有那么多知音；是因为傅雷，《约翰·克利斯朵夫》才在中国土地上获得了新的生命，像本雅明所说的那样，“获得了来生”，“江声浩荡”已经成为傅雷翻译的《约翰·克利斯朵夫》的一个重要符号，穿越了历史与永恒，浓缩了洋洋百万余言所表现的激情与活力、气势与气度、精神与灵魂、艺术与风骚。是傅雷这棵译界的常青树，延续了罗曼·罗兰、巴尔扎克等法国文学家在中国的文学生命。

由傅雷翻译的书，我开始关注书后的人，关注赋予了原著生命的翻译家傅雷。渐渐地，我懂得了翻译，懂得了翻译不仅仅是一种简单的文字转换，而是一种思想的播迁，一种跨文化的交流。等我到了 50 岁，傅雷于我而言，已经不仅仅意味着《约翰·克利斯朵夫》、《贝姨》、《老实人》等数百万字的经典译作，也不仅仅是赋予原作生命，使原作生命在中国得到延伸的译界常青树，而是一个人，一个大写的人。围绕着傅雷这个人，脑子里经常出现一个个问题：何为翻译？为何翻译？翻译何为？确切地说，对于傅雷而言，翻译意味着什么？傅雷为什么如此专注于翻译？他的翻译到底给中国，给中国读者带来了什么？

带着这些问题，我开始研究傅雷。2006年，我申请的“傅雷翻译研究”获得国家社科基金立项。同年9月24日至26日，我参加了由上海市文联、上海翻译家协会与上海南汇区博物馆主办的纪念傅雷逝世四十周年的“傅雷著译作品研讨会”。在会上，哲学家郑涌说，我们仅仅从翻译与艺术的角度去评价傅雷是不够的，因为傅雷不仅仅是翻译家，而且是一个思想家，他是“思想圣火传播者永远的榜样”。88岁高龄的北京大学张芝联教授是傅雷生前的好友，他认为，我们对傅雷，关注其翻译的技术层面比较多，但实际上，傅雷是个“文艺家、翻译家”，还是个“政治家、知识分子和心理学家”。要理解傅雷，研究傅雷，必须研究傅雷这个人，研究傅雷所处的时代和傅雷赖以生存的文化空间。从他们的话中，我感觉到，从对傅雷的翻译的关注，到对傅雷思想的关注，再到对傅雷这个人的关注，可以构成接近傅雷、理解傅雷的不同途径。

要理解傅雷，必须以阅读傅雷为基础。傅雷的书，我读过很多，我读过他的所有译作，还有他的家书，近来又读文集。也许是职业的缘故，我又联想到与傅雷翻译相关的一些重要问题。对于傅雷而言，翻译意味着什么？傅雷为什么如此执着于翻译？在傅雷文集中，在他为其译作所写的序言、前言和附识中，我们可以找到傅雷本人对这些问题的一个个答案。他依据国情有意识地选择符合中国人需要的优秀文学作品，试图通过文学的精神力量来改变民族的命运、改变国家的命运，傅雷先生翻译的影响首先体现在其译作在中国当时特定的历史环境中对国人精神的激发、心灵的启示。通过傅雷所写的这些文字，我们可以得到重要的启迪，以更好地理解原作，更好地理解其翻译的意义。是的，读傅雷的翻译，理解他翻译的意义，我们不能忽略他翻译的初衷和动机。他的翻译之路，给我们树立了榜样，有助于我们明确新时期的翻译工作目标：为输入优秀的外国文化遗产，弘扬中华民族文化，拓展我国读者视野，振兴中华民族，作出贡献。只有在这个意义上，去理解傅雷的翻译，我们才有可能走进傅雷的翻译世界，才有可能超越文字和文学的层面，真正认识到傅雷的翻译所具有的文化和思想意义，真正认识到傅雷的生命价值。

2008年，是傅雷先生的百年诞辰，中国学界举办了诸多的纪念活动来缅怀先生，同时也是为了将先生的精神发扬光大。4月7日，我应邀参加在国家图书馆展览厅举行的“洁白的丰碑——纪念傅雷百年诞辰展览”，并在开幕式上代表学术界和翻译界作了题为《执子之心　人文情怀》的讲话；4 月 8 日，我在北京人民大会堂举办的“傅雷先生诞辰百年纪念座谈会”上作了题为《傅雷永远活着》的讲话；4 月 9 日，我应邀在国家图书馆作了题为“阅读傅雷　理解傅雷”的学术讲座。5 月 15 日至 18 日，我主持召开了“傅雷百年诞辰纪念暨傅雷与翻译国际学术研讨会”，该研讨会由南京大学、江苏作家协会和中国翻译协会联合主办，我校法语系及翻译研究所承办，香港翻译学会、中国法国文学研究会和大众书局协办。出席会议的有来自法国、英国、比利时、美国、日本、德国、澳大利亚、新加坡等国家以及台湾、香港、大陆的 180 余名著名作家、文学家、翻译家、文艺评论家以及学界带头人，是我国从学术研究和文化交流的角度对“傅雷和翻译”进行全面研讨的一次峰会。在研讨会上，我作了《傅雷对于我们时代的意义》的总结性发言，主编的《傅雷的精神世界及其时代意义——“傅雷与翻译”国际学术研讨会论文集》于 2011 年 4 月出版。通过各种各样的活动，傅雷的翻译为越来越多的人所了解，傅雷的形象越来越深入人心，傅雷精神也影响到越来越多的中国人。

第四部分　国际学术交流

1993 年，我有幸获得了法国外交部与文化部颁发的奖译金，赴法国访问三个月，与法国翻译协会交流。1996 年 4 月 1 日至 5 日，我在香港中文大学参加了"国际翻译研讨会"。同年 8 月 25 日，我前往日本，到庆应大学参加为期一周的"国际法语教师代表大会"。1998 年 6 月 4 日至 9 日，我到法国参加"翻译及其影响"国际学术研讨会；10 月 25 日，我在法国进行了两个月的讲学访问。1999 年 4 月 26 日至 5 月 5 日，我访问了香港岭南学院。2000 年 7 月 6 日至 26 日，我在法国巴黎参加了第十届"国际法语教师代表大会"。2002 年 12 月 3 日至 12 月 18 日，我到香港中文大学讲学，并被授予香港中文大学龚雪因学者称号；11 月 3 日，我前往法国访问巴黎第八大学和国际法语国家组织，18 日回国。2003 年 12 月 3 日至 8 日，我再次受邀到香港中文大学讲学。2004 年 5 月 8 日至 19 日，我先后访问了英国布里斯托大学、德国哥廷根大学和法国巴黎第十二大学。2005 年 9 月 1 日，我去香港接受了香港翻译学会授予的荣誉会士衔，并于 9 月 3 日在香港大学作了题为《意识、视野、判断力与思想——译道行之回顾与反思》的演讲。2005 年 11 月 25 日至 12 月 2 日，我前往巴黎，访问第八大学与巴黎第十一大学。在为期一周的访问期间，我先后与巴黎第十一大学副校长科莱特·芙瓦桑教授，该校法律、经济与管理学院院长福热尔教授、巴黎第八大学校长吕奈尔教授、校学术委员会副主席雅克·纳夫斯教授以及比较文学系主任蒂菲娜·萨莫瓦约教授就合作研究、研究生培养和共同举办国际学术会议等事宜进行了广泛与深入的交流。2006 年 3 月，中法博士生学院在巴黎成立，我应邀去参加了成立大会，并出席了多场学术交流活动。2007 年 9 月 29 日至 10 月 14 日，受法国巴黎高等师范学校的邀请，我前往巴黎，与巴黎高师、巴黎第三大学、第四大学、第八大学多位学者教授就法国文学与文化进行了广泛的交流，同时访问了法国文化部语言署署长以及法国外交部法语处处长，就法语语言政策与法语教育问题进行了探讨。2008 年 11 月 15 日至 12 月 5 日，受法国巴黎第八大学和巴黎高等师范学校的邀请，我访问了这两所高校，并在第八大学做了"二十世纪法国文学在中国的译介与接受"与"翻译基本问题研究"

两场学术报告。2008 年 11 月 28 日，我和高方博士有幸在巴黎见到了 2008 年诺贝尔文学奖得主勒克莱齐奥先生，我与他相识很早，这次相见是阔别十多年后的再次重逢，我们聊了很多，从先生的获奖到其作品的创作思想，再到中国的文学作品，勒克莱齐奥先生始终很热情地和我们交流。2009 年 11 月 7 日至 10 日，由南京大学法语系与法国巴黎第八大学世界文学与比较文学系、法国国家艺术史研究院共同主办的“翻译的地缘：法国、俄罗斯、中国、日本”国际研讨会在巴黎法国国家艺术史研究院举行。来自法国巴黎第八大学、巴黎东方语言文化学院、俄罗斯圣彼得堡大学、俄罗斯国立人文大学、俄罗斯科学院、中国南京大学等国际知名高校的专家学者以及部分法国著名作家和翻译家共 30 余人与会。我作为研讨会组织委员会和学术委员会的负责人之一，全程参加了研讨会的学术安排，并且在研讨会开幕式上代表南京大学致辞，还作了题为“在中国的外国文学摆渡者”的大会报告。同行的南京大学法语系副主任高方博士和张晓明讲师也分别作了题为“论二十世纪中法文学交流的不平衡”和“阐释‘忠实’”的大会报告。除此之外，我和高方博士还分别参与主持了两场圆桌讨论会。会议期间，法国国家艺术史研究院院长安托瓦娜·勒诺曼-罗曼女士专门与我就中法文化交流合作问题进行了会谈。近几年，国际学术交流越来越频繁，我又多次到美国、法国、德国、西班牙、意大利、葡萄牙、韩国等国，或进行学术访问，或参加国际学术研讨会，这里不拟一一赘述。

第五部分　人才培养

一　教翻译

从1975年大学毕业后留校任教，到如今已经40年了。这些年来，我一直从事着跟翻译有关的教学工作。1991年9月起，我开始在南京大学法语系工作，1992年由于科研成果突出由讲师直接晋升为正教授，1995年获得博士生导师资格。我先后被评为"南京大学教学名师"、"江苏省高等院校教学名师"。1999年，法国政府授予我"法兰西金质教育勋章"。

"翻译通论"是我在南京大学外语学院开设的一门通选课，主要面向外国语言文学一级学科的硕士生，但对全校的博士生、硕士生与南京有关院校的研究生也开放。这门课被列为南京大学研究生重点建设课程，还被评为江苏省优秀研究生课程，选修者较多。我针对教学的需要，把重点放在"翻译"两字上，紧紧围绕翻译活动展开思考，引导研究生参与讨论，取得了较好的效果。2007年，南京大学首届翻译硕士学位专业教育开办，我与外国语学院的刘华文博士承担"翻译概论"课程的教学工作。据参加研修的首届四十位翻译专业硕士研究生反映，我们的教学安排比较合理，教学效果也比较好。通过这些教学工作，我也积累了一些经验。随后，在外语教学与研究出版社的促动下，我开始编写《翻译概论》一书，这书是全国翻译硕士专业学位系列教材之一，不仅要简明系统，还要有学术指导性和实践指导性。在编写过程中，我征得了湖北教育出版社的认可和外语教学与研究出版社的同意，以我2003年出版的《翻译论》的思考与主干内容为基础，从"翻译概论"课程的教学实际出发，对结构作了重大调整，更新并充实了实际教学需要安排的内容。教材紧扣"翻译"两字，宏观与微观兼顾，内部与外部紧密结合，以问题为线索，展开思考、研究与讨论，将抽象深奥的学术理论融入到浅显的话语中，便于学习者的理解与接受。

我先后承担了江苏省新世纪高等教育教学改革工程"建设新世纪外语类专业创新型人才的培养体系"和江苏省"十一五"研究生创新教育研究重点课题"开放性研究生课程体系建设研究与实践"，积极探索从本科生到研究生的多层次人才培养模式，借鉴国内外先进教学理念和成果，根据新世纪外语人才培养的特点，将文字、文学、文化三者融为一体，组织建设了法语专业校级、省级和国家级精品课程。以我与刘成富教授合作主编的《法语阅读理解》(8卷)为基础的法语阅读课程被评为江苏省精品课程及国家精品课程；主编的《法汉翻译教程》被评为江苏省和教育部精品教材；主编的《当代法国翻译理论》入选教育部推荐的研究生教学用书；主编的《翻译概论》为全国近200所学校的外语及翻译专业所使用；和南京师范大学宋学智教授合著的《二十世纪法国文学在中国的翻译与接受》获江苏省第十一届哲学社会科学优秀成果一等奖。2011年，我获得了"宝钢奖教金"特等奖，对自己来说不仅是认可，更是激励，激励着我追求翻译和翻译人才培养更为高远的境界。

二　学生培养

教书育人，首先要做好"人"，反映在教学上，首先需要以学生为本，注重人文关怀。从每一个学生的个体出发，注重学生的个性化培养，因材施教，是我多年教学中一直坚守的准则。我也从不把自己的某一学术观点强加在学生身上，特别欢迎他们和我讨论，甚至批评我的学术观点。对他们自己的某些观点和想法，我也非常尊重，一旦有了雏形，我会立即帮他们完善、清理思路，直至最后形成较成熟的观点。另外，我给学生上课，不是把某些理论灌输给他们，而是要教给他们一些方法，去发现，去创立属于自己的天地。根据研究对象和研究目标，采取适当的方法，才是研究得以进行的保证。每次接手一个新班级时，我都会通过各种途径认真了解每个学生的个性、特点、兴趣、特长，在此基础上为他们量身定制培养计划，引导学生不断突破自己。在我眼里，没有差学生。2006级有一位基础较差、学习兴趣不高的国防生。在翻译课上和课下，我从一个标点、一个断句入手，和学生促膝交谈，用治学的严谨与为人的求真引导学生，这位学生逐步建立了对法语，特别是对翻译的兴趣和信心，学习成绩不断提升，最终被南京大学法语系录取为翻译研究方向的硕士研究生。现中国击剑队男队总教练王海滨曾在我们法语系攻读学士学位，根据他的自身特点，我与他共同设计了以法国击剑历史及发展为主题的毕业论文。数易其稿后，他的论文获得了南京大学本科毕业论文与设计优秀奖。我一直认为，挖掘学生特点，有效引导学生，培养学生学习主动性，激发学生独立思考，鼓励学生成长，树立他们的自信心，比什么都重要。

培养学生有个经验，就是一定要从本科就做起。我选苗子从那时候就开始了，有自己的眼光，对他们要求也很严格，不能吃苦的不行，仅仅能吃苦的也不行，既要有对翻译事业的忠诚，也要有不可缺少的悟性。如果学生态度不端正，学风不合格，即使被录取了，我也照样会淘汰他们。我招的博士生不多，从1995年到现在总共21年，一共才招收了21个博士，其中已经获得博士学位14位，淘汰了3位，在校的还有几位。我们很多学科培养的博士不少入学时就已经是教授、副教授。我的学生二十一二岁到我这里读硕士，再读博士，一般来说从不招收在职的，大都是从本科开始。我和他们一起读书、写文章、做翻译、做研究。他们的论文基本上也都以翻译为研究对象，从一开始选题、收集资料、开题，到最后完成、修改，直至答辩，我都一一加以指导。我的研究生也都能从各方面严格要求自己，积极进取，不断探索，14个已经获得博士学位的学生发展都比较好，不少都获得了国家社科基金项目的立项。其中4位入选教育部新世纪优秀人才计划(全国法语界总共只有6位)。到目前为止，我指导的各类学生的论文中有4篇获得江苏省本科毕业论文与设计一等奖，1篇获二等奖；2篇硕士论文被评为江苏省优秀硕士学位论文；3篇博士论文被评为江苏省优秀博士学位论文；2篇博士学位论文获全国优秀博士学位论文奖，分别为宋学智博士的《翻译经典文学的形成与影响——傅译〈约翰·克利斯朵夫〉研究》(2008年)和高方博士的《中国现代文学在法国的翻译与接受》(2010年)。再者，学生研究的方向课题要选好。应结合法语语言文学与翻译研究的基础理论问题、重大的现实问题指导学生的学习和研究，以实务教学为中心，在科学的翻译理念指导下，有效培养学生的实践应用能力和应变能力，不断激发学生的学术敏感度和独立创新能力，使学生具备更强的社会竞争力，而选好不是一句空话。我记得冯端先生跟我说过，矿选好了后代就有吃的；矿选好了很富有，不要太勤奋也有得吃；矿选不好再勤奋也没有用。所以在这方面，现在看来，我的十几个毕业生的选题确实都有前瞻性、持续性。培养一个学生不仅仅是做博士论文，还需要今后十年、十五年，让他们在这个领域有开拓，有扩展。比如我指导的博士所做的有关翻译基本问题研究、翻译与阐释研究、翻译批评研究、翻译社会学研究、翻译伦理研究、翻译诗学研究、文学翻译经典研究、中国文学对外译介研究等，在国内都引起了研究热点，产生了重要的学术影响力。

为广泛开拓学生的第二课堂，丰富他们的课余生活，我还积极寻求各种渠道。法国大使馆专门支持南京大学法语系，于1999年创办了全国高校第一个法语俱乐部，法国驻华大使毛磊为之剪彩，并成为该俱乐部的第一位会员。2000年，我和同事还带领学生创办了法文刊物*CANARD SALE*，由教师指导，三、四年级学生撰文编辑，内容丰富，涉及国内外时事、学校发展、中法文化、学习心得、生活体会等方面，并制作成网页，广泛交流，受到国内外同行关注，一方面提高了学生的写作和研究能力，另一方面为宣传南京大学，促进对外交流作出贡献。另外，通过外教和各位法语教师的多方努力，我们获得法语原版图书两千余册，价值20余万元，并以"法国文化研究"为课题，先后争取到法国使馆和企业的资助，购买电脑和音像设备，为学生课外阅读、研究、上网搜集资料和口语交流提供了极大的方便。为了培养高水平的翻译人才，我和法语系各位老师积极筹措经费，与中国法语教学研究会和依视路光学有限公司合作，举办了四届"依视路"杯全国法语翻译文学竞赛，在全国翻译界产生了广泛的影响。南京大学法语系学生在翻译竞赛中也取得了优秀的成绩。通过该竞赛，我们发现培养了一批高水平的年轻翻译人才。

除此之外，我们还积极开拓国际学术交流途径，探索人才培养国际合作交流机制。1996年，作为学科带头人，我积极参与并推进南京大学法语专业与北京大学、武汉大学和巴黎高师、巴黎第八大学等法国一流名校联合进行"中法文学与翻译研究"的国际合作科研项目。1998年，我代表南京大学前往巴黎高师参加了"翻译与影响"国际学术研讨会。在合作科研的基础上，我与法国名校的一流教授建立了稳固的学术交流渠道，并开始合作培养博士生。目前，我们法语系已与巴黎高师、巴黎第三大学、巴黎第四大学、巴黎第八大学、巴黎东方语言文化学院等国际一流法国高校的著名教授与学者建立了合作交流关系，签订了博士生联合培养协议。因此，我们的博士生在校期间不少都有机会出国，拓宽视野，利用国外的学术资源。2011年，2008年诺贝尔文学奖获得者勒克莱齐奥先生正式受聘为南京大学名誉教授，并担任中法文化研究中心主任，2013年起，作为"南京大学高研院杰出驻院学者"，勒克莱齐奥开始长期在南大工作，为本科生开设通识课程，并在法语系担任博士生导师。学术资源包括重要学术团体，比如说国际翻译家联盟，国外重要学术出版社，重要学术刊物（我在国际翻译研究的顶级刊物 *META* 和联合国教科文组织资助主办的 *BABEL* 杂志担任编委）。我的学生可以充分使用这些资源，我经常鼓励他们积极拓展学术渠道，参加国际国内学术研讨会。我的学生中，有的在学期间就在世界顶级翻译研究刊物上发文章，有的 30 岁就参加巴黎艺术研究院与巴黎大学组织国际学术研讨大会，作为大会组委会委员和特约报告人作 45 分钟的学术报告，而且还主持大会。实际上，这些学生就是因为有了很好的专业基础、严格的学术训练、广泛的学术交流途径，而且养成了非常好的学风，才得以取得如此优秀的成绩。他们以坚实的理论基础、明确的研究方向和优秀的法语表达水平赢得法国名校的好评，先后有十余人获得法国政府和中国政府的奖学金，赴上述法国名校进行联合培养。我培养的学生中已有四人获得中法双博士并回国任教，有力地加强了全国法语语言文学学科的师资力量。

三　翻译学科建设

新世纪外语专业创新型人才的培养，是近年来国内外语界最为关注的研究课题之一，它直接关系着我国外语人才的培养能否适应并满足我国改革开放的深入发展以及日益频繁的国际交流对外语人才的需求。我和法语专业其他同事通力合作，注重培养视野开阔，语言基础扎实，具有应变能力、竞争能力和创新能力的"复合型"外语人才；着力探索多元文化语境下外语人才特别是翻译人才的培养模式和途径，努力建设创新型外语人才培养体系。

在人才培养方面，要注意将人才培养与社会需求结合在一起，让学生在实践中研究、在研究中实践、在研究和实践中培养创新思维，学以致用，将来服务于国家文化建设。我们法语系培养的一大批本科生和研究生由于具备出色的口译能力，经常担任一些重大场合的口译任务。如留校任教的张晓明读书期间曾先后担任法国教育专家代表团访问南京期间的全程翻译、前联合国秘书长加利访问南京大学时的全程翻译，受到了前联合国秘书长加利先生、诺贝尔物理学奖获得者法国科学院院士沙巴克先生、法国常驻欧盟教育观察员迪涅女士、前驻联合国大使李道豫、教育部副部长韦钰、江苏省教育厅领导的高度赞扬。另外，我们的课程设置也应当与国际接轨，结合实际需要，如本科生和硕士研究生的法译汉课程，根据课程需要，我与有关出版社联系，选定一些具有相当价值的文学或社科著作，签定合同，以正式出版为要求，从翻译选题的确立、翻译计划的制定、翻译方法与策略的采用，翻译理论与技巧的总结等各个方面对学生进行综合培养。据不完全统计，我指导的学生在学校学习期间翻译并出版的译著近 60 部，其中《第一个人》还获得“全国第五届外国优秀文学图书”三等奖，既为培养翻译方向的研究生尝试了一条有效的途径，又为中外文化交流做了实际工作。

南京大学法语系在法语人才培养方面积极探索，在密切关注国际文化交流与国家建设对法语人才客观要求的基础上，在多元文化语境下，注重培养、提高高级法语人才必备的素质，逐步形成以“强化综合能力培养，全面提高学生素质”为基础，以“提高学生创新能力”为主旨的“新世纪法语人才”培养体系。法语专业先后被评为江苏省特色专业、江苏省品牌专业和教育部特色专业，这得益于法语系全体教师的通力合作和共同努力。我们法语系现在有七位博士生导师，一位是诺贝尔文学奖获得者，一位长江学者特聘教授，三位教育部新世纪优秀人才，一位江苏青蓝工程优秀青年学术骨干，共有三个方向，分别是符号学研究、文学研究与翻译研究，都很有特色。这种学科的合作和发展空间，给我们的学生交流提供了非常良好的环境。所以我觉得人才培养最重要的是要有眼光、要用心、要有国际视野，最重要的是依托南京大学良好的学术土壤，然后有一个团体的合作。

2002 年，联合国前秘书长布特罗斯-加利访问南京大学，当他得知我多年来一直从事翻译理论研究与翻译教学工作时，充分肯定了这一工作的重要性，并欣然为我当时正在撰写的《翻译论》题写了一句话：“翻译有助于发展文化多样性，而文化多样性则有助于加强世界和平文化的建设。”我认为翻译作为一项跨文化的交流活动，能够而且必须在维护“文化多样性”过程中承担重要使命。在整个人类文明的过程中，翻译所作的贡献是很大的，特别是在全球经济一体化趋势下，世界各国交流日渐频繁，对翻译事业的要求日趋提高，急需培养一批又一批高水平的翻译人才，国内翻译理论研究需要向系统、科学的方向转型。要在总结梳理中国传统翻译学理论的基础上，向国外同行学习，借鉴其成果，不断拓展翻译研究视野，探索科学的研究方法。此外，为进一步提升翻译人才的培养质量，就必须进一步加强翻译学科的建设，而要全面推动翻译学科建设，就必须要树立独立的翻译学科观念。同时，也要加强翻译专业的理论建设，在观念上从学术型向专业型转变，并贯穿在教育理念转变、培养方案设置、培养模式探索、课程设置改革等各个环节，探索具有世界水平、中国特色的翻译专业人才培养模式。我有幸全程参与了2006年全国翻译硕士专业学位设置论证工作。经过不懈努力，2007年1月，"翻译硕士专业学位"(MTI)在国务院学位委员会第23次会议上审议通过；作为由国务院学位委员会、教育部和人力部聘任的全国翻译专业学位研究生教指委副主任委员，我参与制定了翻译硕士专业学位的培养方案和标准；还受邀担任翻译本科专业系列教材(高等教育出版社)总顾问，和另两位杰出的同行共同主编全国翻译硕士专业学位系列教材(外语教学与研究出版社)；近年来，我每年为"高校翻译本科专业师资培训班"、"全国翻译硕士专业学位师资培训班"等讲授"翻译概论"示范课，竭尽所能将自己近40年来的教学经验和学科建设理念毫无保留地传授给近200所院校的教师同行，希望与他们一起共同促进我国翻译学科的发展。由于在外语教学与研究界具有较好的学术声誉和较高的学术地位，2010年和2015年被聘为国务院学位委员会第六届和第七届学科评议组外语学科召集人，为外语一级学科的建设、研究生创新培养模式探索做了大量调研工作，向教育主管部门提出了一些重要建议。此外，我还在国家有关的重大文化交流活动中，起到学术把关作用，如应邀担任"第十八届世界翻译大会"学术委员会委员、"2010年上海世博会申办报告"的法译评审委员会委员，2010年上海世博会组织委员会语言顾问，"2014年南京青奥会申办报告"法文版的定稿人，被授予"南京青奥会申办有功个人"荣誉称号。

翻译不是简简单单的文字转换游戏，也不单纯是文学的交流，它是一个国家走出愚昧、走向开放、走向文明的标志，事关我国的对外交流，事关中华文明的发展，事关全球化过程中，中华民族文化能否闪耀更为灿烂的光辉。中国文化要走向世界，翻译是必经之路。一个民族语言的消失，便意味着其文化的消亡。在全球化的今天，我们尤其不能以牺牲民族语言为代价，应该充分使用与发扬中国语言，同时培养更多的翻译人才来满足日益频繁的国际交往，在这个意义上，翻译学科的建设就显得格外重要。

现在的南京大学，在多方辛勤努力和积极推动下，涵盖本、硕、博士各学历层次的翻译人才培养体系逐渐建立。我一直希望自己能亲手带出一批深具翻译使命的弟子，为高水平翻译人才的培养尽自己的绵薄之力。如今，我的学生中有的成长为著名的翻译家，出任直辖市和省市翻译协会的领导，有多位担任国内高校的法语系主任，还有的担任外语学院的院长，全国法语界 6 位教育部“新世纪优秀人才”有 4 位是我的博士毕业生。我相信他们一定会为我国翻译事业和法语教育事业的发展作出应有的贡献。

代表性学术成果

翻译层次论

翻译活动是项十分复杂的活动，它涉及哲学、语言学、逻辑、美学、历史、文化、心理学等领域。如此复杂的活动，必然产生一系列问题。这些问题表现在翻译理论的探讨中，最重要的就是形不成一个合理的探讨基点。就翻译实质而言，有的认为翻译是项思维活动，有的认为翻译是项语言活动，还有的认为翻译是项艺术再创造活动。总之众说纷纭，各持一理，难以形成比较统一的认识。之所以出现这样的局面，我们认为重要的原因之一，就是人们在翻译理论的研究中缺乏层次性的观点，对翻译活动的层次缺乏全面与客观的分析，争论各方站在不同层次上说话，各持己见，从而影响了对问题的深入研究。在此，我们试图通过分析翻译活动所涉及的主要问题，客观地研究翻译活动的层次，从而对翻译实质和翻译标准提出自己的一些看法。

一　翻译的基础层次

所谓翻译的基础层次，指的是两种不同语言赖以进行转换的基础。以往的翻译探讨中，忽视了一个重要的问题，即两种系统各异的语言为什么可以进行转换。我们知道，任何交换或转换活动都需要一个基础，比如不等价物的交换需要有等价物作衡量，作为实现交换的标准与基础。那么翻译活动赖以进行的基础是什么呢?

具有全人类性的思维是翻译活动的基础。著名语言学家高名凯曾指出，由于思维是人脑的一种机能，思维的职能在于反映客观的规律，“在共同的客观世界的决定之下，在人脑的共同的物质结构之下，思维进行的能力及思维进行的规律是全人类性的”①，而充当思维材料的语言是以声音为前提的物质现象，它的任意性和约定俗成性决定了它的多种形式。当各民族的语言源起时，虽然处于各自不同的时间和空间，但对客观事物本质属性认识的思维活动则是一致的。正因为这一同一性，各民族的语言在语音、词汇、语法千差万别的情况下，才可互译。于是，思维活动便构成了翻译活动的基础层次。

① 高名凯著《语言论》，科学出版社，1963年，第84页。

思维可以充当两种不同语言的转换基础可以从以下几个方面得到说明。

1. 翻译活动的诸要素。要进行一项翻译活动，离不开三个要素，一是翻译客体，二是翻译主体，三是作用于主客体的翻译工具，而唯一能作用于翻译客体（即原作）和翻译主体（即译者）的，就是思维，也就是说翻译主体是借助于思维作用于翻译客体进行活动的。

2. 语言只是思维的一种材料。思维离不开材料，构成思维模式和进行思维活动的材料可分为两种，一是实物材料，二是符号材料。语言只是符号材料的一种，它通过音、形、义的结合，系统地储存于人脑皮层细胞内，参与思维活动。

3. 不同的语言之于思维的作用是同一的。任何语言，尽管形式不一，但它们的首要职能都在于实现思维。语言作为一个符号系统，具有机械的或物理的性质，表现为一定的字形、音波、图形、代码符号等。语言符号以可感知的物质形态来代表一定的客观事物或现象。人们所运用的每个具体语言符号总是与具体事物的性质、状态或属性联系在一起，只有这样，语言符号才能负载和保存一定的信息，才能起到思维工具的作用。

4. 思维对语言的决定性作用。许多语言现象的产生原因必须从思维与语言的关系中去找，翻译中遇到的许多难点也存在于思维与语言的关系之中。思维对语言的决定作用首先在于思维的多维性决定了语言的多功能性。钱学森同志指出，抽象思维是线型的，即是一维的；形象思维是二维的。一维思维的语言功能主要是表义；二维思维的语言功能主要是显象、表感，由于语言表达思维的类型不同，语言形式就有差异。说理的语言，例如哲学、科学论文，是以推理论证为特征的，因而语言表达的是推理结构，语言表达了抽象的思考、逻辑的论证。而描述性的语言，例如记叙历史、文学作品等，是以显象为特征的，语言表达是显象的描述结构。这就为我们翻译不同的作品采取相应的思维类型提供了一定的依据。

思维对语言的决定作用还在于思维的不同角度决定了语言表达形式的丰富性。翻译中常会遇到这样的情况，同是一个思维对象，但表达这一对象的形式却多种多样。这是因为人们认识这一对象可采用不同方式，可从不同角度出发。思维的方式与角度不一引起了表达思想内容的形式不一。翻译中，要恰到好处地处理这种情况，不能不考虑思维角度和方式对语言形式所产生的作用。

从以上分析看，翻译活动之所以能够进行，是因为使用不同语言的人的思维对客观事物反映基本一致的缘故。那么，在翻译实践中，思维又是怎样参与活动的呢？

上面说过，语言是作为思维的材料，以其语言结构和语义系统帮助实现思维，完成其表义、表感和表美等功能的。那么，翻译者要将A语言转换成B语言，就必须是运用概念、判断、推理等手段，透过语符的能指层，深入到其所指层，运用其掌握的A语言的语法概念判断各词项、各句子乃至各段落之间的关系，推断出其确切的语义。

要透过语符的能指层，正确把握原文的所指意义，离不开概念这一层次。我们知道，翻译者进行思维表达概念离不开语符中的词级，而概念与词义是密切联系的。比如词义有实义与虚义之分，实义反映事物的概念，既可是具体的事物，也可是抽象的事物，又可以是事物的特征和事物的状态、行为等等。虚义则是构成概念组合关系的体现者。因此，正确传达原文的所指意义，必须以正确判断原词语的概念意义为依据。

在翻译的思维层次，译者不仅要辨清各概念的确切含义，而且还要运用判断、推理等手段，理清各概念之间的逻辑纽带。具体的做法就是透过各种语言现象，揭示出原文中词与词、词组与词组、句子与句子乃至段落与段落之间的内在的、本质的联系。这种逻辑分析的方法应当贯穿于翻译的全过程，应当运用于翻译内容的各个方面。同时，译者应力戒用自己的逻辑代替原作的逻辑。因此，把握原著作者的思维逻辑在原作文字组合中的潜在的决定性的作用，是翻译活动所力求解决的重要问题之一。法国著名语言学家特斯尼埃在其配价语法理论中揭示了隐藏于线性语链后面的从属关系，说明了句子的各个单词和句段的每个句子并不是孤立存在的，它们之间的组合受到人类共同的思维逻辑的制约。这一理论业已为大多数语言学家所接受，也为我们认识思维在翻译活动中的重要作用提供了一定的理论基础。至于思维活动在翻译中的具体形式，近年来出现了一些专门论述的文章，如刘宓庆同志的《论翻译思维》，在此不拟赘述。

二　翻译的语义层次

翻译不可能囿于思维这一层次，首先因为思维的实现需要语言，其次从翻译活动的具体表现形式看，任何翻译活动无不是两种不同系统的语言符号的转换。上文说过，具有全人类性的思维是语言符号转换的基础，这决定了语言的具体转换必然受到思维规律的限制。但思维的表达需要语言，因此，在语言的表达过程中，也必然受到各种不同语言的具体规律的约束。因此，翻译活动又面临着另一个任务，即如何按照不同语言符号达意、传情的规律，用一种语言符号传达另一种语言符号的意义，这就构成了翻译的又一层次，即语义层次。

思维层次与语义层次的关系是十分密切的，思维层次是语义层次的基础，语义层次是思维层次的体现，拿语义层次中的主要语义部分词汇意义与思维层次中的概念的关系为例，它们之间存在的就是这种相互依存的辩证关系，概念是词汇意义的基础，词汇意义是概念在语言中的表现形式。概念是人们意识中概括反映现实的思维形式，而词也是客观同类事物的反映。正因为词汇意义和概念的关系非常密切，所以一般就把词所表示的概念作为词的意义方面。

思维层次与语义层次的相互依存关系还可以从语义的微观层次——义素的分析中得到说明。首先，义素有的反映事物的概念特征、状态、行为，有的则体现概念组合关系。其次，义素的组合也要受到事物特性、逻辑规律等的制约。因为语义概括地反映了客观现象，同客观现象相矛盾的语义结构就难以被接受。可见，不同语言之间的意义之所以能够相互传达，正是因为使用不同语言的人的思维对客观事物反映基本一致的缘故。概念的基本一致性决定了义素或义位的通用性，且各种不同语言表达同一义素或义位的形式与结构都有许多类似的地方，这些都构成了翻译可行性的基础。

但是，我们在肯定这一转换基础的同时，也要充分估计到在语义层次转换中的障碍。大家知道，语言符号具有随意性、约定俗成性、民族性和系统排异性等特性，语言的这些特性造成了语言符号系统之间转换的许多障碍。我们要克服语言转换的障碍，消除转换中产生的语义上的差异，就应该采取实事求是的态度，充分认识语言特性所构成的翻译障碍，基于这一认识之后，再采取科学的方法，尽量消除差异。

要了解语义传达过程中出现的障碍，有必要首先澄清对语义的认识。必须看到，目前人们对语义的认识并不十分一致。最有代表性的一种错误认识就是把语义仅仅归结为所指意义。认识的不一致，必然造成实践的相异。那些把语义仅仅归结为所指意义的人们在翻译活动中死抱词典，把传达所指意义当作唯一的任务，译出的作品只是干巴巴的逻辑意义的堆砌。实际上，语义远远不仅仅局限于所指意义。美国著名翻译理论家奈达把语义归纳为所指意义、内涵意义和语法意义三类；苏联翻译理论家巴尔胡达罗夫教授则把语义分为所指意义、实用意义、语言内部意义和语法意义四种。他们对语义的分类与分析对翻译活动具有十分重要的实践指导作用，但在具体的分类上实际存在不够完善的地方。如巴尔胡达罗夫所指的实用意义包括修辞、语域、感情色彩和交际功能等，而“交际功能”指的是“词语的内涵意义，也就是在人们头脑中引起的联想”。但奈达却把内涵意义单独列为一类，其中包括语域、语境、社会、文化等诸因素赋予词语的附加意义，可见他们对内涵意义的范围和重要性认识是不甚一致的。对于语义的范围，笔者认为可以依据著名语言学家索绪尔对语言和言语的科学认识，即语言和言语是两个不同的概念，言语是说话人的行为和结果；语言是从言语中概括出来的规律的总和，它存在于言语之中，因此，语义似可相应地区分为语言意义和言语意义。语言意义是语义的基本层次，它包括词汇意义（即词汇的所指意义）、句子结构意义（语法意义）和句子之间的关系意义；言语意义即是在特定的上下文中（广义的上下文，包括语言环境）词或句子乃至整个话语的特殊含义以及人们在参与言语活动的过程中赋予语言符号的附加意义，主要体现为语境意义与修辞意义或蕴涵意义。

弄清了语义的范围，有助于我们最大限度地传达语义。我们说“最大限度”，这是因为在翻译活动的语义层次，事实上存在比较难以克服的障碍，主要表现为以下三个方面：

一是由于语言符号的声音形象和意义的组合具有约定俗成性与任意性，因此不同语言符号系统相应语言单位的语义范围不尽相同；二是不同语言符号系统的使用者在参与言语活动过程中赋予某些语符的主观价值不尽相同；三是某些语义的产生与该符号系统的本身特点紧密相连，如谐音、双关语等，符号的转换不可避免地要造成这些特殊语义的丧失。充分认识这些障碍的客观存在，对我们采取实事求是的科学态度，尽最大能力去克服障碍无疑具有十分重要的意义。从某种角度看，翻译的根本任务在于异中求同，即克服不同语言符号系统表现在各个平面与层次的异，求得最大限度的同。这种异中求同的性质表明了机械主义或形式主义的翻译方法的不可取性，同时也为译者采取灵活可行的方式以求最大限度地传达语义提供了客观依据。

在翻译活动的语义传达过程中，往往会遇到这样的情况，即在特定的语境中，甲语言的某一词语或句子同时兼含两种或两种以上的处于不同层次的意义，乙语言很难尽情传达。在这种情况下，译者就面临着语义的选择。能尽情传达，固然理想，但如难以全部传达，应优先传达哪一类型的意义呢？应该看到，在目前的翻译实践中，在选择意义这一方面存在着相当严重的问题，主要表现为不分意义的主次与层次，选择什么、牺牲什么，缺乏理论依据，完全凭自己的经验。对于根据意义的重要性规定其传达顺序这一问题，尤金·奈达提出了这样一条原则：在信息的传达中，所指意义的传译应当居首位。一般说来，这条原则是正确的。但是，要处理好语义选择这一翻译上的重要问题，还应该注意以下三点：

一是要注意区别不同文体的语言职能，大家知道，不同文体的语言职能是有别的，且在不同文体中，各类语义的重要性事实上会发生变化。如科技文体的语言具有认识职能。其主要作用在于确定信息与所指事物之间的关系，排除符号与所指事物之间的混乱，因此，所指意义占首要位置是不言而喻的。但是，文学语言就有区别，它具有美学职能，其作用主要是表情、表美，因此，内涵意义相对来说就比较重要。可见，不分文体，一概把所指意义的传译放在首位是有值得商榷之处的。

二是要注意语言环境的作用。笔者十分赞同巴尔胡达罗夫教授的见解，翻译的客体是言语的产物，因此，语义的传达必须考虑言语环境的作用。实际上，真正的语义价值要在言语活动中，通过语言单位在交际中的功能才能揭示。无论是言语环境的客观因素，如时间、地点、场合、对象，还是言语环境的主观因素，如使用语言的人的思想、性格、处境等，对语义的价值都有一定的影响和约束作用。如在某种特定语境中，说话者的一种思想不能或不愿直接明确地表达出来，这时他便会采用一种迂回的形式加以表达，由此便出现了字面的所指意义和话语的内涵意义，试想遇到类似这种意在言外或言不由衷的情况，传达所指意义仍然能放在首位吗？

三是要注意区分不同的语义的层次。语义不仅可以按照语言和言语的运用规律有类别地区分，而且还可以根据语义在不同话语中的表现有层次地区分。著名语言学家韩礼德和阿赫玛诺娃（Olga Akhmanova）经过深入的研究与分析，都确认了语义的表达层次性。阿赫玛诺娃在《语言文体学》一书中指出，语义具有多层次结构，这就是基础语义层、转变语义层和社会语义层。基础语义层是语言语义部分的直接体现，相当于语法意义、词汇意义和逻辑关系意义的总和，主要表现在以认知为目的的话语中；转变语义层指的是在话语特定的上下文中词或句子的蕴涵意义，主要表现在文学作品中，各种不同的修辞手段，如隐喻、拟人法、双关语等表现的修辞意义都体现在转变语义层；社会语义层是语义的最高层次，指的是在社会和文化方面话语所表现出的价值，表达的是某个独立话语的"总意义"。阿赫玛诺娃认为这三个层次的语义存在着相互依存的关系，认为在不同的话语中语义层次的表现有所不同，但要真正理解一个典型话语的意义，必须全面地领悟这三个不同层次的语义。这一语义层次理论对我们在翻译中理解话语中语义各层次的表现，打破词的框框，不仅注意句子的意义，而且注意整个话语的意义，正确选择、传达语义，无疑具有十分重要的意义。

在翻译的语义层次，还有许多问题，如翻译单位问题、语义等值问题，笔者认为解决这些问题的方法都应该从语言符号的性质、语音形象和意义的组合规律与辩证关系以及言语的运用规律中去寻找。

三　翻译的美学层次

上文简述了翻译的思维层次和语义层次的主要问题及其相互关系，思维层次是以人类思维的共同性为基础的，因此为翻译在思维层次获得等值提供了较大的可能性；语义层次以思维层次为基础，但它要受到语言符号的特性的约束，因此等值的可能性自然也要受到限制。思维层次是翻译的基础层次，语义层次是翻译的必要层次，任何翻译都离不开这两个层次的活动，并分别要受到思维规律和语言规律及言语规律的约束。一般说来，完成了思维层次和语义层次的转换活动，翻译也就实现了。因为语言的主要职能在于帮助实现思维、传情、达意，比如科技翻译和应用文翻译到了语义这一层次就可以说完成了。但是，语言除了传情、达意之外，还有其美学职能，如文学语言，审美构成了其主要特征之一。因此，文学作品，包括小说、散文、诗歌等的翻译，除思维层次和语义层次的活动外，有着更高层次的要求，这就是文学翻译的最高层次，即审美层次。

文学翻译活动的审美层次是客观存在的。就文学而言，文学的功能是以"美感为中心的动力系统"。诚然，文学也有认知和表感等职能，但都是统一在审美的领域，通过情感的中介实现的。换言之，它们都离不开美感作用，一部作品倘不能给人以美感，那么它的一切社会职能就无法实现。比如诗歌吧，有人曾把诗歌的本质特征归结于一个“美”字。一首诗之所以称得上诗，是因为它有“诗意”，而这种诗意指的正是“诗给人的强烈美感”，这也就是说，凡不能给人以美感的不称其为诗歌。这样看来，成功的文学翻译是绝不可能忽视传达文学作品的美的。可见，审美层次构成了文学翻译的最高且关键的一个层次。

应该看到，美是客观存在的，但要实现美的价值，不能没有审美主体，具体到文学作品，文学作品的美是客观存在的，但离开了读者这一审美主体，文学作品的美的价值就无法实现。但是，审美者必须具备审美能力，没有审美能力，客体再美也感受不到美。表现在文学翻译活动的审美层次中，感受原作品的美是第一步。

文学作品本身的美是多方面的，如思想美、意境美、结构美，但这些美的因素的实现都必须借助于语言。众所周知，文学是语言的艺术，由于语言要素的千变万化，它的结构方式是多种多样的，因而它给文学作品带来的功能和效应也是异常丰富的。比如同样是以语言为媒介的诗歌、散文、小说，可以表现一个相同的主题，但由于各自的语言结构方式不同，给读者带来的美感效应也绝不相同。可见，文学作品的美在很大程度上表现在语言美上。许渊冲先生在《翻译的艺术》一书中把诗歌美归纳为意美、音美、形美。就我的理解，意美无非是思维和语义的表现美，音美是语符的音韵美，形美则是语符的形体美。可见，文学作品的美与思维、与语义、与语言符号的自身特点是密不可分的。当然，美的价值的生成是一个十分复杂的问题，林兴宅同志在《艺术魅力的探寻》一书中作了十分有见地的精辟分析，为我们分析研究翻译审美层次的问题开阔了思路。

那么，在翻译活动的审美层次，译者的任务是什么呢？不言而喻，译者的任务首先是感受原作的美，其次是表现原作的美。问题是，美的感受与传达取决于多方面的因素，其中遇到的障碍之大，致使不少理论家断言翻译是不可能的。而这里，我们所要研究的正是文学作品的美能否传达？有多大可能性？如何传达？

在翻译的审美层次，译者首先是个欣赏者，第一步是审美，领悟原作的美学特征。文艺作品的文字、韵律、节奏、结构等形式因素，是翻译者最初接触到的审美因素，通过审美感官可以直接感知，并在感知各种形式因素的基础上，欣赏者借助想象力唤起相应的艺术形象。应该看到，在感知与想象这一审美过程中，译者审美能力的高低直接影响原作美的传达。试想若原作的美都感受不到，怎能谈得上传达呢？比如音韵美，它是生成艺术意境的重要手段之一，虽然在诗歌翻译中得到一定重视，但在小说甚至散文翻译中往往被人们所忽视。

要感受原作的美学特征，译者必须对翻译出发语的审美特征有充分的了解，只有这样才能感受到该语言的审美特征在具体话语中的表现。许永佑先生在《语言学趣谈》一书中分别探讨了汉语语音、词汇、语法的美学特征，并指出了各种不同语言符号系统的审美特征有其共同的一面，也有其差异的一面，对我们识别不同语言审美特征的异同是很有参考价值的。

感受原作的美是翻译审美层次活动的第一步。第二步就是如何传达原作的美。这里，首先应该回答能否传达的问题。笔者认为，机械或主观地回答“能”或“不能”都是不足取的，我们需要的是实事求是的态度和客观细致的分析。简单地说，不同语言的审美特征的共性是感受、传达原作美的基础；而它们之间的差异性则构成了传达原作美的障碍。那么，传达原作美到底要受到哪些因素的制约与影响呢？

首先是人们审美关系上存在的差异。必须看到，人们的审美关系在横向与纵向两个方面都存在着差异，横向表现在民族、国度、地域、阶级、阶层甚至个人之间的不同，纵向表现在时间，即不同历史时期的审美对象的差异。其次是作品的美学特性往往以诱发方式来激发译者（即欣赏者）的美感，这种诱发所引起的想象与联想经常因人而异。再次就是文学作品的美要通过语言来表现，而不同语言的表美手段存在实际差异。这种种差异是客观存在的，我们应该承认它们对传达原作美所构成的障碍。

承认这些差异所构成的障碍，有助于我们采取实事求是的科学态度，探讨可行的传达美的手段。在翻译实践中，实际上已经有许多人这样做了，如王育伦同志在《翻译和音韵美》一文中就提出以“替代的办法”求得“音韵美在天平上的同量”，以“补偿的办法”求得美的“总量不变”，体现了灵活性与科学性相统一的原则，这一认识是颇有见地的。

不同语言表美的形式手段固然存在差异，但这些形式因素所反映的美学特征与审美功能则存在着相当大的共性。译者不妨从这一共性出发，即透过原作品表现的形式因素，力求准确把握原作的美学特征与审美功能，采用相似的或相异的手段来再现原作美。实践证明，这是一种可行且有效的方法。许永佑先生在《翻译的奥秘在哪里》一文中过分地夸大了不同语言表美手段的差异性，举三首汉诗为例，断言“任何巨匠高手都无法用另一种语言再现诗中的艺术审美效果”①。然而，正是许永佑先生断言无法再现的“春蚕到死丝方尽，蜡炬成灰泪始干”这两句诗中利用同音手段，以“丝”喻“思”，形象相联，音义相关的艺术魅力，许渊冲先生在充分把握原诗句所表现的美的基础上，依据音义结合的辩证关系，比较成功地传达出来了。许先生把这两句诗译为 The silkworm till its death spins silk from love-sick heart/The candle burned to ashes has no tears to shed，把“丝”译成“silk”，把“思”译成“love-sick”，“sick”和“silk”不但音近，而且形似，利用了替代的方法，传达了原文双关的“意美”，令人读了不禁为之赞叹。应该指出，用从形式到形式的机械翻译手段确实无法再现原作中不同的美，这在实践上是行不通的，在理论上也是站不住脚的。翻译的根本任务之一，正是要克服不同语言在结构、形式上的差异，用一种语言形式来传达另一种语言形式所表现的义、情、美。

从上面简要的论述中可以看到，传达原作美首先要审美，识别原作的表美手段，领悟原作的美学特征，把握原作的艺术魅力之所在，译者的“识别、领悟、把握”在很大程度上取决于他对美的感受力，而译者的感受力要受到个人兴趣、需要、知识、经验、世界观、文艺修养、欣赏习惯等因素的制约，译者传达原作的美又要受到语义障碍、形式差异等影响。因此，在审美这一层次，差异性必然大于思维与语义层次。人们常说的“仁者见仁，智者见智”就是这个道理。正因为如此，“求大同，存小异”可以说是传达原作美的一条可遵循的原则。

任何事物都是由一定数量的相互作用的要素所组成的系统，而每一个系统的内在结构又是有层次的。翻译也不例外，它是一项十分复杂、多层次的实践活动。翻译活动在思维、语义、审美等各层次有各自的活动内容、表现形式与传达目的等要素，这些要素自身的特征与活动规律及相互联系与相互作用的不同，构成了翻译层次存在的客观性。任何翻译从本质上看都是一致的，但不同类型、不同目的的翻译具有不同层次的要求，并要受到不同层次的活动规律的约束。我们对翻译层

---

① 许永佑著《语言学趣谈》，书目文献出版社，1983 年，第 28 页。

次及其各层次主要问题分析的目的在于：在理论上为认识翻译活动的本质与其活动规律提供一个新的视角；在实践上，要求译者遵循翻译活动的规律，克服不分层次、顾此失彼的倾向，避免翻译活动的盲目性。如果说翻译有什么标准的话，那就是一个成功的翻译不可能在一个层次完成，它应该是各个必要层次和谐统一的产物。

（原载《中国翻译》1987 年第 5 期）

论翻译活动的三个层面

翻译，就其含义而言，有静态意义和动态意义之分，前者指翻译活动的结果，后者指翻译活动的整个过程。对翻译的理论研究，自然应包括上述两个方面。在以往的探讨中，我们看到，无论是对翻译结果的评论，还是对翻译过程的剖析，都不可避免地会涉及众多牵制、影响乃至决定翻译活动的内部要素或外部因素。在《翻译层次论》中，笔者曾着力探索与分析翻译活动的内容要素，指出翻译在思维、语义与审美三个层次有着相对独立的活动内容、表现形式和规律，这些要素自身的特征与活动规律及相互关联、相互作用的关系，构成了翻译层次存在的客观性，进而揭示出任何翻译从本质上看都是一致的，但不同类型、不同目的的翻译具有不同层次的要求，并要受到不同层次的活动规律的约束①。本文试图从意愿、现实与道德这三个层面，对翻译活动中制约翻译主体的诸多因素进行宏观的考察与具体的分析，以助于翻译主体在翻译中清醒地认识、把握好可能面对的各种关系与因素，克服顾此失彼的片面倾向，减少翻译活动的盲目性。

一　翻译的意愿层面：要怎么译

对翻译活动，人们有着渐趋一致的认识。法国著名哲学家米歇尔·塞尔(Michel Serres)在《赫尔墨斯——论翻译》(第三卷)一书中指出："我们总是通过包含事物的各个整体的变化系统认识事物的。至少，有四种这样的系统。在逻辑数学领域，是演绎；在实验领域，是归纳；在实践领域，是生产；在文本领域，是翻译。"②在塞尔看来，翻译是文本的生成与传播的独有方式。这恐怕是就翻译的广义而言的，因为，人们思想的文字化过程也可视作翻译的过程。乔治·斯坦纳在《通天塔》一书中也表达了类似的观点，认为翻译是文化传播的根本方式之一。德国浪漫派的代表对"翻译"一词的理解也是广义的。如诺瓦利斯就认为所有经思维检验、富有艺术性和创造性的转换活动均可视作翻译③。

① 许钧著《文学翻译批评研究》，译林出版社，1992 年，第 15 页。

② Serres, Michel. *Hermes III*, *La traduction*. Paris: Les Éditions de Minuit. 1979. p. 9.

③ Berman, Antoine. *L'Épreuve de l'étranger*. Paris: Gallimard. 1984. pp. 193～195.

比较文学学者伯恩海默也指出:“翻译完全可以被看作是跨越不同话语传统的理解和阐释这些更大的问题所依赖的范式。”[①]而语言学派的翻译理论家以语言理论为指导也有类似的认识,如英国语言学家、翻译理论家卡特福德就认为:“翻译是一项对语言进行操作的工作:即用一种语言的文本来替代另一种语言的文本的过程。”[②]我们可以看到,米歇尔·塞尔对翻译的看法与卡特福德的观点有相似之处,翻译是文本生成方式。但卡特福德说得更为明确,翻译是一项具有操作性的工作,而所谓操作性,也可以说是实践性。从翻译历史看,翻译是人类的一项文化交流活动,它试图跨越不同话语传统,使各民族的思想与文化得以沟通与交流。从某种角度看,翻译这项实践活动,是应人类思想文化交流需要而生的,它一开始便有着明确的目的性,为着满足某种意愿或需要而存在。

翻译活动的实践性是不言而喻的,它的必要性和重要性也毋庸赘言。我们这里需要指出的是,翻译活动的目的对“翻译什么”与“为谁翻译”以及“为什么翻译”有着直接的影响,对翻译立场、翻译方法也有制约,通过对翻译目的与结果的对比分析或考察,往往可揭示出在翻译活动中客观上存在着译者难以自主的一些因素。

翻译目的是指通过翻译意欲达到的效果、结果或用途。翻译的目的往往通过翻译的委托者、原作者、译者或有关人员的意愿、动机或要求加以明确。若与翻译直接相关的各方的意愿一致,能达成共识,那就可在一定程度上保证翻译活动的正常进行。若意愿不一,便有可能产生冲突,需要有其他力量加以调和。翻译的目的及与其相关的翻译动机、意愿或要求可以是集体的,也可以是个人的。有的翻译,特别是文学翻译,可以纯粹是译者自己的行为,不求出版,不求被别人承认,完全为了自得其乐。但大多数翻译都是为了满足某种特定的需要与要求,这时,译者就必须面对这些目的或要求,做出自己的选择。就实践而言,如目前社会上普遍采用的编译、摘译等形式,无疑是由翻译的具体目的与要求所决定的。法国雷恩第二大学翻译中心主任古阿代克(Gouadec)在探讨翻译者所采取的翻译策略时就明确指出:译者要根据翻译委托者的目的与要求,采取相应的翻译策略与方法,而目的、方法

---

① Bernheimer, Charles. *Comparative Literature in the Age of Multiculturalism*. Baltimore and London: The Johns Hopkins UP. 转文引自《中国比较文学通讯》1997 年第 1 期第 2 页。

② Catford, J. C. A. *Linguistic Theory of translation*. Londres: O. U. P. 1965. p. 1.

不同，结果自然会有异。

考察中西翻译史，我们可以看到，翻译往往是为一定的目的服务的，与某种政治的、宗教的、经济的或社会的需要紧密相联。谭载喜在《西方翻译简史》中就《圣经》的翻译问题和罗马人对古希腊作品的翻译进行了探讨，证明了不同的翻译目的对翻译思想和翻译方法所起的决定性作用。他指出，罗马人在军事上征服了希腊之后，他们"要通过翻译表现出罗马'知识方面'的成就。翻译的主要目的不是'译释'（interpretatio），也不是模仿（imitatio），而是与原文'竞争'（aemulatio）"①。在这一目的支配下，罗马人把希腊作品当作一种可以由他们任意"宰割的文学战利品"。又如奥古斯丁，他"极力提倡《圣经》的译者受到'上帝的感召'之说"，这同样是"为其政治和宗教目的服务的。首先，通过肯定亚力山大的七十二名译员在彼此隔离的情况下确实'发出了同一个声音'，'得出了同样译词、同样译序的译文'，使人们相信上帝的存在和力量"②。同样是《圣经》翻译，为着不同的目的，就会出现方法迥然的翻译，比如德国宗教改革运动的领袖马丁·路德，他为了实现宗教改革的目的，在《圣经》翻译中确立了"通俗、明了、能为大众接受的原则"，反对拘泥于原文的程序和词汇，主张吸收并使用大众的语言精华，并创造出适当的新词汇，翻译了一部易为德国广大农民和平民接受的"民众《圣经》"。

法国翻译理论家米歇尔·巴拉尔在《从西塞罗到本雅明——译家、译事、思考》（Michel Ballard：1995）一书中，也指出了翻译的目的对翻译作品的选择，译者翻译立场的确立及翻译方法的采用所产生的影响。他认为，在翻译史上，翻译作为一项人的活动，往往有着明确的目的性。如在十字军东征期间，克吕尼修道院院长可敬的皮埃尔（Pierre le Venerable 1092—1156）去西班牙的一些修道院考察，认为在军事上击败穆斯林是远远不够的，还应在知识与精神领域战胜穆斯林。为了驳斥穆斯林的宗教学说，他提出应该了解对方，了解穆斯林的宗教思想，于是不惜出重金组织翻译班子，用拉丁文翻译《古兰经》及有关伊斯兰教的历史著作。而为了达到了解的目的，在具体的翻译方法上，便要求采取"尽可能明晰，可懂"的翻译原则，不得有"曲解"或"删改"。又如在

---

① 谭载喜著《西方翻译简史》，商务印书馆，1991 年，第 22 页。
② 谭载喜著《西方翻译简史》，商务印书馆，1991 年，第 39 页。

14世纪,法国国王查里五世(Charles V 1338—1380)为了达到教育与培养宫廷人员的目的,大力提高并支持有关伦理、政治、经济著作的翻译,选择了一批学识博渊,精通拉丁语或希腊语的学者参与翻译工作。佩扬(Payen)在《文艺复兴之渊源》一书中指出,查里五世要求尼古拉·奥莱斯姆(Nicolas Oresme)翻译大量著作,包括亚里士多德、托勒密、圣奥古斯丁、佩特拉克等的作品,目的十分明确,是为了"在政治和道德两个方面教育宫廷人员"①。在这一大的前提下,查里五世还提出了一系列有关翻译的特殊要求,尤其是"要求译文要清晰","要易于阅读"。为了满足查里五世的要求,许多译家不得不采取相应的译法,如拉乌尔·德·普莱斯莱斯(Raoul de Presles)在翻译圣奥古斯丁的《论上帝之城》的时候,就在前记中指出,要想满足国王对译文的要求,使译文做到"明晰",就不得不对原文有所偏离。他说:"若我在译文中未能按原文的词序一一译出,那是因为我不得不采取委婉的方法,既然陛下要求我尽可能简洁而明晰地传达原作意思,不必拘泥于原文词语,我想我这样做是可以得到宽恕的。"②除了德·普莱斯莱斯之外,当时的许多译家,如热昂·科比雄神父(Frere Jehan Cobichon)、让·戈朗(Jean Golein)等都在各自译著的序言中谈到国王查里五世对翻译的总的要求,以及他们在翻译中为满足国王的意愿而在具体的方法上所作的调整或变通。有的情况下,译家不得不放弃自己的一贯的翻译原则,为达到国王的要求而作出让步。

在中国翻译史上,类似的情况也同样存在。尤其在有系统、大规模的译介活动中,翻译组织者对翻译都有着特定的目的和要求。比如在1949至1966年间,我国的外国文学翻译工作就有着明确的宗旨和目的:"为革命服务,为创作服务。"③我国在这段时期的文学翻译在确定译介重点、选择翻译对象方面都受到这一总的目的的约束和影响。又如马克斯、恩格斯、列宁、斯大林著作的翻译,对于"要怎么译"这一问题,要求是明确的。据中共中央马恩列斯著作编译局校审室撰写的《集体校译〈斯大林全集〉第一、二两卷的一些经验》,马恩列斯著作的翻译完全遵循"领导上所指示的'意思正确'和'译文通顺'的原则,确定翻译必

---

① Payen, Jean-Charles. *Les origines de la Renaissance*. Paris: S. E. D. 1969. pp. 42~43.

② Ballard, Michel. *De Cicéron à Benjamin, traducteurs, traditions, reflexions*. Lille: Presses Universitaires de Lille. 1995. p. 85.

③ 孙致礼著《1949—1966:我国英美文学翻译概论》,译林出版社,1997年,第3页。

须：忠实于原文，准确地表达原著的思想、精神风格；译文必须采取民族的形式，合乎民族语言习惯的表达法，力求通顺，使读者不致有生硬晦涩之感。至于'信、达、雅'的问题，则是采取辩证统一的看法：既反对逐字的'死译'，也反对自由的'意译'。'信、达、雅'的辩证的统一是译校工作必须遵守的原则"①。我们可以看到，在这儿，"要怎么译"是一开始就被明确规定的，翻译要遵循的原则在很大程度上与翻译所意欲达到的目的紧密相联。实际上，确定正确的翻译目的，从某种意义上可以说是采取何种相应的翻译手段或方法的一个前提。明确"要怎么译"，是保证翻译有效地进行的一个基础。在上文，我们谈到，"要怎么译"之中的"要"，可以是某种意志、某种理想的体现，也可以是某种目的的确定。这一个"要"，可以是翻译委托者、组织者"要"翻译者怎么译，也可以是译者自己"要"怎么译。两者之间的协调或冲突，要视具体的翻译而定。上面所提到的关于马恩列斯著作的翻译，由于目的明确，原则可行，方法得当，实际证明翻译是成功的，而在有的情况下，则有可能发生冲突。著名翻译家沙博理在《书与人》1995 年第 6 期上讲述了这样一件事：

在文化大革命期间，他为外文出版社翻译《水浒传》，该小说的名字如何译？经过讨论，他们决定译为"*Heroes of Marsh*"（水浒里的英雄们）。不料江青得知了此事，当时出于政治上的目的，四人帮正在全面组织批《水浒》，在江青看来，若把水浒里的那些人称为"英雄"，岂不是与她唱对台戏。于是，她明确提出，要沙博理将"英雄"改为"强盗"。从"英雄"到"强盗"，这一词之差不是词义上的差别，不是仅仅一个词的选择，而是某种政治立场的确立。处在特殊的历史环境里，面对江青的"要"，若不服从，沙博理很可能遭受迫害；若屈从江青的意志，又违背他的"求真"的原则。结果，沙博理利用江青的无知，建议改用"逃犯"（outlaws），江青误以为 outlaws（逃犯）与 bandits（强盗）的意思差不多，不再追究。可实际上，沙博理改用 outlaws 一词，从某种程度上说，是利用翻译的可能性，在看似"退让"的情况下，坚持正确的译法，坚持真理，因为在沙博理看来，"强盗和逃犯都是触犯了法律的人（outside the law），也就是统治阶级的法制力量千方百计要摧毁的人。但是，强盗是指那些专门为个人利益而杀戮抢劫的亡命之徒；而逃犯却指那些专门

① 罗新璋编《翻译论集》，商务印书馆，1984 年，第 599～600 页。

劫富济贫的侠勇之士。强盗就是土匪,而逃犯却是好汉的代名词”[①]。

在上面这个例子里,我们可以看到,翻译的“要怎么译”的层面,不是一个孤立的层面,它还与“能怎么译”、“该怎么译”等层面紧密联系在一起。“要”在很大程度上仅仅是一种意志,一个理想,能否达到,则取决于现实、道德等多方面的因素,我们研究翻译,评论翻译,应力戒片面化的观点。

二 翻译的现实层面:能怎么译

当我们从“要怎么译”过渡到“能怎么译”这一现实层面时,我们有必要界定一下“能”的确切所指。

“能”有多重含义。我们所讨论的翻译现实层面的“能”,是指在某一特定的历史阶段,在不同的文化背景下,两种不同的语言符号系统的相互转换所提供的客观的“可能性”。事实上,在翻译研究中,许多学者都将“能怎么译”,亦即将翻译的可行性列为研究的重点,如法国翻译理论家乔治·穆南在《翻译的理论问题》一书中,就以现代语言学理论为指导,对语言、文化、思维与世界的关系进行了深入的探讨,从本质上揭示了翻译的可行性。

翻译作为一种历史悠久的人类文化交流活动,涉及到多方面的因素,尽管理论上有着种种障碍,现实中也存在着种种困难,但作为实践,它一直在不断地进行着,并发挥着重要的作用。对于翻译的可行性,也就是我们所讨论的“能怎么译”的层面,人们的认识经历了一个相当长时期的发展过程。一开始,人们对翻译的各种见解都基于一种假设,那就是人类面对的世界,人类的经验,特别是人类的思维具有一致性,人类的认识形式具有普遍性,地球上各个不同民族用以表达传达自己思想的语言在结构与生成机制方面也有一定的相似性。基于这一切,人们普遍认为翻译是可行的。特别是在古代,人们对自身面对的物质世界认识不足,对各种语言之间的差异,尤其是各种文化之间的差异没有比较深入与科学的研究,因此对翻译所面临的障碍认识不清,造成了种种错误的认识。比如,古代有的学者认为古希腊语的语言结构和关系所反映的大千世界的各种事物及其结构关系具有普遍性,翻译要再现原著,只能逐字对译,而且认为逐字对译,才可能做到真正意义上的忠

① 沙博理《译事两则》,《书与人》1995 年第 6 期,第 128 页。

实。然而,随着翻译实践形式的不断丰富和发展,各民族之间的接触日益频繁,人们渐渐发现各民族语言和文化之间的差异普遍存在,翻译所面临的障碍是多方面的。特别是现代语言学的研究在科学的意义上揭示了人类的语言、文化之间存在的诸多差异,给翻译研究提供了新视角,如美国翻译理论家奈达就深入分析了"生态环境、物质文化、社会习俗、宗教文化"等方面的差异给翻译造成的障碍,乔治·穆南也在此基础上研究了"意识形态的差异"对翻译活动的影响。他们认为,这多方面的差异必然在语言中有着反映,比如文化的缺项造成语言词汇的缺项;文化背景的差异导致各民族语言对"非语言经验的实际切分不同";人们对物质世界的不同认识以及对世界映象的不同感受也在语言单位的划分、句法结构的形式等方面有着程度不同的反映,造成了翻译活动中"对应单位"的缺项、结构的错位,给翻译造成了实际的困难。基于这些事实,翻译理论界慢慢达成了较为一致的看法:翻译不是万能的,也不是绝对不能的,它是可行的,但有着限度。

我们对翻译的客观、现实层面的研究,对"能怎么译"的探讨应该本着实事求是的态度。当我们提出翻译要忠实,翻译要准确,翻译要再现原作的真与美这些理想或意愿层面的要求或原则时,我们不能不考虑到翻译在现实层面所允许的可行性的程度。

从理论上讲,我们所讨论的"能怎么译"中的"能",应该从以下几个方面去认识。

一是对翻译活动要持历史的观点。翻译活动是一种历史活动,人的翻译活动受到时间的限制。具体地说,在不同的历史阶段,人们对某一具体作品的理解和认识有着历史的局限,我们不能苛求译者超越历史的阶段,穷尽对某部作品的理解与认识,翻译得十全十美。按照西方阐释学的观点,任何翻译都是文本生成与传播历史中的一站。我们考察翻译,研究具体的翻译作品,特别是在翻译批评时,要具有历史的观点。比如对林纾的翻译,拿现在的观点去衡量,往往会发出"他怎么能这样译"的疑问,有的甚至会加以否定。而若考虑到林纾所处的时代,他所面对的读者以及他所意欲达到的目的,我们对他的翻译的认识就可能更为全面一些。

二是对翻译的可行性要持发展的观点。这一点,乔治·穆南在《翻译的理论问题》中有着深刻的阐述。他认为,翻译的可行性是客观存在的,它有着限度,但其限度不是一成不变的。他明确指出:"翻译活动的成就是相对的，它所能达到的交流思想的水平是变化发展的。”[1]这是因为翻译活动势必要受到整个人类知识水平以及对世界的认识水平等方面的限制。他列举法俄翻译活动为例，指出在分析法语与俄语之间的转换活动的可行性时，不可避免地要进行语言对比，但同时也不可忽视两种文化及语言之间的接触对翻译可行性所产生的作用。他说，在俄法或法俄翻译中，本世纪60年代的水平已经远远超过了18世纪60年代的水平。那时，第一部法俄词典尚未问世，两种文化与语言之间的接触甚为罕见。到了18世纪后期，两国之间的交流逐渐增多，每一次接触都为法俄翻译的可行性增加了一分。从这个意义上说，随着各民族之间语言与文化的接触的增多，人们相互了解的程度就会加强，翻译中因了解不多或认识差异方面所造成的文化障碍就有可能渐渐减少，为翻译提供更大的可能性。

三是对翻译障碍的认识要持辩证的观点。20世纪一些语言学家在论及语言对人们的世界观的形成所起的作用时犯了极端主义的毛病，如沃尔夫曾认为语言对人们世界观的形成起着决定性的作用；又如新洪堡学派以语言的差异导致了人们对世界映象的认识差异为依据，提出了“不可译”的绝对观点。若以辩证的观点对此进行审视，我们可以看到，新洪堡学派只片面地强调了从语言到世界的运动关系，而忽视了从世界到语言的运动关系，实质上也是忽视了人类对世界的认识水平对异语交际的制约作用。事实上，如乔治·穆南所说，人类语言能力与人类对世界的认识之间有着相互作用的辩证关系，人类的文化史是在人们克服困难、不断认识世界、相互交流的运动中发展的，异语交流，即翻译活动的可行性在很大程度上取决于不同文化之间的接触、碰撞与交流。认识不同语言与文化的差异，吸收外来语言与文化的长处，增强相互之间的交流，在异语与异文化的明镜中观照自身，以异语、异文化的精华来滋养、丰富自身，这也是翻译的使命之一。

四是对翻译的“能”要持实事求是的认识态度，以客观事实为依据，以科学分析为手段，进行合情合理的评价。上文中，我们谈到了意愿层面的“要”，“要”作为理想的追求或意愿的表达，在现实层面不一定“能”完全达到。比如我们所说的“忠实”，这一翻译的根本要求几乎成了某种先验的原则，但忠实于什么，“能”忠实到什么程度，如何克服障碍，最

---

① Mounin, Gorges. *Les Problèmes théoriques de la traduction*. Paris: Gallimard. 1963. p. 278.

大程度地接近原作，都需要进行科学的分析和研究。主观的愿望不能与客观实际相违背，在进行翻译批评时，更应注意处理好“要”与“能”的关系，切忌将两者割裂开来。

只有对翻译的可行性有着全面、辩证、客观的认识，对翻译实践中所出现的障碍有着科学的分析，我们才有可能尽最大努力去寻找克服障碍的方法，或创造交流的机会，提高翻译的能力。此外，我们还要指出，我们所讨论的“能”，包括总体与个体两个方面，也就是说，翻译的能力可以指某一具体的历史阶段人类总的翻译能力，也可指某一翻译者个人的能力，两者之间也呈辩证的关系。在翻译实践中，个人的能力是有限的，但人类整体的能力却是不断发展的，是无限发展的。对于翻译历史中的某些现象，如复译现象，就可在这一层面加以探讨，深化认识。又如诗歌翻译的可行与不可行的问题，我们也可通过对翻译的哲学思考与艺术分析，做出比较容易让人接受的回答。

三　翻译的道德层面：该怎么译

在很多人看来，翻译是一种简单的语言转换活动。在这里，我们不拟就翻译活动是简单还是复杂作一理论的分析，我们仅想指出一点，那就是翻译活动绝不是一种纯粹的语言转换，它涉及众多因素。上文中，我们已经简要地论述了在翻译的“要怎么译”与“能怎么译”这二个层面所可能遇到和我们必须加以注意的一些问题。面对一项具体的翻译任务，当意愿明确，译者也有能力满足这一意愿时，翻译是否就可能进行了呢？为了回答这个问题，我们不妨以本文第一部分沙博理所述的例子加以说明。江青“要”沙博理将“英雄”改译为“强盗”，从纯粹的能与不能的意义上说，沙博理完全“能”把 Heroes（英雄）改为 Bandits（强盗），因为这里不涉及任何语言或文化为翻译所设置的客观障碍。但沙博理却没有那样做，非“不能”也，实“不该”也。这里，实际上也就是涉及了翻译活动的第三个层面，亦即“该怎么译”这一层面的问题。

法国翻译理论家安托瓦纳·贝尔曼在《翻译批评论》[①]一书中曾经讨论过这个层面的问题。在他看来，翻译研究，特别是翻译批评的研究，主要涉及两个方面，那就是翻译的诗学及道义方面问题。他认为，作为一个译者，一旦接受或从事某一项翻译活动，他就开始承担某种责

---

① Berman, Antoine. *De la critique des traductions*: *John Donne*. Paris: Gallimard. 1995.

任和义务。面对原作,面对服务对象,译者作为一个社会的人,必然要受到某种道德上的约束,译者的“随心所欲”,必然是在一个“矩”的范围内,而这个“矩”,包含翻译活动内部规律所规定的范围,也包含着我们在此所讨论的道德上的界限。

《辞海》上对“道德”一词的解释是:道德,为“社会意识形态之一,是一定社会调整人们之间以及个人和社会之间的关系的行为规范的总和。它以善和恶、正义和非正义、公正和偏私、诚实和虚伪等道德概念来评价人们的各种行为和调整人们之间的关系;通过各种形式的教育和社会舆论的力量,使人们逐渐形成一定的信念、习惯、传统而发生作用。道德由一定社会的经济基础所决定,并为一定的社会经济基础服务。永恒不变的,适用于一切时代、一切阶段的道德是没有的”。在以往的翻译研究中,我们很少从理论上来讨论“道德范畴”的观念和认识对翻译活动的影响和约束。若我们认真对照一下辞海对“道德”一词所作的解释,并将之与我们的翻译活动联系起来进行思考,我们也许可以发现,翻译作为一项在一定社会里,在某个历史阶段所进行的人的交流活动,人们对它提出的许多原则,在某种程度上,与其说是建立在对翻译客观的认识基础之上的规律总结,不如说是一种道德层次的要求。比如,我们经常谈到的“忠实”问题,我们很容易将“能”与“该”混为一谈。也正因为如此,我们现在所流行的翻译批评在很大程度上,可以说是一种道德批评。

我们应该看到,基于道德层面的“该”与“不该”,不是永恒不变的标准,它在某种意义上取决于人们对翻译这一活动本身的认识。在目前阶段,由于人们对翻译活动本质的认识还有差异,对翻译应该采取何种方法也必然产生不同的看法。比如,有的人认为,翻译的任务不是沟通与交流,而是提高自身,因此,翻译不能停留在原作的基础上,而要超越原作,这样一来,忠实就毫无作为,只有创造,才是唯一的出路。而有的翻译理论工作者认为,翻译的首要任务是沟通与交流,为了尽可能准确地表现原作者的意图和思想,尽可能惟妙惟肖地再现原作者表达其思想或意图的方式,翻译应该尽可能地贴近原作,忠实原作,以表现原作的神、气势、特点为己任。这两种观点的“是”与“非”如何进行判定?哪一种观点是可以接受的?要回答这两个问题,我们不能不考虑到两个因素:一是翻译活动本身能否做到忠实,能“忠实”到何种程度,二是处于我们目前的历史阶段,人们对该怎么翻译的认识达到了怎样的水平。

事实上，翻译的超越论今天之所以难以被接受，恐怕也是因为它有悖于翻译的一般目的，不符合人们在目前阶段对翻译的认识，不符合人们对翻译与原作者、读者之间应有的关系的认识规范。这就告诉我们，任何翻译标准的确立，任何翻译方法的采用，无不受到道德层面的约束。

当我们把目光投向我们目前的译坛，特别是文学翻译的现状时，我们可以发现有许多现象，都需要我们放在道德这一层面加以严肃地审视，如名著复译中的抄袭、剽窃现象，某些畅销书的抢译风，某些译者的粗制滥译行为等等，对这些问题，自然要以翻译的职业道德和社会道德这两个方面去加以衡量。在这里，我们恰恰可以看到翻译本身有许多难以自主的因素，需要我们在更大范围内，在各个层面上加以观察与认识，而“道德”这一层面所涉及的问题和因素是任何一个翻译工作者和翻译研究工作者所不能忽视的。

在《怎一个“信”字了得——需要解释的翻译现象》一文中，笔者曾经谈到，在翻译实践中，有不少类似改译、改编或改写的翻译现象。比如一份外国产品说明书，有使用者不懂，委托(亦即“要”)某译者翻译其中的“使用方法”部分，作为翻译，能否借不忠实原文(原文的整体性)的名义，拒绝翻译，或不理会委托者的意愿，全文译出呢(有否这种忠实的必要)？这里，实际上除了“要”与“能”的问题之外，还有一个“该不该”的问题。试想使用者要求节译的是一份新药品说明书，译者该怎么办呢？难道译者能忽略说明书中的“禁忌”部分而完全忠实于委托者的意愿吗？不难明白，“该不该”节译，是译者应该考虑的一个重要的因素。又如在目前文学翻译界，当某一位书商出于商业和经济的目的，要某位译者以某一译本为蓝本，适当加以“修改”，炮制出一个“新的译本”时，这里也同样面临着“该不该”的选择。若我们细心地考察一下翻译活动的全过程，从翻译对象的选择、翻译方法的采用，包括翻译作品的编撰与加工，无不受到“该怎么译”这一道德层面的约束和影响。

一般认为，道德也是社会的意识形态，我们在研究翻译时，应该充分认识到社会的主导意识对翻译的重要影响。此外，我们还要注意处理好翻译主体的审美意识和追求与道德之间的关系，这些问题，我们将另文加以探讨。

结束语

从上文的简要论述中，我们可以看到，翻译活动首先是一项复杂的社会实践活动、人类的思想交流活动，任何译者都处于一个特定的社会、文化和历史环境之中，他在翻译活动的过程中，要受到各个方面的约束和影响，而“要怎么译”、“能怎么译”和“该怎么译”这三个层面所提出的问题是一个有责任感的译者所必须认真考虑和严肃对待的。“要”、“能”与“该”是一个整体的几个方面，三者之间密切相联，相互制约又相互影响，我们在进行翻译或研究翻译时，要避免顾此失彼，而应该加以全面的观照与审视。本文对翻译活动三个层面的探讨仅仅是一种尝试，希望以此引起同行对影响翻译活动的各种因素的关注，扩大翻译研究的视野，把翻译研究引向一个新的深度。

（原载《外语教学与研究》1998 年第 3 期）

论翻译之选择

法国哲学家萨特在《什么是文学》一书中探讨写作问题时，曾这样写道："一旦人们知道想写什么了，剩下的事情是决定怎么写。往往这两项选择合而为一，但是在好的作者那里，从来都是先选择写什么，然后才考虑怎么写。"[①]在萨特看来，如果说选择写什么与选择怎么写都是一个作家必然面对的问题的话，那么对一个好的作家来说，选择写什么是应该首先考虑的问题。这是萨特介入主义文学的一个原则。就翻译与创作的根本任务而言，我们可以看到，萨特就创作所谈的这一介入原则，同样适合于翻译。在本文中，我们试图从宏观与微观两个方面，结合翻译所承担的使命，对翻译整个过程中的选择问题作一粗浅的探讨。

一

当代翻译研究的许多研究成果告诉我们，翻译作为一项人类跨文化交流活动，绝不仅仅是一种纯粹意义上的语言转换，也不仅仅是译者的个人活动，它在很大程度上，要受到诸如历史、社会、文化、政治、审美情趣等多种外部的和内部的因素的限制。翻译既然是一项跨文化的交流活动，具有很强的实践性，那自然就会提出"为什么翻译"这一问题。这一点，恰与萨特讨论"什么是文学"时提出"为什么写作"的问题不谋而合。翻译因语言障碍存在导致无法沟通而成为一种必需，同时，为克服语言障碍而达到不同语言的人们之间的交流，便成为翻译之目的。在这个意义上，正如劳伦斯·韦努蒂所言，翻译是在致力于传述一个异域文本，以达到理解与交流之目的。在他看来，这样一个过程，不可避免地会存在一种归化的倾向和各种形式的选择与策略："翻译是一个不可避免的归化过程，其间，异域文本被打上使本土特定群体易于理解的语言和文化价值的印记。这一打上印记的过程，贯彻了翻译的生产、流通及接受的每一个环节。它首先体现在对拟翻译的异域文本的选择上，通常就是排斥与本土特定利益相符的其他文本。接着它最有力地

① 让-保尔·萨特著《什么是文学》，施康强译，见《萨特文学论文集》，安徽文艺出版社，1998年，第84页。

体现在以本土方言和话语方式改写异域文本这一翻译策略的制定中，在此，选择某些本土价值总是意味着对其他价值的排斥。再接下来，翻译的文本以多种多样的形式被出版、评论、阅读和教授，在不同的制度背景和社会环境下，产生着不同的文化和政治影响，这些使用形式使问题进一步地复杂化。”①显而易见，韦努蒂在此是在用一种后殖民主义的立场对翻译活动进行分析。他的目的，在于“检查翻译在特定文化里的地位和实践，探讨翻译外语文本的选择和翻译言说策略，并研究哪些文本、策略和译文是被奉为典范的，哪些是被挤到边缘去的，它们又是为哪些社群服务的”②。倘若细究韦努蒂的初衷，我们也许会进一步追踪到他对传统的翻译观的质疑与批判。这不是本文的目的。从他上面的论述中，我们仅仅想指出以下几个明显的观点：一是翻译是一项有目的的实践活动，我们研究翻译，必须要关注翻译在特定文化里所处的地位和作用；二是在整个翻译的生产、流通和接受的过程中，无不是某种语言与文化立场的选择与确定，换言之，选择贯穿于翻译的全过程；三是译者的选择与翻译策略的制定是紧密相联的，而这两者又受到本土文化价值观的限制。

若考察中国翻译史，我们不难看到这样的一个事实：在历史大变革时期，较之怎么翻译，“翻译什么”是首要的问题。韦努蒂所说的“对拟翻译的异语文本的选择”，是译事的头等要义。我国近代著名思想家、政治活动家梁启超早在19世纪末，就在《变法通义》中专辟一章，详论翻译，把译书提高到“强国第一义”的地位。而就译书本身，他明确指出：“故今日而言译书，当首立三义：一曰，择当译之本；二曰，定公译之例；三曰，善能译之才。”③

梁启超所言“择当译之本”，便是“译什么书”的问题。他把“择当译之本”列为译书三义之首义，可以说是抓住了译事之根本。选择什么样的书来翻译，这取决于多方面的因素。在此，我们不妨作一简要的分析。

首先，“择当译之本”，取决于翻译的目的或动机。仍以上文提及的

---

① 劳伦斯·韦努蒂著《翻译与文化身份的塑造》，查正贤译，刘健芝校，见许宝强、袁伟编《语言与翻译的政治》，中央编译出版社，2001年，第359页。

② 劳伦斯·韦努蒂著《〈翻译再思〉前言》，吴兆朋译，见陈德鸿、张南峰编《西方翻译理论精选》，香港城市大学出版社，2000年，第248页。

③ 郭延礼著《中国近代翻译文学概论》，湖北教育出版社，1998年，第227页。

梁启超为例，他把翻译当作强国之道，目的在于推行维新变法。在他看来，以前的国文馆和江南制造局翻译馆译的大都是兵学著作，这无助于解决中国的强国大事。他认为，要强国，当务之急要多译“西方法律、政治、历史、教育、农学、矿学、工艺、商务、学术名著和年鉴等书”。① 在他的倡导之下，一批批外国社会科学著作先后被介绍到了中国。显而易见，梁启超的选择不仅仅是一般意义的翻译选择。推行维新变法，改造旧中国的明确目的是其“择当译之本”的出发点。

清末民初时期，出现了文学翻译的高潮，而“政治小说”更是风靡一时。梁启超虽大力倡导翻译社科著作，维新救国梦并没有因此实现，转而对小说的作用抱有幻想，希望借助小说“支配人道”的不可思议之力，来达到改良社会与政治，实现社会革命的目的。国内和境外的翻译学者对清末民初的文学翻译高潮形成的原因，已有不少探讨，其中重要的一点，便是“文学翻译高潮”，源于梁启超等人对小说“社会功能”的特别认识。梁启超所发表的《论小说与群治之关系》一文，对此有明确的论述。香港中文大学翻译系的王宏志先生认为：梁启超提出小说界革命，“实际上是要革掉传统小说的命”，因为在梁启超看来，中国传统小说一无可取，“地位低微，著者多为市井俗夫，内容方面只知诲盗诲淫，更是‘吾中国群治腐败之总根源’。相对而言，西洋小说却是文学的正宗，著者皆为硕儒道人，写的都是政治议论，与政体民志息息相关，对国家政界的进步极有裨益。在这情形下，译印域外小说，便是小说革命的第一步，也是最自然不过的选择了。”②在对清末民初文学翻译大盛之原因的探讨中，我们可以清楚地看到，翻译的目的与翻译的选择之间的联系是再也紧密不过了。

在最近几年的研究工作中，我们承担了教育部人文社会科学博士点基金九五重点项目，在对文学翻译的基本问题进行研究与探讨时，也特别注意到了“择当译之本”这一问题。在对卓有成就的老一辈翻译家的译事与译论的探讨与梳理中，我们发现，对他们来说，选择翻译对象，是他们首先考虑的重大问题。但这种选择，绝不仅仅是个人的自由选择，它除了上文所谈到的原因之外，还要受到时代、社会、意识形态等因素的限制。

---

① 郭延礼著《中国近代翻译文学概论》，湖北教育出版社，1998年，第227页。

② 王宏志《导言·教育与消闲——近代翻译小说略论》，见王宏志编《翻译与创作——中国近代翻译小说论》，北京大学出版社，2000年，第3～4页。

在解放后的相当一段时间里，我国的外国文学翻译工作有一个明确的宗旨，叫做"为革命服务，为创作服务"。苏联和有关社会主义国家的文学的翻译介绍工作受到特别的重视。在那个时期，对翻译作品的选择，主要根据"政治"和"艺术"这两个标准，而在这两者中，政治是首位的。对许多翻译家来说，选择怎样的作品加以翻译，政治和思想因素往往是首先要考虑的。草婴先生先后花了 20 年时间，向中国读者系统地介绍托尔斯泰的作品。他说他之所以选择托尔斯泰，首先是因为托尔斯泰有着丰富的人道主义思想，其次是由于托尔斯泰作品的艺术魅力。叶君健先生翻译安徒生，是因为安徒生在他的作品中，"以满腔的热情表达他对人间的关怀，对人的尊严的重视，对人类进步的颂扬。"① 屠岸先生既是著名的翻译家，也是一位具有丰富出版经验的管理者。他在谈到影响翻译的选择因素时说："意识形态对翻译作品的选择与处理有很大影响，这是事实。50 年代中苏'蜜月'时期，也是俄苏作品译本出版的黄金时代。当年欧美古典文学作品占一席之地，是由于我国文艺政策中有'洋为中用'一条，同时，也可说借了'老大哥'的光。苏联诗人马尔夏克的莎士比亚十四行诗俄译，在苏联卫国战争期间全部登载在《真理报》第一版上，战后出单行本，又获得斯大林奖金。所以我译的《莎士比亚十四行诗集》的出版不会受到阻碍。"②方平先生有感于政治因素对翻译所起的负面影响，谈到了在文化大革命中他偷偷摸摸做翻译时的情况："文化大革命的时候，像《红与黑》、《高老头》、《复活》这样的世界文学名著都遭到了猛烈的批判，莎士比亚在当时的命运还算好些，因为马克思、恩格斯称赏过，打狗看主人的面，不便抓出来示众。那个时候，除了古巴、越南、阿尔巴尼亚的作品外，外国文学都批倒批臭了；你却还在私下搞翻译，这不是在贩卖封资修的黑货吗？罪名不下今天的私贩大麻、海洛因。那时候我翻译过莎士比亚的悲剧，只能偷偷摸摸，是见不得人的勾当，就像封建社会中的小媳妇，夜半偷偷出去与自己以前的情人幽会，在那种紧张的心态下，可想而知，既没有谈爱情，也绝对搞不好翻译。当时的意识形态是在我的外国文学评论中留下了较鲜明的烙印。现在回过头来重读发表在揪出'四人帮'后的一些评论，可清楚地看到，处在当时排山倒海的政治斗争的形势中，我还没有完全

① 叶君健、许钧《翻译也要出精品》，《译林》1998 年第 5 期，第 201 页。

② 屠岸、许钧《"信达雅"与"真善美"》，《译林》1999 年第 4 期，第 209 页。

被异化；良知还没完全丧失，可是在思想上且被压弯了腰，我私下写了些当时绝无发表可能的论文，自以为试图谈自己的看法，实际上不自觉地按照既定的政治调子、既定的模式，用当时那一套政治语言，当做我自己的思想、自己的语言，多么地可悲啊！这是一个非常时期，它用火和剑，强制你按照它的政治调子去思想，彻底剥夺了属于你个人的思维空间。”①

改革开放，迎来了我国文学翻译的春天，老一辈翻译家们更是焕发了巨大的翻译热情。他们求真求美，把更多的目光投向了作品的文化内涵、审美价值和艺术性。萧乾先生在选择作品时，特别强调必须“喜爱它”：“只是译的必须是我喜爱的，而我一向对讽刺文字有偏爱，觉得过瘾，有棱角，这只是我个人选择上的倾向。”“由于业务关系，我做过一些并不喜欢的翻译——如搞对外宣传时；但是我认为好的翻译，译者必须喜欢——甚至爱上了原作，再动笔，才能出好成品。”“从菲尔丁到里柯克，我译的大都是笔调俏皮，讽刺尖锐，有时近乎笑骂文章，这同我以‘塔塔木林’为笔名所写的倾向是近似的。”②日本文学翻译家文洁若有着自己明确的选择标准，她说：“我喜欢选择那种具有强烈的艺术感染力的作品来译。例如凯瑟琳·曼斯菲尔德的作品就给人以美感享受——语言美，情调美。日本近代作家泉镜花的《高野圣僧》，芥川龙之介的《海市蜃楼》和《桔子》以及80年代去世的女作家有吉佐和子的短篇《地歌》和《黑衣》，至今健在的水上勉的散文《京都四季》，大都是以敏锐的观察力和细腻的表现力见称，表达了日本传统文化的审美情趣。对日本作品我还有个标准或原则：着重翻译那些谴责日本军国主义对我国发动的侵略战争的作品，其中包括天主教作家远藤周作的《架着双拐的人》和三浦绫子的《绿色荆棘》。”③在新的历史时期，屠岸先生也有自己的标准：“我选择作品进行翻译，有自己的标准：一是在文学史上（或在现代、当代舆论上）有定评的第一流诗歌作品；二，同时又是我自己特别喜爱的，能打动我心灵的作品。选择第一流作品，是为了要把最好的外国诗歌介绍给中国读者，把外国的‘真善美’输送到中国来；选择我喜爱的、能打动我的作品，因为这样的作品我才能译好。对生命力不能持久的畅销书，我不感兴趣。作为出版社负责人，考虑选题就应当更

① 方平、许钧《翻译的得与失》，《译林》1998年第2期，第203页。
② 萧乾、文洁若、许钧《“翻译这门学问或艺术创造是没有止境的”》，《译林》1999年第1期，第210页。
③ 萧乾、文洁若、许钧《“翻译这门学问或艺术创造是没有止境的”》，《译林》1999年第1期，第210页。

全面，视野更广阔。对入选原著的语种、原作者的国别，要扩大，时代的跨度，要延长。出版社推出外国文学作品的译本，要从改革开放的角度着眼，从中国与世界各国进行文化交流的角度着眼，从不同爱好、不同层次的广大读者的要求的角度着眼。作为文学出版社，应当出第一流的、古典的和现当代的外国文学作品，作品的文学性是第一选择标准。但有些产生重大影响的作品，其文学价值或许还没有定评，但对读者具有认识价值，也可列入选题。”①对翻译作品的选择，不仅仅是译者本人的事，出版社在某种意义上，掌握着取舍的决定权，而在我们这个时代，经济因素往往左右着出版社对一部作品的选择。我们现在常说的“社会效益”和“经济效益”，成了最为重要的标准。老一辈翻译家们在选择作品翻译时，虽然受着一些无法左右的因素，但就他们个人而言，他们的一些观点和选择标准对我们今天来说，仍然是有着启迪意义的。

二

上文所探讨的，主要涉及翻译选择的宏观及外部的因素。但如我们在文章一开始所指出的，翻译之选择体现在译事的整个过程。选择怎样的作品加以介绍与翻译，这是一种根本的选择，但在整个翻译过程中，翻译的选择不仅仅只体现在对“当译之本”的选择上，它还涉及到翻译过程的方方面面。

当一个译者协调了各种限制或制约翻译之选择的外部的宏观的因素，选准了一部作品开始翻译时，他马上就会面临一个文化立场的选择。在《尊重、交流与沟通——多元语境下的翻译》②中，笔者着重指出，每一个有使命感的译者，都会在翻译一部作品时明确选择自己的文化立场，而这一立场的确立，无疑直接影响着译者的翻译心态和翻译方法。在近几年的翻译研究和讨论中，经常涉及到“归化”与“异化”的问题。所谓“归化”与“异化”，实际上是以译者所选择的文化立场为基本点来加以区分的。译者作为跨越两种文化的使者，他所面临的，有出发语文化与目的语文化。面对这两种文化，出于不同的动机和目的，译者至少可采取三种文化立场：一是站在出发语文化的立场上，二是站在目的语文化的立场上；三是站在沟通出发语文化与目的语文化的立场上。

---

① 屠岸、许钧《“信达雅”与“真善美”》，《译林》1999 年第 4 期，第 208 页。

② 该文为笔者提交给“多元之美：国际比较文学学术研讨会”（2001 年 4 月 7 日至 10 日于北京大学）的论文。

第一种文化立场往往导致所谓“异化”的翻译方法；第二种立场则可能使译者采取“归化”的翻译方法；而第三种立场则极力避免采取极端化的“异化”与“归化”的方法，试图以“交流与沟通”为翻译的根本宗旨，寻找一套有利于不同文化沟通的翻译原则与方法。劳伦斯·韦努蒂曾以日本小说的英译以及亚里士多德《诗学》的英译来考察译者所采取的文化立场与“异化”与“归化”这两种翻译策略的确立之间的关系，指出在受多种因素决定的翻译活动中，译者对异域语言与文化的态度与理解，对本土文化价值的认识与立场，是决定翻译方法的一个最重要的因素。而对异域文本的选择与翻译策略的制定，反过来又影响着本土文化与异域文化之间的关系。他认为：“翻译以巨大的力量构建着对异域文化的再现。对异域文本的选择和翻译策略的制定，能为异域文学建立起独特的本土典律。这些本土典律遵从的是本土习见中的美学标准，因而展现出来的种种排斥与接纳、中心与边缘，都是与异域语言里的潮流相背离的。本土对拟译文本的选择，使这些文本脱离了赋予它们以意义的异域文学传统，往往便使异域文学被非历史化，而异域文本通常被改写以符合本土文学中当下的主流风格和主题。这些影响有可能上升到民族的意义层面：翻译能够制造出异国他乡的固定形象，这些定式反映的是本土的政治与文化价值，从而把那些看上去无助于解决本土关怀的争论与分歧排斥出去。翻译有助于塑造本土对待异域国度的态度，对特定族裔、种族和国家或尊重或蔑视，能够孕育出对文化差异的尊重或基于我族中心主义、种族歧视或爱国主义之上的尊重或者仇恨。”①韦努蒂的论述中所提出的观点，可由中外翻译史上的许多例子进行印证。一个国家、一个民族的文化心态，译者本人的文化立场，在很大程度上决定了译者对翻译策略的制定。从这个角度看，对翻译的许多技的层面的探讨，不能忽视政治、文化层面的因素对翻译的影响。在我国翻译史上，远的不说，近的有20世纪30年代鲁迅与赵景深之间关于翻译的论战，看上去是翻译方法与技巧之争，实际是表明了各自的一种文化态度和政治立场。孙歌曾指出：鲁迅在与新月派文人的论战中，“坚持了他‘硬译’的立场，从此把翻译的问题转向了文学和文化重构的

① 劳伦斯·韦努蒂著《翻译与文化身份的塑造》，查正贤译，刘健芝校，见许宝强、袁伟编《语言与翻译的政治》，中央编译出版社，2001年，第359～360页。

政治性问题”。① 鲁迅在谈及《死魂灵》的翻译时说:“在动笔之前,就先得解决一个问题:竭力使它归化,还是尽量保存洋气呢?”鲁迅对这个问题的回答十分明确,他认为翻译的目的,不但移情,而且要益智,因此翻译必须保持原文的异国情调,对原文“不主张削鼻剜眼”。② 鲁迅的立场是分明的,翻译要尽可能保存洋气,采取的方法是“在有些地方,宁可译得不顺口”。这种翻译方法,若仅仅从技的层面去探讨,有可能会得出反面的评价,乃至给予彻底的否定。但我们若从鲁迅的文化立场出发去加以探究,恐怕会得出不同的评价。鲁迅的“硬译”或“不顺”,只是一种翻译策略,他所要达到的是改造中国文化的目的。比较学者乐黛云在探讨“异”的问题时,曾说过这样一段话:“人,几乎不可能脱离自身的处境和文化框架,关于‘异域’和‘他者’的研究也往往决定于研究者自身及其所在国的处境和条件。当所在国比较强大,研究者对自己的处境较为自满自足时候,他们在‘异域’寻求的往往是与自身相同的东西,以证实自己所认同的事物或原则的正确性和普遍性,也就是将‘异域’的一切纳入‘本地’的意识形态。当所在国暴露出诸多矛盾,研究者本身也有许多不满时,他们就往往将自己的理想寄托于‘异域’,把‘异域’构造为自己的乌托邦。如果从意识形态到乌托邦联成一道光谱,那么,可以说所有的‘异域’和‘他者’的研究都存在于这一光谱的某一层面。”③乐黛云的这段话,涉及了“异域”与“本土”,“他者”与“自我”的关系问题,在本质上是“同”与“异”之间的一种文化层面的相互影响问题。以她的观点,来分析鲁迅在翻译问题上表现出的文化立场和对“异域”的态度,恐怕是有偏差的,因为鲁迅有着极其清醒的头脑和明确的文化重构的目的。但是,用乐黛云的观点来观照我国近当代翻译史上的许多与文化立场相关的现象,却有着重大的启迪意义。关于“归化”与“异化”的讨论,至少可以使我们从翻译的技的层面,即方法技巧的层面走出来,将翻译方法的选择置于文化立场的表达及文化重构的高度去加以审视与探讨。

---

① 劳伦斯·韦努蒂著《翻译与文化身份的塑造》,查正贤译,刘健芝校,见许宝强、袁伟编《语言与翻译的政治》,中央编译出版社,2001年,第28页。

② 鲁迅《“题未定”草》,见罗新璋编《翻译论集》,商务印书馆,1984年,第301页。

③ 顾彬《〈关于“异的研究”〉序》,见顾彬《顾彬讲演集》,北京大学出版社,1997年,第2页。

三

从“当译之本”的选择到翻译方法的确定，这只是广义的翻译过程中的第一步。在严格的翻译过程中，对翻译的选择更多的是表现在“翻译什么”，即对“文本意义”的传达环节上。

奈达认为，翻译即译义。从文本翻译的整个过程看，我们不可否认“译义”是翻译任务的具体体现。然而，无论从纯语言学的观点看，还是从文学角度看，或是从文化层面上看，文本是一个非确定性的意义开放系统。对于意义，尤其是一个文本的意义，至今在理论上还未达到统一的认识，不同时代的不同学者或理论家对何为意义，何为文本的意义存在着不同的，甚至对立的观点。与文本意义相关的，还有不少学者提出了三种意图存在的可能性，如以读者为中心的诠释理论试图发现的“作者意图”，试图“将本人锤打成符合自己目的的形状”的“诠释者意图”以及埃科认为客观存在的“本文的意图”。[①] 对于文本的意义及与此相关的各种意图，我们在此难以进行系统而深入的分析，但下面这段论述对我们的讨论具有启迪意义：

“文学作品是极特殊的语义系统，其目的是赋予世界以‘意义’，但不是‘一种意义’。一件文学作品，至少是批评家通常考虑的那种作品，既非始终毫无意义（玄妙或‘空灵’），也非始终一目了然。那意义可说是悬浮的；它把自己作为某种意味的公开系统提供给读者，但这有意味的客体却躲避着读者的把握。这样一种意义中先天的失意或迷惑，说明了一件文学作品何以有如此的力量，来提出关于世界的问题，却不提供任何答案（杰作从不‘专断’）；它也说明了一部作品何以能被无限地重新解释。”[②]

对于翻译而言，这段话有着多重的启示：一是译者需要翻译的文本的意义不是完全澄明的，也不是凝固不变的“一种意义”；二是文本的意义是开放的，悬浮的，既躲避着译者——读者的把握，但同时有着被“无限地重新解释”的可能性；三是作者、文本与读者（也就是译者）之间存在着某种互动的关系，这是文本意义得到理解的先决条件。周宪教授曾对话语的意义问题进行过深入的研究，他认为：“意义是一种动态生

---

① 艾柯著《诠释与过度诠释》，王宇根译，三联书店，1997年，第28～30页。

② 胡经之、张守映编《西方二十世纪文论选》，中国社会科学出版，1989年第452页。

成的东西，而导致意义呈现出来的根本环节便是主体间的对话与问答。确切地说，意义是在作家经由文本为中介的与读者的对话过程中形成的。用美学的术语来描述，这个过程是从主体的对象化（由作家写出文本）再到对象的主体化（读者对文本的解读）构成的。这样一来，我们便可以把意义分解为三种样态：作家在话语中发送的某种意义——文本构成中话语的潜在意义——读者解读时发现的意义。这三种意义并非完全同一，作者想写的东西不等于实际已写出的东西，而已写出的东西作为一种作者'不在场'的客观物，又使人们在其中理解到不同的东西。严格意义上的文学话语的意义，正是由这三种有差异的意义复合体构成的。"[①]根据周宪的观点，意义是一种动态生成的东西，而主体间的对话与问答是导致意义呈现出来的根本环节。这一观点对于翻译的阐释活动具有很积极的指导价值。在某种意义上，我们可以说，在翻译活动中，对文本意义的理解与阐释的过程，是充分发挥翻译主体性的过程，也是译者与原作者的对话过程。然而，对文本意义的理解是第一步。如果说在这一阶段，译者的任务是尽可能去挖掘与领悟文本所包含的各种意义的话，那么，在翻译的再表达阶段，由于语言、文化等差异的存在，译者则不得不面对意义的再表达的种种选择。

在文本意义的传达环节，译者所面对的选择表现在许多方面，如文本的形式意义，文本的意外之义以及文本的文化意义、联想意义等等的传达，都有"译"与"不译"的选择。面对一个多义的文本，译者更需解决如整体与局部、宏观与微观、形式与内容等各个方面的协调。而这种协调，不得不作出某种取舍或牺牲，其中的得与失，既有语言转换和文化播迁中难以解决的困难所构成的客观原因，也有译者面对两种文化所作出的文化意义上的选择，以及个人审美情趣及文学素养所左右的，或多或少主动作出的某种取舍与选择，这方面，自然要归结于译者主观的因素。纳博科夫在《叶甫盖尼·奥涅金》英译本的长篇序言中，曾对译者面对文本意义的传达所进行的选择作过具体的分析，其中有的观点，是值得我们思考与关注的。[②]

就翻译的操作层面而言，翻译的选择更是显得具体而细微。如句式的选择，语气的选择，情感意义的选择，词汇色彩的选择，可以说，大

① 周宪著《超越文学——文学的文化哲学思考》，上海三联书店，1993年第132页。

② 郭建中编著《当代美国翻译理论》，湖北教育出版社，2000年，第257～260页。

到句式，小到词字，乃至一个标点，都有可能需要译者在对各种因素的权衡中，在“译与不译的尴尬处境中，在异同与得失之间”，作出积极的选择。[①] 孙致礼教授积其丰富的文学翻译经验，对文学翻译中所出现的矛盾作过全面而深刻的分析，从十个方面论述了译者所必然面对的主要矛盾，并以辩证法为指导，对译者的选择指出了可借鉴的方法，为我们在这方面的研究拓展了新的视野，打下了良好的基础。[②]

结　语

从上文的简述中，我们可以看到，翻译的选择问题贯穿于翻译的全过程，无论是“译”什么，还是“怎么译”，都涉及到译者的选择。通过对翻译选择问题的探讨，我们可以清楚地看到，相对于“怎么译”，“译”什么更需要我们去进行研究与探讨。目前，我国的改革开放事业不断深入发展，我们迎来了历史上的第三个翻译高潮，各种各样的书籍被大规模地引入我国，对我国的科技、经济、文化建设事业起着重要的推动作用。但不可否认的是，在我们的翻译实践中，无论是对“当译之本”的选择，对文本意义的传递，还是对翻译方法的采用，都存在着一些认识上的误区，但愿本文的粗浅探讨，能引起同行对有关问题的关注。

（原载《外国语》2002 年第 1 期）

---

① 许钧主编《〈翻译思考录〉序》，见许钧主编《翻译思考录》，湖北教育出版社，1998 年。第 4 页。

② 孙致礼著《翻译：理论与实践探索》，译林出版社，1999 年。第 13～24 页。

试论译作与原作的关系

研究翻译，不能不涉及译作与原作的关系。翻译标准、原则的制定，在很大程度上取决于人们对译作与原作之关系的认识和理解。那么，译作与原作之间到底呈现怎样的关系？译作相对于原作的地位如何？本文试图借助20世纪哲学、语言学和文论研究的新成果，以描述与分析兼而有之的方法，在对几种具有代表性的传统的翻译观进行简要勾勒，进而提出质疑的基础上，对译作与原作的关系加以探讨，为人们对翻译本质的认识，对翻译标准的制定，提供某种理论的参照。

一　具有代表性的几种认识与观点

当我们探讨译作与原作之间的关系时，我们自然不能排斥或者割裂译者与作者之间的关系，同时，也不能不考虑在翻译过程中，亦即在动态的意义上，原作脱胎换骨，以译作的形式呈现的过程中起着决定性作用的各种因素。显而易见，对关系的研究，在某种意义上，依赖于对过程的分析、透视与把握。如果说前者可以静态定义的"文字"对比进行某种考察的话，那么对过程的分析则不能不是动态性质的。但为了把我们研究的重点凸现或聚焦于译作与原作的关系问题，在论述过程中，我们可能会有意对涉及翻译过程的某些问题存而不论，以免我们的论述显得过于枝蔓。

对译作与原作的关系研究，如上文所说，势必涉及译者与作者的关系问题。从某种意义上说，原作是作者的化身，而译作则是译者努力的产物。当我们从这个角度来讨论译作与原作的关系时，不言而喻，作者与译者的某种联系或两者之间的关系或多或少会隐含在讨论中。反之亦然。比如，当我们考察传统的翻译经验之谈中经常听到的"主仆"论，亦即作者是主人，译者为仆从的说法时，实际上，我们也可以从中看到，这在某种程度上也就折射了原作与译作之间的主从关系。对这一点，我们在下文还要进一步论及。应该承认，在以往的翻译研究中，对译作与原作的关系研究往往被包含在对作者与译者的探讨之中，很少加以独立的思考与考察，而这种倾向便不可避免地会遮蔽文本生命与文化交流。

这个角度来探讨翻译可能涉及的某些根本问题，如翻译的本质、翻译的历史作用与翻译的文化意义等。或者从实践角度看，对译作与原作关系的认识的深刻与肤浅、全面与片面，可能会直接影响到人们对翻译活动的界定，影响到具体的翻译实践，影响到对翻译原则的理解与实施。

从我们目前所能接触到的翻译研究资料来看，我们发现在过去很长一个时期内，少有对译作与原作关系的理论探讨。但近些年来，在译学之外的某些与翻译总是有着不解之缘的学科内，如哲学、阐释学、比较文学等学科，已有学者开始关注这方面的问题。在下文中，我们将随着讨论的深入，结合有关的观点加以说明。同时，我们也看到，虽然在翻译界，对译作与原作的关系问题还缺乏系统、深入的理论探讨，但无论在西方还是东方，都流传着种种说法，种种比喻，而且在很大程度上表达了相同的或相似的观点。

在中西翻译史上，对译作与原作的关系的认识，在很多情况下，是由对翻译的本质的讨论而引发的。对翻译活动本质的界定，往往也就在根本意义上规定了译作与原作的一种关系，或者说也就确定了一种认识。当我们梳理中国翻译史上对翻译的本质问题的各种思考时，僧人法云在《翻译名义集自序》中的一段话是常被提及的。他说："夫翻译者，谓翻梵天之语转成汉地之言。音虽似别，义则大同。宋僧传云：如翻锦绣，背面俱华，但左右不同耳。译之言易也，谓以所有易其所无，故以此方之经而显彼土之法。"[①]据陈福康考证，"把'译'解释为同音字的'易'，谓以所有易其所无，这是早就已有的解释，至迟唐·贾公彦在为《周礼秋官》中'象胥'一节所作的'义疏'中就已这样说了。"[②]此外，法云所引的"如翻锦绣"之说，出自《宋高僧传》的《译经篇》第三卷的最后部分。陈福康还引钱锺书所言，说《堂·吉诃德》中有过"阅读译本就像从反面来看花毯"[③]的说法。中西相隔600余年的两种说法，以相同的比喻来形象说明翻译活动。而正是这相同的比喻，对后人对翻译的认识起到了相当大的影响。译本在许多人的眼里，只是原本的"翻版"。译本"翻版"之说，对众多的不从事翻译的人们来说，正因为其生动而形象的比喻，而比较容易接受，渐渐地成为了一种根深蒂固且比较普遍的

---

① 罗新璋编《翻译论集》，商务印书馆，1984年，第51页。
② 陈福康著《中国译学理论史稿》，上海外语教育出版社，1992年，第48页。
③ 陈福康著《中国译学理论史稿》，上海外语教育出版社，1992年。第49页。

观念。

与“翻版”说相近的，还有“摹仿”或“摹本”说。译作是原作的“摹本”，这种说法或者这种观念，在西方也许可以追溯到亚里士多德的影响。亚里士多德在《诗学》一书中，开门见山，一开始就结合诗的本质问题，提出了“摹仿”的概念。他指出：“史诗的编制、悲剧、喜剧、狄苏朗勃斯的编写以及绝大部分供阿洛斯和竖琴演奏的音乐，这一切总的说来都是摹仿。”[①]同时，他认为它们之间是有区别的，那就是“摹仿中采用的不同的媒介，取用不同的对象，使用不同的，而不是相同的方式。”比如可以色彩为“媒介”进行摹仿，也可用语言为“媒介”进行摹仿。[②] 亚里士多德的“摹仿”说不仅对后来的文学、艺术家产生了巨大的影响，也对后人对翻译的理解产生了不可忽视的影响。然而，非常遗憾的是，翻译界对亚里士多德的“摹仿说”的理解常会引起误解与混乱。不少人不是从积极的方面去全面认识他在《诗学》中的论说，而是把他的观点与柏拉图的说法沦为一谈。而我们知道，在《理想国》中，柏拉图曾多次谈到摹仿，在他看来，所有艺术创造都是一种摹仿形式。以床为例，共有三种床：“一种是自然中本有的床，由上帝制造”，另一种为木匠制造，第三种为画家制造。木匠制造的床与上帝制造的床隔了一层，画家依木匠制造的床画的床便与“本质”隔了两层。柏拉图认为艺术家即摹仿者，离真理很远，应逐出“理想国”。在这个意义上，柏拉图所说的“摹仿”带有明显的贬义。而后人在借柏拉图与亚里士多德的话来说“翻译”时，如我们不知其出处而在很多场合都能听到的“译本是原作的摹本”的说法，或许就其根本而言，就带着“否定”或消极的意味。如果说原作是对作者所看到、体会到的世界的一种摹仿，那译作则是对原作的摹仿。而这种摹仿，在许多不从事翻译的人来看，则是依样画葫芦式的机械性的摹仿。我们经常听到的一些说法，如“翻译嘛，不就是对着原文，查查词典，就翻出来了嘛”这一大众化的、很有市场的说法，从一开始，便将译本的地位置于了原本之下。

与此相通的，便是原作与译作之间的“主次论”。主次论之说，与“主仆论”直接相关。无论中外，许多翻译家在谈到与原作的关系时，常把自己比作仆人，自觉地要求自己服从原作，甚至自愿拜倒在原作之

---

① 亚里士多德著《诗学》，陈中梅译注，商务印书馆，1996 年，第 27 页。
② 亚里士多德著《诗学》，陈中梅译注，商务印书馆，1996 年，第 27 页。

下，亦步亦趋，不敢越雷池一步。而在阅读译作的许多读者眼里，若译作精彩，那是原作本来就是精彩；若译作读来不理想，那是译文糟糕，没有传达出原作的精彩。总之，译作不过是原作的从属品：原作是第一位的，译作是第二位的；原作是正品，译作是副品。这种观念相当普遍而且大有市场，特别是在翻译界之外。正因为如此，译作，哪怕是文学译作，也往往被当成了原作的一种寄生物，替代品。在相当多的人士（包括学术界、读书界、文化界和出版界的一些人士）的头脑中，译者的劳动是可以忽略不视的，译作的真正主人仿佛就是原作者。时下有一股名著缩写风，此风前几年也刮过一阵，这几年越来越烈。参加缩写的有作家，也有被雇用的写手。他们缩写了一部部外国文学名著，什么《红与黑》、《简爱》、《战争与和平》，凡是比较能够卖钱的，都拿来缩一缩，好从舍得为"孩子的素质教育"付出代价的家长们的口袋里掏钱。他们中许多人明明不懂外文，明明是在缩译者心血的结晶——译作，可他们根本就不把译作的主人放在眼里，缩写本署名时，只认原作者，还有就是绝不会有半点谦虚的所谓"缩写者"的大名。这种严重侵权的做法，从深层的意识上去追究，恐怕"译作"的地位没有得到理论上的确定是其重要的原因之一。换句话说，无论是过去还是现在，翻译的身份和译作的地位一直得不到正确的定位。对这种状况的存在，英国的西奥·赫尔曼也深有同感：

"一方面我们把翻译比喻成搭桥、开门、摆渡或者跨越、转换和传递。在一些印欧语系语言中，翻译一词与'trans-latio'、'meta-phor'有关，这些词在拉丁语和古希腊语中都有确切的'跨越'含义。我们把译者形象地比喻为转播站，同时又比喻为通道和转换器。另一方面我们要求翻译应是相似（likeness）、逼真（look alike）、摹本（replica）、副本（duplicate）、复制品（copy）、画像（portrait）、翻版（reproduction）、模仿（imitation）、模拟（mimesis）、影像（reflection）、镜像（mirror image）或透明玻璃（transparent pane of glass）。"①他进而分析说："这两类比喻之间是有联系的。就语言障碍而言，翻译的特质是相似、逼真或者是一幅真实的画像，我们因此信赖译者，把他看成是中间人和向导。我们往往说，译作只不过是派生物、复制品、替代物，也许是从属的、间接的，因此

---

① 西奥·赫尔曼著《翻译的再现》，见谢天振编《翻译的理论建构与文化透视》，上海外语教育出版社，2000年，第2页。

是第二位的。”[①]通读他的全文，我们清楚地意识到，西奥·赫尔曼在文中所说的“我们往往说”，实际上指的就是长期以来人们对翻译、对译作所持的一种普遍性的观点。

对这些观点、看法或观念的存在，近年来翻译界已经开始关注或进行反思。一些具有敏锐的理论意识的学者，借助人文社会科学的研究成果，从不同角度对翻译活动进行新的阐释，对翻译的本质进行多层面的探讨，对译者的身份与译作的地位加以重新界定。而笔者对译作与原作关系之思考，无疑是在这一理论背景之下的一种痛苦的探索。因为，这种探索一方面要对传统的观念提出质疑，包括对自己的一些受传统观念影响而形成的观点进行新的审视和清理，另一方面则要着力于在对传统观念进行审视的同时，对译作与原作的关系进行理论的剖析和系统的阐释，其难度是可想而知的。面对这种困难，我们当然不能回避，但为了使我们的论述更为清晰，文中我们主要从文学译作的生成与生命进程这个角度，来加以探讨。

二　译作与原作同源而不同一

在以往的研究和思考中，我们常有一种倾向，即从静态的意义上对译作与原作进行比照。目的也往往比较单一，那就是通过比照，来确定译作对原作的忠实程度，且以忠实的程度来确定一部译作的价值。然而，当我们换一个角度，就译作与原作的关系加以更进一步的思考时，我们便会发现，许多根本性的问题是不能单从译文与原文的比照中就能回答的。首先涉及的，便是译作与原作的理想关系与现实关系之间，存在着需要认真思考的问题。译作与原作之间，是否存在着理想的等同的关系？换言之，译作是否等于原作？相对于原作，译作是否有着相对独立、具有自身价值的生命形态和生命历程？对这些问题的回答，从根本上来看，取决于人们的语言观。按照传统的观念，倘若书写是对现实的摹仿，那么翻译则是对摹仿的摹仿。法国语言学家、翻译理论家乔治·穆南曾经指出，长期以来，人们一直认为语言的结构或多或少都直接地源于宇宙的结构和人类思维的普遍结构，语言中有名词和代词，这是因为在宇宙间有存在；语言中有动词、形容词、副词，这是因为宇宙间

① 西奥·赫尔曼著《翻译的再现》，见谢天振编《翻译的理论建构与文化透视》，上海外语教育出版社，2000年，第2页。

有过程，有存在物的品质，有过程的品质与品质本身的性质。语言中有介词和连词，这是因为宇宙里、存在物之间、过程之间、存在物与过程之间存在着相关、赋予、时间、地点、状况、并列、从属等逻辑关系。[①] 乔治·穆南进一步指出，按照这样的观点，那么翻译自然是可以进行的，因为：

1. 一门语言将全等的符号置于某些词(a,b,c,d,)和某些存在物、过程、品质或关系(A,B,C,D,)之间：

$$a,b,c,d\cdots=A,B,C,D\cdots$$

2. 另一门语言将全等的符号置于某些别的词(a′,b′,c′,d′,……)和同一的存在物、过程、品质和关系之间：

$$a',b',c',d',\cdots=A,B,C,D\cdots$$

3. 翻译的任务就在于复写出：

$$a,b,c,d\cdots=A,B,C,D\cdots$$

$$a',b',c',d',\cdots=A,B,C,D\cdots$$

因此：$a,b,c,d\cdots=a',b',c',d',\cdots$”

乔治·穆南的这一求证过程看似过于绝对化，但却非常现实而又深刻地反映了目前在很多人眼中对翻译的简单化的认识，也从根本上指出了人们对世界、思维和语言之间的关系的简单化认识。我们不无遗憾地看到，语言的机械工具论至今还有市场，而翻译在大多数人们眼里，只不过是一种简单的语言交换或转换，一种纯摹仿，甚至于“复写式”的技术性工作，不需任何创造性。而正是人们对世界、思维和语言之间关系的简单化认识导致了人们对翻译的简单化认识。对语言的这种简单化认识，早在19世纪，德国的洪堡特就提出了不同看法，认为“语言不但是表达手段，而且是认知手段”。[②] 自索绪尔以来，更多的语言学家提出了质疑。尤其在20世纪中叶以来，语言工具论受到了普遍的挑战与批评，如加西尔、特里尔等一批哲学家、语言学家，他们认为语言绝不是一种被动的表达工具。尤其是加西尔，他认为语言不仅“不是一种被动的表达工具，而是一种积极的因素，给人的思维规定了差异与价值的整体。任何语言系统对外部世界都有着独特的分析，有别于其他语言或同一语言其他各阶段的分析。语言系统沉积了过去一代代人

① 许钧、袁筱一等编著《当代法国翻译理论》，湖北教育出版社，2001年，第34页。

② 姚小平著《洪堡特——人文研究和语言研究》，外语教学与研究出版社，1995年，第133页。

所积累的经验,向未来的人们提供一种看待与解释宇宙的方式;传给他们一面多棱镜,而他们将用这面多棱镜来观察非语言世界。"[①]如果说语言系统给人们提供的是看待与解释宇宙的方式,且是一面多棱镜,而不是一种简单的表达工具的话,那么作家的文本,就不会是对世界的一种简单摹仿,而是一种积极意义上的创造。而正是在这一意义上,每个作家笔下所表现的世界都是个人的、独特的。独特的个人体验、独特的个人表达,构成了一部作品不同于另一部作品的独特生命价值。钱锺书在考察语言与思维的关系时,曾经把诗文品藻的艺术语言,比为一只笨拙的百灵,不断地围绕着"不可言传"的事物鸣叫盘旋。[②] 但同时,他又在探讨艺术与自然关系的时候,强调了艺术的本源性与造艺者能动性的辩证关系,认为造艺有两家,一曰模写自然,二曰润饰自然。艺术家不仅仅法天,而且可以把自然的疏忽弥补过来——胜天,还可以达到天艺溶化的更高境界——通天。[③] 如今,作家的作品的创造性价值已得到普遍的承认,文学创作已不再被当作一种雕虫小技而受到冷落与鄙视。然而对翻译的认识,则在很大程度上停留在"摹仿"与"复写"的层面上。多亏索绪尔、布龙菲尔德、哈里斯、叶姆斯列夫,还有加西尔、特里尔等一批语言学、哲学家对传统的语言观和传统的意义观提出了质疑,使我们得以从另一个角度对翻译的可行性程度进行考察。特里尔曾经指出:

"每一门语言都是一个通过并依赖客观现实进行选择的系统,实际上,每一门语言都创造了一幅完整、自足的现实图景。每一门语言也都以独特的方式构建现实,因此而建立了这一特定语言所特有的现实要素。一门特定语言中的语言现实要素绝不会以完全一样的形式在另一种语言中出现,也绝不是现实的直接描摹。"[④]特里尔的这一论说对翻译的直接描摹性质作出了否定的判决,也对译者在翻译过程中试图追求与原作在语言上的同一关闭了理论上的可能性和实践上的有效性。翻译往往具有悖论的意义,当我们以传达原文精神为目的时,要克服的正是语言的障碍。而在我们以另一种语言来表现时,它所表现的,自然不可能是原文,因为若没有语言的变形,原作便不可能脱胎换骨,转世还

---

① 许钧、袁筱一等编著《当代法国翻译理论》,湖北教育出版社,2001年,第36页。
② 钱锺书著《钱锺书论学文选》(第三卷),舒展编选,花城出版社,1990年,第240页。
③ 钱锺书著《钱锺书论学文选》(第三卷),舒展编选,花城出版社,1990年,第254页。
④ Mounin, Georges. *Les problèmes théoriques de la traduction*. Paris: Gallimard. 1963. pp. 46.

魂于译文之中。而这一脱胎换骨,转世还魂,既是翻译的必须,也是翻译的必然。要想以直接的描摹还原作之魂,是有违翻译之本意,也是永远不可能达到的。在这一语言的层面上,当人们要求译作与原作同一时,恐怕是对翻译的本质没有深刻的认识所致。

对翻译而言,原作的语言是非要变形不可的,这是翻译的出发点之一。但原作作为原作者的言语产物,有其独特的本质,而我们在翻译时所要力求做到的,正是要把这种特质以另一种语言建构起来,大到整体的和谐,小到细节的真实。然而在这个建构的过程中,译者正是要在打破语言层面的障碍时,透过原作的语言层面,指向原作所意欲表现的世界。这个原作所意欲表现的世界,可以因作品而异,包含多方面的内容,如人性与神性、现实世界与超验世界,仿自然与超自然等等因素,又如现实与情感,物质与精神等等方面。这一切方面,都可以构成原作者指向的源,而译作与原作的关系中,最为本质的就是这种同源的指向。语言表层的同等或同一,不是翻译所要达到或所能达到的,而译作与原作的同源性,确保了译作与原作不可能割断的血缘关系。

当原作者创造文本时,他们往往会感觉到言不达意,言不尽意,感觉到语言常常背叛他们的思想,这种状态,有评论家称之为“写作即背叛”。这一过于绝对化的说法与“翻译即叛逆”的说法如出一辙,虽然我们可以从实践的层面对之加以批驳,但从理论上讲,却有着其深刻的一面。萨特曾说过:“任何散文家,即便是头脑最清醒的,也不能让人完全明白他想说的意思;他不是说过头,就是没说够,每句话都是打赌,都承担了风险。”[①]作者以语言创造文本时,与翻译一样,常在“过”与“不及”之中冒险。如果说这种冒险带有叛逆的性质的话,那首先所能说明的,即是言说的困难。而正是这种困难,赋予了翻译与写作以创造空间,也赋予了它们冒险的自由。译作与原作的同源性,构成了两者之间的血缘关系;言说的困难,又构成了两者的共同命运。正如语言不可能直接摹仿世界,译作也不可能在对原作的语言的直接摹仿中去表现原作指向的世界。两者只能在言说的层面中,依靠不同语言所能提供的可能性,去拓展各自的创造空间。在这个意义上,追求语言层面的同一,不仅有违翻译的使命,而且也是永远不可能企及的目标。只有着力于建

① 让-保尔·萨特著《什么是文学》,见李瑜青、凡人编《萨特文学论文选》,施康强译,安徽文艺出版社,1998年,第93页。

构与表现原作指向的世界，才是译作存在的理由所在。

三　译作在原作之后而不在其之下

在上文简要的论说与分析中，我们想要着力说明的，主要有两点：一是原作与译作并不构成直接摹仿的关系，从而在理论上否认了在语言表达的层面复制原文的可能性，进而揭示译作的创造性价值；二是强调译作与原作具有本质上的关系，那就是它们的同源关系。

从时间的角度看，译作与原作有先后之分；从译作与原作的同源性来看，它们之间有着天然的血缘关系。不可否认，译作的诞生，得益于原作的生命。没有原作，便不可能有译作的孕育与诞生。从原作的生命要素来看，其意象、情节、人物、故事，其内含的一切创造因素，构成了译作生命的基础。当我们在强调译作与原作这种生命姻缘关系的同时，从文本生成和文本形成的角度，我们又不得不对译作自身的生命作一界定，对译作的地位作一探究。

首先，文本生成有赖于"文化语境"。严绍璗在《"文化语境"与"变异体"以及文学的发生学》一文中对"文化语境"作过严格的界定。[①] 他认为："'文化语境'，指的是在特定的时空中由特定的文化积累与文化现状构成的'文化场'。这一范畴应当具有两个层面的内容。其第一层面的意义，指的是与文学文本相关联的特定的文化形态，包括生存状态、生活习俗、心理形态、伦理价值等组合成的特定的'文化氛围'；其第二层的意义，指的是文学文本的创作者（有意识或无意识的创作者、个体或群体的创作者）在这一特定的'文化场'中的生存方式、生存取向、认知能力、认识途径与认识心理，以及因此而达到的认知程度，此即是文学的创作者们的'认知形态'。事实上各类文学'文本'都是在这样的'文化语境'中生成的。"[②]翻译，作为对原作的一种阐释，对原文本所赖以生成的"文化语境"是万万不能忽视的，不然对原文本的理解以及对原文本的表现便可能陷入误区，造成误解。一个合格的译者，通晓出发语与目的语两种文字，也具有了解原作所赖以生成的"文化语境"的条件。然而，在翻译的过程中，在译作生成的过程中，我们不得不面对这

---

① 严绍璗文《"文化语境"与"变异体"以及文学的发生学》，见北京大学比较文学与比较文化研究所主编《多边文化研究》，新世界出版社，2001年，第84页。

② 严绍璗文《"文化语境"与"变异体"以及文学的发生学》，见北京大学比较文学与比较文化研究所主编《多边文化研究》，新世界出版社，2001年，第84页。

样一个现实:由于语言的转换,原作的语言土壤变了,原作所赖以生存的"文化语境"必须在另一种语言所沉积的文化土壤中重新构建,而这一构建所遇到的抵抗或经受的考验则有可能来自于各个层面:目的语的文化层面,目的语的语言层面,目的语读者的心理层面以及目的语读者的接受层面等等。语言变了,文化土壤变了,读者也变了,译作由此为原作打开了新的空间。正是在这个意义上,著名哲学家德里达认为:"翻译在一种新的躯体、新的文化中打开了文本的崭新历史。"①也正是在这个意义上,我们可以说译作为原作拓展了生命的空间,且在这新开启的空间中赋予了原作新的价值。在新的文化语境之中,作为原作生命的延续的译作,面对新的读者,便开始了新的阅读与接受的历史。

说到阅读,译者在翻译原作的过程中,首先就是一个阅读者。阅读原作的过程,是理解的过程,是翻译的一个重要阶段。没有阅读,没有理解,便不能完成翻译的任务。而对原作的阅读,是译者与原作发生联系的一种重要行为,或者可以说,阅读是赋予原作存在以意义的一项创造性的活动,是开启原作意义之门的根本性活动。萨特对此有过精辟的论述。他在《什么是文学》一书中,从多个方面来论述读者与作者之间的互动关系,阐述读者在阅读过程中对原作所具有的创造力量。首先他认为:"精神产品这个既是具体的又是想象出来的客体只有在作者和读者的联合努力之下才能出现。只有为了别人,才有艺术。"②这一观点说明了"写作的行动里包含着阅读行动,后者与前者辩证地相互依存"。在这一相互依存的辩证行动中,译作作为阅读、阐释的结果,与原作便不存在上下的地位之分。萨特进而指出,在阅读行动中,"读者意识到自己既在揭示又在创造。确实不应该认为阅读是一项机械性的行动,认为它像照相底版感光那样受符号的感应。"③结合翻译的实践,我们从萨特的这段论述文字中,可以清楚地看到翻译中的阅读与理解过程,是一个参与原作创造的能动过程,不是一个消极的感应过程。而原作,要使其生命之花绽放,便呈现为一个开放的系统,召唤着读者的阅

① 雅克·德里达著《书写与差异》,张宁译,三联书店,2001年,第25页。
② 让-保尔·萨特著《什么是文学》,见李瑜青、凡人编《萨特文学论文选》,施康强译,安徽文艺出版社,1998年,第98页。
③ 让-保尔·萨特著《什么是文学》,见李瑜青、凡人编《萨特文学论文选》,施康强译,安徽文艺出版社,1998年,第98页。

读，“以便读者把作者借助语言着手进行的揭示转化为客观存在。”①对于译者而言，原作的召唤是多重的，它召唤作为译者的读者的阅读与阐释，并通过译者的创造，召唤更多的读者来阅读，向更多的读者敞开自己的世界，以此而获得存在的意义。正因为如此，历史上的许多文学家十分清醒地认识到翻译之于他们的创造的重要性，对译作之于他们原作所作的具有创造意义的工作给予充分的肯定，对译者的努力表示衷心的谢意。如歌德，他认为《浮士德》的法文译者赋予了他的创造以新的生命；如川端康成，他在诺贝尔文学奖的授奖仪式上，要译者一起分享他的快乐和荣誉。

多亏译者，原作的生命得以在时间与空间的意义上拓展、延续。而原作的生命一旦以译作的生命形态进入新的空间，便有了新的接受历史。在这个过程中，原作依靠译作续写它的历史。但是，在新的文化语境中，开始的不是一个被动的接受过程。它要与目的语文化、目的语文学相遇，而这种相遇，“不仅是认识和欣赏，还包括相互的以新的方式重新阐释。即以原来存在于一种文化中的思维方式去解读（或误读）另一种文化的文本，因而获得对该文本全新的诠释与理解。”②对原作而言，这无疑是自身的一种丰富和发展，正如歌德如说的那样，原作可以在“异语的明镜”照自身，进一步认识自己。同时，又在新的文化语境中，起着在出发语文化中没有起到的作用。考察中西翻译史，我们可以看到这样一个事实：一部著作的价值，在某种意义上，可以翻译的历史来进行衡量。一部真正有个性、有价值的作品，它召唤着阐释，召唤着翻译，期待着与译者的历史奇遇，去延续新的生命，开拓新的空间。无论是语内翻译，还是语际翻译，对一部作品而言，被翻译的机会越多，其生命力就越强大，没有翻译，便没有一部作品的不朽。当我们在这个意义上再去考察与评价译作与原作的关系时，相信译作在原作之下，译作从属于原作的观点便显得过于狭隘与片面了。

考察与评价译作与原作的关系，不能割断文本生成的历史，也不能忽视文本得以生成与流传的文化语境。在上文中，我们通过对几种简

---

① 让-保尔·萨特著《什么是文学》，见李瑜青、凡人编《萨特文学论文选》，施康强译，安徽文艺出版社，1998年，第101页。

② 乐黛云《多元文化发展中的两种危险及文学理论的未来》，见北京大学比较文学与比较文化研究所主编《多边文化研究》，新世界出版社，2001年，第56～67页。

单化的翻译观进行的分析与质疑，从翻译的动态过程，文本的生命历程入手，对译作与原作的关系加以新的观察，借此揭示翻译的创造性，确立译作应有的历史与文化地位。由于篇幅所限，其中所涉及的许多问题，如文本意义的生成、误读的文化意义等，未能展开讨论，留待以后进一步加以探讨。

（原载《外语教学与研究》2002 年第 1 期）

文化差异与翻译

中西文化，具有共性，也有各自的个性，从翻译的角度看，中西文化所具有的共性，如穆南在其《翻译的理论问题》中所说的“共相”，构成了翻译的可行性，或哲学意义上的可能性[①]；而不同文化所特有的个性，则构成了翻译的必要性，但同时，又构成了翻译的重要障碍。我们所要探讨的，是面对不同文化的个性所构成的彼此之间的差异，应有何为？如何为？

一

如若以非常超脱（超脱是公正的一个前提）的目光来看待人类文化，能否说它是一个整体，而各个民族的不同文化是人类共同文化的各个组成部分，各个民族独具个性的灿烂文化是多样化的，这种多样性正是人类文化丰富性的具体体现。然而，任何人都生活在一定的时间与空间里，无不受到时间、空间条件的限制，因此，如何看待异域的文化，便因人而异了。

如何对待异域文化，首先有个出发点的问题。不管哪个民族或哪个个人，在空间上无疑都会取自己所处的位置，作为视野的出发点。在这个意义上说，以“我”为中心，或以我为本的倾向就自然而然地成为一种主要倾向。问题是人们能否意识到，这一倾向有可能带来的视野狭窄或其他危害。站在自己的位置上，以自己为中心，未必就一定会有危害。关键是目光不要只停留在自己的身上，目空一切，唯我独尊，周围的一切都附属于自己，或把敌视的目光投向周围，投向异域。世界是个整体，若只把自己视为世界的一部分，协调好自己与其他部分的关系，这时的目光自然就会有变化，就会有对异域的关注，就会有一种交流与沟通的需要和追求。1999 年在巴黎，法国著名汉学家艾田蒲先生曾与我谈到过世界文化的共存问题。他说世界文化是由各具个性的各民族文化所组成的，具有世界目光的人或民族看到的是文化的多样性，而具有狭隘的民族主义目光的则只能看到差异，且以一种排斥的态度来对

---

① Mounin, George. *Les problèmes théoriques de la traducion*. Paris: Gallimard. 1963. pp. 251～270.

待这些差异。

若目空一切，唯我独尊，则差异势必要被视作异端。若考察一下世界发展的历史，我们可以看到这种现象是屡屡发生并存在的。如基督教内，凡不符合“正统”教义的思想、学说，皆被视为异端。在中世纪，对待非正统的教义、思想或学说，是诛，是灭。欧洲文化中心论者，也是把其他民族的文化看成是异端的。只有欧洲民族是文明的，其他民族都是“蛮族”，19 世纪初，这种观点在欧洲十分盛行。法国哲学家孔德就在《实证哲学教程》中明显表现了这种态度，他对欧洲以外的民族完全持排斥的观点：“我们的历史研究几乎只应该以人类的精华或先锋队（包括白色种族的大部分，即欧洲诸民族）为对象，而为了研究得更精确，特别是近代部分，甚至只应该以西欧各国人民为限。”①德国历史学家兰克“对西欧之外各民族，特别是东方各民族持鄙视态度”②，他甚至断言：“历史教导我们说，有些民族完全没有能力谈文化……我相信从全人类的观点看来，人类的思想……只是在伟大民族中历史地形成的”。③ 这些观点在我们今天看来，显然是可笑的。艾田蒲在他的文化比较巨著《中国之欧洲》④中对欧洲中心论，对排斥东方文化的极端观点进行了有力的驳斥，这里不拟赘述。但应该指出的是，在世界文化的接触、往来中，持欧洲中心论者还大有人在。

对待外国文化，有可能还会走上另一个极端，那就是一味崇拜外国的文化，看不到自己的长处，而渐渐丧失“自我”。这种情况在历史上也程度不同地发生过。

不同民族的文化之间具有差异性，这是不可否定的事实。按《辞海》的解释，所谓差异，就是“没有激化的矛盾”。毛泽东就说过：“世界上的每一差异中就已经包含着矛盾，差异就是矛盾”⑤。因此，承认世界不同民族文化之间的差异，就是承认它们之间所存在的尚未激化的矛

---

① 转引自张广智、张广勇著《史学，文化中的文化——文化视野中的西方史学》，浙江人民出版社，1990 年，第 59～60 页。

② 转引自张广智、张广勇著《史学，文化中的文化——文化视野中的西方史学》，浙江人民出版社，1990 年，第 59～60 页。

③ 转引自张广智、张广勇著《史学，文化中的文化——文化视野中的西方史学》，浙江人民出版社，1990 年，第 59～60 页。

④ 艾田蒲著《中国之欧洲》（上、下卷），许钧、钱林森译，参见序言结语（代）和前言部分，河南人民出版社，1994 年。

⑤《毛泽东选集》第 1 卷，人民出版社，1968 年，第 282 页。

盾。如何对待文化差异？是激化矛盾，还是互通有无，互相尊重，平等对待？这是个关键的问题。

翻译，是文化的媒人，起着不同文化交流的中介作用，就是我们经常说的“桥梁作用”。面对不同文化差异，面对事实上存在的矛盾（对文化的共存而言，差异自然是个矛盾的因素），翻译首先需要解决的问题，就是如何对待不同的文化。是偏向一方，以牺牲一方的利益为代价，还是以不偏不倚的态度，努力促进沟通，交流？在这项工作中，有三种态度需要克服：一是无视异域文化，二是轻视异域文化，三是仰视异域文化。第一二种态度是“不平等”的“唯我独尊”的傲慢态度，第三种有可能由“仰视”而发展成为“崇拜”。在中法文化交流史上，先后出现过这两种极端的倾向。就法国一方而言，曾经有过以伏尔泰为代表的对中国文化的狂热崇拜，也有过以孟德斯鸠的某些论点为发端的对中国文化的排斥思潮①。极端的排斥与盲目的仰慕都是不足取的。在翻译上，译者对不同文化的态度直接影响着他对具体作品的译介。最说明问题的是罗马人对希腊文化的译介。谭载喜在《西方翻译简史》一书中谈到在公元前 2 世纪，这时“罗马势力刚刚兴起，希腊文化依然高出一筹，或者说罗马文化才开始进入模仿希腊文化的阶段，希腊的作品为罗马的译者奉为至宝，因而在翻译中亦步亦趋，紧随原文，唯一的目的在于传达原文内容，照搬原文风格。比如恩尼乌斯所译欧里庇得斯的悲剧，普劳图斯和泰伦斯所译的希腊喜剧，都突出地反映了这种态度。随着时间的推移，罗马人意识到自己是胜利者，在军事上征服了希腊，于是以胜利者自居，一反以往的常态，不再把希腊作品视为至高无上的东西，而把它们当作一种可以由他们任意‘宰割的’文学战利品”②。18 世纪后半个世纪在中国的一些西方耶稣会士为了达到传播福音的目的，让中国皈依改宗，成为天主的臣民，并让欧洲人接受他们眼中的“中国形象”，他们在译介中国的一些重要哲学和文化著作时，也采取了曲解的方法。《道德经》第十四章中有下面这段文字：“视之不见名曰夷，听之不闻名曰希，博之不得名曰微。此三者不可致诘，故混而为一。”钱德明神父是这样译介的：“仿佛可以看到而又不能看到的是‘yi’，能够看到而不能对着耳朵讲的就叫‘hi’，好像可以感觉到而又不能触摸的就叫

① 参见艾田蒲著《中国之欧洲》下卷，第二十二章《仰慕中国者与排斥中国者》第 338～352 页及结论部分。

② 谭载喜著《西方翻译简史》，商务印书馆，1991 年，第 22 页。

‘ouei’,这三者如果细问是徒劳的,唯有理性可以告诉我们,它们合三为一,只不过是一个整体”[①]。艾田蒲指出,更为荒唐的是,钱德明“由此而获知《道德经》宣扬的是三位一体的教理,而‘存在’的三个品性‘yi、hi、ouei’,显然构成了 Jehovah(耶和华)的名字”[②]。把老子所述的“道”,翻译成为“天主”的属性,原因可能是多方面的,但不能排斥西方耶稣会士对中国文化所持的态度带来的影响。在艾田蒲看来,西方耶稣会士所怀的明显的宗教、政治意图,他们的实用价值取向,决定了他们译介中国文化、接受中国文化的特殊方式,于是,曲解、变形,便是不可避免的。

二

对异域或异质文化,不同民族取何种态度,这不是本文考察主要内容。我们所关心的是,翻译在异质文化的传达交流中,到底应起怎样的作用?如何起积极的作用?我们在上面谈到了译者态度的重要性,但这仅仅是主观的方面。客观上讲,从正确地对待异域文化,到真正认识、把握异域文化的真谛,领悟到其精髓,再以另一种语言去传达异域文化的真谛,是一个无比艰难的过程,其中有着难以克服的重重障碍。

从理论上讲,我们首先应该澄清这样一个问题:不同的文化之间是否可以进行沟通和交流?乔治·穆南在《翻译的理论问题》一书中指出:“今日,人们都承认世界上存在着迥然不同的‘文化’(或‘文明’),这些不同的文化构成的不是相应数量的不同的‘世界映象’,而是相应数量的不同的真实‘世界’”。于是,便提出了这样的问题,那就是这些迥然不同的世界是否或能否相互理解(即相互传译),以及正如人们总结整个人类学与人类学思潮,并将其与洪堡特学派混为一谈时所提出的那样,“就其‘深层’而言,‘一种文化对其他文化来说’是否是‘不可渗透的’”。[③] 对这个问题,我们可以从哲学上进行探讨,马克思主义的唯物辩证法和认识论作出的是肯定的回答。但是,就翻译而言,虽然人类不同文化的相互接触碰撞、相互认识、渐渐沟通是一个必然的过程,但不同质的东西进行交流,困难和障碍是客观存在的,曲解和误解是难免的。沃尔夫认为,“人类的思维结构中,存在着某些深刻的差异,这些差

---

① 艾田蒲著《中国之欧洲》上卷,许钧、钱林森译,河南人民出版社,1994 年,第 193 页。
② 艾田蒲著《中国之欧洲》上卷,许钧、钱林森译,河南人民出版社,1994 年,第 193 页。
③ Mounin, George. *Les problèmes théoriques de la traducion*. Paris: Gallimard. 1963. pp. 61 - 62.

异阻隔了西方文化和异国文化”；加拿大的维纳与达尔贝勒纳则注意到了不同语言对世界同一现实的不同切分，以及不同文化中缺乏相对应的指称方式给翻译所造成的障碍；[①]美国的尤金·奈达也指出了“一个‘人种世界’向另一个世界转换造成的翻译障碍”，如不同民族对同一现实存在着不同认识与不同指称而产生的障碍，一门语言在描述或传达另一个不同于它平常所描述的世界时所遇到的障碍。奈达把翻译中所遇到的文化层次的障碍分为五类：“生态、物质文化（广义上的各种技术以及人类通过工具与具体手段对世界采取的一切行动）、社会文化、宗教文化和语言文化。”[②]在这五个方面，翻译的障碍是明显的，作为翻译者，首先是要清醒地认识到这些障碍的客观存在，继而是要借助一切可行的手段，尽可能减少这些障碍对人类文化交流造成的阻隔。

无论在生态、物质文化，还是在社会、宗教文化方面，我们确实可以看到，“我们这个独一无二的星球（包括其最广泛的地理区域）所提供的，远远不是一些普遍的概念。”[③]在生态文化领域，奈达曾注意到处于不同的地理位置的民族对季节这一概念的不同认识和理解，比如处于热带地区的玛雅只有旱、雨两个季节，对我们的四季概念就不甚理解，用玛雅语难以传达。又如“无花果”这一植物，在玛雅生长的所谓无花果是一种野生的并不结果的植物，那怎么将通常所说的无花果译成玛雅语？在物质文化领域，也两样存在着彼有我无或我有彼无的情况，现实事物的缺项导致语言命名的缺位。乔治·穆南曾经举法国的面包和奶酪为例，说明要将这些东西用饮食文化迥然而异的民族的语言来翻译是如何困难。在社会、宗教等等领域，也同样会出现类似的障碍。中国对亲属的概念非常明确，对不同的直系亲属和旁系亲属的人员都有确切的指称，而法国，特别是当代法国则不同，亲属概念模糊，指称手段欠缺，给翻译造成的障碍是显而易见的。如我们在翻译普鲁斯特的《追忆似水年华》中，曾为理解书中人物的亲属关系，寻找确切的指称大伤脑筋。然而，我们却注意到了这样一个事实：随着时代的发展，人类交流往来的增多，世界越来越小，原先存在的地域阻隔越来越少，各种不同文化之间的接触机会也多了。不同文化的民族间的直接接触，自然给相互了解提供了机会，而不同文化与语言之间的接触和交流也必然

---

① Mounin, George. *Les problèmes théoriques de la traducion*. Paris: Gallimard. 1963. pp. 61～62.
② Mounin, George. *Les problèmes théoriques de la traducion*. Paris: Gallimard. 1963. pp. 61～62.
③ Mounin, George. *Les problèmes théoriques de la traducion*. Paris: Gallimard. 1963. p. 62.

为翻译的可行性创造新的机会。瞿秋白在给鲁迅的信中曾谈到“新的关系、新的现象、新的事物、新的观念”的不断出现，若要加以表现，“就差不多人人都要做‘仓颉’。这就是说，要天天创造新的字眼，新的句法”①。这不仅是对翻译而言，也同样是对一个民族的语言而言。有了相互间的接触，就有相互了解的可能，一旦认识了某种事物或思想，就有可能去寻找“新的字眼”、“新的句法”去加以表达。如上文所说的玛雅人，一旦走出自己封闭的天地，接触到春、夏、秋、冬四季分明的气候，就有可能对季节这一概念有新的认识和理解，随着交往的增多和相互了解的需要，玛雅语中迟早会出现相应语言手段来加以表现。又如法国的面包，在文化大革命时期，我们的国门紧闭的，国人对法国的面包了解不多，或者说根本没有见过，没有指称的必要，也就不可能去寻求指称的手段。但近十年来，随着中法经济交往的不断增多，法国面包渐渐打入中国市场，普通百姓渐渐认识了它，由于生活的需要，相应的指称手段便渐渐地被创造、被使用。乔治·穆南认为难以传译的障碍也就慢慢被克服、被消除。在中外文化交流过程中，翻译一方面为交流起着桥梁的作用，另一方面又因交流的不断发展而不断增加传译的可能性。确实，对在民族的文化交流中起着沟通作用的翻译，我们要持有辩证和发展的观点。正如乔治·穆南在《翻译的理论问题》一书中所说的那样，比如“俄译法，本世纪 60 年代的水平已经远远超过 18 世纪 60 年代的水平。那时，第一部法俄词典尚未问世，两种文化与语言之间的接触甚为罕见。到了 18 世纪后期，两国之间的交往逐渐增多，每一次接触都为法俄翻译的可行性增加了一分，直至屠格涅夫、托尔斯泰在法国兴起，不断减少了两国文化背景之间的差异，语际转换之间产生的有关障碍也自然减少了”②。

三

翻译活动，就其具体操作形式而言，是不同语言的转换活动；而就其实质而言，是一项跨文化的交流活动。翻译活动从开始出现起，便与各民族之间的各种形式的交流往来结合在一起。没有交流，就没有翻译的必要；没有翻译，异语、异质文化之间就不可能有真正的交流。法

---

① 罗新璋编《翻译论集》，商务印书馆，1984 年，第 22 页。

② Mounin, George. *Les problèmes théoriques de la traducion*. Paris: Gallimard. 1963. p. 277.

国语言学家、德语文学和拉美文学翻译家安托瓦纳·贝尔曼在1984年出版的《异域的考验——德国浪漫主义时代文化与翻译》一书中，对翻译在异域文化交流中所起的作用以及翻译与文化交流的关系进行了考察与探讨。贝尔曼通过马丁·路德翻译《圣经》的实践过程，从文化的深层意义上，阐明了翻译的有所为。他说："路德翻译希伯莱语《圣经》的过程，无疑也是德意志文学语言首次决定性的'自我确立过程'。"①在贝尔曼看来，路德的翻译，不仅促进了德意志文学的确立，也给了德意志文化以新的养分。德国哲学家、诗歌翻译家赫尔德清醒地认识到了异域文化对缺乏"文化根基"的德语愈来愈强的影响力，以及翻译对吸收异域文化所担当的重要的职责。他曾在《文学信札》中写道："每当我徜徉于异国的园林，总想在那里摘下几朵鲜花献给我祖国的语言，……"②德国文学巨匠歌德更是意识到了翻译在一个民族的文化发展中所处的特殊地位。1928年，他就《托夸夫·塔索》的英译给卡莱尔(Carlyle)写信，他在信中明确提出了翻译活动中"原文和译文的关系"是"民族与民族之间的关系最为明确的写照"。③ 他还认为："任何一个掌握并研究德语的人，都处在世界各民族竞相提供其物品的商场中，他起着翻译的作用，同时也在一定程度上丰富自己。因此，必须把每个译者都看作一个致力于促进世界精神交流，推进这一普遍性交流的中间人。不管人们认为翻译有着怎样的不足，但翻译活动仍不失为普遍性的世界交流市场上最为重大、最值得尊敬的任务之一。《古兰经》说：上帝给了每个民族一个使用其语言的预言家，那么，对每个民族来说，任何一个译者都是一个预言家。"④从歌德对翻译的论述中，我们可以得到这样一个启示：翻译的任务和地位，应该从世界文化交流这个大前提下去认识。翻译是一项跨文化的交流活动，同时，也是一个各民族间相互影响与作用的交流手段。那么，翻译在文化交流中到底应该如何承担起它的神圣的"预言家"、"中介人"的职责呢？其核心问题何在呢？也就是说翻译

---

① Berman, Antoine. *L'épreuve de l'étranger-Culture et traduction dans l'Allemagne romantique*. Paris: Gallimard. 1984. p. 47.

② Berman, Antoine. *L'épreuve de l'étranger-Culture et traduction dans l'Allemagne romantique*. Paris: Gallinard. 1984. p. 66.

③ Berman, Antoine. *L'épreuve de l'étranger-Culture et traduction dans l'Allemagne romantique*. Paris: Gallimard. 1984. p. 92.

④ Berman, Antoine. *L'épreuve de l'étranger-Culture et traduction dans l'Allemagne romantique*. Paris: Gallimard. 1984. pp. 92～93.

应该如何为呢?

钱钟书在《林纾的翻译》一书中,明确地提出文化交流的核心问题与翻译的目的紧密相连,也就是引进目标是"欧化"还是"汉化"? 作为文化媒人的翻译是"传四夷及鸟兽之语"以作诱导、反逆,还是"移橘为枳,借体寄生,指鹿为马"? 翻译的"化"、"讹"的标准如何掌握? 翻译发挥何种作用,与翻译的目的是密不可分的。在历史发展和各民族文化交流的不同进程中,目的会有所不同,而目的不同,翻译的方法也就会有所改变。歌德曾经谈到,在历史上大致有三种不同类型的翻译:第一种是为了了解外部世界,进行这类以了解外界、了解异域文化为目的的翻译,采取散文体是较好的方式;第二种翻译不仅仅是为了了解外界,还试图吸收外部世界的精神,将其溶入本民族的精神之中。这类翻译往往采取"纯模仿的方式",不仅注意吸收外国的情感、思想,还吸收外国的新词语、新形式。还有一种翻译是以合二为一的目的,试图使译文与原文完全一致,甚至彻底地相互替代。① 从翻译上看,第一二类翻译是存在的,而歌德所说的第三类翻译恐怕难以存在,因为一旦出现可以完全相互替代的原文与译文,也许翻译就没有必要存在了。或许歌德所说的第三种翻译就是钱钟书所说的"好译本":"好译本的作用是消灭自己,它把我们向原作过渡,而我们读到了原作,马上掷开了译本"。② 实际上,上面所提到的三种翻译方式与翻译目的及译语与原语之间的关系有关。在我看来,翻译的最关键的问题,是如何处理好"异"与"同"及"他"与"我"的关系。纵观中外翻译史,以纯粹介绍为目的的翻译往往有保存自我、牺牲他人的倾向,反之,"以吸收为目的的翻译则一般采用先引进后消化的'较为生硬'的方式,因此往往暂'牺牲自我',通过接收、消化、最终'丰富自己'"。③

四

我们常说,共有的东西无所谓交流,相异的东西才有交流的必要。不同民族文化的差异,既构成了人类文化交流的必要性,同时也

---

① Berman, Antoine. *L'épreuve de l'étranger—Culture et traduction dans l'Allemagne romantique*. Gallimard. 1984. pp. 95～96.

② 钱钟书著《钱钟书论学文选》,舒展选编,花城出版社,1990 年,参见第 108、114 页。

③ 参见许钧《文学翻译与世界文学——歌德对翻译的思考与论述》,《中国翻译》1991 年第 4 期第 23 页。

构成了交流的障碍。在上面，我们说过，差异就是矛盾。翻译作为文化媒人，套用钱钟书的话说，他要尽力去缔造各民族之间的"文化姻缘"，要缔结"国与国之间唯一的较少反目、吵嘴、分手挥拳等危险的'姻缘'"。① 而要做好这一点，化解各民族之间的矛盾，在差异中看到世界文化的多样性，从多样性中得到丰富自己的养分，译者有七大忌：

一忌以傲慢的态度去对待差异，不尊重异域文化，随意"宰割"，任意侵犯，这是文化的霸权主义；

二忌"自信有点铁成金，以石攻玉或移橘为枳的义务和权利，把翻译变成借体寄生、东鳞西爪的写作"；②

三忌不负责任的异想天开，无中生有指鹿为马，以所谓的创造之名，行偏离之实；

四忌唯原文是尊，忘却翻译的"沟通"职责，对原文亦步亦趋，不越雷池一步，不考虑译语文化的接受能力和消化能力，"输血"不成，反致"溶血"；

五忌目光短浅，视野狭窄，不识异质文化之真谛，浅尝辄止，错以糟粕为精华，在无谓的冲突中，牺牲译语文化的利益；

六忌翻译为万能，不承认障碍，不承认差异，不认识文化翻译"异"中有"同"，"同"中有"异"，有时需要作出牺牲，进行调和、折衷的特殊性，一味地追求所谓的"等值"；

七忌拜倒在原语文化脚下，不顾译语读者的文化背景、审美情趣和要求，以所谓的"愚忠"，反起离间读者的负作用，隔断了交流的机会。

许崇信先生在《文化交流与翻译》一文中指出："把一种异质的文化倒转过来，通过翻译进入另一种文化，这中间不能没有距离，不能没有冲突。文化冲突只能在文化交流中获得统一，也就是说，从互不理解到能够理解以至充分理解，从巨大差异到缩短距离，这中间充满矛盾，而要克服矛盾，有时要付出代价，甚至高昂的代价。"③翻译是跨文化的交流活动，是国际交往的一个重要方面，今年四月份在南京大学召开国际

① 参见许钧《文学翻译与世界文学——歌德对翻译的思考与论述》，《中国翻译》1991 年第 4 期第 23 页。

② 参见许钧《文学翻译与世界文学——歌德对翻译的思考与论述》，《中国翻译》1991 年第 4 期第 23 页。

③ 杜承南、文军主编《中国当代翻译百论》，重庆大学出版社，1994 年，第 105 页。

学术讨论会，议题是“文化：中西对话中的差异与共存”，这倒使我想起了国际生活和平共处的五项原则：相互尊重领土完整和主权、互不侵犯、互不干涉内政、平等互利、和平共处。依我看，这五项原则的精神也同样适用于承担着促进交流和沟通的神圣任务的翻译工作。

（原载《中国比较文学》1997年第1期）

翻译研究与翻译文化观

自20世纪50年代起，对翻译问题的研究逐步进入理论化的层面。苏联的费道罗夫、英国的卡特福德、加拿大的维纳与达尔贝勒内以及法国的乔治·穆南等从语言学的角度，对翻译进行了系统而深入的研究，为翻译学的建立做了大量基础性的工作。到了20世纪80年代，随着研究的深入，人们发现翻译的许多问题若仍限于语言学的层面，难以作出客观与辨证的解释和回答。西方的不少学者转而借助符号学、阐释学、哲学和文艺学的理论，对翻译的问题展开了多层面的探讨，不断开拓翻译的研究范围，扩大翻译的研究视野，出版了一批具有国际影响的翻译学著作，并形成了具有明显特色的翻译学派，如"诠释学派"、"社会语言学派"、"解构学派"、"功能学派"、"文化学派"等①。与此同时，国内的翻译研究也取得了长足的发展，特别是近十年来，随着我国翻译界理论意识、学科意识的不断增强，翻译研究方法的日趋科学化和翻译研究队伍的日渐扩大，翻译研究成果不断问世，学术研究日益深入。但在活跃的翻译学研究中，如何从学科建设的高度，将翻译理论研究推进到一个新的高度，特别是如何在多元文化语境的条件下，将翻译实践的现实问题与理论研究结合起来进行思考，是一个值得探讨的课题。本文以国外近半个世纪来翻译研究的进展为背景，试图对国内近三十年来翻译研究中某些值得注意的倾向进行思考，提出在翻译研究中，应进一步确立文化观，进而在翻译文化观的指导下，对在全球化进程中和多元文化的语境下如何进一步深化我们的翻译研究，提出几条原则性的意见。

一　近三十年来国内翻译研究中值得反思的几个倾向

根据传统的翻译观，翻译仅仅是一种语言的转换，翻译的全部奥妙在于将A文本的意义传达到B文本中去，而其实践的具体操作层面，便是语言的形变。对这种传统的翻译观，从20世纪50年代起，西方的一些翻译理论家不断提出质疑，法国的乔治·穆南在《翻译的理论问

① 陈德鸿、张南峰编《西方翻译理论精选》，香港城市大学出版社，2000年，第x～xi页。

题》一书中，借助新洪堡学派的有关意义理论、世界映象理论[①]，对这一根深蒂固的传统翻译观进行了深入的剖析，指出这一简单主义的翻译观往往导致人们把翻译看成是一种纯摹仿的技术性工作，不需任何创造性。在相当长的一个历史时期内，这一简单主义的翻译观在中国也同样占据着统治地位，它不仅直接影响了翻译的实践，把语言层次的机械忠实当成了束缚翻译的金科玉律，而且在很大程度上，也对翻译研究产生了负面的影响：从"翻译是雕虫小技，无理论而言"到把翻译的理论研究一度囿于语言学的樊篱之中，"集中研究语言系统的差异、语言形式的转换，从而归纳出一些诸如语态转换、词性转换、增词或减词的之类的所谓翻译规则"[②]。有学者指出，至今在中国翻译界还"大量进行盲目实践"[③]；也有学者认为，在艰难地挣脱了无理论指导的"盲目实践"之后，翻译又陷入了"企图以机械化的手段达到最大的限度的对等——字与字、句与句的对等"的境地[④]。对上述的两种观点，笔者并不完全苟同，但它们所提出的问题，却有值得我们认真反思的地方。回顾中国近三十年来所走过的翻译研究之路，我们不能不承认确实存在以下几个值得注意的倾向。

1. 重技轻道。这一倾向集中体现在两个层面上。一是从翻译研究问世的成果看，对翻译技巧的探讨占有很大的比重，而对翻译的形而上的研究则很少。穆雷在《中国翻译教学研究》一书正文后，附有一"翻译论著书目选录"(1920—1998)[⑤]。虽说是选录，但从我们手头所掌握的资料看，近三十年来问世的主要翻译研究著作基本上没有大的遗漏。就20世纪70年代以来问世的近500种著作而言，涉及具体语种互译的技巧性指南与教材之类的著作占85%以上，且大部分都冠以"技巧"之名，探讨的是"怎么译"。二是表现在翻译研究的观念层面上。由于对翻译技巧的特别重视，导致了翻译研究的一种实用主义态度。而"对翻译理论的实用主义态度带来了两个直接的后果：首先是局限了翻译理论的范围，把翻译理论仅仅理解为对'怎么译'的探讨，也即仅仅局限在应用性的理论上……另一个后果是把理论的功能简单化了，使人们

---

① Mounin, Georges. *Les problèmes théoriques de la traduction*. Paris: Gallimard. 1963.

② 张南峰《走出死胡同　建立翻译学》，《中国翻译》1995年第4期，第15页。

③ 劳陇《丢掉幻想联系实际——揭破"翻译(科)学"的迷梦》，《中国翻译》1996年第2期，第38页

④ 张南峰《走出死胡同　建立翻译学》，《中国翻译》1995年第4期，第15页。

⑤ 穆雷著《中国翻译教学研究》，上海外语教育出版社，1999年，第193～225页。

以为似乎理论只具有指导实践的功能。”①这样一来，容易造成一种观念上的误区：似乎只有技巧性的翻译研究才对翻译实践有实际的用途，而从哲学的角度对翻译本质的探讨，从符号学角度对翻译过程中“意义传达”的多层面研究等，则被一些翻译学者认为在制造“空洞的理论”。

2. 重语言轻文化。在我国近三十年的翻译研究中，重语言轻文化的倾向特别表现在20世纪的70年代后期和80年代，其原因是多方面的。首先，就翻译的具体操作层面上，语言转换是翻译活动最直接的一种行为。而长期以来把翻译活动当作纯粹的语言转换活动的简单主义翻译观，自然对人们的翻译研究有着观念上的影响，在研究中重视语言层面的转换便成了一种必然。其次，这一倾向的产生还与我们在借鉴西方翻译理论过程中所受的影响直接相关。我们知道，苏联的费道罗夫的《翻译理论概要》(1953)、英国的卡特福德的《翻译的语言学理论》(1965)、法国的乔治·穆南的《翻译的理论问题》(1963)等三部翻译论著对中国翻译研究界的影响是巨大的，而这三部著作，特别是费道罗夫和卡特福德的两部著作都是从语言学的角度对翻译理论进行系统论述的经典论著。费道罗夫“提出了翻译理论是语言学的一个分支，翻译问题只能在语言学的领域内求得解决，因为任何体裁的翻译都要借助于两种语言的对比”②。卡特福德更是明确宣称：“翻译是一项对语言进行操作的工作：即用一种语言的文本来替代另一种语言的文本的过程。显然，任何翻译理论都必须采用某种关于语言的理论，即普通语言学的理论。”③在他的著作中，讨论的完全是翻译的语言问题，全书共十四章，分别为“普通语言学理论”、“翻译的定义及基本类型”、“翻译等值关系”、“形式对应”、“意义和完全翻译”、“转移”、“翻译等值关系的条件”、“音位翻译”、“字形翻译”、“音译”、“语法翻译和词汇翻译”、“翻译转换”、“翻译中的语言变体”和“可译性限度”，强调的是翻译语言层面的等值与精确，忽视了的是语言的文化内涵及其转达问题。继后，苏联的巴尔胡达罗夫的《语言与翻译》(1975年)也对中国翻译界产生了不小的影响。到了20世纪80年代，尤金·奈达的翻译思想及其重要著作被介绍到了中国，“为我们翻译界带来了在系统语言学理论指导下的翻译研究，与此同时其他语言学的知识也不断被吸收到翻译中来，形成了

---

① 谢天振《国内翻译界在翻译研究和翻译理论认识上的误区》，《中国翻译》2001年第3期，第3页。

② 蔡毅、段京华编著《苏联翻译理论》，湖北教育出版社，2001年，第5～6页。

③ 卡特福德著《翻译的语言学理论》，穆雷译，旅游教育出版社，1991年，第1页。

80年代中期至90年代中期的一段以语言学研究为中心的翻译研究热潮。"吕俊认为,"奈达的结构主义语言学翻译观,通过对语言结构的分析帮我们破除了长期以来语文学模式留给我们的神秘感,带来了科学的和分析的思想,克服了主观主义,以语言分析代替了直觉感受",但存在明显的不足,其中之一便是"把翻译活动变成一种纯语言的操作,忽视了其人文性和社会性的一面"[①]。吕俊的结论是否完全准确,我们在这里不拟深入讨论。但奈达的翻译思想,对中国翻译界一度重翻译的语言层次的研究倾向是有直接影响的,其直接后果,便是张南峰所说的,许多翻译研究者在研究中"回避了文化差异、翻译动机、译文用途等重要问题"[②]。而对这些重要问题的探讨,是不能不从文化的层面上去进行的。对中国翻译界,特别是大陆翻译界一度重语言轻文化的研究倾向,香港的翻译学者曾给予了充分的关注,特别强调要加强翻译的文化研究。

3. 重微观轻宏观。重微观轻宏观的倾向突出地表现在两个研究领域:一是翻译史研究领域,二是翻译批评领域。在翻译史研究领域,我们特别注意到在最近几年里,对某一历史时期的翻译事件的梳理和对翻译家的研究逐渐增多,在具体的史实的考证上下的功夫也越来越深,但对这些翻译事件在历史上所起的作用与影响,却缺乏宏观的把握。特别是对近一个世纪来西方主要国家的文学在中国的译介与接受历史的研究,往往重翻译事件的罗列,重具体作品的复译历史的梳理,而缺乏一种宏大的文化视野,从文化交流的高度去研究文学翻译与接受史中所涉及的基本问题,如翻译选择、文化立场、价值重构等问题。"见树不见林"的研究方法,遮蔽了人们对翻译的文化特质的认识。在翻译批评领域,重微观轻宏观的倾向更为严重,突出的表现有如下几个方面:1. 在对译本的研究中,关注的只是文本意义的传达,采用的是具体而微的文字比照方法。2. 在对翻译方法的评价中,关注的只是翻译家在文字转换过程中采取的具体方法的分析而忽视对翻译家采取这些翻译方法的动机及文化语境的考察。3. 在对翻译质量的总体评价中,语言层面的正误性评判几乎成了唯一的尺度,缺乏对产生误译与误读的原因的深层分析与总体思考。

---

① 吕俊《结构、解构、建构——我国翻译研究的回顾与展望》,《中国翻译》2001年第6期,第8页。

② 张南峰《走出死胡同　建立翻译学》,《中国翻译》1995年第4期,第15页。

二 翻译文化观的确立与翻译研究的文化转向

在上文中，我们对近三十年来翻译研究中出现的三个倾向作了简要的介绍和粗略的分析。应该看到，翻译研究不能排斥技巧研究、语言研究和微观研究，但对这三个方面研究的过分关注，则在客观上导致了忽视对翻译的其他层面的研究。而在我们简要的论述中，我们可以看到，重技巧、重语言、重微观研究的突出问题之一，便是对翻译活动的文化本质缺乏认识。从我们所了解的国外翻译研究情况看，这一问题在国外也同样存在，且情况比较普遍，由此而引起了一些翻译研究者的重视。特别是翻译研究中越来越普遍的纯语言学倾向，随着人们对翻译活动的不断认识和探索，也日益显示出其明显的不足与局限。

应该承认，以语言学为指导进行翻译研究，其贡献是很大的。首先，翻译的语言学研究途径把翻译活动从经验主义中解放出来，为翻译研究打开了科学的大门，赋予了翻译研究科学的性质，将在过去千余年来一直在经验层面讨论或争论不休的问题置在科学的层面进行探讨。其次，它拓展了翻译研究的领域，特别是布隆菲尔德、沃尔夫、哈里斯、叶姆斯列夫等语言学家的"意义"的理论，深化了人们对翻译限度的认识，对翻译障碍有了科学的了解，继而为人们在翻译活动中寻找克服翻译障碍的途径提供了理论的指导。再次，翻译的语言学理论对在具体翻译活动中的一些转换过程，提供了理论的支撑，特别是语义理论、语境理论以及语言结构的研究成果，对翻译的进行具有不可否认的指导作用。另外，翻译的语言学理论对机器翻译研究也起到了理论的支撑作用。但是，由于翻译活动的复杂性，涉及因素多，范围广，翻译所涉及的许多问题在语言学层面无法进行深入的分析，翻译的众多现象也无法作出辨证的解释。在法国，著名文论家、翻译学者亨利·梅肖尼克首先对翻译的语言学理论提出了质疑，他认为"奈达运用语言学的生成转换理论及结构主义语义学所构建的'翻译科学'，实际上并非建立在真正的科学的意义上，因为它在实质上排除了一切文学翻译，将形式与内涵对立起来，将科学与艺术对立起来"。梅肖尼克试图建立一种"实验性的翻译诗学"，要使原语与译语之间、不同时代之间、不同文化之间的种种矛盾得到历史的客观解释。在他所写的《诗学——创作认识论与翻译诗学》一书中，在讨论翻译历史性问题时，他明确地提出了翻译的文化意识。基于语言与文化的紧密关系，他将语言与文化置于同一的

"历史性"中加以考察,进而在讨论"可译性"时,认为所谓的可译性是由"文化——语言——时间"三维决定的,而翻译,特别是文学翻译的功能在于"诗学和文化的生成转换"①。

如果说梅肖尼克是从翻译的历史性的角度揭示了在翻译活动中文化所占据的重要地位的话,那么美国的安德烈·勒菲弗尔则是明确地提出了翻译研究的文化观。在他主编的翻译论集《翻译、历史与文化:原始资料集》的导论中,他明确地从文化的角度出发,提出了一系列问题,诸如一种文化为什么要通过翻译引进外国的文本?这样做是否意味着自身文化的不足?是谁为自己的文化引进了外国文化的文本?换句话说,是谁翻译的?② 为什么要翻译?翻译的目的是什么?谁选择需要翻译的文本?有什么因素影响这种选择?这些问题的提出,在翻译研究中引起了强烈反响,促使了翻译研究中文化意识的普遍觉醒,也大大开阔了翻译研究者的视野,拓展了翻译研究的范围,赋予了翻译研究新的维度,那就是除语言之外的历史与文化维度。在明确提出这些问题之前,勒菲弗尔已经经历了一个艰苦的思考与探索过程。实际上,在他之前,德国、法国、奥地利、以色列等国家的一批翻译理论研究者都充分意识到了在翻译研究中确立文化地位的重要性,特别是对翻译的性质有了更进一步的认识,如德国的弗米尔在对翻译活动的历史及内涵进行了认真的分析之后,指出:"总之,翻译是一种跨文化的转换。译者应精通两种或多种文化,由于语言是文化内部不可分割的部分,译者也就相应地精通两种或多种语言。其次,翻译从本质上说是一种行为。换句话说,它是一种'跨文化的行为'。"③法国的安托瓦纳·贝尔曼更是从明确的翻译文化观的指导下,撰写了《异的考验——德国浪漫主义时代文化与翻译》,把翻译与文化传播结合起来对翻译进行考察,从"普通性"的角度探讨了翻译介乎于两种或多种文化之间所起的作用,并以德意志民族文化的发展为主线,对从路德到荷尔德林这一历史阶段的译事、译论的发展与变化作了全面思考,开辟了翻译文化史的研究途径。他在题为"翻译宣言"的序中指出,撰写翻译史,不能与"语言史、文化史和文学史隔裂开来",要明确翻译"在文化视界中的意义",进而就翻译理论研究的发展方向问题提出了自己的观点:"翻译研究的领域是宽广

---

① 许钧、袁筱一等编著《当代法国翻译理论》,湖北教育出版社,2001年,第122~149页。

② 郭建中编著《当代美国翻译理论》,湖北教育出版社,2000年,第161页。

③ 廖七一编著《当代英国翻译理论》,湖北教育出版社,2001年,第364页。

的,只要它能冲破文本转换过于狭窄的框子,并且能在总体上将语言和文化结合起来。"①奥地利的玛丽·斯内尔-霍恩比和以色列的吉迪恩·图里也为翻译研究文化观的确立作出了贡献。

翻译文化意识的日益觉醒与翻译文化观的逐步建立,将翻译理论研究推向了新的高度和深度,出现了一批重要的成果,形成了翻译理论研究的发展过程中具有深远意义的"文化转向"。根茨勒指出:"研究表明,翻译在全世界文化的发展中扮演了重要角色,翻译研究作为一门学科已经形成了自己的研究方法,它表明了文化演变与其他文化体系之间的关系。"②在国内,一批翻译学者在翻译研究"文化转向"中,也以清醒的文化意识,在翻译史、翻译基本理论等研究领域进行了卓有成效的探索。王克非的《翻译文化史论》是一部比较有代表性的研究著作。他认为:"文化既是人类创造的价值,又具有民族、地域、时代的特征,因此不同文化需要沟通。这种沟通离不开翻译,因为语言文字是文化的最重要的载体。可见,文化及其交流是翻译发生的本源,翻译是文化交流的产物,翻译活动离不开文化。"③基于这一认识,他重点研究"翻译对于文化(尤其是译入语文化)的意义和影响,它在文化史上的作用,以及文化对于翻译的制约,特别是在通过翻译摄取外域文化精华时,翻译起到什么样的作用,达到什么样的目的,发生什么样的变异"④。自觉的文化意识和明确的翻译文化观使他的这一研究以一种新角度对中国的翻译史进行了有相当深度的考察与研究。刘宓庆的《文化翻译论纲》则从翻译学视角中的文化、语言中的文化信息、文化翻译新观念、文化与意义、语义的文化诠释、文本的文化解读、翻译与文化心理、文化翻译的表现原则与手段等各个方面对文化翻译的理论构架及基本范畴、基本问题进行了系统的探索⑤,从某种意义上表明了文化视界中的翻译研究逐步走向了成熟。

三 多元文化语境下的翻译研究

在目前的研究阶段,根据我们所掌握的国内外最有代表性的一些

---

① Berman, Antoine. *L'épreuve de l'étranger-culture et traduction dans l'Allemagne romantique*. Paris: Gallimard. 1984. p. 24.

② Gentzler, Edwin. *Contemporary Translation Theories*. London: Routledge. 1993. p. 196.

③ 王克非编著《翻译文化史论》,上海外语教育出版社,1997 年,第 2 页。

④ 王克非编著《翻译文化史论》,上海外语教育出版社,1997 年,第 4 页。

⑤ 刘宓庆著《文化翻译论纲》,湖北教育出版社,1999 年。

研究成果，我们可以看到这样一个事实：当翻译被置于文化的视野之下进行重新审视时，有关翻译本质、翻译目的与任务、翻译标准与策略、影响翻译的因素、翻译的历史地位与作用等许多长期以来争论不休的问题得以在新的认识层面展开，可望有所突破，翻译历史上一些重要的历史现象也有望得到科学的解释。

首先，是翻译的本质问题。现在翻译界基本达成了如下的共识：就其具体操作层面而言，翻译是语言转换活动，而就其本质而言，翻译是一项跨文化的交流活动。季羡林先生认为："不同的国家或民族之间，如果有往来，有交流的需要，就会需要翻译。否则，思想就无法沟通，文化就难以交流，人类社会就难以前进。"①基于对翻译的这一认识，我们可以说，翻译是因人类相互交流的需要而生，从这个意义上说，寻求思想沟通，促进文化交流，便是翻译的目的或任务之所在。如果说翻译以克服语言的障碍、变更语言的形式为手段，以传达意义、达到理解、促进交流为目的，那么把翻译理解为一种人类跨文化的交流活动，应该说是一个正确的定位。从这一定位出发，我们便不难理解翻译在人类文化发展进程中所起的作用了。季羡林先生在谈到翻译的作用时，曾以中华文明的发展为例，作了如下精辟的阐述："英国的汤因比说没有任何文明是能永存的。我本人把文化（文明）的发展分为五个阶段：诞生，成长，繁荣，衰竭，消逝。问题是，既然任何文化都不能永存，都是一个发展过程，那为什么中华文化竟能成为例外呢？为什么中华文化竟延续不断一直存在到今天呢？我想，这里面是因为翻译在起作用。我曾在一篇文章中说过，若拿河流来作比较，中华文化这一条长河，有水满的时候，也有水少的时候，但却从未枯竭。原因就是有新水注入，注入的次数大大小小是颇多的，最大的有两次，一次是从印度来的水，一次是从西方来的水。而这两次的大注入依靠的都是翻译。中华文化之所以能长葆青春，万应灵药就是翻译。翻译之为用大矣哉！"②季羡林的这段话，对我们从文化的高度来认识与评价翻译的作用，无疑具有理论的指导意义。在他的这一观点的启迪之下，笔者在《绕不过去的翻译问题》一文中，曾根据布拉格学派的创始人之一雅各布森对翻译活动的类型区分，谈到，"一个民族的文化是不断创造、不断积累的结果。而翻译，

① 季羡林、许钧《翻译之为用大矣哉》，《译林》1998年第4期，第210页。
② 季羡林、许钧《翻译之为用大矣哉》，《译林》1998年第4期，第210页。

在某种意义上，则是在不断促进文化的积累与创新。一个民族的文化的发展，不能没有传统，而不同时代对传统的阐释与理解，会赋予传统新的意义与内涵。想一想不同时代对《四书》、《五经》的不断'翻译'，不断阐释，我们便可理解，语内翻译是对文化传统的一种丰富；是民族文化得以在时间上不断延续的一种保证"，而"不同民族语言文化之间的交流，是一种需要。任何一个民族想发展，必须走出封闭的自我，不管你的文化有多么辉煌，多么伟大，都不可避免地要与其他文化进行交流，在不断碰撞中，甚至冲突中，渐渐相互理解，相互交融。在这个意义上，翻译又是民族文化在空间上的一种拓展，在内涵上的一种丰富"①。

从文化交流与建设的这个角度再去审视，我们对中国近现代史中的一些翻译现象便会有更深刻的理解。我们不会再以"忠实"的唯一尺度去对林纾的小说翻译加以根本的否认；也不会以"直译"与"意译"的无谓争论，对鲁迅的"硬译"主张作反面的理解。正是站在文化交流与建设这个高度，人们便有可能更清楚地看到这样一个客观的事实："翻译与民族的交往共生，与文化的互动同在。一部翻译史就是一部活生生的接受史。从佛经北传西风东渐，从中国革命到改革开放，翻译既开始了中华民族的精神启蒙，也参与了中国社会的全面改造。"②

当我们暂且中断对中国近现代的翻译与文化的互动关系的思考，将目光投向我们所处的这个时代，作为一个翻译学者，不能不看到在全球化和经济一体化日益加快的进程中，文化多样性的维护问题被更加严峻地提了出来，而在多元文化语境下如何深化翻译研究，也随之成为一个迫切需要思考的问题。

如何深化我国的翻译理论研究，直接关系到翻译学科的建设大事。近两年来，国内翻译理论界就此问题发起了一场广泛而深入的大讨论，《中国翻译》、《外语与外语教学》等刊物发表了一系列文章，许多学者就如何深化翻译研究与加强翻译学科建设提出了许多重要的观点，这里不拟重复，笔者仅想就在多元文化的语境下，坚持正确的翻译文化观，对翻译研究的重点和核心问题提几点原则性的看法。

1. 从翻译建设的高度来为我们的翻译理论研究的发展方向作一正确的定位。关于这一问题，笔者赞同张柏然教授的观点。他在《翻译

① 许钧《绕不过去的翻译问题》，《辞海新知》2001 年第 7 期，第 7 页。
② 汪堂家《可译性、不可译性与思维模式的转换》，《辞海新知》2001 年第 7 期，第 11 页。

学的建设:传统的定位与选择》一文中,明确指出中国现代译学赖以构筑的核心理论应以民族语言文化为立足点,挖掘、发扬中国传统译论的长处,同时运用西方科学、系统的研究方法对传统译论进行改造和升华,从而生成既蕴含了中国丰厚文化内涵,又融合了西方研究方法优点而且体现了时代精神和风貌的新型译论①。张柏然提出的这一重要思想具有两个方面的意义:首先是明确了译学研究的立足点与方法,其次是对新型译论的内涵作了精辟的概括。在全球化进程加快,经济一体化之大潮无法阻挡的这个时代,在继承传统、坚持自我的原则下,加强对话,借鉴外国译论研究的优秀成果,既能保证中国译学研究不丧失自己的立足之本,又能促进中国译学研究在借鉴与对话中不断激活思想、开拓视野,达到丰富自己,有所创新的目的。

2. 要进一步树立翻译的文化观,认识翻译的文化本质,以广阔的跨文化视界,从文化交流与发展这个高度来理解翻译活动,阐释翻译活动的本质,界定翻译的作用,对翻译活动作出正确的历史定位。在这一大原则之下,对我国的翻译史进行全面的梳理与深刻的思考,对翻译史上所出现的一些重要现象作出新的分析。最近,我们与巴黎第八大学的施莱德教授正在作这方面的尝试,将翻译研究与文化研究紧密结合起来,以翻译为主线,对中西文化交流史与思想影响史进行新的考察。

3. 有学者指出,"所谓文化,究其本质乃是借助符号来传达意义的人类行为",而"文化的核心就是意义的创造、交往、理解和解释"②。在这个意义上,若要对以传达意义、沟通理解为根本任务的翻译活动进行研究,就必须将翻译实践中所出现的具体问题放到文化层面上去加以认识与分析,并从"翻译的跨文化交流"这一本质出发去讨论翻译的标准、原则,去制定翻译的策略、方法与手段。

4. 随着中国加入世界贸易组织,中国与世界的交往将越来越多,接触将越来越频繁,关系将越来越紧密,而克服语言的障碍、促进中外文明的全面对话,越发显得重要。最近,《光明日报》从构建中西方文明通道的高度对翻译问题进行讨论,在理论层面与实践层面提出了许多重要问题,值得我们认真思考。如何对待外国文化,如何吸收与借鉴外

---

① 张柏然、张思洁《翻译学的建设:传统的定位与选择》,《南京大学学报(哲学·人文科学·社会科学版)》2001年第4期,第87页。

② 周宪、许钧《文化与传播译丛总序》,周宪、许钧主编《文化和传播译丛》,商务印书馆,2000年,第1页。

国文化的先进成分，应该成为目前翻译研究界关注的重点。翻译研究者应该对选择怎样的文本进行翻译，在翻译过程中应采取怎样的文化立场等重要问题进行探索，对目前中国翻译界出现的"盲目引进文本"、"误译错译严重"等问题出现的深层原因进行探究、分析，为翻译事业的健康发展指出正确的方向。

5. 在经济全球化、一体化进程不断加快的情况下，要充分注意到维护文化多样性的重要性，为此，要特别警惕在中外文化交流中出现的某种"文化霸权主义"的倾向。德里达认为，翻译就是"那在多种文化、多种民族之间，因此也是在边界处发生的东西，"当他对欧洲中心主义权威、国家-民族权威进行质疑与解构时，首先遭遇的就是"翻译的问题"①。没有在多种文化的接触、碰撞中起沟通作用的翻译，就无法保证世界各民族文化的共存、交融与发展。而目前，某些国家以强大的经济势力为基础，以经济利益为诱饵，在推动经济一体化的过程中，谋求强势文化的地位，甚至表现出十足的"文化霸权主义"。在这一方面，"英语"的日益国际化看似削弱了翻译的作用，但实际上是在削弱着处在弱势地位的一些民族文化。殊不知一个民族语言的丧失，便意味着其文化的消亡。在全球化的进程中，我们不能以牺牲民族语言为代价，"用英语"去谋求与外部世界的交流。相反，在对外文化交流中，我们要坚持使用与发扬中国语言，同时，培养更多的翻译人才来满足日益频繁的国际交往。在这一方面，欧盟的做法有借鉴意义，经济可以一体化，货币也可以一体化，但为了维护文化的多样性，在各种交流中，欧盟鼓励各国使用自己的民族语言，其意义是深远的。多年来一直呼吁维护多元文化价值的欧盟诸国的翻译界，特别强调要充分发挥翻译在维护文化多样性方面所起的作用，是非常值得我们重视的。因此，中国翻译理论界要充分注意翻译人才的培养问题，从学科建设的角度对与人才培养相关的学科队伍建设、翻译教材编撰、课程设置等重要问题展开全面的研究。

（原载《南京大学学报》2002年第3期）

① 德里达著《书写与差异》，张宁译，三联书店，2001年，第22页。

“异”与“同”辨

——翻译的文化观照

对翻译而言,“异”与“同”这两个概念的重要性不言而喻。在翻译研究中,我们不可避免地要与“异”与“同”问题相遇,从中可以发现一个虽属表面但却又颇能说明实质的现象:不可译往往源于“异”,而可译则基于“同”。与之相关,持不可译论者强调“异”,持可译论者则着眼于“同”。异同之间,深刻地展现了与翻译相关的方方面面。本文从“异”的概念之界定入手,对涉及翻译的根本问题作一梳理,进而揭示翻译活动的跨文化本质,对翻译活动的原则和立场以及翻译研究中“归化”与“异化”之争提出自己的看法。

一

首先,我们有必要对“异”与“同”的基本含义及所涉及的主要问题作一界定与梳理。

根据《辞海》的解释,“异”字有五种基本含义,其中三种与我们的讨论密切相关。“异”字第一义,为“不同”,与“同”相对,构成两极。“异”字第三义,为“其他、别的”,如“异地、异域”等。第五义,为“不平常的,特殊的”。我们不妨以这三种基本含义为起点,展开对“异”与“同”问题的讨论。

“异”相对于“同”,可解为“不同”。对翻译研究来说,“异”是一个具有异常重要性的问题。首先,没有“异”,就没有翻译的必要性,拿德里达的话说,如果没有上帝变乱语言,出现各种不同语言,且各种语言又有不可简化的多样性,那人类就不需要进行翻译。从这个意义上说,翻译是因语言之“异”而产生。按照我们通常的说法,正是因为语言之“异”造就了翻译的必要性,那么翻译的根本任务,便是“克服”语言之“异”造成的障碍,以进行思想的沟通与交流。但是,由于各种语言有着不可简化的多样性,在德里达看来,这种多样性的不可简化,是无法“克服”的,也是无法翻译的。他甚至提出翻译的根本任务之一,就是要“设法保持这种语言的多样性特征”①。在这里,像上帝“一瞬间把翻译这项

① 雅克·德里达《访谈代序》,见雅克·德里达著《书写与差异》,张宁译,三联书店,2001年,第23页。

工作强加于人类，又禁止人类翻译”这一悖论一样，既要克服“差异”又要表现“差异”又构成翻译所面临的一个难以克服的具有现实感的悖论。而正是这一悖论的存在，且以非常现实的具体问题不断给翻译者造成障碍，它不仅成为翻译研究中的一个基础问题，也是任何一个从事翻译工作的人所必须面对的。翻开中外翻译研究文献或翻译家谈翻译的文字，我们可以看到对翻译众多问题的探讨都是围绕着“异”字展开的。同时，哲学、语言学、比较学，特别是文化研究中对“异”之问题的探讨，又给翻译的相关研究提供了新的视角和启迪。就翻译家这方面来说，他们所体会到的“异”往往处于“语言层面”，且大都限于个别的与感性的认识，所关注的重点也是如何通过对“异”的分析，为具体翻译实践寻找一种可能性，或为自己的翻译方法或手段提供一种理由。但是，有必要指出，由于翻译家们有着丰富的实践，在实践中对翻译障碍或困难有着切肤的体验，因此对造成这些障碍或困难的原因也往往有着深刻的认识，而随着认识的不断加深，逐渐透过语言之间的“异”，发现了与之相关的思维、文化等更深层的“异”。在翻译理论探讨的层面，不能否认，近半个世纪以来，对“异”之问题的研究在理论上得益于哲学、语言学、比较学等学科有关探索成果的启迪。如在探讨“可译”与“不可译”的问题时，我们可涉及到布隆菲尔德的行为主义“意义”理论，新洪堡学派的“世界映象”理论对传统翻译观念提出的质疑，其中最为关键的一点，就是在语言、思维和文化等各个方面所客观存在的“异”，是否会在根本上造成翻译的不可能。而法国译论家乔治·穆南在避免从绝对理念化的角度去回答这一问题的同时，从另一个角度，即合理吸取有关的研究成果，去探索存在于人类精神与物质等各个方面的“差异”给翻译有可能造成的障碍，以便更好地认识障碍，继而寻找克服障碍的途径。可以说，对“异”的问题的多角度的探索与研究，为翻译研究的不断深入起到了实质性的推进作用。德里达以“异”的概念对“逻各斯中心主义”和“语音中心主义”的解构，为“多样性”的存在和价值打开了大门，他的《书写与差异》涉及的许多问题，如开篇的“力量与意谓”一文所探讨的“形式与意图”、“语言与意义”等，对翻译研究所关注的“意义”的再生无疑具有重要的启迪作用。又如汉学家顾彬，这位德国波恩大学东方语言学系的教授，几年前在北京大学作短期访问，围绕着东西文化，特别是德国文学与中国文学的双向交流问题，作了一系列的讲座，其讲座内容结集出版时，定名为《关于“异”的研究》①，以“异”为主线，对“异国情调”在文学史和思想史中的作用，“异国情调”与“现代性”，“异”与“自我”观念在中国与德国文学作品中的表现等重大问题进行了探讨，对文学的翻译与接受的研究提供了理论的参照。无论在西方还是东方，在近几十年的翻译研究中，以“异”为讨论的出发点的研究文章不少，涉及“差异与翻译”的各个方面，这些从某一方面的差异出发，深刻分析造成翻译障碍的深刻原因并探求有效的翻译方法的文章，其价值是不可否认的。我们还欣喜地看到了以“异”之概念为基础对翻译问题进行系统研究的成果，如安托瓦纳·贝尔曼的《异的考验——德国浪漫主义时代的文化与翻译》②，还有让·皮特斯的《异的介入——翻译的一种社会语言学观》③等著作。

“异”与“同”，相对立存在。当我们对这两个概念再作进一步的思考时，我们可发现与之相联系，或者说在本质上有着某种一致性的另一对概念：“自我”与“他者”。在《辞海》对“异”一字的解释中，第三个定义就是“其他，别的”。顾彬在其演讲集《关于“异”的研究》中，第一讲为“‘异’的概念”，他是这样定义德文中的Fremde（即中文里的“异”）一词的：“‘异’可以用来表示自己所不了解的一切，与‘异’相对的乃是自己。”④如果说“异”的第一个释义强调的是“异”与“同”的相对立，作为一正一负的两极所组成的整体，那么在“自我”与“他者”的这一对概念中，我们则看到了除对立之外的另一种可能性，那就是两者的互存性。无论是在精神世界还是在物质世界中，“异”都是一种必然的存在，有“同”而无“异”，便没有世界的多样性和丰富性。《道德经》上说：“道生一，一生二，二生三，三生万物。”从一到万物，这是一个渐变的转化过程，更是一个从无到有，从同到异的发展过程。世界之异，思维之异，语言之异，文化之异，翻译研究所要面对的这些“异”，从根本上说，构成了翻译的必要性，而翻译之根本目的，就是在保存这些“异”的同时，让这些“异”之间不隔绝，而是形成一种相互联系、相互渗透，以达到进一步的发展

① 顾彬《关于“异”的研究——顾彬讲演》，曹卫东编译，北京大学出版社，1997年。

② Berman, Antoine. *L'épreuve de l'étranger-Culture et traduction dans l'Allemagne romantique*. Paris: Gallimard. 1984.

③ Peeters, Jean. *La médiation de l'étranger—une sociolinguistique de la traduction*. Arras: Artois Presses Université. 1999.

④ 顾彬《关于“异”的研究——顾彬讲演》，曹卫东编译，北京大学出版社，1997年，第1页。

和丰富。因此，当我们研究翻译中的"异"与"同"的问题时，不能将"自我"与"他者"这一对概念割裂开来。我们认识事物，都有一个出发点，那就是往往以"我"为出发点，凡"我"不了解的，与"我"之"不同"者，皆为"异"。这也就为翻译研究提出了另一个方面的问题，那就是作为译者，应如何对待"异"与"同"，如何协调"自我"与"他者"之间的关系，翻译中的"归化"与"异化"之争由此而生。所谓"归化"，即是某种意义上的"同我"，所谓"异化"，便是一定程度上的"异我"。从"异"与"同"，到"他者"与"自我"，再到"异化"与"归化"，我们可以看到一条贯穿其间的主线。探讨"异"与"同"，不能不涉及后两者，而对后两者的探讨，必然会追究到"异"与"同"的问题，而谈"同"与"异"，必须有个出发点，因此，研究翻译中的"异"与"同"，又不能忽视翻译的立场问题。

二

贝尔曼在《异的考验——德国浪漫主义时代文化与翻译》一书中，以文化的视界来探讨翻译问题，将对翻译的探讨与对文化的透视结合起来，形成了为西方翻译理论界普遍称道的翻译文化观。就翻译理论的探讨而言，基于"翻译是一种跨文化的交流活动"这一认识，我们在关注语言差异的同时，也自然会关注在语言差异的背后所存在的文化差异以及在语言中所积淀的文化差异。在翻译的具体操作层面，语言的差异给翻译造成的障碍是直接而具体的，但是若翻译者只囿于语言的差异，而忽视其差异背后及差异中间所存在的文化差异，便有可能在机械的符号转换中，扼杀深层面的"异"所表现的价值和生命力。正是在这个意义上，有不少翻译研究学者都持这样的观点：与其说是语言的差异造成了不可译，不如说是文化的差异是不可译的根本原因。翻译看似是以不同语言的接触、转换为基本形式的，但它所承载的却是不同文化之间的接触、碰撞与交流。贝尔曼在他的研究中，揭示了翻译在异域文化交流中所起的作用，通过马丁·路德翻译《圣经》的实践过程，从文化的深层意义上，阐明了翻译在异的交流中带来的新的生命。在他看来，路德翻译希伯莱语《圣经》的过程，无疑也是德意志文学语言首次决定性的自我确立过程。[①] 通过翻译希伯莱语的《圣经》，亦即通过与"异"

---

① Berman, Antoine. *L'épreuve de l'étranger—Culture et traduction dans l'Allemagne romantique*. Paris: Gallimard. 1984. p. 47.

的接触，达到了“自我”的确立。正是在这个意义上，我们可以说，“异”与“同”之间，展示了“自我”与“他者”的深刻关系。“他者”是“认识自我”的一个参照，是“丰富自我”的一个源泉，是“确立自我”的一个途径。而路德的翻译，不仅促进了德意志文字的确立，也给了德意志文化以新的养分。如德国哲学家、诗歌翻译家赫尔德，他就十分清醒地认识到了异域文化对缺乏“文化根基”的德语愈来愈强的影响力，以及翻译在吸收异域文化中所担当的重要的职责。据贝尔曼的研究，赫尔德曾在《文学信札》中这样写道：“每当我倘佯于异国的园林，总想在那里摘下几朵鲜花献给我祖国的语言，……”[①]德国文学巨匠歌德更是有清醒的意识，认为翻译在一个民族的文化发展中具有特殊的作用。1928年，他就《托夸夫·塔索》的英译给卡莱尔(Carlyle)写信，他在信中明确提出了翻译活动中“原文和译文的关系”是“民族与民族之间的关系最为明确的写照”。[②] 他还认为：“任何一个掌握并研究德语的人，都处在世界各民族竞相提供其物品的市场中，他起着翻译的作用，同时也在一定程度上丰富自己。因此，必须把每个译者都看作一个致力于促进世界精神交流，推进这一普遍性交流的中间人。不管人们认为翻译有着怎样的不足，但翻译活动仍不失为普遍性的世界交流市场上最为重要、最值得尊敬的任务之一。《古兰经》说：上帝给了每个民族一个使用其语言的预言家，那么，对每个民族来说，任何一个译者都是一个预言家。”[③]歌德对翻译的论述给了我们重要的启示，那就是对翻译的任务和地位，应该从世界文化交流这个大前提下去认识。在这个意义上，我们可以看到，翻译是一项跨文化的交流活动，是促进各民族间文化交流、相互影响与作用的重要手段。从这个角度去认识、分析翻译中的“异”与“同”的问题，我们便有可能树立正确的翻译观，从正确的翻译立场出发，注意处理好在翻译中所遇到的种种矛盾。

如果把翻译置于文化交流的高度去进行考察，我们必须承认，翻译上的语言问题往往与文化问题紧密结合在一起。翻译通过语言的转换

---

① Berman, Antoine. *L'épreuve de l'étranger—Culture et traduction dans l'Allemagne romantique*. Paris: Gallimard. 1984. p. 66.

② Berman, Antoine. *L'épreuve de l'étranger—Culture et traduction dans l'Allemagne romantique*. Paris: Gallimard. 1984. p. 92.

③ Berman, Antoine. *L'épreuve de l'étranger—Culture et traduction dans l'Allemagne romantique*. Paris: Gallimard. 1984. pp. 92～93.

促进文化的开放，继而又促进我们的思维的开放。有学者指出："人在语言中成长，在语言中相互开放，在语言中成为社会之网的网上纽结。惟其如此，翻译乃是透过另一种语言对人的生存状况的一种展示。语言不只是工具，它本身就是一个独特的世界。它不仅将我们的观念固定下来，而且将一代人的观念留传给子孙后代。因此，语言是文化的基因，是死人与活人对话的场所，它将现在、过去与未来联系成一体，使之成为滔滔不息的长河。"[①]异语间的交流，便是不同文化间的交流。在这种交流之中，各自的独特性虽然为对方认识自己、丰富自己提供了可能性，但同时，也往往成为一种严峻的考验。

"异"的这种考验，首先是在观念上，它表现在对"异"的认识上，体现在对待异文化的态度上。如何对待异，对待异文化，首先有个出发点。然而，我们注意到，在人类文化交流的历史上，人们往往有一种以"我"为中心的倾向。有的民族，在很长的一个历史范围内，甚至目空一切，唯我独尊，周围的一切都附属于自己，或把敌视的目光投向周围，投向异域。考察一下世界发展的历史，我们可以看到这种现象是屡屡发生并存在的。如基督教内，凡不符合"正统"教义的思想、学说，往往会被视为异端。欧洲文化中心论者，持的也是一种极端的立场，在他们的思想中，在根本上也是把其他民族的文化看成是异端的，只有欧洲民族是文明的，其他民族都是"蛮族"，19世纪初，这种观点在欧洲就十分盛行。法国哲学家孔德就在《实证哲学教程》中明显表现了这种态度，他对欧洲以外的民族完全持排斥的观点："我们的历史研究几乎只应该以人类的精华或先锋队（包括白色种族的大部分，即欧洲诸民族）为对象，而为了研究得更精确，特别是近代部分，甚至只应该以西欧各国人民为限。"[②]德国历史学家兰克"对西欧之外各民族，特别是东方各民族持鄙视态度"[③]，他甚至断言："历史教导我们说，有些民族完全没有能力谈文化……我相信从全人类的观点看来，人类的思想……只是在伟大民族中历史地形成的"。[④] 这些观点在我们今天看来，显然是可笑的。

---

① 汪堂家《可译性、不可译性与思维模式的转换》，《辞海新知》总第7辑，2001年3月，第14页。

② 张广智、张广勇著《史学，文化中的文化——文化视野中的西方史学》，浙江人民出版社，1990年，第59～60页。

③ 张广智、张广勇著《史学，文化中的文化——文化视野中的西方史学》，浙江人民出版社，1990年，第59～60页。

④ 张广智、张广勇著《史学，文化中的文化——文化视野中的西方史学》，浙江人民出版社，1990年，第60页。

如果说一切以我为中心，唯我独尊，是对待异域、异民族文化的一个极端的话，那么，我们遗憾地看到，在文化交流中，对待异域文化的问题上，有可能还会走上另一个极端，那就是一味崇拜外国的文化，看不到自己的长处，而渐渐丧失“自我”。这种情况在历史上也程度不同地发生过，这里不拟加以深入探讨，但上述两种极端的立场是值得我们警惕和思考的。

在对文化差异与翻译障碍的研究[①]中，我们曾经指出，翻译，是文化的媒人，起着不同文化交流的中介作用，就是我们经常说的“桥梁作用”。面对不同文化差异，面对事实上存在的矛盾（对文化的共存而言，差异自然是个矛盾的因素），翻译首先需要解决的问题，就是如何对待不同的文化。是偏向一方，以牺牲一方的利益为代价？还是以不偏不倚的态度，努力促进沟通，交流？在这项工作中，有三种态度需要克服：一是无视异域文化，二是轻视异域文化，三是仰视异域文化。第一二种态度是“不平等”的“唯我独尊”的傲慢态度，第三种有可能由“仰视”而发展成为“崇拜”。在中法文化交流史上，先后出现过这两种极端的倾向。就法国一方而言，曾经有过以伏尔泰为代表的对中国文化的狂热崇拜，也有过以孟德斯鸠的某些论点为发端的对中国文化的排斥思潮。极端的排斥与盲目的仰慕都是不足取的。在翻译上，译者对不同文化的态度直接影响着他对具体作品的译介。最说明问题的是罗马人对希腊文化的译介。谭载喜在《西方翻译简史》一书中谈到在公元前 2 世纪，这时“罗马势力刚刚兴起，希腊文化依然高出一筹，或者说罗马文化才开始进入模仿希腊文化的阶段，希腊的作品为罗马的译者奉为至宝，因而在翻译中亦步亦趋，紧随原文，唯一目的在于传递原文内容，照搬原文风格。比如恩尼乌斯所译欧里庇斯的悲剧，普劳图斯和泰伦斯所译的希腊喜剧，都突出地反映了这种态度。随着时间的推移，罗马人意识到自己是胜利者，在军事上征服了希腊，于是以胜利者自居，一反以往的常态，不再把希腊作品视为至高无上的东西，而把它们当作一种可以由他们任意‘宰割的’文学战利品”[②]。18 世纪后半叶在中国的一些西方耶稣会士为了达到传播福音的目的，让中国人皈依改宗，成为天主的臣民，并让欧洲人接受他们眼中的“中国形象”，他们在译介中国的一

① 许钧《文化“差异”与翻译》，《中国比较文学》1997 年第 1 期。
② 谭载喜著《西方翻译简史》，商务印书馆，1991 年，第 22 页。

些重要哲学和文化著作时，也采取了某种曲解的方法。如《道德经》第十四章中有下面这段文字："视之不见名曰夷，听之不闻名曰希，博之不得名曰微。此三者不可致诘，故混而为一。"钱德明神父是这样译介的："仿佛可以看到而又不能看到的是'yi'，能够看到而不能对着耳朵讲的就叫'hi'，好像可以感觉到而又不能触摸的就叫'ouei'，这三者如果细问是徒劳的，惟有理性可以告诉我们，它们合三为一，只不过是一个整体。"[①]艾田蒲指出，更为荒唐的是，钱德明"由此而获知《道德经》宣扬的是三位一体的教理，而'存在'的三个品性'yi、hi、ouei'，显然构成了Jehovah(耶和华)的名字"[②]。把老子所述的"道"，翻译成为"天主"的属性，原因可能是多方面的，但不能排斥西方耶稣会士对中国文化所持的态度带来的影响。从中，我们可以看到这样一个事实，那就是在一定意义上，西方耶稣会士所怀的明显的宗教、政治意图，他们的实用价值取向，决定了他们译介中国文化、接受中国文化的特殊方式，于是，曲解、变形，在某种程度上也就难以避免了。

"异"的考验，不仅仅表现在观念和态度上，更是实实在在地体现在语言的差异给翻译造成的障碍上。对于目的语而言，利用异语的"新字眼、新句法"，来改造自己，丰富自己，进而确立自身，这个过程是相当漫长，而且往往是充满冲突和痛苦的。语言系统虽然是开放的，但在语音、词汇和结构层次，具有一定程度的排异性。对外来词语、句法、结构的接受过程，不仅仅构成对出发语的考验，也构成对目的语的考验，要通过语言的转换将异性因素引入到另一种文化之中，其困难是不言而喻的。汪堂家认为："'语言显示着差别，差别保留了语言'。除了表示相同事物的词之外，我们实际上很难在语言中找到绝对对等的词。在自然语言(此处不谈人工语言)中，即使是两个看上去对等的词，它们的用法仍随历史语境的变化而变化。任何全面的辞典都无法完全反映词义在生活中的变化。由于同一件器物在不同的文化环境中会有不同功能，表示这类器物的名称也会有不同的意义。譬如，'标枪'对某些非洲国家的人来说是狩猎工具，而对另一些国家的人来说则是体育用具。尽管它们可用两种语言中的对等名词来翻译，但有着不同的意义。"文中所揭示的，实际上正是不同层次上的"异"给翻译造成的障碍。汪堂

① 艾田蒲著《中国之欧洲》(上卷)，许钧、钱林森译，河南人民出版社，1994年，第193页。

② 艾田蒲著《中国之欧洲》(上卷)，许钧、钱林森译，河南人民出版社，1994年，第193页。

家认为，要解决这些困难，经受“异”的考验，最好的办法“就是用尽可能多的‘同’来显示尽可能多的‘异’，用两种语言中相互重叠的部分来显示不重叠的部分。正是这些不重叠的部分再现了文化的多姿多彩，显示了不同民族相互学习的必要性。在翻译中，‘灭异为同’或‘以同害异’都是一种暴虐，不单单是文字的暴虐，也是思维的暴虐，亦即消灭客观存在的差异，利奥塔甚至把它称为‘恐怖’”[①]。以尽可能的“同”来显示“尽可能多的‘异’”，这种方法应该是一种理想的方法，以“同”为基础，去认识“异”，以理解“异”，进而去接受“异”，正如以“已知”为基础，去认识“未知”，这是一种发展与辩证的观点。但是，应该看到，这种认识、理解与接受的过程，不是能轻易完成的。比较文学学者孟华对这一过程进行了理论的探索，提出了“相异性”与“相似性”两个概念，指出：“任何一种相异性，在被植入一种文化时，都要做相应的本土化改造。那么，被传递的因素就不可能是真正的‘相异性’。而在目的语文化对原作的改造中，核心的机制是找到既与原文对应，又能为本民族读者所理解和接受的词语来进行置换。因而，用以置换的东西，实际上是一种近似‘相异性’的因素（近似的程度会因译者水平、策略的不同，历史、文化语境的不同而不等，却永远不会等同于原作），由于没有现存的词语来定义，我权把它称作‘相似性’（ressemblance）。实际上，‘相似性’仍应归并在‘认同性’内。它表面上与‘相异性’很接近，但却以隐含的形式包含了极强的‘认同性’。换言之，它是‘认同性’激活‘相异性’，使后者亦呈开放态势，然后对其进行加工改造，使其能融入‘认同性’的因素。”[②]在这里，孟华提出了一个重要的观点，那就是任何“异性”的因素，是不能不加改造地直接进入目的语系统的。目的语要接受“异”，需以“认同性”为基本条件，通过加工、改造，融入新的环境。这种加工或改造，既有历史、社会和文化语境对其的客观限制（或者说对其提供的客观的可能性），也有译者的主体性、意识形态和文本的语言关系等因素所起的作用。

三

澄清了有关“异”与“同”的一些基本含义，明确了“异”的本质及可

---

① 汪堂家《可译性、不可译性与思维模式的转换》，《辞海新知》总第7辑，2001年3月，第15页。

② 孟华《翻译中的“相异性”与“相似性”之辨》，见北京大学比较文学与比较文化研究所编《多边文化研究》（第一卷），新世界出版社，2001年，第110页。

能所起的作用之后，我们现在可以更进一步，在“异”与“同”这一对矛盾所展示的深刻内涵之中，去考察近几年来在译界争论不休的“归化”与“异化”问题。汪堂家的看法一针见血，他认为“归化”与“异化”之争，“不仅是翻译理论的争论，而且是文化态度的争论。主张译文以读者为依归的人强调译文的可转达性，或者说，两种语言、两种文化之间的共通性，它的着力点在不同文化之间的‘同’；主张译文要尽可能保留原文的风貌，即便生造许多读者无法理解的新词和特殊表达方式也在所不惜，这种看法强调译文不应牺牲原文不可言传的方面，或两种语言间的不对应性、非共通性，它的着力点在不同文化之间的‘异’。”[①]汪堂家的看法是有其道理的，从文化态度的角度出发，并考虑到目的语读者及他所代表的目的语文化因素，来看待“异化”与“归化”之争，我们就可能更清醒地认识到这个看似属于“翻译方法”层面的争论，实际上有着深刻的文化内涵。在我们看来，采取所谓“归化”与“异化”的翻译策略或方法，在很大程度上与译者所选择的文化立场有关。译者作为跨越两种文化的使者，他所面临的，有出发语文化与目的语文化。而面对这两种文化，出于不同的动机和目的，译者至少可采取三种文化立场，与在上文中我们所指出的对待异域文化的三种态度相对应：一是站在出发语文化的立场上；二是站在目的语文化的立场上；三是站在沟通出发语文化与目的语文化的立场上。第一种文化立场往往导致所谓“异化”的翻译方法；第二种立场则可能使译者采取“归化”的翻译方法；而第三种立场则极力避免采取极端化的“异化”与“归化”的方法，试图以“交流与沟通”为翻译的根本宗旨，寻找一套有利于不同文化沟通的翻译原则与方法。劳伦斯·韦努蒂曾以日本小说的英译以及亚里士多德《诗学》的英译来考察译者所采取的文化立场与“异化”与“归化”这两种翻译策略的确立之间的关系，指出在受多种因素决定的翻译活动中，译者对异域语言与文化的态度与理解，对本土文化价值的认识与立场，是决定翻译方法的一个最重要的因素。而对异域文本的选择与翻译策略的制定，反过来又影响着本土文化与异域文化之间的关系。韦努蒂的观点，可由中外翻译史上的许多例子进行印证。大到一个国家、一个民族的文化心态，小到译者本人的文化立场，在很大程度上决定或影响着译者对翻译策略的制定。在我国翻译史上，远的不说，近的有 20 世纪 30 年代鲁

---

① 汪堂家《可译性、不可译性与思维模式的转换》，《辞海新知》总第 7 辑，2001 年 3 月，第 15 页。

迅与赵景深之间关于翻译的论战，看上去是翻译方法与技巧之争，实际是表明了各自的一种文化态度和政治立场。孙歌曾指出：鲁迅在与新月派文人的论战中，“坚持了他‘硬译’的立场，从此把翻译的问题转向了文学和文化重构的政治性问题”①。鲁迅在谈及《死魂灵》的翻译时说：“在动笔之前，就先得解决一个问题：竭力使它归化，还是尽量保存洋气呢？”鲁迅对这个问题的回答十分明确，他认为翻译的目的，不但移情，而且要益智，因此翻译必须保持原文的异国情调，对原文“不主张削鼻剜眼”②。鲁迅的立场是分明的，翻译要尽可能保存洋气，采取的方法是“在有些地方，宁可译得不顺口”。这种翻译方法，若仅仅从技的层面去探讨，有可能会得出反面的评价，乃至给予彻底的否定。但我们若从鲁迅的文化立场出发去加以探究，恐怕会得出不同的评价。鲁迅的“硬译”或“不顺”，只是一种翻译策略，他所要达到的是改造中国文化的目的。比较学者乐黛云在探讨“异”的问题时，曾说过这样一段话：“人，几乎不可能脱离自身的处境和文化框架，关于‘异域’和‘他者’的研究也往往决定于研究者自身及其所在国的处境和条件。当所在国比较强大，研究者对自己的处境较为自满自足时候，他们在‘异域’寻求的往往是与自身相同的东西，以证实自己所认同的事物或原则的正确性和普遍性，也就是将‘异域’的一切纳入‘本地’的意识形态。当所在国暴露出诸多矛盾，研究者本身也有许多不满时，他们就往往将自己的理想寄托于‘异域’，把‘异域’构造为自己的乌托邦。如果从意识形态到乌托邦联成一道光谱，那么，可以说所有‘异域’和‘他者’的研究都存在于这一光谱的某一层面。”③我们可以看到，乐黛云的这段话，涉及了“异域”与“本土”，“他者”与“自我”的关系问题，在本质上是“同”与“异”之间的一种文化层面的相互影响问题。我们若简单地用乐黛云的这一观点来分析鲁迅在翻译问题上表现出的文化立场和对“异域”的态度，恐怕会有偏差，因为鲁迅有着极其清醒的头脑和明确的文化重构的目的。但是，用乐黛云的观点来观照我国近当代翻译史上的许多与文化立场相关的现象，却有着重大的启迪意义。就“归化”与“异化”的讨论而言，它

---

① 许宝强、袁伟《语言与翻译的政治：前言》，见许宝强、袁伟编《语言与翻译的政治》，中央编译出版社，2001年，第28页。

② 鲁迅《“题未定”草》，见罗新璋编《翻译论集》，商务印书馆，1984年，第301页。

③ 乐黛云《关于“异”的研究——顾彬讲演》序，见顾彬《关于“异”的研究——顾彬讲演》，曹卫东编译，北京大学出版社，1997年，第1～2页。

至少可以帮助我们从翻译的技的层面，即方法技巧的层面走出来，将翻译方法的选择置于文化立场的表达及文化重构的高度去加以审视与探讨①。

当今世界，世界化进程不断加快，各民族间的交流越来越频繁，越来越广泛。翻译中的“异”与“同”的问题在知识更新愈加迅猛，文化交流愈加深广的大背景下显得越加突出。“全球化和本土化两极互动，构成了这个时代的文化动脉。一方面，经济的全球化加速了文化上的交往互动；另一方面，文化的民族自觉日益高涨。于是，学术的本土化迫在眉睫。虽说‘学问之事，本无中西’（王国维），但‘我们’与‘他者’的身份及其知识政治却不容回避。”②“异”与“同”，“自我”与“他者”，“归化”与“异化”，在全球化和本土化不时冲突而又两极互动的语境下，其研究的意义及提出的现实问题便远不止于我们所关注的翻译了。

（本文系与高方合作，原载《南京大学学报》2004 年第 1 期）

① 许钧《论翻译的选择》，《外国语》2002 年第 1 期。
② 张一兵《〈当代学术棱镜译丛〉总序》，见《当代学术棱镜译丛》，南京大学出版社，2000 年。

翻译动机、翻译观念与翻译活动

近段时间，翻译研究界就社会、文化、政治和意识形态因素对翻译的影响作了不少探讨。通过研究，我们可以看到，这些因素的影响有时是直接的，有时是间接的，但总的来说，对具体的翻译活动而言，我们可以将之归于外部因素，因为在影响翻译具体活动的所有因素中，最活跃且起着决定性作用的，是翻译的主体因素，而译者的翻译动机和翻译观念，是体现翻译主体因素的重要部分，我们有必要就此作一思考。

一 翻译动机

回顾中国翻译史，特别是近一个世纪以来的翻译史，我们可以看到，在各个不同的历史时期，翻译总是与社会变革或思想文化运动紧密地结合在一起，而一些具有代表性的翻译家，更以他们在明确的翻译动机推进下所进行的翻译活动，起着推动社会变革或思想文化运动的积极作用。

我们知道，翻译作为一种跨文化的交流活动，具有很强的目的性，这里必然涉及到"为什么翻译"的根本问题。对具有历史使命感的翻译家来说，只有明确了"为什么翻译"这一根本问题，才能解决"翻译什么"的选择，而这前两个问题一旦找到明确的答案，如何翻译的问题便能在原则上得到解决。在这个意义上说，翻译家的翻译动机对他们选择什么文本来译，采取怎样的策略来进行翻译，具有直接的决定作用。我国近代著名思想家、政治活动家梁启超的翻译活动是一个很好的例证。

在19世纪末，梁启超曾在《变法通义》中专辟一章，详论翻译，把译书提高到"强国第一义"的地位。而就译书本身，他明确指出："故今日而言译书，当首立三义：一曰，择当译之本；二曰，定公译之例；三曰，养能译之才。"①梁启超所言"择当译之本"，便是"译什么书"的问题。他把"择当译之本"列为译书三义之首义，可以说是抓住了译事之根本。选择什么样的书来翻译，这取决于多方面的因素。其中最主要的，便是翻译的目的或动机。梁启超把翻译当作强国之道，目的在于推行维新变

① 转引自郭延礼著《中国近代翻译文学概论》，湖北教育出版社，1998年，第227页。

法。他认为，以前的国文馆和江南制造局翻译馆译的大都是兵学著作，这无助于解决中国的强国大事。在他看来，要强国，当务之急要多译“西方法律、政治、历史、教育、农学、矿学、工艺、商务、学术名著和年鉴等书”。[①] 在他的倡导之下，一批批外国社会科学著作先后被介绍到了中国。显而易见，梁启超的选择不仅仅是一般意义的翻译选择。推行维新变法，改造旧中国的明确目的是其“择当译之本”的出发点。

清末民初时期，出现了文学翻译的高潮，而“政治小说”更是风靡一时。梁启超虽大力倡导翻译社科著作，维新救国梦并没有因此实现；他转而对小说的作用抱有幻想，希望借助小说“支配人道”的不可思议之力，来达到改良社会与政治，实现社会革命的目的。国内和境外的翻译学者对清末民初的文学翻译高潮形成的原因，已有不少探讨，其中重要的一点，便是“文学翻译高潮”，源于梁启超等人对小说“社会功能”的特别认识。梁启超所发表的《论小说与群治之关系》一文，对此有明确的论述。香港中文大学翻译系的王宏志认为：梁启超提出小说界革命，“实际上是要革掉传统小说的命”，因为在梁启超看来，中国传统小说一无可取，“地位低微，著者多为市井俗夫，内容方面只知诲盗诲淫，更是‘吾中国群治腐败之总根源’。相对而言，西洋小说却是文学的正宗，著者皆为硕儒道人，写的都是政治议论，与政体民志息息相关，对国家政界的进步极有裨益。在这情形下，译印域外小说，便是小说革命的第一步，也是最自然不过的选择了。”[②]在对清末民初文学翻译大盛之原因的探讨中，我们可以清楚地看到，翻译的目的与翻译的选择之间的联系是再也紧密不过了。

梁启超的翻译动机是强大而明确的。台湾翻译家齐邦媛曾专门撰文，论述了梁启超的翻译动机对他的翻译选择及翻译手段的影响，在《由翻译的动机谈起》一文中，齐邦媛开篇这样写道：

> 从事翻译工作的人，思绪长年盘旋在别人的字句之间，不免有时感到自我遗失的沮丧，但大多的时间会在两种语言的认知、移转和重组的过程中得到唯有翻译者才能领悟的兴趣与满足。而且成功的翻译应是一种高难度的艺术，不能像创作者一样任思潮畅流，

---

① 郭延礼著《中国近代翻译文学概论》，湖北教育出版社，1998年，第227页。

② 王宏志《导言：教育与消闲——近代翻译小说略论》，见王宏志编《翻译与创作——中国近代翻译小说论》，北京大学出版社，2000年，第3～4页。

字斟句酌之际并无必然的约束，甚至可以避重就轻。既然如此，为何许多才情洋溢的作家也会深入译作领域？主要应是另一种创造方式的挑战。在两种语言之间浅滩涉水，深处搭桥的过程自有它的魅力。但是在文字魅力之外，经常有更强大的动机，对有些人来说，是一种必备的热情。①

从齐邦媛的这段话中，我们可以得到这样的信息，那就是翻译动机可以是多种多样的。确实，它可以是政治的，文化的，也可以是艺术的。它可以是强大而明确的，也可以是微弱而隐约的。应该承认，任何一种翻译活动，都受到一定的动机所驱动，都为着一定的目的去进行。齐邦媛认为，梁启超在《论译书》一文中"坦率地高喊译书救国论"，让她深切地感受到了梁启超欲通过翻译吸取新知、报国乃至救国的急切与热情。如果说梁启超能身体力行，自己动手翻译日本作家柴四郎的政治小说《佳人偶遇》，那无疑是出自救国的强大动机。以求知救国的翻译动机而论，齐邦媛认为胡适提倡之热切不下于梁启超，不同的是梁启超欲通过政治小说来达其目的，而胡适则要"赶紧多多地翻译西洋的文学名著作我们的模范"，并与罗家伦合译易卜生的《娜拉》，以推进他所提出的文学革命之建设。②

翻译动机作为影响翻译的重要因素，所起的作用是许多翻译家本人也充分意识到的。我们在对近半个世纪来一些具有代表性的翻译家的翻译思想进行梳理的过程中，发现在不同的时代和不同的社会环境中，翻译家对翻译有着不同的理解与认识，对从事翻译工作也有着不同的动机，而"求真"与"求美"，构成了翻译动机的基本之源。在学习巴金的译文和有关翻译的论述时，我们深切地感受到巴金对自己的翻译有着明确的认识。他认为自己不是严格意义上的翻译家。他说："我记得有一位外国记者问过我：作家一般只搞创作，为什么我和我的一些前辈却花费不少时间做翻译工作。我回答说，我写作只是为了战斗，当初我向一切腐朽、落后的东西进攻，跟封建、专制、压迫、迷信战斗，我需要使用各式各样的武器，也可以向更多的武术教师学习。我用自己的武器，

① 齐邦媛《由翻译的动机谈起》，见金生华编《外文中译研究与探讨》，香港中文大学翻译系，1998年，第28页。

② 齐邦媛《由翻译的动机谈起》，见金生华编《外文中译研究与探讨》，香港中文大学翻译系，1998年，第33～34页。

也用拣来的别人的武器战斗了一生。在今天搁笔的时候我还不能说是已经取得多大的战果，封建的幽灵明明在我四周徘徊！即使十分疲乏，我可能还要重上战场。”[①]在这段话中，我们可以清楚地看到，翻译对他而言是一种武器，一种手段，而战胜黑暗，求得光明，便构成了他进行翻译工作的动机。翻译家草婴的动机更为明确：“我从事翻译工作最初是为了参加反法西斯斗争，想通过翻译让读者了解反法西斯斗争的真实情况，从而增加中国人民对抗日战争胜利的信心。其次，我一向喜爱俄苏文学，因此也想通过翻译让中国读者欣赏到一些好的文学作品，丰富大家的精神食粮。我之所以介绍肖洛霍夫的作品，是因为我认为在苏联作家中，肖洛霍夫是继承19世纪俄国现实主义文学传统很出色的一个，尤其是继承托尔斯泰的传统，发扬他的人道主义精神。”[②]

在上文中，我们已经谈到，在翻译活动中，翻译动机和目的直接影响着对作品的选择。在不同的历史时期，出于不同的动机，对作品的选择也就不同。我们发现，在历史动荡或社会大变革时期，翻译家们往往出于政治的动机，把翻译当作实现其政治理想或抱负的手段，因此，他们在选择翻译的作品时，特别注重其思想性，如梁启超、胡适、鲁迅、巴金等人的选择，都充分地证明了这一点。而在社会环境稳定的时期，翻译家们则把更多的目光投向作品的文化内涵、审美价值和艺术性。在改革开放的进程中，法国作家普鲁斯特的《追忆似水年华》和爱尔兰作家乔伊斯的《尤利西斯》两部巨著在中国的翻译与出版，便是一个充分的例证。萧乾和文洁若夫妇认为乔伊斯的《尤利西斯》对20世纪小说创作曾经起过并且仍在起着巨大的作用，他们不顾自己年事已高，也不怕翻译中可能遇到重重障碍而选择翻译这部巨著。是因为他们认为这部作品有着多方面的价值，“对我国小说的创作有可借鉴的地方”[③]。有了明确的翻译动机，在对具体作品的选择上便会有明确的标准。

萧乾先生在选择作品时，特别强调必须“喜爱它”：“只是译的必须是我喜爱的，而我一向对讽刺文字有偏爱，觉得过瘾，有棱角，这只是我个人选择上的倾向。”“由于业务关系，我做过一些并不喜欢的翻译——

---

① 巴金《我与翻译》，《译林书评》，1996年10月30日，第1版。

② 草婴、许钧《“老老实实做人，认认真真翻译”》，见许钧等著《文学翻译的理论与实践——翻译对话录》，译林出版社，2001年，第175页。

③ 萧乾、文洁若、许钧《“翻译这门学问或艺术创造是没有止境的”》，见许钧等著《文学翻译的理论与实践——翻译对话录》，译林出版社，2001年，第84页。

如搞对外宣传时；但是我认为好的翻译，译者必须喜欢——甚至爱上了原作，再动笔，才能出好成品。”“从菲尔丁到里柯克，我译的大都是笔调俏皮，讽刺尖锐，有时近乎笑骂文章，这同我以‘塔塔木林’为笔名所写的倾向是近似的。”①文学翻译家文洁若有着自己明确的选择标准，她说：“我喜欢选择那种具有强烈的艺术感染力的作品来译。例如凯瑟琳·曼斯菲尔德的作品就给人以美感享受——语言美，情调美。日本近代作家泉镜花的《高野圣僧》，芥川龙之介的《海市蜃楼》和《桔子》，以及 80 年代去世的女作家有吉佐和子的短篇《地歌》和《黑衣》，至今健在的水上勉的散文《京都四季》，大都是以敏锐的观察力和细腻的表现力见称，表达了日本传统文化的审美情趣。对日本作品我还有个标准或原则：着重翻译那些谴责日本军国主义对我国发动侵略战争的作品，其中包括天主教作家远藤周作的《架着双拐的人》和三浦绫子的《绿色荆棘》。”②在新的历史时期，屠岸先生也有自己的标准：“我选择作品进行翻译，有自己的标准：一是在文学史上（或在现代、当代舆论上）有定评的第一流诗歌作品；二，同时又是我自己特别喜爱的，能打动我心灵的作品。选择第一流作品，是为了要把最好的外国诗歌介绍给中国读者，把外国的‘真善美’输送到中国来；选择我喜爱的、能打动我的作品，因为这样的作品我才能译好。对生命力不能持久的畅销书，我不感兴趣。作为出版社负责人，考虑选题就应当更全面，视野更广阔。对入选原著的语种、原作者的国别，要扩大，时代的跨度，要延长。出版社推出外国文学作品的译本，要从改革开放的角度着眼，从中国与世界各国进行文化交流的角度着眼，从不同爱好、不同层次的广大读者的要求的角度着眼。作为文学出版社，应当出第一流的、古典的和现当代的外国文学作品，作品的文学性是第一选择标准。但有些产生重大影响的作品，其文学价值或许还没有定评，但对读者具有认识价值，也可列入选题。”③从翻译的动机到对翻译作品的选择，两者的联系是非常紧密的。但有必要指出一点，就译者个人的翻译动机而言，他欲达到的翻译目的及对作品的选择，有可能与影响翻译的其他因素，如政治、社会、文化因素，发生冲突。

在上文中，我们以一些著名的翻译家的具体例子对翻译动机所起

---

① 萧乾、文洁若、许钧《“翻译这门学问或艺术创造是没有止境的”》，《译林》1999 年第 1 期，第 210 页。
② 萧乾、文洁若、许钧《“翻译这门学问或艺术创造是没有止境的”》，《译林》1999 年第 1 期，第 210 页。
③ 屠岸、许钧《“信达雅”与“真善美”》，《译林》1999 年第 4 期，第 208～209 页。

的作用进行了探讨，我们所引用的例证也都是从积极的方面选取的。但我们也意识到，在我们这个时代，社会上的一些消极的因素在时刻影响着翻译界，起着潜移默化的作用，像在战争年代或在社会大变革年代的那种以翻译求知救国的强大动机如今已经少有张扬，而“追名逐利”的翻译动机却在严重地败坏着翻译界的风气，其严重的后果便是翻译质量的下降，甚至出现明目张胆的抄袭与剽窃行为。对这些问题的存在，译界应该予以充分关注。

二　翻译观念

译者作为翻译的主体，他在整个翻译过程中始终起着决定性的作用，而上文中我们所探讨的翻译动机则是直接制约翻译者的行为的因素之一。与之紧密相关的，还有译者的翻译观念。所谓翻译观念，即是译者对翻译的认识，它直接体现了译者对翻译活动的理解，也制约着译者的价值取向及翻译方法。应该说，译者进行翻译活动，都是为着一定的目的的，其动机将有形或无形地始终影响着译者在整个翻译过程中的选择与取舍，而与翻译动机同时起作用的，还有不可忽视的翻译观念。

我们知道，翻译不是一种纯粹个人的活动，也不可能是一种纯粹个人的活动，因为翻译直接涉及到交流的双方，它不是一种单向的行为。在这样一种事关交流双方的活动中，任何一个翻译者都或多或少地会意识到自己的责任，并对他所担负的翻译行为有一个起码的认识，并且会基于自己的认识与责任，为自己的翻译活动建立某种原则。而译者对翻译活动有否正确的理解，是非常重要的。王宏志曾以王晓明所写的《从一种特殊的翻译组织方式看 80 年代中国翻译运动》一文为线索，对 20 世纪 80 年代出现的社会科学翻译潮的特点作了如下的分析：

> 首先，80 年代出现的社会科学翻译潮，跟清末民初出现的文学翻译潮是有相通的地方的。二者都认为当时自己面对的是一个历史的时刻，过去是停滞的年代，他们的工作是要开拓未来。就像晚清以翻译小说为“开道之骅骝”，然后再自己创作的小说一样，80 年代翻译的目的，也是要借助翻译来介绍外国新思想，然后建立当代中国独特的思想框架及论述。①

---

① 王宏志著《重释“信达雅”——二十世纪中国翻译研究》，东方出版中心，1999 年，第 54 页。

王宏志注意到，在80年代社会科学翻译潮中起着先锋作用的“西方学术文库”的目的是非常明确的，他特别提请读者注意“西方学术文库”总序中的这样一段话：“梁启超曾言：今日之中国欲自强，当以译书为第一事。此语今日或仍未过时。但我们深信，随着中国学人对世界学术文化进展的了解日益深入，当代中国学术文化的创造性大发展，当不会为期太远了。”在王宏志看来，总序中搬出梁启超之言，昭示了文库的组织者们“明确理解翻译是建立社会系统的重要力量，因此，他们愿意把翻译放在主要的位置，而这次的任务，更主要是针对意识形态上的准则”。正是基于“翻译是建立社会系统的重要力量”这一认识，出于“借助翻译来介绍外国新思想，然后建立当代中国独特的思想框架及论述”的明确目的或动机，“西方学术文库”首先在选材上走出了极为勇敢的一步，那就是“来自西方国家的原著占了主流的地位，这明显跟1949年以后大量翻译苏联东欧以及其他社会主义国家作家作品很不同”。同时，他们突破了种种限制，采取了不同策略，利用日益宽松的社会与政治环境，有力推动了社会科学理论著作的翻译工作。①

作为一个译者，他或她对翻译的理解与认识不是静止不变的，会因时代或社会、文化语境的变化而变化，在这个意义上，一个人的翻译观也是在不断变化、发展的。以笔者个人为例，在20世纪80年代初，当自己刚刚涉足翻译时，对翻译的认识还是比较幼稚的，应该说，当时的翻译观基本囿于“语言转换”的范围，因此，翻译时关注的是“语言的忠实”和“形式的对等”。二十年来，随着自己对翻译的思考的不断深入，自己的翻译观也由纯粹的“语言转换”观发展到了今日的“文化交流观”，把翻译活动理解为促进不同民族对话、思想交流的文化活动。特别在世界化和经济一体化进程不断加快的今天，如何通过翻译活动来维护文化多样性，便成了自己思考翻译活动的本质与作用的一个基本点，也成了自己选择拟译文本，组织大型译丛的一个基本原则。在与广西师范大学出版社合作主编的大型译丛《法兰西书库》（首批56种）的“主编的话”，有这么一段：

> 三年前，法兰西共和国总理若斯潘来华访问，在访沪期间，邀请中方各界人士数十名在法国人设计的上海大剧院会面。记得在

① 王宏志著《重释“信达雅”——二十世纪中国翻译研究》，东方出版中心，1999年，第55～56页。

会上，我曾针对若斯潘总理在演讲中所强调的“文化价值”问题，向他发问：“文化与语言密切相关，面对世界的‘英语化’和全球经济的‘一体化’，法国政府何以维护法语的地位，又何以发扬光大法兰西文化?”他没有直接回答我的问题，而是作了一个原则性的思考：一个民族语言的丧失，就意味着这个民族文明的终结。任何一个维护民族文化价值的国家都不会听任自己的语言被英语所取代。而对世界来说，经济可以全球化，甚至货币也可以一体化，但文化则要鼓励多元化。他认为，正是本着文化多元化的精神，法兰西文化在尊重其他民族文化的同时，得到了自身的不断发展与丰富。若斯潘的这番回答，尤其他对文化多元化原则的阐发，引发了我日后对文化问题，尤其是对翻译问题的不少思考，而这个冠以“法兰西书库”之名的开放性译丛，就是我们对文化多元价值观的一种认同，也是多元文化精神的一种直接体现。①

我们认为，若从政治的角度看，法国鼓励全球文化的多样性，推崇文化多元价值观，也许是对抗美国经济霸权的一种策略。但以历史的眼光来看，法兰西对文化价值的推崇，对文学艺术的追求，对实现文化多样性的努力，是以其深厚的民族传统为基础的。不然，很难想象法兰西民族会有其绵延千年、昌盛不衰、为世界瞩目的灿烂文化，更难以想象近代以来，西方思想、文化领域的诸多思潮与流派大都会发轫于法国。而作为这套大型译丛的主编，由于对翻译有着自己明确的理解和认识，所以在选择拟译文本时，就特别强调“我们遵循的是多元的原则，旨在让广大读者能听到法兰西思想的不同声音，看到法兰西文化的不同侧面，欣赏到法兰西文学艺术的不同风采”。在明确的翻译观指导下，确立选择文本的多元原则，再根据目前的文化语境，确定“思想、文化、文学”等各个系列的具体书目，继而制定翻译的原则与要求，整个过程充分体现了出版社和丛书策划者及主编崇尚多元文化价值，促进文化交流的翻译思想。

翻译观的确立不仅仅对拟译文本与翻译策略有着重大的影响，对译者的具体的翻译方法和处理原则也有着直接的影响。1995年，国内翻译界曾围绕着《红与黑》的汉译问题有过一场深入的大讨论。冯亦代

---

① 许钧《主编的话》，见《法兰西书库》，广西师范大学出版社，2001年第1版。

曾以《一九九五年翻译界的一场大辩论》为题，对这场讨论的始末、参与讨论的各家的主要观点与分歧及讨论的重要性作了详细的介绍与评述（冯亦代，1998），并就翻译问题提出了自己的六点看法。这场讨论涉及了文学翻译的许多重要问题，其中便有我们在此讨论的翻译的观念对翻译家的实践的影响问题，《红与黑》的汉译实践也从另一个角度证明了这样一个事实，那就是在不同的翻译观的指导下，译家采取了不同的翻译方法，出现了不同的实践，产生了风格殊异的译文。且以翻译家许渊冲为例。许渊冲对翻译有着明确的认识，在他长达半个多世纪的丰富的翻译实践中，逐渐形成了自己的翻译观，并提出了系统的翻译思想。就翻译观而言，其基本点便是译家对翻译的本质的认识。早在1999年，许渊冲就以十分明确的表述，提出了这样的观点："翻译是两种语言的竞赛，文学翻译更是两种文化的竞赛。"[①]在《红与黑》的"译者前言"中，许渊冲又重申了这一观点。正是基于这一观点，即把翻译理解为竞赛，而这一竞赛是在两个层面展开：一是语言的竞赛，二是文化上的竞赛。应该说，许渊冲在对翻译的认识中，能紧紧抓住语言与文化这两个本质的方面，是非常有见地的。因为翻译活动是以语言符号系统转换为手段的，而在民族语言的背后，起着支撑作用的便是民族文化。关于文化上的竞赛，在许渊冲的论翻译的其他文章中我们没有看到进一步的阐述。但就语言的竞赛而言，许渊冲先生则不仅有深刻的见解和明确的表述，而且基于这一翻译观，提出了一系列相关的见解。在他看来，围绕着"翻译是两种语言的竞赛"这一基本观点，实际涉及的有许多理论与实践的问题，如翻译的标准，翻译的方法等等。许渊冲认为，在两种语言的竞赛当中，译者要充分"发挥译文语言的优势"，也就是要充分发挥目的语的优势。那么到底如何发挥译文语言的优势呢？在《约翰·克里斯托夫》重译本"译者前言"里，我们可以得到这样的解答：

> 在两种语言的竞赛中，只能紧紧跟在原文后面，永远不能超越原文；这就是说，翻译文学永远不能和创作文学比美，更不可能胜过创作了。但是，如果能用"再创作"的方法，充分发挥译语优势，使人读译文后，不但"知之"（信），而且"好之"（达），甚至"乐之"

① 许渊冲《文学翻译与翻译文学》，《世界文学》1990年第1期，第285页。

(雅)，那翻译文学才有可能和创作文学平起平坐，才有可能在本国建立起世界文学。如果能把本国文学译成外文，能使外国读者"知之、好之、乐之"，那就是在全世界建立世界文学了。①

要发挥译文语言的优势，关键一条，就是不能紧紧跟在原文后面，而要做对这一条，许渊冲认为要破除文学翻译求词语"对等"的思想与做法。他认为，"对等"论和"形似"论对译者最不利的影响是：翻译时经常考虑译文某个词和原文的某个词是不是"对等"，是不是"相似"，不知道"对等"的词并不一定是最好的译文。在他看来，文学作品中"有较低层次的词句和较高层次的词句。较低层次的词或句，在翻译时比较容易找到'惟一的'对等词，找到后别人也不容易超越，只好依样画葫芦。较高层次的词或句，在翻译时就不容易找到'惟一的'对等词，而要八仙过海，各显神通；也就是在翻译高层次词句时，需要译者有'再创作'的才能，所以才可能分辨出不同译文的高下，译文甚至有胜过原文的才能。"②在具体的翻译中，许渊冲采取了"等化、浅化、深化"三种方法，以便在翻译中"扭转劣势、争取均势、发挥优势"③，最终的目的，就是要发挥译文语言的优势，"取得竞赛的胜利"，让读者不仅"知之"，而且"好之"，"乐之"。许渊冲曾经以自己在翻译实践中所遇到的一些具有代表性的例子，如译界如今已经非常熟悉的"不爱红装爱武装"、"春蚕到死丝方尽"等译法，充分地展示他在翻译中所主张的"创造性"。而在他"创造性"的翻译中，可以明显看到一种"美化"与"归化"的努力。根据我们的理解，由"翻译是两种语言的竞赛"这一基本观念，到充分发挥译文语言的优势，再到具体运用"三化"方式，在翻译上朝"美化"与"归化"的方向努力，使读者"知之、好之、乐之"，这一条环环相扣的翻译之路，充分见证了翻译观念对译者的价值取向及翻译原则与翻译方法所起的巨大作用。

如果说由"翻译竞赛观"，到主张发挥译文语言优势，必然导向"美

---

① 许渊冲《译者前言》，见罗曼·罗兰著《约翰·克里斯托夫》，许渊冲译，湖南文艺出版社，2000年，第6页。

② 许渊冲《译者前言》，见罗曼·罗兰著《约翰·克里斯托夫》，许渊冲译，湖南文艺出版社，2000年，第5页。

③ 许渊冲、许钧《翻译："美化之艺术"——新旧世纪交谈录》，见许钧等著《文学翻译的理论与实践——翻译对话录》，译林出版社，2001年，第56页。

化”与“归化”的翻译之路的话，那么“翻译交流观”，即把翻译看作不同文化之间的“交流”，则不可避免地会确立与前者不同的价值取向及翻译原则与方法。“翻译交流观”重在交流与互通有无，因此强调翻译中应持平等的态度，并要求译者充分认识与了解原文所表现出的文化差异，并尽可能将之融入到目的语的大语境中去，溶入到接受语文化中去，以真正达到吸收出发语文化与丰富目的语文化之目的。为此，在翻译上尽可能保持原作的“原汁原味”，又成了一种必然的追求。郝运也同样翻译过《红与黑》，他对翻译虽然没有系统的思考，但却有着自己的理解与目标。他在给笔者的信中说：“我从事法国文学译介工作时间不算短，但始终不敢好高骛远，只追求一个目标：把我读到的法文好故事按自己的理解尽可能不走样地讲给中国读者听。我至今仍认为做到这一点并不容易。有时候原作十分精彩，用中文表达却不流畅，恰似营养丰富的食品偏偏难以消化。逢到这种情况，我坚持请读者耐着性儿咀嚼再三，而决不擅自用粉皮代替海蜇皮。”①话讲得十分朴素，但道理很深。他的观点十分明确，坚持“不走样”，尽可能让读者读“原汁原味”的东西，哪怕一时难以消化，也不擅自“创造”。郝运先生的出发点也很明确，他不想“存心欺骗读者”。读郝运先生的译文，我们确实可以感受到他的这一良好的愿望。他译的《红与黑》理解准确，语言平实朴素，在这一点上，与他所理解的斯丹达尔的风格是一致的。但我们也看到，由于他极力坚持“不走样”，译文的句子读起来比较吃力，拿许渊冲先生的话说，有着严重的“翻译腔”，读者需要咀嚼再三，才能读出味道来。应该说，郝运所使用的翻译方法，是基于他对翻译的理解，也是他的翻译原则的具体体现。

在历史的各个不同发展阶段和不同的文化语境中，人们对翻译会有不同的理解，因此，有可能会提出不同的翻译主张，奉行不同甚至对立的翻译原则。在中西翻译史上，还有许多与之相关的重要翻译现象值得我们作进一步的考察与探讨。

结语

翻译动机与翻译观念，作为翻译主体因素的重要组成部分，影响

---

① 引自许钧《〈红与黑〉汉译的理论与实践——代引言》，见许钧主编《文字·文学·文化——〈红与黑〉汉译研究》，南京大学出版社，1996年，第13页。

着，有时甚至左右着翻译活动的进行："为何译？""译什么？""如何译？"本文以一些著名翻译家及笔者本人的具体实例对翻译动机和翻译观念在翻译中所起的作用作了一些思考，权当引玉之砖，与同行们探讨。

（原载《外语研究》2004 年第 1 期）

“创造性叛逆”和翻译主体性的确立

从“忠诚”到“叛逆”，似乎构成了翻译的两个极端：“忠诚”在实践中常常令译者顾此失彼，而“叛逆”在理智上又让译者难以接受。这种两难的窘境是每一个从事文学翻译的人都会遇到的。我们知道，涉及翻译的因素之多，往往让译者束手无策，不知忠诚于谁为好。忠其形，求貌之相似，可其神韵呢？气势呢？文学精品往往刻意寻求意在言外的效果，翻译时稍不小心，就容易得其形而忘其神，看似模仿了作者“怎么说”，却歪曲了作者“说什么”，成为真正忤逆不道的“叛逆”。可是要忠其形，又要得其神，谈何容易！正因为如此，翻译家们常常感叹翻译之难，每人都有一本叹不完的苦经，像郁达夫，郭沫若，甚至鲁迅，都在不同的场合，谈过翻译的难处，他们中甚至有人认为，翻译之难，难于创作。余光中对此有过非常形象而深刻的论述，他说翻译家在读者的心目中无法与作家相提并论，“主要的原因，是译者笼罩在原作者的阴影之中，译好了，光荣归于原作，译坏了，罪在译者。除了有能力也有时间去参照原文逐一研读的少数专家之外，一般读者是无由欣赏的。如果说，原作者是神灵，则译者就是巫师，任务是把神的话传给人。翻译的妙旨，就在这里：那句话虽然是神谕，要传给凡人时，多多少少，毕竟还要用人的方式委婉点出，否则那神谕仍留在云里雾里，高不可攀。译者介于神人之间，既要通天意，又得说人话，真是‘左右为巫难’。”①翻译之难，在大多数翻译者看来，难在没有充分的自由，难在译者走不出原作者投在译者头上的阴影，难在文字形式的机械变易无法传达文字的灵魂，难在盲目的忠实对应无法达到精神的共鸣，难在得与失之度的把握。本文试图以“创造性叛逆”这一命题的重新阐释来认识、协调“忠诚”与“叛逆”的矛盾，进而对翻译主体性做一探讨。

一

上个世纪80年代末，译林出版社组织国内法文界的一些译者合作翻译法国文学巨匠普鲁斯特那部被称之为“不可移植”的巨著——《追

---

① 余光中著《余光中谈翻译》，中国对外翻译出版公司，2002年，第55页。

忆似水年华》。笔者有幸参加了其中的工作。在《我和翻译》一文中，笔者曾谈到这部著作的翻译给译者带来的巨大痛苦，其中这样写道："花费了近三百个日日夜夜，才勉勉强强地完成了所承译的二十余万字的初稿，其间所经受的痛苦、恐惧，往往使我心力交瘁，尤其那一种唯恐背叛原著的负罪感，使我负载着一个沉重异常的十字架，作品中那长达数十行的'意识流'连环句式，那声、色、味一应跃然纸上的形象笔触，那妙不可言的隐喻双关，还有那或细腻、或粗犷，或高雅的生花妙笔，岂仅凭兴趣，凭忠诚，率而操笔所能传达？亦步亦趋地求文字对应，为两种语言特有的规律与魅力所不容，往往导致貌合神离；洒脱大胆地弃其形，求其神，又担心'创造'出一个貌离神散的畸形儿。更不谈还要不辱使命，追求作品'形式因素美学价值'的再现，'文化因素'的移植，'文学形象'的再创造和'语用意义'的传达……这般复杂，这般艰辛，这般痛苦，是当初涉足译坛时所料不及的。如今才朦朦胧胧地意识到'忠诚'与'叛逆'似乎构成了翻译的双重性格，愚笨的'忠诚'可能会导向'叛逆'，而巧妙的'叛逆'可能会显出忠诚，这也许就是'相似处犹显平乏，不似处倒见魅力'的翻译辩证法吧。"①我们应该知道，语言符号与意义之间的关系并不是一种凝固与给定的关系，意义的生成有赖于多方面的因素，这也就给翻译求语言形式的简单对应的传统做法提出了理论上的不可能性。而就我们目前讨论的"忠诚"与"叛逆"的关系而言，遇到的是同样的问题，那就是余光中在《变通的艺术》一文中所谈到的"思想与形式"②的关系在翻译中到底应该如何处理，也就是我们在上文中所提到的"形"与"神"的关系问题。我们都知道，文学是文字的艺术，相对于"说什么"，"怎么说"有时会显得更为重要。对非文学翻译而言，意义表达的精确，是最大的追求；而对文学翻译而言，意义的生成与形式表现紧密结合在一起，在翻译中往往造成极大的困难，而"忠诚"与"叛逆"的悖论正源起于"形"与"神"的独特关系。在语言哲学、现代语言学和文艺学最新研究成果的启发下，我们如今已经在理论上明白了语言表达形式在翻译中进行简单复制的负面后果，从而为在语言转换层面的"叛逆"行动提供了某种理由。在对翻译实践进行个案研究或历史考察中，我们发现越来越多的翻译家不满足于翻译的传统仆人身份，如金圣华

---

① 许钧《我和翻译》，见戴立泉、杨怀宇编《江苏学人随笔》，南京大学出版社，1997年，第41～42页。

② 余光中著《余光中谈翻译》，中国对外翻译出版公司，2002年，第276页。

对翻译的本质进行了思考，基于她个人的翻译实践及其对翻译的认识，提出了如下的看法："译者在早期虽有'舌人'之称，却不能毫无主见，缺乏判断；译者虽担当中介的任务，却不是卑微低下、依附主人的次等角色。翻译如做人，不能放弃立场，随波逐流；也不能毫无原则，迎风飘荡。因此，翻译的过程就是得与失的量度，过与不足的平衡。译者必须凭藉自己的学养、经验，在取舍中作出选择。"①既承认译者所承担的责任与特殊的地位，又不忘译者的主见、原则和选择，金圣华在这里为我们在"仆人"与"叛逆"的两难选择中指出了一条理性之路。的确，在理论上，我们虽然可为"叛逆"找到充足的理由，但是我们在理智上却不免担心：倘若"叛逆"失度，翻译必将走向它的反面，在失度的"叛逆"中失去方向，最终违背其担当的神圣使命。那么，如何在理论上来解决这一问题呢？如何在实践中避免失度的"叛逆"呢？

在《译介学》一书中，我们欣喜地发现该书作者谢天振对此问题有过深刻的思考，并为我们提供了理论探讨的参照。方平在为《译介学》一书所写的序中作了如下的评价：

> "创造性叛逆"是"译介学"所引进的一个命题，作者用专章讨论，为我们开拓了一个全新的概念。谈到文学翻译，立即会想到"翻译者，反叛也"这一句来自海外、广为流传的名言。翻译工作者都能体会到这句话的讽嘲口气而心有不甘。对于以认真严肃自勉、把"信"和"忠实"看作文学翻译第一要义的译者，最怕的就是译文出错，而"错误"和"叛逆"在我们心目中，不分彼此，同样可怕又可耻。现在作者提出了："在实际的文学翻译中，创造性与叛逆性其实是根本无法分隔开来。"并引用了法国专家的论述："翻译总是一种创造性的叛逆"。②

二

"创造性叛逆"这一命题的提出，为我们重新思考翻译，特别是文学翻译的本质与任务提供了新的视角。据谢天振介绍，最早提出"创造性叛逆"这一概念的，是法国著名文论家埃斯卡皮，他在《文学社会学》一

---

① 金圣华著《认识翻译真面目》，天地图书有限公司，2002 年，第 15 页。

② 方平《序二》，见谢天振著《译介学》，上海外语教育出版社，1999 年，第 5 页。

书中指出:“说翻译是叛逆,那是因为它把作品置于一个完全没有预料到的参照体系里(指语言);说翻译是创造性的,那是因为它赋予作品一个崭新的面貌,使之能与更广泛的读者进行一次崭新的文学交流;还因为它不仅延长作品的生命,而且又赋予它第二次生命。”[①]显而易见,埃斯卡皮所说的“创造性叛逆”已经远远超出了我们在上文所讨论的语言层面的“叛逆”,但与我们所讨论的问题联系紧密。在埃斯卡皮看来,翻译的“叛逆”性质,源自于语言的转换。也就是说,在翻译中,一部作品必须被置于另一个参照体系(语言)之中,而这个参照体系是完全没有预料到的。就这一层意思而言,埃斯卡皮并没有超越钱钟书、傅雷等的认识。有必要指出的是,因埃斯卡皮所说的参照体系是相对于语言符号系统而言,也就是说在不同的语言符号系统中,词语与意义的参照关系是有别的,正是这一重大差别,使机械的变易势必成为“叛逆”的行为。至于“创造性”,埃斯卡皮则将目光投向了一部作品的生成与传播,而正是通过这两个层面,翻译活动将作者、译者和读者的命运紧紧联系在了一起。参照体系一变,文化语境一变,一部作品的意义所赖以生存的条件一变,其面貌必然发生变化,而译者的这一赋予原作以新的面貌的工作,无疑具有创造性。谢天振是国内最早注意到翻译的“创造性叛逆”这一特征的学者。在 20 世纪 90 年代初,谢天振就在《论文学翻译的创造性叛逆》[②]一文中结合文学翻译的活动过程、接受与传播问题对“创造性叛逆”这一概念进行了深入的研究,后又在《译介学》一书中加以丰富与深化。贾植芳认为,谢天振所探讨的“创造性叛逆”不仅仅涉及翻译本身,“实际触及的还有对外来文化的移植和接受问题,甚至还包括了对传统文化的继承和接受问题。”[③]实际上,贾植芳这里所谈的外来文化的移植和传统文化的继承与接受,都是广义的翻译所涉及的基本问题。根据方平和贾植芳的介绍,再细细领会埃斯卡皮和谢天振的一些观点,我们对“创造性叛逆”这一命题的重要性定会有新的认识。谢天振明确指出:“除了翻译中的信息增添、失落、变形和文化意象的传递外,文学翻译中的创造性叛逆也是译介学的一个主要研究对象,而且具有特别的研究价值。这是因为,文学翻译中的创造性叛逆特别鲜明、集中地反映了不同文化在交流过程中所受到的阻滞、碰撞、误解、扭曲

① 埃斯卡皮著《文学社会学》,王美华、于沛译,安徽文艺出版社,1987 年,第 137 页。
② 谢天振《论文学翻译的创造性叛逆》,《外国语》1992 年第 1 期。
③ 贾植芳《序一》,见谢天振著《译介学》,上海外语教育出版社,1999 年,第 2 页。

等问题。”[1]作为一个比较文学学者，谢天振所关注的重点与我们在此所谈的问题不尽切合，但是，从他的研究中，我们可以得到这样的启发：要探索作者、译者与读者之间的关系，探讨翻译的主体性，揭示译作的真正价值，仅仅从语言转换层面去研究是远远不够的，还要注意文化交流过程中的一些重要问题。只有关注这些问题，我们才可能在新的意义上认识翻译的重大作用。就我们所讨论的问题而言，我们认为谢天振提出的一些观点值得我们充分注意和思考。

首先，一部作品被引入一个新的语言与文化环境，文本生命所赖以生成的条件与环境发生了变化，原作不可避免会发生变形，问题的关键在于，原作的变形，有的是由于客观的障碍和各种差异造成的，而有的则是译者主观的追求。如果说这种变形是一种“创造性”的表现的话，那么，一味追求创造而有意偏离原作，岂不违背了翻译的根本目标？对这一问题，我们在下面将结合翻译主体性与再创造问题进行探讨。

其次，一般认为，创造性叛逆发生在狭义的翻译过程中，亦即发生在翻译的语言转换过程中，但在谢天振看来，它又发生在原作的“接受与传播”的过程之中。他认为“创造性叛逆的更重要的方面还在于它对文学作品的接受与传播所起的作用。一部作品，即使不超越它的语言文化环境，它也不可能把它的作者意图完整无误地传达给它的读者，因为每个接受者都是从自身的经验出发，去理解、接受作品的”[2]。在这里，谢天振强调接受主体的不同，对原作的理解与接受也有异，因此，叛逆也不可避免。但是，在充分认识到这一观点的合理性的同时，我们不能不考虑问题的另一方面，即读者的主体性对翻译本身到底会起到怎样的作用？过于强调主体性是否会造成原作意义的无限“播撒”而导致理解与阐释两个方面的极端相对立，构成对原作的实质性背离呢？

再次，在谢天振看来，“创造性叛逆并不为文学翻译所特有，它实际上是文学传播与接受的一个基本规律”[3]这一点非常重要，谢天振在《译介学》一书第三章第三节对此作了重点阐述。在我们看来，揭示这一规律的存在，有利于我们从更深层次去认识并界定翻译的“创造”性质。

从以上三点看来，我们认为“创造性叛逆”这一命题的提出，对于我们认识翻译的本质具有重要意义。如果说传统的翻译观念中，翻译虽

---

① 谢天振著《译介学》，上海外语教育出版社，1999年，第13页。

② 谢天振著《译介学》，上海外语教育出版社，1999年，第141页。

③ 谢天振著《译介学》，上海外语教育出版社，1999年，第140～141页。

然不可避免地会发生变形，出现“叛逆”，但在人们的头脑深处，这种现象的出现具有无奈的一面，说到底是不可取的，但在比较文学学者看来，不为文学翻译所独有的“创造性叛逆”在最根本的意义上“是对译者所从事的文学翻译事业的认可，是对译作的文学价值的一种肯定。”[①]这也就是说，“创造性叛逆”不仅是不可避免的，而且是值得肯定与鼓励的。对这一看似合理的结论，恐怕译界在今天自然无法达成共识，人们甚至有理由对此产生怀疑甚至加以质疑。在上文中，我们结合对“创造性叛逆”的主要内涵的阐述，提出的几个问题，便是译界在承认“创造性叛逆”这一命题的合理性的同时，对之产生的普遍怀疑或担心。在理论上，这也就给我们提出了对上述问题进行思考的必要性。事实上，译界的这种担心也不是多余的。我们知道，我们之所以能肯定“创造性叛逆”之说的理论价值，在于它不仅仅反映了翻译活动的本身局限，还在于“创造性”这一词对“叛逆”的本质限定，换言之，其价值主要在于“创造性”。而翻译的“创造性”何在，如何认识翻译的“创造性”，在今天看来，在理论上存在着一定程度的分歧。由于思想认识上的不一致和理论上的分歧，在实践上必然会造成混乱。确实，我们注意到，在今天的译坛，有的译者以“创造”为名，行“背叛”之实，翻译时不细读原作，不顾及原作的底蕴与风格，随心所欲地加以处理，尤其是涉及到形象比喻、情感表述细腻、语言表达形式独特的文字，往往添油加醋或大而化之。这些问题的存在，应引起我们足够重视。

三

在理论上讲，承认“创造性叛逆”的价值，在很大程度上也就是承认译者的创造性。在上文中，我们援引了金圣华的观点，她认为“翻译的过程是得与失的量度，过与不足的平衡”，这一切，都必须依靠译者的学养、经验，在取舍中作出选择。她所说的“量度”、“平衡”和“选择”，实际上是赋予了译者以创造地位，也是对译者主体意识的一种肯定。

关于“译者的主体意识”，我们首先有必要区分两点。第一，就翻译实践本身而言，不管翻译者持怎样的翻译观，或者在翻译中自觉不自觉地奉行某些原则，译者的主体地位事实上是存在的，因为即使是把自己当作一个忠实的仆人，也必须去面对从一种语言到另一种语言这一脱

---

① 谢天振著《译介学》，上海外语教育出版社，1999年，第17页。

胎换骨的变易。拿上文已提及的余光中的话来说，“译者介于神人之间，既要通天意，又得说人话，真是‘左右为巫难’。读者只能面对译者，透过译者的口吻，去想象原作者的意境。翻译，实在是一种信不信由你的‘一面之词’。”①余光中所说的“一面之词”有着多层的含义，但我们不妨从我们所讨论的问题出发加以理解。译者的“一面之词”，不同于作者的一面之词，也不同于读者眼中的“一面之词”，因为作者的一面之词和读者的一面之词都只有一面，那就是前者只有外文的一面，后者则只有中文的一面。而在余光中看来，译者的“一面之词”却有两面，正面是中文，反面是外文，正反两面集于一身，两者关系的紧与密，真与伪，全都在于译者。在这个意义上说，译者的主体作用是客观存在的。若我们关注中外历史上一些著名的翻译家的译事及他们对翻译的思考，在他们留下的大量翻译经验之谈中，我们可以发现，他们对翻译之难的感叹，对具体译例的分析，对成功经验的总结，或对失败尝试的反思，无不折射出他们的主体意识。第二，就理论研究而言，我们不得不遗憾地看到这样一个事实，那就是长期以来，翻译研究几乎把重点局限于语言层面的探讨，而忽视了翻译活动中最积极的活动因素，即翻译主体的主观能动作用。袁莉在《关于翻译主体研究的构想》一文中指出，在国内，对翻译主体的系统研究只是刚刚起步。② 在国外，这方面的研究起步要早一些，袁莉对有关研究的情况做了梳理，理出了一条由忽视译者主体作用到肯定“译者的抉择”再到强调“译者摆布文本”的主体研究之历程③，而这一历程的客观进展恰正反映了历史上从甘心情愿当仆人到争取自己创造地位的译者主体意识不断觉醒和确立的过程。

译者的主体意识与翻译主体性是两个相互联系但又有区别的概念。弄清它们之间的联系与区别，对我们把握作者、译者与读者之间的关系，认识翻译的创造性，具有不可忽视的作用。

所谓译者主体意识，指的是译者在翻译过程中体现的一种自觉的人格意识及其在翻译过程中的一种创造意识。这种主体意识的存在与否，强与弱，直接影响着整个翻译过程，并影响着翻译的最终结果，即译

---

① 余光中著《余光中谈翻译》，中国对外翻译出版公司，2002 年，第 55 页。

② 袁莉《关于翻译主体研究的构想》，见张柏然、许钧主编《面向二十一世纪的译学研究》，商务印书馆，2002 年，第 399 页。

③ 袁莉《关于翻译主体研究的构想》，见张柏然、许钧主编《面向二十一世纪的译学研究》，商务印书馆，2002 年，第 399～401 页。

文的价值。“翻译主体性”与“译者主体意识”有一定联系，因为“翻译主体性”之中包括有译者的艺术人格自觉和创造力，但两者不能混淆。所谓“翻译主体性”，目前还没有一个被普遍认可的定义，就我们的理解，应该是指翻译的主体及其体现在译作中的艺术人格自觉，其核心是翻译主体的审美要求和审美创造力。当我们对“翻译主体性”进行这一尝试性的界定时，我们清醒地意识到了这样一个事实：就创作，如文学创作而言，如果说文本主体性可以定义为“作者及其体现在作品中的艺术人格自觉，其核心是文学家的审美要求和审美创造力”的话，那么作者的地位是独立而明确的，在这里，“作者”和“文学家”是同一的，其独立性也是无可争辩的。但“翻译主体性”就不一样，我们不能将“翻译主体性”简单地等同为“译者及其体现在译作中的艺术人格自觉”，也不能孤立地强调翻译主体性的核心是“译者的审美要求和审美创造力”。以这一事实为基础，我们可以明确另一个事实，那就是一部原创作品，为作者独立所有，而一部译作，则不为译者独立所有，而是为原作者与译者共有，国际通行的著作权法也正是本着这一事实，在法律上规定了译作的共有权。这一事实上的区别，为我们理解翻译主体性提供了一个重要的参照。

首先我们有必要明确翻译的主体是谁。对这个问题的思考，应该说是随着人们对译者的身份、地位和作用问题的研究逐渐深入的。法国的安托瓦纳·贝尔曼对这一问题进行过系统探索。在《翻译批评论：约翰·多恩》[①]一书中，贝尔曼着重探讨的是翻译批评理论的建设问题。在他看来，对翻译进行研究，特别是对翻译进行批评时，不能不把重点放在“翻译主体”上。他认为，无论是翻译批评的理论研究，还是翻译批评的具体实施，都不能不去回答这样一个问题：译者是谁？都必须以译者主体为基本出发点。为此，他提出了一个响亮的口号：“走向译者”。毫无疑问，强调对译者的研究，并把翻译批评的重点放在译者身上，是有其道理的，因为，正如贝尔曼所指出的那样，译者的翻译动机、翻译目的，他所采取的翻译立场，他所制订的翻译方案，以及他所使用的翻译方法使译者成为翻译中最积极的因素，他的态度、方法和立场一旦选择，一旦确立，译者也就为自己定了位置，他译出的“每一个字都成为了

---

① Berman, Antoine. *Pour une critique des traductions*: *John Donne*. Paris: Gallimard. Paris. 1995.

一种誓言"[①]。在这个意义上，译者无疑就是翻译活动的主体。袁莉持的也是这一观点。她对翻译主体性问题的关注，是基于她对翻译活动本质的认识。她说："事实上，当我们不再把对翻译的理解停留在字词的层面上，不再试图去寻找与原文本对等的影子，而是把翻译文本看作经过变形和改造，融入译者的主观审美意向和历史存在的一种自足的艺术创造产物时，立刻就意味着我们必须要面临关于翻译主体性及其能动空间的提问。"[②]在对艾布拉姆斯的艺术四要素图式进行分析之后，袁莉提出了以译者为基点（中介），直接与另外三极，即原作、译作和世界（包括译入语读者）发生关系而构成的新的诠释循环图式，进而明确指出"译者是这个阐释循环的中心，也是唯一的主体性要素"[③]。

译者为翻译主体，这似乎是一个不争的事实。但我们发现，对这一问题，人们的看法远未达成一致。杨武能先生是国内较早注意译者的定位问题的学者之一。早在20世纪80年代中期，他就以现代阐释学为理论参照，把文学翻译当作阐释、接受与创造的循环，并从这一动态的循环活动中去把握翻译家的作用和地位。后来，他又发表文章，对文学翻译家的心理人格进行了探讨，并就翻译主体问题提出了一系列的观点。[④] 关于翻译主体，他有如下的一段论述：

> 过去，人们常常简单地将文学翻译的模式归结为：原著→译者→译本，而忽视了在这之前创作原著的作家，特别是在这之后阅读译本的译者。在我看来，全面而如实地反映文学翻译的特征的图形应该是：
>
> **作家—原著—翻译家—译本—读者**
>
> 与其他文学活动一样，文学翻译的主体同样是人，也即作家、

① Berman, Antoine. *Pour une critique des traductions*: *John Donne*. Paris: Gallimard. Paris. 1995. p. 75.

② 袁莉《关于翻译主体研究的构想》，见张柏然、许钧主编《面向二十一世纪的译学研究》，商务印书馆，2002年，第402页。

③ 袁莉《关于翻译主体研究的构想》，见张柏然、许钧主编《面向二十一世纪的译学研究》，商务印书馆，2002年，第406页。

④ 可参见杨武能《阐释，接受与创造的循环——文学翻译断想》《中国翻译》1987年第6期；《尴尬与自如　骄傲与自卑——文学翻译家心理人格漫说》《中国翻译》1993年第2期；《翻译·解释·阐释——文学翻译断想》《外语与翻译》1997年第2期等文。

> 翻译家和读者;原著和译本,都不过是他们之间进行思想和感情交流的工具或载体,都是他们的创造的客观。而在这整个的创造性的活动中,翻译家无疑处于中心的枢纽地位,发挥着最积极的作用。在前,对于原著及作者来说,他是读者;在后,对于译本及其读者来说,他又成了作者。至于原著的作者,自然是居于主导地位,因为是他提供了整个活动的基础,限定了它的范围;而译本的读者也并非处于消极被动的无足轻重的地位,因为他们实际上也参予了译本和原著的价值的创造。因此,在上面的图形中,没有指示单一方面的"→",只有表明相互关系的"——"。①

在杨武能看来,文学翻译的主体并不限于译者,而是作家、翻译家和读者。译作不是译家创造的客观,而是为上述三者共同创造,只是翻译家在这三者中间处于中心的位置。他的这一观点与贝尔曼观点明显有着分歧,与袁莉的观点有不同之处,但也有一致的地方。相同处,是袁莉和杨武能一样,都认为译者是"阐释循环"的中心;不同处是袁莉认为译者是"唯一的主体性要素"。谢天振在研究"创造性"叛逆现象时,也注意到了"主体"的问题。他的观点在《译介学》一书的绪论中有所表述,其中他谈到这样一句话:"通常认为,文学翻译中的创造性逆叛的主体仅仅是译者,其实不然,除译者外,读者和接受环境等同样是创造性叛逆的主体。"②我们充分意识到,谢天振讨论的是"创造性叛逆"的问题,但谈的主体是"创造性叛逆"的主体。但所谓"创造性叛逆",在很大程度上,讲的是翻译活动的一种基本特征,在这个意义上,"创造性叛逆"便是"翻译",两者之间虽然并不能完全划等号,但在谢天振的表述中,"创造性叛逆"的主体,恐怕可以当作"翻译的主体"来解。若把读者当作翻译主体之一,我们可以完全理解,但把"接受环境"也当作主体,有什么理由呢?谢天振没有直接回答这个问题,而是紧接上面的那句话,作了如下的解释:"一部严肃的政治讽刺读物,通过译者的翻译传到了另一个国家,居然成了一部轻松愉快的儿童读物,一部在自己国家默默无闻的读物,通过翻译传到另一个国家却成了一部经典性著作,这其中

① 杨武能《翻译、接受与再创造的循环——文学翻译断想之一》,见许钧主编《翻译思考录》,湖北教育出版社,1998年,第227~228页。

② 谢天振著《译介学》,上海外语教育出版社,1999年,第13~14页。

固然有译者的作用，但怎能离得开读者和接受环境的作用呢？”[①]谢天振提出的这个问号具有提醒的作用，意在指出我们在重视译者作用的同时，应该关注并研究读者和接受环境的作用。就我们讨论的“主体”问题而言，接受环境自然是一个应该考虑的因素，但在我们看来，它并不构成“主体”，而是对“主体”构成制约作用的一个因素。

在上面的简要分析与讨论中，我们可以发现，在目前，人们对“翻译主体”是谁这一问题的认识是不一致的。非常有趣的是，若我们细读贝尔曼、袁莉、杨武能的有关论述，可清楚地看到他们的论述与分析都受到了现代阐释学的理论启发。在《翻译批评论：约翰·多恩》一书中，贝尔曼在对布里塞的“社会批评”的理论与亨利·梅肖尼克的“介入批评”理论进行分析与批评的基础上，明确指出：“正如亨利·梅肖尼克的诗学要求助于洪堡、索绪尔、本维尼斯特，布里塞求助于符号学、社会学以及结构主义的诸多观点（格雷马斯、福柯、杜维诺、雅各布森等），我则将自己的理论建立在现代阐释学上。这是我的选择。现代阐释学，尤其是利科和姚斯所发展的有节制的现代阐释学，有助于我澄清自己作为一个译者、译文阅读者、译文分析者乃至翻译史家的经验。”[②]杨武能显然也是运用了现代阐释学的理论来讨论文学翻译的过程和文学翻译家的任务与地位的。在《翻译、接受与再创造的循环》一文中，他认为文学翻译家首先是阐释者，同时是接受者，更是创造者，其中谈到了现代阐释学的一些基本概念，如“先有”、“先见”、“先把握”等构成的“先结构”等等。袁莉在《关于翻译主体研究的构想》一文中，明确说明她选择诠释学（阐释学）作为研究的理论基础，并说“借助它，我们相信能更为深入、更为科学地探讨文学翻译的主体问题，并结合实例更好地说明：1. 只有翻译主体才是翻译艺术审美价值得以实现的唯一途径；2. 翻译的实质不是对原作品意义的追索或还原，而是译者能动的理解诠释过程，是译者主体自身存在方式的呈现，同时也是译者在理解他人的基点上对自我本性的一次深化理解”[③]。同样都是在现代阐释学的指导下，但对翻译主体的界定却有分歧。从目前我们搜集到的国内外有关资料

① 谢天振著《译介学》，上海外语教育出版社，1999 年，第 14 页。

② Berman, Antoine. *Pour une critique des traductions*: *John Donne*. Paris: Gallimard. Paris. 1995. p. 15.

③ 袁莉《关于翻译主体研究的构想》，见张柏然、许钧主编《面向二十一世纪的译学研究》，商务印书馆，2002 年，第 405 页。

看，对“谁是翻译主体”这一问题，大致有四种答案：一是认为译者是翻译主体，二是认为原作者与译者是翻译主体，三是认为译者与读者是翻译主体，四是认为原作者、译者与读者均为翻译主体。这四个答案看上去是不一样的，显得有些混乱，但若考虑到近四十年来不断发展的哲学、文艺思潮与文学理论对翻译理论的影响，我们就不难明白这些答案的出现都是以一定理论为支撑的。近几年来，国内翻译界围绕着意义问题，就文本意义的阐释与再生进行了探索①，其中对传统意义观、索绪尔的语言意义观、结构主义的意义观、解构主义的意义观作了分析，从中我们可以看到在不同意义观的指导下，人们对主客体关系，文本与译者关系，作者、译者与读者关系的理解是有别的。以原作者为中心，文本决定一切，把语言学当作纯粹的表达工具，在这种观念的支配下，作者是主人，译者自然只能当一个仆人，只能作一个隐形人，他的主体地位实际上是不被承认，也是不被鼓励的。消隐自己的个性，保持纯粹的客观，忠实地传达一切，这些近乎金科玉律的要求便在很大程度上成了阻隔译者主体性的一道观念屏障；而当“作者死了”，文本呈开放系统，意义被延异，被播撒，一切都有赖于读者的参与时，译者得到了解放，作为一个译者，他终于可以摆脱仆人的地位，获得构建原作意义的自由，而创造性的叛逆观更从理论上赋予了其独立的主体地位。而当人们以现代阐释为理论指导，对翻译进行新的定位时，理解、阐释与再创造便构成了翻译活动的循环，在这一过程中，作者、译者、读者都有着其相对独立但又相互作用的地位，形成一个各种因素起着相互制约作用的活跃的活动场，而在这个活动场中，从传统的原作者独白和无限度的读者阐释，走向了作者、译者与读者之间的积极对话，而译者处于这个活动场最中心的位置，相对于作者主体、读者主体，译者主体起着最积极的作用。在这个意义上说，我们可以把译者视为狭义的翻译主体，而把作者、译者与读者当作广义的翻译主体。而当我们在定义翻译主体性的时候，我们显然要考虑到作者、读者的主体作用，但居于中心地位的，则是译者这个主体。末了，有必要说明一点：讨论翻译的主体性，不可避免地会引出“翻译的主体间性”这一理论问题，我们将在另文中加以探讨。

（原载《中国翻译》2003 年第 1 期）

---

① 参见吕俊著《跨越文化障碍——巴比塔的重建》，东南大学出版社，2001 年。

简论理解和阐释的空间与限度

就翻译活动而言，无论是文本的选择，前期的准备，还是下笔逐译和译毕后核对原文，都离不开对原文的阅读。翻译活动的理解始于阅读，而译者就其本质而言，首先是一个读者。罗新璋曾就翻译问题请教傅雷，傅雷告之："事先熟读原著，不厌求详，尤为要著。任何作品，不精读四、五遍决不动笔，是为译事基本法门。"[①]傅雷将熟读原著视为"译事基本法门"，是极富见地的。在主持"文学翻译基本问题"这一研究课题期间，我们有机会与国内的一些成就卓著、经验丰富的老一辈翻译家就文学翻译的实践与理论问题进行探讨，他们对"理解"的重要性的认识是十分一致的。但是，从理论上讲，围绕着翻译中的阅读和理解活动，存在着不同的认识与观点，本文拟以阐释学的基本理论为参照，对涉及阐释活动的有关问题作一思考与探讨。

一　理解行为是主体性投入的创造性行为

选择了一个文本之后，译者作为一个特殊的读者，其阐释活动始于对文本的阅读。关于文本的阅读，我们在上文中提到了傅雷所强调的"译事基本法门"。他认为，要阅读文本，理解文本，需要译者的全身心投入。"……译事虽近舌人，要以艺术修养为根本：无敏感之心灵，无热烈之同情，无适当之鉴赏能力，无相当之社会经验，无充分之常识（即所谓杂学），势难彻底理解原作，即或理解，亦未必能深切领悟。"[②]勒代雷在《今日翻译——释意模式》一书中提出"理解"活动是整体活动，很难将其分解成不同的阶段。但针对理解活动所涉及的对象，她从"理解语言成分"、"理解暗喻内容"、"认知补充"等三个方面进行了阐述。无论是哪个方面，都离不开译者的投入。勒代雷认为："从理论上研究翻译程序，重要的是抛开语言水平方面的问题，应以译者完全掌握两种工作语言为讨论的前提条件。"[③]傅雷正是在此前提条件下提出了理解与领

---

① 罗新璋编《翻译论集》，商务印书馆，1984 年，第 695 页。

② 罗新璋编《翻译论集》，商务印书馆，1984 年，第 695 页。

③ Lederer，Marianne. *La traduction aujourd'hui：le modèle interprétatif*. Hachette Livre S. A.. 1994. p. 32.

悟原作的条件，那就是译者的敏感之心灵、热烈之同情、适当之鉴赏能力、相当之社会经验、充分之常识，这些都是语言层面之外的东西，与译者的语言能力虽有联系，但两者不能混淆。我们可以看到，除不言而喻的语言能力之外，译者若要理解、领悟原文，必须有多方面的投入，或若斯坦纳所说，必须积极“侵入”。而这种投入或者“侵入”，正是让原作者所创造的文本复活的首要条件。萨特认为，“精神产品这个既是具体的又是想象出来的客体只有在作者和读者的联合努力之下才能出现。”① 译者作为一个特殊的读者，他在阅读、理解过程中，与原文（在原文之后的作者）又构成怎样的关系？又是如何发挥自己的主体作用的呢？

按照萨特的观点，译者阅读、理解原文的过程，是一个参与创造的过程。对这一过程，萨特强调指出：一方面，作家写作，是对读者的一种召唤。作家“只有通过读者的意识才能体会到他对自己的作品而言是最主要的，因此任何文学作品都是一项召唤。写作，这是为了召唤读者以便读者把我借助语言着手进行的揭示转化为客观存在”②。在这个意义上，萨特认为读者参与原文本的创造，是一种必然，因为文本的生命之花只有在读者的阅读中才能开放。如果说读者的阅读是参与文本的一个创造过程，那么读者的创造，首先在于“揭示”，而所谓揭示，与斯坦纳所说的解剖外壳，让内核显露有相似的意思，与释意派理论的“去除语言外壳”，让意义变得澄明，也有本质上的联系。

应该说，在翻译的理解过程中，作为特殊读者的译者，他时刻都如萨特所指出的那样，“意识到自己既在揭示又在创造，在创造过程中进行揭示，在揭示过程中进行创造。确实不应该认为阅读是一项机械性的行为，认为它像照相底版感光那样受符号的感应。”③阅读原文的重要性，对每一个译者来说都是不言而喻的，关键是在理论上要明确，阅读不是一项机械性的行为，文本的意义不是随便就能“自显”的，它不能像照相底版那样自动感应，让译者轻而易举地在文本符号的感应下获得意义。相反，如斯坦纳所强调的那样，要有基于“信任”基础上的“侵入”，去积极捕捉意义。在阅读时，译者有任何一点“分心、疲乏愚笨、漫不经心”，文本的符号就会远离而去，符号所表达的各种意义就会深藏不露，惟有全身心的投入，像傅雷所说的那样投入自己的心灵和热情，

---

① 萨特《萨特文学论文集》，施康强等译，安徽文艺出版社，1998 年，第 98 页。
② 萨特《萨特文学论文集》，施康强等译，安徽文艺出版社，1998 年，第 101 页。
③ 萨特《萨特文学论文集》，施康强等译，安徽文艺出版社，1998 年，第 98 页。

调动自己的所知和社会经验，充满期待地去体会、去捕捉、去领悟，才有可能从文本的字句入手，而又透过字句，在字里行间获得萨特所说的"一个综合形式：'主题'、'题材'或者'意义'"，才能像傅雷所要求的那样，"将原作（连同思想，感情，气氛，情调等等）化为我有。"这里的化为我有，也正是将原文本在目的语中揭示、转化为"客观存在"的意思。

二　阐释的"客观性"

阅读不是一种机械性的行为，不是一种文本符号的感应，相反，它需要读者的积极投入。这种投入，傅雷以译者的实际体验作了充分的表述。若按照现代阐释学的观点，文本的意义是解释者和理解者"筹划"的结果，文本出现一种意义，首先是因为理解者"信任"（斯坦纳语）它的存在，"期待"它的出现。萨特虽然不是持阐释学的观点，但他也同样认为，阅读和理解过程，是读者期待的过程："阅读过程是一个预测和期待的过程。人们预测他们正在读的那句话的结尾，预测下一句话和下一页；人们期待它们证实或推翻自己的预测，组成阅读过程的是一系列假设、一系列梦想和紧跟在梦想之后的觉醒，以及一系列希望和失望；读者总是走在他正在读的那句话的前头，他们面临一个仅仅是可能产生的未来，随着他们的阅读逐步深入，这个未来部分得到确立，部分则沦为虚妄，正是这个逐页后退的未来形成文学对象的变幻的地平线。没有期待，没有未来，没有无知状态，就不会有客观性。"①充满期待和不断的预测，再经过一系列的假设、梦想和觉醒，失望与希望，这样步步深入的阅读，无疑是一个筹划的过程。伽达默尔认为："谁想理解某个文本，谁总是在完成一种筹划。一旦某个最初的意义在文本中出现了，那么解释者就为整个文本筹划了某种意义。一种这样的最初意义之所以出现，只是因为我们带着对某种特殊意义的期待去读文本。"②伽达默尔强调理解者的期待，而萨特则强调期待及与之相伴的预测、假设、梦想和觉醒。期待与未来，预测假设与文本变幻的地平线之间，必然会有距离，会有希望的破灭，也就"造成了"未来部分得到确立，部分则沦为虚妄。这确立的便是读者与作者视野的"融合"，而"虚妄"的便是理解者的局限，也就是对阐释的客观性的某种偏离。

---

① 萨特《萨特文学论文集》，施康强等译，安徽文艺出版社，1998年，第96～97页。

② 伽达默尔著《真理与方法——哲学解释学的基本特征》，洪汉鼎译，上海译文出版社，1999年，第341页。

谈到理解或阐释的客观性，我们马上会想到阐释学所争论不休的先有（Vorhabe）、先见（Vorsicht）和先把握（Vorgriff）。方法论解释学认为，这些“先有”、“先见”和“先把握”，是正确理解和阐释的障碍，是与“客观性”相悖的“主观性”之物。当一个人在“权威、传统、习俗、惯例和常识”的影响下形成自己的“先见”之后，在理解和阐释活动中势必将先入为主，以一己偏见去把握文本意义，这样就无法保证理解和阐释的客观性。哲学阐释学则相反，认为“把某某东西作为某某东西加以解释，这在本质上是通过先行具有、先行见到和先行掌握来起作用的。解释从来不是对先行给定的东西所作的无前提的把握。准确的经典注疏可以拿来当作解释的一种特殊的具体化，它固然喜欢援引‘有典可稽’的东西，然而最先的‘有典可稽’的东西，原不过是解释者的不言自明、无可争议的先入之见。任何解释工作之初都必然有这种先入之见，它作为随着解释就已经‘设定了的’东西是先行给定了的，这就是说，是在先行具有、先行见到和先行掌握中先行给定了的”①。海德格尔的观点十分明确，先有、先见和先掌握（亦即先行具有、先行见到和先行掌握）是阐释得以发生的条件。伽达默尔受到了海德格尔的影响，在他看来，“先见”是理解者的“视域”，是“立脚点”，先有、先见和先把握作为立脚点，并不构成“理解”的具体存在，他认为“权威”、“传统”、“效果历史”和“历史性”等是理解过程中起作用的具体性的存在的因素。在承认它们所起的作用的同时，阐释者要做到对他人和本人的见解保持一种“开放的态度”，在不断的筹划中不断地修正自己的认识。在这一点上，萨特的“预测、期待、假设、梦想和觉醒”的阅读过程恰好与伽达默尔所强调的“开放性”相一致，在这一过程中的每一次希望和期待，是揭示原文意义的动力和基础，而每一次觉醒和失望是修正自己认识，向意义逼近的再筹划。由此，伽达默尔将“先见”与“客观性”统一起来，萨特也将读者的创造性与阐释的客观性有机地结合在了一起。

三 阐释的自由空间与限度

在文本的阅读中，我们往往会遇到意在言外，或不言之意等情况。作者在文本中留下想象的空间，或在字里行间暗示着某种意图，虽然没有字句的空间，但其中却隐藏着没有明言的东西，深藏着某种欲言而不

① 海德格尔著《存在与时间》，陈嘉映、王庆节译，熊伟校，三联书店，1987年，第184页。

言的东西，这就给理解者造成了一种两难的境地。沉默、空白、没有明言或模棱两可，既给理解者提供了阐释的自由，但同时也给理解者造成了误解的危险。正如萨特所言，“作者设置的路标之间都是虚空，读者必须自己抵达这些路标，他必须超过它们。”当读者充满期待，带着先有、先见、先把握，总之，带着自己的才与情、带着自己的世界观和社会经验与常识去解读那些字句符号时，它们便会突然间变得实在起来，变成有血有肉有灵的生命体，向我们发出召唤。萨特指出，“作家向读者的自由发出召唤，让它来协同产生作品。”这里，萨特强调了读者的“自由”存在的必要性。对于创造了原文本的作者而言，他之所以要将文本诉诸自由，是因为惟有读者的“自由”才能引发读者调动自己的思想参与创造。然而，“自由”并非目的，作者不可能给读者无限制或单方面的自由：“他还要求读者们把他给予他们的信任再归还给他，要求他们承认他的创造自由，要求他们通过一项对称的、方向相反的召唤来吁请他的自由。这里确实出现了阅读过程中的另一个辩证矛盾：我们越是感到我们自己的自由，我们就越承认别人的自由；别人要求于我们越多，我们要求于他们的就越多。”[①]这里，涉及到了理解与阐释的一个重要的问题，那就是阐释的自由并不是阐释者单方面的自由。当我们强调作者信任读者，赋予读者阐释的自由时，也就隐含了另一面，即阐释者在参与文本创造的同时，也就与作者形成了一种关系，缔结了一份协定，以相互信任为基础，在尊重对方的自由的前提下行使自己的自由：“每一方都信任另一方，每一方都把自己托付给另一方，在同等程度上要求对方和要求自己。”[②]这是一种辩证的自由观。只有以文本为依据，在文本所提供的整体之中去凸现其语境所明示或暗喻的意义，才有可能避免使自由失控，在失度的阐释中失去作者的信任，从而也就丧失了“自由”的权利。

在翻译活动中，我们常常强调“从心所欲”，这种“从心所欲”，若从积极的意义上去理解，那就是发挥译者的想像力和创造性，但“从心所欲”只是单方的“自由”；若译者尊重原作者，把作者赋予译者的信任还给作者，就要“不逾矩”。对这个“矩”，可以有多种理解，其中包括“不倍原文”，不背叛作者的欲言，不歪曲文本的意义，不违背原文的精神。安

---

① 萨特《萨特文学论文集》，施康强等译，安徽文艺出版社，1998 年，第 105 页。

② 萨特《萨特文学论文集》，施康强等译，安徽文艺出版社，1998 年，第 108 页。

贝多·艾柯对这两者之间的辩证关系曾说过一段意味深长的话:“一九六二年,我写了《开放的作品》(Opera aperta)一书。在书中,我肯定了诠释者在解读文学本文时所起的积极作用。我发现读者们在阅读这本书时,注意力主要集中在作品所具有的开放性这一方面,而忽视了下面这个事实:我所提倡的开放性阅读必须从作品本文出发(其目的是对作品进行诠释),因此它会受到本文的制约。换言之,我所研究的实际上是本文的权利与诠释者的权利之间的辩证关系。”①“本文”的权利和诠释者的权利,在另一个角度看,也就是作者所创造的文本提供的阐释空间和参与文本创造的诠释者的阐释自由。谈及权利,意味着责任,而强调自由,也同样意味着限制。为真正实现阐释活动中权利与责任、自由与限制之间的辩证关系,让“本文的权利与诠释者的权利之间的辩证关系”得到落实,艾柯针对“阐释的潜在无限论”与“意义蔓延”说,指出诠释(衍义的基本特征)的潜在无限并不意味着诠释没有一个客观的对象,更不意味着可以像流水一样毫无约束地任意“蔓延”。为进一步在阐释的自由与限制中寻找一条通向正确与和谐的阐释路径,他提出在“作者意图”与“诠释者意图”之间,“还存在着第三种可能性:‘本文的意图’。”在《诠释与历史》中,他以西方的诠释史中的一些典型的例证,对世界与文本的诠释方法及其依据作了深入的考察,承认在“神圣文本”和“世俗文本”的诠释中,确实存在着“过度”诠释的现象。虽然诠释的过度在很大程度上可以归结于翻译的历史局限和语境作用,但这并不意味着这一“过度”行为本身的合理性和合法化。而强调“作者意图”、“文本意图”和“诠释意图”之间的相互作用和限制,正是克服诠释者无限制的自由而转向三者之间的和谐,从阐释的无限转向阐释的相对客观性和正确的基本原则。他深切地认识到,在原作者的欲言和文本的意义之间,诠释者面临着一个两难的境地:“要么旨在在本文中发现作者意欲说出的东西,要么旨在发现本文独立表达出来的与读者意图无关的东西。”艾柯试图将诠释者从这一两难的境地中摆脱出来。他的这一努力有着深刻的理论背景,他既要面对“意义的无限与神秘论”,又要面对“读者中心论”。为此,他强调指出:“当本文不是面对某一特定的接受者而是面对一个读者群时,作者会明白,其本文诠释的标准将不是

① 艾柯等著《诠释与过度诠释》,柯里尼编,王宇根译,三联书店,1997年,第27～28页。引文中的“本文”作“文本”解。

他或她本人的意图，而是相互作用的许多标准的复杂综合体，包括读者以及读者掌握（作为社会宝库的）语言的能力。我所说的作为社会宝库的语言不仅指具有一套完整的语法规则的约定俗成的语言本身，同时还包括这种语言所生发、所产生的整个话语系统，即这种语言所产生的'文化成规'(Cultural Conventions)以及从读者的角度出发对本文进行诠释的全部历史。"[①]在这里，艾柯又提出了"读者群"与"特定接受者"即"特定读者"的区别，同时提出了一个人的阅读与阐释行为要受到"多种因素"的限制，包括语言本身、语言生发的"文化成规"及"诠释"的历史等因素。这些因素的存在，表明了阐释活动的自由空间是在种种限制中展现其活力的。阐释的自由为文本多种解读的可能性打开了空间，而客观存在的种种限制因素又为解读的可能性提供了"度"的保证。艾柯的这一辩证的思想对我们的具体阐释活动具有明显的启发意义。在《作者、译者和读者的共鸣与视界融合》一文中，我们曾以法国著名作家罗曼·罗兰的《约翰·克利斯朵夫》的开篇一句话的阐释为例，通过比较傅雷、许渊冲、韩沪麟三个具有代表性的翻译家的不同翻译以及法文本与汉译本之间的差异，在艾柯的阐释辩证观的指导下，在对上下文、文化语境、作者意图、文本意图和译者追求等各个相关方面的分析的基础上，揭示了"在阐释过程中，作者意图与读者意图之间存在着辩证的关系，同时，'文本意图'也在为读者提供阐释空间和自由的同时，以上下文为读者的阐释作出限定"[②]。这在一定程度上，展示了作者、译者和读者的共鸣与视界融合的可能性。

（原载《外国语》2004 年第 1 期）

---

① 艾柯等著《诠释与过度诠释》，柯里尼编，王宇根译，三联书店，1997 年，第 82 页。
② 许钧《作者、译者和读者的共鸣与视界融合》，《中国翻译》2002 年第 3 期，第 25 页。

翻译批评论

作为人类最古老的跨文化交流活动之一，翻译是任何社会都必不可少的，而翻译事业的健康发展离不开翻译批评。季羡林曾指出："翻译事业要发展，要健康地发展，真正起到促进中华文明发展的作用，就不能没有翻译批评"。[①] 翻译实践需要引导，翻译现象需要辨析，翻译作品需要评介，翻译队伍需要扶持，所有这些都离不开翻译批评。翻译界对批评的关注由来已久，不少翻译家和翻译研究者都充分意识到翻译批评的重要性，早在20世纪30～50年代，鲁迅、茅盾、董秋斯、焦菊隐等人就曾呼吁要大力开展翻译批评。例如，鲁迅在1933年发表的《为翻译辩护》一文中就明确强调："翻译的不行，大半的责任固然该在翻译家，但读书界和出版社，尤其是批评家，也应该分负若干的责任。要救治这颓运，必须要有正确的批评，指出坏，奖励好，倘没有，则较好的也可以。"[②]可见，对于翻译事业的繁荣与进步，翻译批评负有不可推卸的责任。

本文以如何评价翻译为出发点，主要讨论翻译批评问题。那么，究竟什么是翻译批评？翻译批评的本质何在？翻译批评的价值与功能如何体现？翻译批评包括哪些类型？谁来进行翻译批评？翻译批评的对象是什么？翻译批评的开展必须遵循什么样的标准和原则？

1. 翻译批评的本质

正如各个流派的学者对翻译的概念提出了不同的定义，对"什么是翻译批评"这一问题的回答也没有形成定论。目前比较有代表性的表述有以下几个：

1. 翻译批评即参照一定的标准，对翻译过程及其译作质量与价值进行全面的评价。（林煌天，1997）
2. 翻译批评是一种具有一定的实践手段和理论目标的精神活动，是从一定的价值观念出发，对具体的翻译现象（包括译作和译

---

① 季羡林、许钧《翻译之为用大矣哉》，见许钧等著《文学翻译的理论与实践——翻译对话录》，译林出版社，2001年，第4页。

② 参见陈福康著《中国译学理论史稿》，上海外语教育出版社，1992年，第306页。

论)进行分析和评价的学术活动,是审美评价与科学判断的有机统一。概括地说,翻译批评是按照文学翻译的审美理想,根据一定的批评标准,对具体的翻译现象(译本或者译论)进行的科学的评价活动。(郑海凌,2000)

3. 翻译批评即依据一定理论,采用相关方法,对译者、翻译过程、译作质量与价值及其影响进行分析与评价。(文军,2001)
4. 常规意义上比较完整的翻译批评应是:依照一定的翻译标准,采用某种论证方法,对一部译作进行分析、评论、评价,或通过比较一部作品的不同译本对翻译中的某种现象做出评论。(杨晓荣,2006)
5. 翻译批评是以一定的翻译理论和翻译批评理论为背景和基础,对各种翻译现象、翻译作品和翻译思潮进行分析、阐释和评论的科学认识活动。(温秀颖,2007)

这些定义虽然从各自不同的角度透视了翻译批评的本质,但就其中涉及的关键词而言基本是一致的,即评价、翻译作品/现象、标准/理论。

首先,翻译批评是一种评价活动。翻译批评与文学批评有着千丝万缕的联系,虽然二者在研究对象上有所不同,文学批评的对象是原创作品,而翻译批评的对象是翻译作品,属于理解基础上的再创造,但翻译批评与文学批评在本质上可以说是一致的,都是从主体出发面对文本的接受和评价行为,在评价者与文本之间以一种普遍的"对话—理解"模式出现。正如韦勒克所言,一切文学研究,无论是理论还是批评,归根结底都旨在"理解文学和评价文学",他在《近代文学批评史》的前言中写道:"'批评'这一术语我将广泛地用来解释以下几个方面:它指的不仅是对个别作品和作者的评价,'裁决的'批评,实用批评,文学趣味的征象,而且主要是指迄今为止有关文学的原理和理论,文学的本质、创作、功能、影响,文学与人类其他活动的关系,文学的种类、手段、技巧,文学的起源和历史这些方面的思想。"①可以说,翻译批评就是理解翻译与评价翻译,是建立在理解和对话基础上的评价行为。

评价不同于科学认知活动,而是"一种主体性的精神活动","必然

① 韦勒克著《近代文学批评史》,杨岂深、杨自伍译,上海译文出版社,1997年,第1页。

地包含着并表达着主体的'态度'、选择、情感、意志等"①。而主体是具体的、历史的、不断变化的，评价"总是随着价值关系主体的变化和发展而变化和发展"②。因此，以主体性为根本属性的翻译批评活动具有历史性和发展性，反对一切僵化的、绝对的、一成不变的价值判断。在这个意义上，无论对翻译现象、翻译事件的考察，还是对翻译作品的文本评价，都应从特定的历史环境出发，充分关注不同的历史文化因素。

其次，翻译批评以翻译作品、翻译过程和翻译现象为评价对象。翻译不仅是一种静态的结果，更是一个动态的过程，一个包含了原作、原作者、译作、译者以及读者在内的相互关联、相互影响的系统。翻译批评的对象不应限于文本，从原文文本到翻译文本的单一模式远远无法承载翻译批评的全部内涵，对翻译本质、过程、作用、影响的关注以及对翻译现象和事件的解读与评判是翻译批评不可或缺的重要维度。

最后，翻译批评的开展依赖并取决于相关的理论和一定的标准。作为一种主体性的评价活动，翻译批评并不等同于任何仅凭主观印象和感受而进行的鉴赏和阐释，相反，任何仅仅依赖主体的感觉体味而进行的评判都不能被视为科学的、理性的批评。因为，评价，特别是自觉的、有意识的评价，"总是包含着对一定价值关系可能后果的预见、推断"③。而这些预见和推断必须以深刻而全面地把握主客体关系和实践活动的发展为前提。因此，翻译批评作为对翻译价值的判断，是某种翻译观念和伦理意志在翻译评价中的体现，应超越纯粹个人的情感而代表某个历史时期的集体的主要价值观念，摈弃一味依赖个人趣味和个体主观感受的纯感性判断。在这个意义上，翻译批评应自觉地、有意识地完成从"本能的评价、情感心理的评价逐步上升为意志的和观念的、理论的评价的过程"④，而这一过程的完成必须借助翻译及其他相关学科的理论并依赖一定的翻译批评标准。

可以说，从广义上讲，翻译批评就是理解翻译与评价翻译；从狭义上讲，翻译批评是对翻译活动的理性反思与评价，既包括对翻译现象、翻译文本的具体评价，也包括对翻译本质、过程、技巧、手段、作用、影响的总体评价，而不论是"具体评价"还是"总体评价"，都依赖并取决于相

① 李德顺著《价值论》，中国人民大学出版社，2007年，第232页。
② 李德顺著《价值论》，中国人民大学出版社，2007年，第232页。
③ 李德顺著《价值论》，中国人民大学出版社，2007年，第232页。
④ 李德顺著《价值论》，中国人民大学出版社，2007年，第233页。

关的理论和一定的标准。

2. 翻译批评的价值与功能

（1）翻译批评的价值

明确了翻译批评的本质，那么，翻译批评的价值体现在哪里，又如何实现呢？作为一种对象化的活动，批评应在其实践对象中看到自身的力量。可以说，翻译批评的价值正是通过实现其对象的价值而得以实现，也就是说，翻译批评在实现翻译的价值中实现自身作为批评主体的价值。作为以符号转换为手段，意义再生为任务的一项跨文化交际活动，翻译具有社会性、文化性、符号转换性、创造性和历史性五大本质特征。基于这样的翻译观，我们在第八章中指出，翻译的价值分别体现在社会、文化、语言、创造和历史五个方面。从本质上看，翻译的社会价值重交流，翻译的文化价值重传承，翻译的语言价值重沟通，翻译的创造价值重创新，翻译的历史价值重发展。交流、传承、沟通、创新与发展，这五个方面共同构成了翻译的价值所在。因此，翻译批评的根本任务在于促使翻译在民族交流、文化传承、社会发展方面发挥应有的作用，促进翻译事业健康、理性地发展，保证翻译的价值得以实现，从而实现翻译批评自身的价值。

翻译批评不是翻译的附属品，也不能被简单视为应用翻译学的一个分支，而应该被理解为，如纽马克所言，“将翻译理论和翻译实践连接在一起的一个重要环节”①。翻译批评的对象总是具体的翻译作品或翻译现象，这体现了它的实践性；同时，翻译批评的实践过程又必须以各种理论为基础，翻译批评原则、标准等重要规范的确立与各种翻译观密切相关，正如姚斯所言，“任何关于翻译作品的价值或质量的陈述都包含着关于翻译的性质与目标的理解，或者说预设了一种理论”②，这体现了它的理论性。因此，翻译批评既是对翻译理论的实际应用，也通过实践反作用于翻译理论，对翻译理论进行检验、促进和指导。“给文学翻译一个方向”，翻译批评承担的这一重大使命具有实践上和理论上的双重含义，因此，翻译批评的价值应在实践与理论两方面得以实现。③

（2）翻译批评的功能

翻译批评的功能并不等同于翻译批评的价值。功能与价值是两个

---

① 参见杨晓荣著《翻译批评导论》，中国对外翻译出版公司，2005 年，第 7 页。

② 参见辜正坤、史忠义编《国际翻译学新探》，百花文艺出版社，2006 年，第 248 页。

③ 参见刘云虹《论翻译批评空间的构建》，《中国翻译》2008 年第 3 期。

既相互关联又相互区别的概念。简单而言,“价值是功能的基础,功能是价值的表现形式。批评价值实现的过程,也就是批评发挥功能并产生相应结果的过程。”①如果说,翻译批评的价值指向主观愿望下批评应当发挥的作用,那么,翻译批评的功能则强调批评行为“客观呈现出来的实际产生的作用”②。翻译批评具有实践和理论两方面的价值,同样,翻译批评的功能也应在实践和理论两个层面上得以体现。杨晓荣在《翻译批评导论》中明确指出,“翻译批评最基本的功能是监督功能,由此派生的是对读者的引导功能和对译者的指导功能”,“翻译批评的第二个基本功能是理论研究”③。我们将立足于翻译批评的本质,结合其实践和理论双重价值,探讨翻译批评在实践层面具有的监督、指导、引导功能及其在理论层面具有的研究和建构功能。

一是翻译批评的监督功能——对译者的指导。鲁迅在 1934 年的《再论重译》一文中指出,翻译批评的责任在于“或者培植,或者删除,使翻译界略免于芜杂”④。“培植”和“删除”是批评的方法,根本目的在于“免于芜杂”,即保证翻译质量,避免翻译界良莠不齐的状况继续下去。纽马克在论述翻译批评的五大功能时强调,翻译批评的首要目的是“提高翻译质量”⑤。桂乾元在《译事繁荣需评论》一文中提出了翻译批评的六大功能,其中的“帮助——帮助译者提高翻译水平,甚至可以帮助译者提高某些基本功;帮助译者提高理论修养”、“限制——限制粗制滥造、质量低劣的译作泛滥,甚至出版问世”、“监督——监督译者工作,促进他们认真负责地工作”⑥等功能都指向翻译作品的质量。可以说,翻译批评最基本、最主要的功能就是监督功能,监督翻译作品的质量,坚决杜绝价值不高、品质低劣的译本流入图书市场,因为,不言而喻,翻译作品的质量是翻译价值得以实现的根本保证,是翻译事业健康发展的必要条件。

保证和提高翻译作品的质量,首先应立足于文本,对译者在翻译过程中所采用的方法和技巧等具体问题予以关注,例如,纽马克提出的

---

① 文军著《科学翻译批评导论》,中国对外翻译出版公司,2006 年,第 54 页。
② 文军著《科学翻译批评导论》,中国对外翻译出版公司,2006 年,第 54 页。
③ 杨晓荣著《翻译批评导论》,中国对外翻译出版公司,2005 年,第 21 页。
④ 参见陈福康著《中国译学理论史稿》,上海外语教育出版社,1992 年,第 308 页。
⑤ 参见廖七一编著《当代英国翻译理论》,许钧主编,湖北教育出版社,2001 年,第 197 页。
⑥ 桂乾元《译事繁荣需评论》,《外国语》1994 年第 2 期,第 8～13 页。

“比较原语和译语在语义和语法上的异同”①，杨晓荣提出的“为从事翻译工作者提高翻译水平提供学习、揣摩的范例”②。但翻译批评若仅限于从文本到文本的单一模式是远远不够的，还必须对译者作为主体进行翻译活动时的立场和态度加以指导。翻译，尤其是文学翻译，被喻为是“解释学的杰出楷模”③。可以说，就本质而言，翻译首先是一个理解、解释的过程，而作为翻译主体的译者自最初的阅读起便开始扮演一个笃信原文言之有物并意欲重构其意义的探寻者的角色。随着文本意义的确定性被颠覆，文本不再被视为一种既定意义的载体，因此，原作中也不再只有某个既定的、权威性的意义有待阐明，它所提供的乃是意义的无限可能性及解读、阐释的自由空间。翻译远远不是单纯的语言现象，解释不仅是文字技巧和知识的把握，而更是译者对周围世界的意义的一种选择。与任何形式的理解一样，译者对原作的理解具有历史性、主观性和创造性，每一位译者，尤其是复译的作者，都寻求赋予原作某种新意，都希望自己所奉献的译作是一件再创造的艺术品。然而，在肯定并鼓励译者摆脱“一仆侍二主”的心理状态的同时，必须警惕“译而作”过程中的混乱与盲目。过犹不及，脱离原作的译作无疑是失败的。翻译作品不仅体现译者的技巧、能力，更包含着他对翻译的态度和立场。译者具备了相当的语言能力和审美情趣，这并不意味着他一定能够奉献出令人称赞的译作。因而，鼓励译者在翻译过程中进行能动的再创造并使之保持在适度的范围内，避免一切因主观性而可能导致的理解、诠释的过度自由或盲目，促使翻译行为进一步走向成熟与自律，这是翻译批评面对翻译主体必须履行的监督功能中不可忽视的重要维度。④

二是翻译批评的监督功能——对读者的引导。对读者在翻译接受过程中的引导是翻译批评发挥监督功能不可或缺的重要方面。接受美学认为，作品总是为读者而创作，未被阅读的作品仅仅是一种“可能的存在”，文学作品这个既是具体的又是想象出来的对象只有在作者和读者的联合努力下才能出现，正如萨特所言：“只有为了别人，才有艺术，

---

① 参见廖七一编著《当代英国翻译理论》，许钧主编，湖北教育出版社，2001 年，第 197 页。
② 杨晓荣著《翻译批评导论》，中国对外翻译出版公司，2005 年，第 21 页。
③ 蔡新乐、郁东占著《文学翻译的释义学原理》，河南大学出版社，1997 年，第 8 页。
④ 参见刘云虹《论文学翻译批评的多元功能》，《中国翻译》2002 年第 3 期，第 28～30 页。

只有通过别人，才有艺术。"[1]同样，译作的价值也只有在读者的阅读、鉴赏、阐释、批评等一系列过程中才能得以实现。因此，翻译批评必须充分重视作为翻译最终服务对象的读者的重要地位，切实关注读者群体。王宏印提出的"帮助读者阅读和理解文学作品"[2]、温秀颖提出的"帮助读者选择和鉴别译作"[3]等翻译批评应具有的功能都旨在对读者的接受行为予以指导，前者强调翻译批评的阐释作用，后者侧重于翻译批评的引导作用，二者都是翻译批评的建设性的重要体现。

翻译批评的阐释作用是由翻译的本质所决定的。翻译活动远远不能被简单地视为一种语言的转换，而是通过理解，使原文的意义得以再生，从而使作品在新的历史空间得到交流、展现、完善与延续。就根本而言，翻译是一种广义上的阅读和理解，是从主体出发面向文本的接受行为，在接受者与文本之间以一种普遍的对话模式出现。在翻译过程中，无论译者"如何力图进入原作者的思想感情或是设身处地把自已想象为原作者，翻译都不可能纯粹是作者原始心理过程的重新唤起，而是对本文的再创造，而这种再创造乃受到对本文内容的理解所指导"[4]。现代阐释学认为，文本的意义不能完全被作者本来头脑中的想法所限制，相反，"通过文字固定下来的东西已经同它的起源和原作者相脱离，并向新的关系积极开放"[5]。理解并不是重复某些过去的东西，而是参与了一种当前的意义，对一部文学作品的真正意义的汲取是一个永无止境的过程。因此，翻译，作为一种理解行为，总是作者、作品与译者之间，历史、传统与现在之间的视域融合过程，不可避免地具有历史性和创造性等特点。在这个意义上，翻译批评的阐释作用在于，批评者凭借自身的审美感悟能力和翻译专业知识，向读者传达自身的阅读感受和审美体验，为读者提供一种或几种理解原文意义和译文意义的可能性，并鼓励和引导读者积极发挥其主观能动性，对译作进行不同角度、不同层次的创造性解读，以吸引读者充分享受阅读的乐趣，进而促使更多的人喜爱翻译作品，关注翻译事业。

---

① Sartre, Jean-Paul. *Qu'est-ce que la littérature*? Paris: Gallimard. 1948. p. 68.

② 王宏印著《文学翻译批评论稿》，上海外语教育出版社，2006年，第61页。

③ 温秀颖著《翻译批评——从理论到实践》，南开大学出版社，2007年，56页。

④ 伽达默尔著《真理与方法——哲学诠释学的基本特征》，洪汉鼎译，上海译文出版社，1999年，第492页。

⑤ 伽达默尔著《真理与方法——哲学诠释学的基本特征》，洪汉鼎译，上海译文出版社，1999年，第505页。

翻译批评不是狭隘意义上的"好"或"坏"的评判，批评者也并不具有某种君临译者和读者之上指点江山的权威，其责任不仅在于"给文学翻译一个方向"，也在于给读者一个方向。近十多年来，随着翻译的发展与繁荣，名著复译似乎已经成为一种潮流，大凡名家的著作都一再被复译、再版，一部作品少则二、三个译本，多则上十个译本，经典名著《红与黑》的中译本更达到二十余种之多。复译本身不仅无可厚非，而且是完全必要的。因为，翻译很难有所谓的"定本"，翻译批评切忌宣扬译本惟一论，任何一个严肃的译本都有可能在某一方面优于其他译本。如果我们认同"只有不朽的创作，没有不朽的译作"的说法，复译存在的合理性与必要性便也不难理解。任何一部翻译作品，无论多么优秀、多么经典，也只能在一定的历史时期——或长或短——产生广泛的影响，发挥其应有的作用，而无法超越时间、一劳永逸地被奉为原作的翻译定本，供世世代代的读者欣赏、赞美，"理想的范本"或许只是一种永远无法、也不可能企及的理想和追求，况且，平庸之作也并不鲜见。复译产生的原因大致可以归纳为三点：一是旧译中存在过多的失误和不足，不能真实地向读者展现原作的魅力。二是旧译年代久远、过于陈旧，已无法满足当代读者的审美需求，需要当代译者对其进行修订和补充，使其更易于理解和接受。三是同一时代中对于同一部文学作品的不同解读，以满足不同层次、具有多元审美情趣的读者的需求。① 然而，复译名著在形形色色的外表之下却存在着这样几个问题：一是名著，尤其是诸如《红与黑》、《茶花女》、《高老头》、《情人》之类的经典名著，版本繁多，普通读者在目不暇接之余难以进行选择，仅凭外观随便挑选一本也许就是大多数人不得已的做法。二是某些品质不高的译作改头换面地多次重复出版，而新版本中并无对旧译的实质性的增补、修订之处。三是新译本中没有创新的内容，或者说所谓创新仅仅局限在文字表达层面，甚至于有流于同义词替换游戏之嫌，而译者并没有在综合旧译本的基础上对原作内涵进行新的解读。

多种译本存在的必要性及复译良莠不齐的现状为翻译批评开创了前所未有的广阔空间，也使其肩负的责任更加重大，引导读者阅读与鉴赏真正高质量、有价值的翻译作品，并通过开启复译的空间以满足不同层次读者的审美需求，这是翻译批评的建设性所在，也是其引导功能的

---

① 参见刘云虹《复译重在超越与创新》，《中国图书评论》2005 年第 9 期，第 16～17 页。

重要体现。

三是翻译批评的理论研究与建构功能。自20世纪90年代以来，翻译界一直十分重视翻译理论建设，但理论视野的狭窄、理论思想的贫乏、对西方译论的盲目借鉴、理论与实践脱节、如何辩证看待理论与实践的相互关系等的问题至今仍是翻译理论建设过程中必须解决的棘手问题。作为连接翻译理论与翻译实践之间的纽带，翻译批评必须发挥积极作用，协调翻译理论与翻译实践的辩证关系，深化翻译理论研究，促进翻译学科的建构与发展。

虽然，我们不能过分强调翻译理论对翻译实践的指导价值，但丰富多彩的翻译实践活动永远是探寻翻译行为的本质、把握翻译活动的客观规律、促进翻译理论产生和发展的源泉与基础。董秋斯在论及翻译理论建设的必要性和迫切性时曾谈到翻译理论、翻译实践与翻译批评之间的相互关系，他认为，加强翻译批评工作应"提供时间和力量，广泛地寻找典型，优良的加以推荐，粗滥的加以批评"，其目的在于"不但提高翻译工作者的积极性，也给翻译理论的建设提供丰富的实例"①。翻译批评在翻译理论研究成果的指导下，以分析翻译过程、评价翻译作品、解读翻译现象为基础，实现经验总结与理性升华，既对已有的理论研究进行检验和修正，又进一步拓展理论研究视野，提供新的研究方向和研究内容，从而促进翻译理论研究的深化、发展与完善。

在《对建立中国翻译学的一些思考》一文中，张柏然、姜秋霞指出建立翻译学的两个必要途径，除了"从翻译实践中总结理论，再以理论为依据调节具体操作"之外，还必须"从翻译本体纵观文化外围，再从文化外围透视翻译本体，进行多角度、全方位的探讨"②。在这个意义上，翻译理论研究应该关注文化、社会现象，关注热点问题，关注人文社会科学所关心的与翻译有关的问题，在交流中吸引哲学家、社会学家、语言学家、作家等来关心翻译事业，思考翻译问题。毫无疑问，实现这种本体与外围的沟通、翻译与文化的互动自然是翻译批评理应承担的责任。

有必要强调，翻译批评的理论价值的实现在很大程度上取决于翻译批评自身理论的构建。对于"批评究竟是什么"的问题，弗莱在《批评之路》中这样阐述过自己的观点，他说："我拒绝这样的看法：批评是文

① 参见陈福康著《中国译学理论史稿》，上海外语教育出版社，1992年，第367页。
② 张柏然、姜秋霞《对建立中国翻译学的一些思考》，见张柏然、许钧主编《译学论集》，译林出版社，1997年，第29页。

学的一个分支，因为那显然是无稽之谈。批评是文学的理论，而不是文学实践中的一个次要的和非基本的因素。”显然，在这段话中，弗莱要强调的是，批评不是文学的附属品，相反，它具有独立性与自主性，并对文学理论的建构起到指导作用。正如文学批评不应被视为文学的附属品一样，翻译批评，作为文学批评的特殊形式，也不应依附于翻译理论或翻译实践。在力图廓清翻译批评的概念，为翻译批评正名时，贝尔曼认为，作为“大写的批评”，翻译批评必须摒弃其传统的裁决性的否定角色，转而着重于其“肯定性”。贝尔曼所确立的翻译批评的“肯定性”首先针对翻译批评的自身理论建设而言，即翻译批评首先要“肯定”自身，要让翻译批评成为“一种自省的，能以其自身特点为批评主体的，产生自身方法论的评论方式；它不仅要产生出自身的方法论，而且还试图将该方法论建立在有关语言、文本及翻译的明确的理论基础之上”①。可以说，翻译批评的科学性在很大程度上立足于其理论体系的独立性和自主性，没有自主理论体系作为依托的翻译批评是非理性的，不仅阻碍翻译及翻译理论的发展，还将导致自身的使命难以完成，自身的价值无法体现。② 同时，翻译批评一直以来都是翻译学的一个薄弱环节，其理论建构本身，包括翻译批评的概念、原则、方法、标准等整个研究内容和成果，又构成翻译理论研究中不可或缺的重要组成部分，对推动翻译学的发展具有积极意义。

3. 翻译批评的类型

根据不同的划分标准，翻译批评可以被分为多种不同的类型。例如，依据翻译作品的体裁划分，翻译批评包括文学翻译批评和科学翻译批评；依据批评主体的身份划分，翻译批评包括读者批评、译者批评和专家批评；依据批评的目的划分，翻译批评包括“为理论的批评”、“为创作的批评”和“为翻译的批评”③；依据批评的层次划分，翻译批评包括鉴赏、阐释和评论；依据翻译批评对象划分，翻译批评包括译者批评、过程评论、译作批评和影响研究；依据翻译的定义范围划分，翻译批评包括对狭义的、严格意义上的翻译的批评和对编译、摘译、改写等广义上的翻译的批评④；依据翻译方向划分，翻译批评包括对外译汉作品的批评、

① Berman, Antoine. *Pour une critique des traductions*: *John Donne*. Paris: Gallimard. 1995. p. 45.

② 参见刘云虹《论翻译批评空间的构建》，《中国翻译》2008 年第 3 期，第 11～15 页。

③ 王宏印著《文学翻译批评论稿》，上海外语教育出版社，2006 年，第 51～56 页。

④ 杨晓荣著《翻译批评导论》，中国对外翻译出版公司，2005 年，第 10 页。

对汉译外作品的批评和对回译作品的批评[①]。下面我们将重点讨论其中的三种划分标准及相应产生的不同翻译批评的类型。

(1) 依据翻译作品的体裁划分

在翻译批评所涉及的作品中,就体裁而言,主要有文学翻译作品和科学翻译作品两大类,其中文学翻译作品占了大多数,翻译批评类的论文和著作在没有明确指示的情况下一般都约定俗成地以文学翻译作品或现象为考察对象。杨晓荣认为,如此"强大的文学翻译批评实力"的形成与"我国翻译研究本身就有一种重视文学翻译的传统"密切相关,"原因也许是人们认为文学作品内涵丰富,特别是在翻译中,涉及的因素特别多,要译'好'也最不容易,因此这方面的研究比较有价值,研究者的兴趣也高。同时,由于外国文学作品的阅读面极广,文学翻译及其批评所承担的'教化'责任也十分重大。"[②]

尽管翻译批评对文学翻译作品的关注由来已久并有相当的道理,但文学翻译作品并不能成为翻译批评和翻译研究的全部内容,也不应该把翻译批评等同于文学翻译批评。事实上,在翻译的历史中,非文学类翻译作品占有十分重要的地位,并对社会交流与发展发挥了强大的推动作用,特别是对中国近代社会产生过深远的影响。比如,邹振环所著的《影响中国近代社会的一百种译作》一书,在作者以译本的社会影响为标准遴选的一百种译作中,科学类作品的种类极为丰富,数量也相当可观,例如自然科学技术类的《几何原本》、《同文算指》、《代数学》、《远西奇器图说》、《泰西水法》等,哲学社会科学类的《天演论》、《共产党宣言》、《资本论》、《社会学》、《性心理学》、《民约论》、《法意》等,地理学类的《坤舆万国全图》、《四洲志》、《地学浅释》等。由此可见,科学翻译在翻译事业中占据着不容忽视的重要地位,而针对科学翻译作品进行的评论和研究也是翻译批评中不可或缺的组成部分。

中国对外翻译出版公司2006年出版了文军编著的《科学翻译批评导论》,对科学翻译批评的概念、价值、功用、过程、标准、对象、方法、趋势等进行了深入的研究。文军认为,科学翻译指科技翻译、社科翻译、涉外翻译和科普翻译,其外延包含除"文学翻译"之外的其他体裁的翻译。[③] 科学翻译批评即依据一定理论,采用相关方法,对科学翻译的译

① 杨晓荣著《翻译批评导论》,中国对外翻译出版公司,2005年,第11页。
② 杨晓荣著《翻译批评导论》,中国对外翻译出版公司,2005年,第15～16页。
③ 参见文军著《科学翻译批评导论》,中国对外翻译出版公司,2006年,第6页。

者、翻译过程、译作质量与价值及其影响进行分析与评价。① 科学翻译批评的对象由四方面内容构成，即科学翻译的译者评论、科学翻译的过程评论、科学翻译译作评论和科学翻译的影响研究。② 科学翻译批评具有社会价值、个人发展价值和学科发展价值。③ 科学翻译批评的方法主要有理论性方法和实证方法两大类。④

（2）依据批评目的和批评主体的身份划分

依据批评者在翻译批评活动中采取的不同角度，希望达到的不同目的和翻译批评实际发挥的不同作用，翻译批评分别为深化理论研究、丰富文学创作和提高翻译质量服务，并由此形成为理论的批评、为创作的批评和为翻译的批评三种不同类型。王宏印在《文学翻译批评论稿》中对此进行了详细论述，他认为，为理论的批评就是从理论家角度进行的文学翻译批评，也可以说是专业理论家所从事的文学翻译批评。这一类批评的基本特点是学派眼光或学院风格，也运用理论眼光来照射翻译活动，也从具体的翻译活动和作品中寻找对于某一理论有关的和有用的东西，作为素材加以吸取，使其能够补充进原有的理论体系之中，从而丰富、深化甚至改造原有的理论。为创作的批评主要涉及的主体是作家，或作家兼翻译家、作家兼评论家。这一类批评者所关注的往往是作品的语言问题、写作技巧问题，甚至结构问题、风格问题。批评的目的主要是考察批评的对象中是否有可以借用于自己创作的方方面面，而且往往是自己可以欣赏甚至可以赞赏的新颖要素，例如异国情调、新异手法等等。在这个意义上，作为批评家的作家的个人好恶和因创作源泉的缺乏感而产生的对可用资源的需求，往往具有十分重要的作用，而未必总是以原作者的名气高低或影响大小作为选择的基准。为翻译的批评的主体就是翻译家，他们的眼光往往会集中在翻译的语言处理的细节上，并且能提出中肯的修改意见。在这一类批评中，有一种较为特殊的形式，即翻译家对自己的翻译作品进行自我评价，其中往往伴随着翻译家自我经验的总结。

关于由于批评主体的不同身份而产生的读者批评、译者批评和专家批评三种翻译批评类型，我们将在下一节“翻译批评的主体”部分进

① 参见文军著《科学翻译批评导论》，中国对外翻译出版公司，2006 年，第 10～11 页。

② 参见文军著《科学翻译批评导论》，中国对外翻译出版公司，2006 年，第 13 页。

③ 参见文军著《科学翻译批评导论》，中国对外翻译出版公司，2006 年，第 50 页。

④ 参见文军著《科学翻译批评导论》，中国对外翻译出版公司，2006 年，第 160 页。

行详细讨论,此处不拟赘述。

(3) 依据翻译批评的层次划分

当我们提到翻译批评时,一般是指狭义的翻译批评,即依据与翻译研究相关的理论和某种相对具有普遍意义的标准,对翻译作品和翻译现象进行理性的反思与评价,属于一种创造性和科学化的认知活动。事实上,批评的概念是相当宽泛的,法国当代著名现象学美学家杜夫海纳曾经指出,"无论我们是否是专家,我们都在以自己的方式作为批评家而存在,我们会毫不犹豫地评价呈现在我们眼前的东西。"①法国批评家蒂博代把文学批评的类型分为"自发的批评"、"职业的批评"和"教授的批评",其划分依据除了批评主体的不同身份特征之外,很大程度上也取决于读者与文本之间展开的对话—理解的层次。"所谓'自发的批评'较多体悟,有时难免在作品意义的准确把握与阐释上有所缺失,可包括从读后感式的即兴批评到新闻式的批评。'职业的批评'其学院化气息可能消减情感共鸣,其思考之冷峻难免对艺术作品的'性灵'感悟有所冲淡。'教授的批评'也就是学者的批评,在鉴赏—阐释—评论之间有更大伸缩自由的弹力,而达到一种综合高度。"②

因此,正如我们在讨论翻译批评的本质时强调,从广义上讲,翻译批评就是理解翻译与评价翻译,是以阅读为基础,在读者与文本之间通过"对话—理解"模式进行的评价活动。从阅读出发,翻译批评涵盖着鉴赏、阐释和评论三个层面。鉴赏往往是发生在单个读者与翻译作品之间独特的阅读体验与强烈的感情参与,是主体与对象间的意义领悟和情感共鸣。虽然,鉴赏不可避免地包含一种价值判断,也可能以随笔、短评等形式出现在各种媒体上,但它可以"仅仅停留于内省"③,是主体知识与审美需求的体现,而不以针对翻译活动的交流、说明、评判或指导为目的。

相比鉴赏而言,阐释"在主体与文本的关系中更侧重于文本深层意义的悟解与探知,往往从文本意义导向创作主体,即所谓'意图',以求文本意义、作者意图、读者体悟三者关系之解决"④。也就是说,阐释主要指向文本的意义,就翻译批评而言,阐释还指向译者在翻译过程中对

① 参见毛崇杰著《颠覆与重建——后批评中的价值体系》,社会科学文献出版社,2002年,第3页。
② 参见毛崇杰著《颠覆与重建——后批评中的价值体系》,社会科学文献出版社,2002年,第3页。
③ 参见毛崇杰著《颠覆与重建——后批评中的价值体系》,社会科学文献出版社,2002年,第4页。
④ 参见毛崇杰著《颠覆与重建——后批评中的价值体系》,社会科学文献出版社,2002年,第4页。

原著意义的理解与把握以及译者在一定翻译观念指导下，通过各种方法、策略对原著意义的传达。纽马克在论述翻译批评的目的时指出，翻译批评应“阐明特定时期和特定领域内的翻译观念；帮助理解名家名作和名家译作”[①]，事实上，这既提出了翻译批评的阐释功能，也凸现了翻译批评的阐释维度。

评论较之鉴赏和阐释更具专业性和社会化，更依赖于某种相关的理论和相对具有普遍意义的评价标准，因而也对实现翻译批评的价值承担更多的责任。

必须指出，翻译批评的上述三个层面往往是相互交织、相互包容的，其关系紧密，以致可以无视上述区别。

4. 翻译批评的主体

就其本质而言，翻译批评是一种评价行为，而评价“是人类实践—认知活动中的一种独特形式，即主体通过实践对于同自身种种欲求和需要有关的对象属性之判断或认知，也就是对价值的认识”[②]。因此，具有一定价值观念或意识的评价主体与被评价的对象以及评价赖以实行的标准共同构成评价活动的三大要素。翻译批评如何开展，在很大程度上取决于批评主体的身份、视角、素质与精神。

20 世纪早期，法国批评家蒂博代把批评划分为自发的批评（即读者的批评）、职业的批评（即教授或学者的批评）和大师的批评（即公认的作家的批评）三种类型，其区别首先在于批评主体的不同身份。作为一种特殊的文学批评形式，翻译批评根据其不同主体也相应地包括读者批评、译者批评和专家批评三种形式。

（1）以读者为主体的翻译批评

在以上三类批评中，读者批评是相对边缘化的一种，比较少见，“多散见于非专业报刊上”[③]。然而，随着网络文化的空前发展，在网络的开放性和虚拟性背景下出现了网络翻译批评这一全新的读者批评形式，表现出自发性、敏感性和时代性等特征，就其形式而言主要包括四种类型：1. 引导讨论型，主要是有关出版社或图书销售网在其网站开辟的翻译图书评论区内，转载选自报刊杂志的某篇评论文章，引导读者有针对性地发表自己的观点；2. 主题探讨型，主要是以某部在社会中产生

① 参见廖七一编著《当代英国翻译理论》，许钧主编，湖北教育出版社，2001 年，第 197 页。
② 毛崇杰著《颠覆与重建——后批评中的价值体系》，社会科学文献出版社，2002 年，第 59 页。
③ 杨晓荣著《翻译批评导论》，中国对外翻译出版公司，2005 年，第 45 页。

了巨大反响的翻译作品或在读者心目中具有重要位置的外国作家为中心，读者通过网络自动形成了一个类似于俱乐部的松散圈子，就某部翻译作品或某位外国作家展开探讨；3. 私语批评型，这类的批评文字常见于个人开设的网页，在所谓的“网上日记”中，读者发表个人的阅读感受，其中有相当一部分涉及到对文学翻译作品的阅读、理解与评论；4. 流散型批评，主要以聊天的形式展开，没有固定的主题，大多是对某部翻译作品或某位外国作家整体性的肯定或否定，少有深入的探讨。网络翻译批评的主体是广大读者，他们有一定的趣味和鉴赏力，阅读翻译作品并发表评价只是为了获得精神上的满足和快乐，而没有任何职业目的。因此，网络翻译批评需要的不是学者日积月累的学识，而是迅速、敏感、热烈的反应，相比批评家们“缜密然而笨重的思考”，它更倾向于“有血有肉、有声有色的体味”①，使翻译作品“被一种现代的潮流、现代的新鲜感、现代的呼吸和现代的气氛所包围”②。翻译批评的根本目的在于促进翻译事业的健康发展，就这一点而言，以网络为媒介的读者批评至少具有以下三点积极意义：1. 批评的广泛性有助于促进更多的读者关心与理解翻译；2. 批评的不拘一格有助于丰富翻译批评的形式，作为学术性翻译批评的有益补充；3. 批评的互动性使出版者、译者与读者的直接交流得以实现，有助于拓展翻译的可能性，提高翻译的质量。然而，网络翻译批评也表现出任何“自发的批评”所不可避免的问题，往往缺乏客观性、深刻性和独立性，容易染上尖酸刻薄、党同伐异、人云亦云等毛病。作为一种新颖并具有强大生命力的批评形式，网络翻译批评的广泛开展将促使翻译批评界对批评主体的地位进行反思，对读者批评的价值和局限性进一步加以关注。

(2) 以译者和专家为主体的翻译批评

相对于读者批评，译者批评和专家批评具有相似性，都是以一定的翻译实践为基础，对翻译活动进行评价和思考。译者作为翻译主体，其批评的实践基础不言而喻，专家作为翻译理论的研究者和翻译学科的建设者，倘若没有足够的翻译实践经验的积累，而仅仅立足于理论层面对翻译的质量和价值加以评判，可以说，如此的翻译批评好似“无源之水”、“无根之木”，不仅难以令人信服，也难以承担起对翻译实践应有的

① 蒂博代著《六说文学批评》，赵坚译，三联书店，2002年，第5页。

② 蒂博代著《六说文学批评》，赵坚译，三联书店，2002年，第55页。

监督、指导和促进作用。没有人苛求文学评论家进行文学创作，然而，没有人能接受翻译评论家不进行翻译实践，这是由翻译批评的理论与实践相结合的本质所决定的。

译者批评和专家批评是翻译批评的主流形式，肩负着体现翻译批评的价值，促进翻译事业的健康、可持续发展这一重要使命，因此，其主体除了应有足够的翻译实践经验作为评价的基础之外，还必须具有基本的职业素养，树立科学的批评精神。董秋斯曾就翻译批评工作指出，“正如我们反对翻译工作可以不学而能的说法，我们也反对翻译批评用不着特殊修养的见解。文艺界既然有专业化的文艺批评家，我们翻译界也应当有专业化的翻译批评家。”①可以说，翻译批评者的专业化正体现在职业素养和批评精神两方面。

正如翻译界对翻译主体的素质非常重视，翻译批评界对翻译批评主体的职业素养和职业操守也一直相当关注，近几年出版的翻译批评专著大多有针对这一问题的系统论述。在《翻译批评导论》中，杨晓荣把翻译批评者应具有的基本素质归纳为四方面：1. 思想道德修养，指翻译批评者应有实事求是、与人为善和严谨的态度；2. 语言文学修养，包括对语言、文学有敏锐、准确的感受力和鉴赏力，在语言运用方面有较强的动手能力以及有一定的翻译实践经验积累；3. 理论修养，包括哲学、相关学科理论和翻译理论；4. 知识贮备。② 其中，第一点涉及批评者的主观态度，另外三点涉及批评者的客观技能，分别就语言、理论和语言外知识三个层面对翻译批评者的素质提出要求。同样，在《文学翻译批评论稿》中，王宏印指出理想的文学翻译批评家应当具备以下七个条件：1. 精通两种语言及其相关的文化，能够辨别语言的优劣高下文野等风采；2. 懂得翻译方法并具有鉴别力，其一在于识别写进了书本中的技巧以及可能获得的效果；其二在于所谓的知人论世；3. 具有相当的文学鉴赏力，包括一般的文学修养和具体的分国别的文学作品的认识；4. 对原作和译作要有研究，在同等水平情况下，即在语言、文学、翻译等方面能力和眼光同等高低的情况下，研究译作和原作越透彻，则评价的权利和资源越有利；5. 同情心和解释力，所谓同情心要求评论者能够站在译者的位置上，设身处地地理解译者的翻译策略和翻

---

① 参见杨晓荣著《翻译批评导论》，中国对外翻译出版公司，2005 年，第 56 页。

② 参见杨晓荣著《翻译批评导论》，中国对外翻译出版公司，2005 年，第 57～60 页。

译方法，以及要达到的翻译效果，所谓解释力指不但能够理解译者和翻译活动，而且能够对于自己理解的东西做出解释；6. 超越与达观态度，不与译者斤斤计较，不对读者盛气凌人；7. 评论者的风度，即温良敦厚的长者之风，不计较小节的学者之风。[①] 其中，前四条针对语言、文化、文学等层面论述成为理想的翻译批评家的客观条件，后三条强调任何评论者都必须具有的主观品质。并且，在该章节的附录部分，作者还就翻译批评的非技术性、非智力性层面提出批评主体必须引以为戒的十大禁忌：勿自私、勿自执、勿自傲、勿自卑、勿自弃、勿尖刻、勿两可、勿玄虚、勿势利、勿褊狭。[②]

与批评者的客观技能与素质同样重要的是批评者的主观态度与精神，翻译批评主体是否具有良好的批评态度和科学的批评精神，这对于翻译批评是否能朝向积极有益的方向发展具有决定性作用。就批评者应具备的素质而言，主要集中在语言能力、文化知识和文学素养三个维度，以上两位学者的归纳和概括已经相当周全，无需赘述，就批评精神和态度而言，我们认为批评者应树立客观精神、创造精神和求真精神。

1. 客观精神反对一切僵化的、绝对的、一成不变的价值判断，批评者应充分发挥主观能动性，坚持翻译批评的历史观，无论对翻译现象、翻译事件的考察，还是对翻译作品的文本评价，都应从特定的历史环境出发，充分关注不同的历史文化因素。

2. 创造精神应在翻译理论和翻译实践两个层面得以体现。在理论上，批评者要开拓视野，丰富理论资源。目前，导致翻译批评发展滞后的重要原因之一便是批评者学术视野狭窄，缺乏新的理论武装。面对新的翻译现象和新的翻译环境，某些批评者或是仍因循传统的批评模式，停留在从原作到译作的印象式评论，或是不求甚解、不加辨析地一味照搬西方的各种时髦理论，使得翻译批评无法履行自身的历史使命，既失去学界的认同也得不到读者的青睐。在实践上，批评者要有意识地探寻新的批评方法，构建新的批评维度。随着研究语境的不断拓展，翻译研究对象不断被重新界定，经历了从文本到文化再到社会的变化过程，从"文化转向"到"社会学转向"，翻译不仅被纳入反映其产生的历史背景和文化条件中加以考察，并且被视为"一种受社会调节之活动"，

---

① 王宏印著《文学翻译批评论稿》，上海外语教育出版社，2006 年，第 77～84 页。

② 王宏印著《文学翻译批评论稿》，上海外语教育出版社，2006 年，第 84～86 页。

“社会语境对译品生产与接受的制约作用”①得到广泛重视。这就意味着，翻译批评不能局限于文本内部，而要充分关注文本之外可能影响翻译活动的一切社会、文化因素。真正的翻译批评也应是内部批评与外部批评的有机结合。

3. 求真精神强调批评者不仅要有真知灼见，更要有真情实感，只有怀着真诚、热情和高度的责任感，才能维护批评的尊严、实现批评的价值。真诚与热情不仅是人格的魅力，也是一切文学艺术活动获得成功的根本保证。高超的文学艺术修养固然是文艺工作者必须具备的基本功，但这“最终属于一种客观的条件”，而精神领域的活动在更大程度上依赖并取决于一种主观姿态。除了真诚、热情的精神品格和主观姿态之外，批评者还应具有对翻译事业、对读者、对社会的高度责任感。目前我国翻译界存在的诸如版权的盲目引进、翻译质量的多重失控、译风的普遍浮躁等问题已不容忽视，甚至在一定程度上影响了翻译价值的实现。因此，批评者必须负有责任感和使命感，通过积极、有效的批评抵制翻译的生产、传播和流通过程中的不良倾向，为我们时代的翻译活动营造良好的社会环境和精神氛围。

5. 翻译批评的标准

开展翻译批评，对翻译过程和翻译作品的质量与价值进行评价，就必须依据一定的标准。早在50年代，董秋斯在《翻译批评的标准和重点》一文中就提出，翻译批评的根本困难之一是“没有一个公认的客观标准”②。虽然，“公认的客观标准”从理论上来说是不可能成立的，“公认”只是翻译界美好的向往，“客观”也往往失落在主体的话语权中，但规范的标准对任何形式与目的的批评而言都是不可或缺的，翻译批评当然也不例外，否则，评价将会失去方向，极有可能面临既失去学界的认同，又遭受译者和读者质疑的尴尬境地。而批评之所以比鉴赏和阐释更具有专业性和社会性，其中一个重要原因就在于，批评更依赖于某种普遍的评价尺度和标准。

(1) 传统译学中的翻译标准

既然有批评就必须有一定的标准作为评判的依据和准绳，那么，在译学发展的漫漫历程中，究竟有没有建立起科学、规范并得到翻译界公

---

① 参见辜正坤、史忠义编《国际翻译学新探》，百花文艺出版社，2006年，第128页。

② 参见陈福康著《中国译学理论史稿》，上海外语教育出版社，1992年，第363页。

认的翻译批评标准呢？就普遍意义而言，翻译的标准也就是批评的典律，翻译标准不仅是翻译主体在翻译实践中遵循的原则和努力的方向，也是批评主体用以鉴赏、阐释和评论译作的尺度，其重要性对整个翻译活动，包括理论的建设和实践的开展，都是不言而喻。可以说，中外翻译界对翻译标准问题的关注和探讨由来已久。我国传统译论中最具代表性和影响力的翻译标准自然是严复的“信、达、雅”，他在《天演论》的《译例言》中指出，“译事三难：信、达、雅。求其信，已大难矣。故信矣不达，虽译犹不译也，则达尚焉。”“三者乃文章正轨，亦即为译事楷模。故信达而外，求其尔雅。”[①]“信”指忠实于原文，“达”指译文行文通顺流畅，“雅”指译文典雅，有文采。通过“信、达、雅”三个字，严复不仅指出了翻译的难题，更结合“我国长期翻译活动的历史经验”、“对中外翻译理论成果的研究”及“自己在翻译实践中的体会”[②]，明确提出了以“信”为核心的翻译标准。

鲁迅虽然没有提出过明确的翻译批评标准，但他关于“直译”与“硬译”等问题鞭辟入里的精湛论述对翻译标准的厘定具有重要的参考意义。反对“歪译”，他主张翻译应采用“直译”的方法，但并不赞成晦涩和拘泥于原文的“直译”，而对经过潜心研究的“意译”求之不得。反对“顺译”(顺而不信)，他主张“硬译”，借以把新的表现方法“同化而成为己有”。鲁迅对翻译有过一个著名的“削鼻剜眼”比喻，“凡是翻译，必须兼顾着两面，一面当然力求其易解，一则保存着原作的丰姿，但这保存，却又常常和易懂相矛盾：看不惯了。不过它原是洋鬼子，当然谁也看不惯，为比较的顺眼起见，只能改换他的衣裳，却不该削低他的鼻子，剜掉他的眼睛。我是不主张剜眼削鼻的，所以有的地方，仍然宁可译得不顺口。”[③]可见，不论“直译”，还是“硬译”，鲁迅强调的是翻译必须忠实原文，当“信”和“顺”产生矛盾，不能兼顾时，宁可牺牲译文的通顺易懂，而必须保存原姿原貌。

罗新璋在《我国自成体系的翻译理论》中把我国传统译学研究中对翻译标准的探讨归纳为“案本——求信——神似——化境”这一发展进程。“神似论”是上世纪20年代末由陈西滢首先提出，他用美术创作和临摹作比喻，指出翻译的三种境界：形似、意似和神似，认为“一个最好

---

① 参见陈福康著《中国译学理论史稿》，上海外语教育出版社，1992年，第119～120页。
② 乔曾锐著《译论——翻译经验与翻译艺术的评论和探讨》，中华工商联合出版社，2000年，第344页。
③ 参见陈福康著《中国译学理论史稿》，上海外语教育出版社，1992年，第301页。

的摹拟者是个最忠实的译者”[1]，应能看出原文的特点，模仿原文的风格，抓住原作者的神韵。但这种以“神似”为最高境界的翻译标准在当时并没有引起重视，没有形成气候，直到 80 年代才由傅雷发展成为一派理论学说，明确提出“重神似不重形似”的翻译观，把“神似”作为翻译的最高标准。他在 1951 年的《〈高老头〉重译本序》中写道：“以效果而论，翻译应当像临画一样，所求的不在形似而在神似。以实际工作论，翻译比临画更难。临画与原画，素材相同（颜色、画布，或纸或绢），法则相同（色彩学、解剖学、透视学）。译本与原作，文字既不侔，规则又大异。各种文字各有特色，各有无可模仿的优点，各有无法补救的缺陷，同时又各有不能侵犯的戒律。像英、法，英、德那样接近的语言，尚且有许多难以互译的地方；中西文字的扞格远过于此，要求传神达意，铢两悉称，自非死抓字典，按照原文句法拼凑堆砌所能济事。”[2]60 年代，傅雷在致罗新璋的信中再次明确指出，“愚对译事看法实甚简单：重神似不重形似”[3]。“重神似不重形似”的提法似乎有重神似而轻形似之嫌，实际上，“神”与“形”如同译界一直争论不休的“意译”与“直译”一样，具有辩证统一的关系，二者相互依存，不能被割裂开来独立看待。傅雷凭借“自己深厚的中外文化修养”，洞悉“中西思维方式、美学情趣方面的异同”，强调“翻译决不可按字面硬搬，而必须保存原作的精神和美感特征”[4]。可见，“神似论”的本质是强调“神似”，强调在译作中保存“原作的精神”，再现原作的“美感特征”，而并非主张为“神似”而置形似于不顾，正如他在《高老头》的重译本序言中所言，“假如破坏本国文字的结构与特性，就能传达异国文字的特性而获致原作的精神，那么翻译真是太容易了。不幸那种理论非但是刻舟求剑，而且结果是削足适履，两败俱伤。”同样，他在致林以亮的信中也明确表达了不放弃“形似”的观点，“我并不说原文的句法绝对可以不管，在最大限度内我们是要保持原文句法的。”[5]因此，傅雷的“神似论”应当被理解为“神”与“形”的辩证统一，在重视“形似”、肯定“形似”的基础上，突出“神似”对于文学翻译作

---

① 参见陈福康著《中国译学理论史稿》，上海外语教育出版社，1992 年，第 325 页。
② 参见陈福康著《中国译学理论史稿》，上海外语教育出版社，1992 年，第 394 页。
③ 参见陈福康著《中国译学理论史稿》，上海外语教育出版社，1992 年，第 394 页。
④ 参见陈福康著《中国译学理论史稿》，上海外语教育出版社，1992 年，第 392 页。
⑤ 参见陈福康著《中国译学理论史稿》，上海外语教育出版社，1992 年，第 395 页。

品审美的重要性，所谓“依形写神，以形出神，神形统一”①。

“化境说”是钱钟书从汉代文字学家许慎的《说文解字》里的一段训诂文字中引申出的，在翻译学范畴内赋予“诱”、“媒”、“讹”、“化”以新的意蕴，“‘译’、‘诱’、‘媒’、‘讹’、‘化’这些一脉通连、彼此呼应的意义，组成了研究诗歌语言的人所谓‘虚涵数意’(manifold meaning)，把翻译能起的作用、难以避免的毛病、所向往的最高境界，仿佛一一透视出来了。”②“化境说”以“化”为核心，强调翻译的忠实性，入化的翻译“对原作应该忠实得以至于读起来不像译本，因为作品在原文里决不会读起来像翻译出的东西”③。“化”指出了翻译艺术的极致，但却很难成为被普遍认同的评价翻译的标准。1964年钱钟书初次发表《林纾的翻译》一文时，指出“文学翻译的最高标准是‘化’”，1984年《林纾的翻译》收入《七缀集》时，他把“最高标准”改为“最高理想”。这一修改寓意深刻，也耐人寻味，“理想”意味着不懈的追求，“理想”不能作为衡量行为的标准，彻底、完全的“化”是难以企及的理想，是译者在翻译活动中永恒的追求。“化境说”的本质不仅在于标举“化”，更在于强调了“化”与“讹”的对立统一。“讹”的必然成就了对“化”的无限向往，而翻译在减少“讹”的历程中不断接近“化”。

许渊冲在20世纪80年代提出了“优势竞赛论”，其核心观点是认为文学翻译是艺术，是“两种语言文化的竞赛”，并明确指出在竞赛中取胜的方法是“发挥译文优势，或者说再创造”④。经过20多年的翻译实践和理论探索，“优势竞赛论”得到了进一步的发展和完善，成为“神似论”和“化境说”之外独树一帜、自成一派的文学翻译理论。在2005年撰写的论文《自成一派的文学翻译理论》一文中，许渊冲对“优势竞赛论”的主要内容进一步梳理和总结，提出文学翻译的“九论”，即优化论、三势论、三似论、三美论、三化论、创译论、三之论、竞赛论和艺术论，对文学翻译的本质、目的和方法等进行了详尽的论述。“优化论”是相对于“对等论”而言的，认为文学翻译应该“用最好的译语表达方式”，“如果对等的方式不是最好的方式，那就要舍‘对等’而取‘最好’或‘优

① 郑海凌著《文学翻译学》，文心出版社，2000年，第89页。
② 参见罗新璋编《翻译论集》，商务印书馆，1984年，第696页。
③ 参见陈福康著《中国译学理论史稿》，上海外语教育出版社，1992年，第421页。
④ 参见许钧主编《文字·文学·文化——〈红与黑〉汉译研究》，南京大学出版社，1996年，第284页。

化'"[1]。"优化论"的本质是发挥译语优势,原语和译语之间存在三种关系和相互地位,即均势、优势或强势、劣势或弱势,而两种文字各有优势,也各有劣势,因此在翻译过程中,"应该尽可能发挥译语的优势,改变劣势,争取均势"[2],这就是"三势论"。"三似论"指的是译文与原文的"对等",包括形似、意似和神似三个层次。"三美论"认为,优化的译文,特别是诗歌,应该力求传达原文的意美、音美和形美,而"三美"中"意美"是第一位的、最重要的,"传达意美需要传情达意,不但'达意',还要'传情'"[3]。"三化论"指出,传达原文的"三美"可以通过等化、浅化、深化的方法。而"创译论"是"最高级的深化",在认同"对等翻译"不可能存在的基础上强调译文充分发挥创造性,赋予原文新的意义。"三化论"和"创译论"针对的是文学翻译的方法,"三之论"则揭示了文学翻译的目的,第一是使读者了解原文的内容,所谓"知之",第二是使读者喜欢译文,所谓"好之",第三是使读者在阅读中得到愉悦,所谓"乐之"。"如果读者不但喜欢译文,而且读得不忍释手,觉得是一种乐趣,那就达到了文学翻译的最高目的。"[4]如果说"三势论"说明了两种语言之间的关系,"三似论"揭示了译文和原文之间的关系,那么,"竞赛论"则侧重于对不同译文之间关系的认识,提倡几种译文开展竞赛,"看哪种更能传达原诗的意美、音美和形美,更能使人知之、好之、乐之"[5]。同时,"竞赛论"也鼓励在文学翻译中发挥译语的优势,鼓励译语和原语展开竞赛。"艺术论"就"文学翻译究竟是科学还是艺术"的争论进行探讨,并对文学翻译的艺术性加以肯定。通过上述"九论",许渊冲对文学翻译的本质、目的和方法等进行了详尽的论述,并把翻译概括为"美化之艺术",对传统译论中的"忠实"、"对等"、"以信为本"、"宁信不顺"等翻译观进行了彻底的颠覆,并提出文学翻译的最高标准不仅是"化",还要发挥译语的优势,强调"文学翻译的最高目标是成为翻译文学"[6]。

(2) 翻译标准的新视野

对于翻译标准的探讨和追寻,远远不是上述几种"论"和"说"所能

---

① 参见辜正坤、史忠义编《国际翻译学新探》,百花文艺出版社,2006年,第11页。
② 参见辜正坤、史忠义编《国际翻译学新探》,百花文艺出版社,2006年,第12页。
③ 参见辜正坤、史忠义编《国际翻译学新探》,百花文艺出版社,2006年,第16页。
④ 参见辜正坤、史忠义编《国际翻译学新探》,百花文艺出版社,2006年,第20页。
⑤ 参见辜正坤、史忠义编《国际翻译学新探》,百花文艺出版社,2006年,第22页。
⑥ 参见许钧主编《文字·文学·文化——〈红与黑〉汉译研究》,南京大学出版社,1996年,第282页。

概括和穷尽的，我们只是对其中影响颇大的观点和理论进行了粗略的回顾，除此之外，还有深受西方语言学派影响的“等值论”和“等效论”、林语堂的“三重标准（忠实、通顺、美）”、刘重德的“信达切”、辜正坤的“多元互补论”、郑海凌的“和谐说”以及其他林林总总没有“自成一派”的论述。总之，在翻译实践与理论发展的进程中，不同的时代、不同的翻译观和翻译价值观造就了不同的翻译评价标准，即便是影响了中国译论长达一百多年的“信、达、雅”，虽然仍颇具现代意义，但已失去了其一统天下的地位。尤其是近二十年来，随着翻译研究的深度和广度不断加强，人们对翻译的认识逐渐丰富，视野日益开阔，对翻译的评价也由传统的以“信”为基本准绳的单一标准走向多维度、多视角的多元标准。对此，张南峰在介绍图里的多元系统论时提出了相当中肯的看法：“假如把多元系统论应用于中国的翻译研究，我们或许能够解释许多现象，例如严复、林纾为何用达旨、译述手法而成功，鲁迅为何主张硬译，当代流行的规范为何与以前的不同。我们可能还会发现，翻译规范因应社会的需要而变化，不同的规范，只是为了迎合不同时代的需要或者达到不同的目的，不一定有正确与错误，或者先进与落后之分。”①的确，对于翻译批评标准的认识不在于评定其正确或错误，也不在于区分其先进或落后，而在于明确任何形式的翻译批评，无论出于何种需要和目的，都应该在一定规范性的基础上充分考虑翻译观念、翻译价值、时代感、社会性等多种要素。此外，在目前的批评语境中，更值得注意的是，标准的多元化、相对化不能导致标准的随意性，在“颠覆经典”的同时，必须正确把握绝对与相对的辩证关系，这在于不仅要打破绝对主义，也反对把相对主义绝对化，即否认相对中包含着一定的绝对。那么，在多元化语境中，翻译批评标准的规范性何以体现？这是在打破对“绝对标准”的依赖之后，翻译批评界应予以重视的问题。总体而言，对翻译批评标准应有以下认识②：

1. 合理性。翻译批评标准的合理性包含两方面内容：其一，任何翻译评价标准都不是凭空产生的，而是一定翻译观和翻译价值观的体现。例如，鲁迅认为翻译的重要价值之一在于“‘输入新的表现法’，以改进中文的文法”③，正是基于这样的翻译价值观，他提出“直译”、“硬译”的

---

① 陈德鸿、张南峰编《西方翻译理论精选》，香港城市大学出版社，2000 年，第 116 页。

② 参见刘云虹著《论翻译批评空间的构建》，《中国翻译》，2008 年第 3 期。

③ 陈福康著《中国译学理论史稿》，上海外语教育出版社，1992 年，第 301 页。

翻译标准。又如,在许渊冲看来,文学翻译是一门艺术,其价值不仅在“求真”,更在“求美”,因此,“真”是文学翻译的低标准,“美”才是文学翻译的高标准,在这样的翻译观下,他所标举的“优势竞赛论”也就不难理解了。其二,不能把翻译的理想境界与翻译批评标准等同起来。设想出一个理想化的抽象标准,并以此标准去衡量、评价翻译作品,这样的翻译批评毫无科学性、合理性可言,相反,只能导致一种求全责备的错误批评态度,使得翻译批评在否定性,甚至是破坏性中无法发挥其建设性作用,也就失去了翻译批评存在的最大价值。因此,必须以理性的目光辨证地看待标准与理想之间的关系,充分关注翻译批评的科学性和可操作性,克服标准的虚无化和神秘化。

2. 互补性。如前文所说,近二十多年来,翻译批评取得了长足发展,以“信”为单一标准的批评已经被多维度、多视角的批评所取代,翻译批评呈现出多元化特征和趋势,而翻译批评标准的多元化本身就意味着翻译批评标准的互补性,正如郑海凌在介绍辜正坤的“多元互补论”时所言,“不同的翻译标准代表了译作价值的各个方面,每个标准各自发挥自己功能的同时,其实也就是在和所有的标准相辅相成,起着弥补其他标准缺陷的作用”[①]。同时,互补性也意味着翻译批评标准的建立应全面考虑翻译目的、翻译的社会文化价值以及文本形式、译作的可接受性等多种因素。

3. 历史性。翻译批评要坚持历史观,无论对翻译现象、翻译事件的考察,还是对翻译作品的文本评价,都应从特定的历史环境出发,充分关注不同的历史文化因素,因此,翻译批评标准也具有历史性,试图脱离时代背景,好高骛远地制定出一套适用于任何时期、任何年代的标准是不切实际的,是违背批评活动的本质的。焦菊隐在《论翻译批评》一文中就翻译批评标准的厘定问题非常中肯地指出,“给翻译批评指出一个原则性的方向,决不是主观地订立一个过高或过低的标准,而是要在今天中国翻译界的一般水平上,从一般严肃的翻译工作者的集体经验中,归纳出一个切乎现阶段实际情况的标准,本着扩大翻译工作影响的目的,作为从普及的基础上提高翻译界现阶段水平的指南。”[②]焦菊隐的这段颇有见地的论述告诉我们,翻译批评标准并非是“主观性”的产物,

---

① 郑海凌著《文学翻译学》,文心出版社,2000 年,第 107 页。

② 参见陈福康著《中国译学理论史稿》,上海外语教育出版社,1992 年,第 369 页。

其建立的原则是"衡之事实",不可"过高或过低",其建立的关键在于通过"归纳"使之符合"现阶段实际情况",而所谓"事实"、"实际情况"等总是与特定的时代背景、历史因素息息相关的。

4. 发展性。翻译批评标准不可能是永恒不变、静止不前的,而是处于不断修订、不断丰富、不断完善的动态发展过程中。不仅语言、意义(观)和审美观在发展①,对翻译活动的认识,对翻译价值的理解,对翻译社会功用的要求也处在不断的发展、变化之中,可以说,批评标准的发展性是由翻译批评的本质所决定的。

6. 翻译批评的原则

与文学批评一样,只有当"批评是什么"、"为什么批评"、"如何批评"等问题能够得到回答的时候,翻译批评自身的形象才能得以确立,而要解决"如何进行翻译批评"的问题,除了必须建立翻译批评标准之外,另一个重要前提就是确立翻译批评的原则。关于翻译批评的基本原则,不少翻译家和翻译研究者都提出过各自的看法,既有感悟式的散论,也有比较深刻系统的论述。在于上个世纪 90 年代出版的《文学翻译批评研究》一书中,笔者曾就文学翻译批评提出了四条原则性意见:1. 不仅要对翻译的结果进行正误性的判别,更应重视对翻译过程的深刻剖析。2. 要突破感觉的体味,注重理性的检验。3. 应该将局部的、微观的批评与整体的、宏观的评价有机地结合起来。4. 应该注意发挥积极的导向作用,建立起新型的批评者与被批评者之间的关系。② 其中,第一条强调翻译批评不仅要以静止的翻译文本,更应以动态的翻译过程作为分析对象,通过对整个翻译过程及其中各种要素之间相互作用的考察,对翻译作品进行全面的分析与评价。第二条强调翻译批评应该理性化、客观化,不能仅仅立足于个人兴趣的言说。第三条强调翻译批评既要有局部分析,又要有整体把握,应把微观批评与宏观批评结合起来。第四条指出翻译批评的价值应体现在其导向性与建设性上,批评的态度应该是善意的。除此之外,喻云根、刘宓庆、杨晓荣、文军等人也在这方面作过较为深入的思考。

在喻云根主编的《英美名著翻译比较》的"编者的话"中,编著者明确指出了该书采用的五条翻译评析原则:1. 既要有正误性的评判,又

---

① 刘宓庆著《翻译与语言哲学》,中国对外翻译出版公司,2001 年,第 521 页。

② 许钧著《文学翻译批评研究》,译林出版社,1992 年,第 33～42 页。

要有对翻译过程的解剖。2. 既要有文学欣赏的感觉体味，又要有语言分析的理性检验。3. 既要有局部分析，又要有整体评价。4. 多视角、多学科地对译文全面透视。5. 评析时，既要实事求是，又要与人为善。[①] 喻云根这五条翻译批评原则与笔者的观点有相当的一致性，只是补充强调了必须在多学科的语境中从不同维度对译作进行全面剖析。

刘宓庆在《翻译与语言哲学》中为翻译批评确定了三项基本原则，并指出这三项原则关乎"翻译批评事业的健康发展"：1. 翻译批评应该是积极的、进取的。2. 翻译批评应该"对人不对事"，其对象是文本、译作，而不是译者其人。3. 翻译批评所依据的应当是翻译者"第一手的"、全部(全文性)译作，不应根据转述、转引的间接材料或摘引片断即下结论。[②] 其中，第一项涉及翻译批评的态度，"积极的"批评指实事求是的分析和全面客观的评判，"进取的"批评强调翻译批评的建设性。第二、三项既与翻译批评的对象，也与翻译批评的态度有关。

杨晓荣在《翻译批评导论》中综合各家之言，把翻译批评原则归纳为三条：1. 翻译批评应该是善意的、建设性的，即应是平等待人、与人为善，体现对译者的理解。2. 翻译批评应是全面的、整体的、本质的、历史的，不以偏概全，不片面、不偏颇。3. 翻译批评应是实事求是的，要客观，要有根据，要讲道理，不凭印象妄下断语，也不迷信权威，要实际而不空泛，深入而不肤浅。[③] 这三条原则分别从态度、视野和方法三个层面对翻译批评的原则进行了总结。

在《科学翻译批评导论》中，文军提出了"对各种具体翻译批评方法具有指导作用"的翻译批评方法论原则：1. 客观性原则，指对某一译作的评价，不仅要针对译品本身，考虑翻译中可能涉及的语言问题、文化问题等，同时还应针对该部作品的译者是在什么时期、什么条件下进行翻译的。客观性原则还指批评的态度和译评的笔触应公正客观。2. 综合性原则，指翻译批评一方面要明确自己的主要研究目的，与此同时，为完成研究目标，则必须在研究中采用多学科、协作攻关的方法。3. 层次性原则，指翻译批评应根据批评对象和批评实践的不同层次有重点地进行，以保证批评言之有物，同时又作为译评系统的一个要素，不断充实该系统。4. 归纳—演绎结合的原则，指评论者应从具体译作

---

① 喻云根主编《英美名著翻译比较》，湖北教育出版社，1996 年，第 1～3 页。

② 刘宓庆著《翻译与语言哲学》，中国对外翻译出版公司，2001 年，第 513 页。

③ 杨晓荣著《翻译批评导论》，中国对外翻译出版公司，2005 年，第 28 页。

的具体问题中总结出经验教训，再进行理论升华；或者用已升华了的一般理论，来分析、评述译作中的具体问题。[①] 从以上论述中可以看出，“客观性”是从事翻译批评工作应该遵循的首要原则，主观臆断、以偏概全的态度是翻译批评的大忌。“综合性”考虑到批评对象的复杂性，要求翻译批评合理借鉴其他相关学科的理论资源。“层次性”认为翻译批评必须重点突出，只有如此才能使评价更有深度，避免泛泛而谈。“归纳—演绎结合的原则”强调翻译批评中理论与实践相互促进的关系。

王宏印在《文学翻译批评论稿》中为翻译批评确立了五项原则，分别是客观性原则、全面性原则、准确性原则、简洁性原则（又称为“经济性原则”）和一贯性原则。[②] 其中，前三项原则比较容易理解，分别强调翻译批评中应力求避免主观性、片面性和模糊性。第四项原则既针对语言论述本身，也涉及思维的简洁性问题，要求翻译批评思路明确、言简意赅。第五项原则主要指批评研究本身的稳定以及观点、理论的一致和协调。

从以上的回顾与分析中可以看出，在翻译批评理论与实践的发展过程中，人们以各种论说方式，从不同角度对翻译批评活动提出了形形色色的规范和原则，但仔细比较之后不难发现，各家观点在很大程度上具有相似性。概括来说，批评的对象、方法、视野、态度等内容是确立翻译批评原则必须关注的重要方面，只有这样，翻译批评的合理性、有效性与科学性才能得以保证。基于这样的认识，我们认为，开展翻译批评应当遵循以下原则：

1. 翻译批评不仅要对翻译结果进行评价，更应重视对翻译过程的剖析及对翻译主体的关注。对翻译结果的评价应立足于文本分析，对翻译过程和主体的关注则应从翻译立场、翻译方案和翻译视界三方面来考察。

2. 翻译批评应合理借鉴其他各相关学科的理论资源和研究方法对翻译活动进行多学科的阐释与评价。这是由翻译理论研究的跨学科特点所决定的，在《中国译学理论史稿》的“引言部分”，陈福康曾指出，“翻译理论本身是一个综合的、开放的系统，它与许多学科与艺术的门类息息相通，从语言学到文艺学、哲学、心理学、美学、人种学、社会学乃

---

① 文军著《科学翻译批评导论》，中国对外翻译出版公司，2006年，第154～157页。

② 王宏印著《文学翻译批评论稿》，上海外语教育出版社，2006年，第120～122页。

至数学、逻辑学和新起的符号学、信息学等等，都有关系”①。在上述列举中我们还可以再加入文化学、传播学、解构主义研究、后殖民研究、女性主义研究，甚至环境主义学说等等，近年来，翻译学作为一门新兴的、不断发展的学科越来越显示出综合性和跨学科性。可以说，对相关学科尤其是文学批评理论的观点和术语的借鉴有助于拓展翻译批评研究的理论视野和实践途径。然而，在鼓励跨学科研究的同时，必须着重强调借鉴的合理性与有效性，避免浮躁空泛之风，避免肤浅的概念卖弄，否则，所谓的跨学科研究只能徒有虚名，而无法对翻译批评研究产生切实、有效的积极作用。

3. 翻译批评既要对译作进行整体评价，力求全面公允，不以偏概全，又应重点突出，不泛泛而谈。“如果每一篇翻译批评，都有一定的重点，并且提出了适当的解决办法，或经过大家讨论得出了适当的解决方法，那就可以推进翻译工作”②，董秋斯对翻译批评提出的这一要求在今天看来仍是相当有价值的。

4. 翻译批评应有开阔的历史、文化视野，具体而言，一是坚持历史发展观，将翻译现象、翻译事件和具体文本置于一定的历史环境中加以考察；二是坚持文化观，从文化交流的高度评价翻译史和具体翻译活动中诸如翻译选择、文化立场、价值重构等重要问题。

5. 翻译批评应以建设性为其根本属性，真正肩负起对翻译实践的监督、指导和促进作用。首先，“建设性”意味着翻译批评要具有客观性，不能仅凭主观印象和感受便妄下结论，导致所谓“印象主义的批评”，也不能仅仅立足于文本，以翻译的结果为惟一考察对象，导致所谓“文本比较批评”，而应在感性体味与理性分析相结合的基础上，对翻译活动进行客观的、实事求是的评判，既有对翻译文本的评价，又重视对翻译过程的剖析及对翻译主体的关注。翻译批评的客观性还要求批评者必须具有求真务实的精神，力求避免“鼓吹式”和“挑错式”的批评。在《六说文学批评》中，蒂博代指出，批评真正的高层次职能不是批改学生的作业，而“在于放弃那些毫无价值的作品，在于不仅要理解杰作，而且要理解这些杰作里面自由的创造冲动所包含的年轻和新生的东西”③。同样，鲁迅也说过，“批评家的职务不但是剪除恶草，还得灌溉佳

---

① 陈福康著《中国译学理论史稿》，上海外语教育出版社，1992 年，第 2～3 页。

② 陈福康著《中国译学理论史稿》，上海外语教育出版社，1992 年，第 364 页。

③ 蒂博代著《六说文学批评》，赵坚译，三联书店，2002 年，第 126 页。

花”。可以说，与文学批评一样，翻译批评若要真正实现其高层次功能，就应当既不一味地寻美，也不一味地求疵，而是在充分考虑历史、文化因素的基础上，通过实事求是的分析和全面客观的评判，完成批评的鉴赏、阐释和评论三重功能，真正促进翻译作品与普通读者之间的理解和心灵沟通，保证翻译的价值和批评自身的价值得以实现。其次，“建设性”要求翻译批评应是善意、宽容的，批评者与被批评者之间应是平等的、相互理解和尊重的关系。十全十美的翻译本不存在，批评“首先是一种理解和同情的行为”①，这里的“同情”取“认同”之意，乔治・布莱也说过，“没有两个意识的遇合就没有真正的批评”②，而理解和认同正是在平等与尊重的基础上才有实现的可能。但“善意、宽容”和“理解、认同”不能被错误地理解为只说“好话”，不说“坏话”，杨晓荣在论述翻译批评的基本原则时指出，“翻译界这种只说好不说坏的风气不是一种孤立的现象”，并引用了语言学者姚小平的一段颇耐人寻味的话：“我们语言学评论界有一种要不得的传统，就是多讲好话，多讲不偏不倚的话。对名家尤其如此。往往只有对故世的名家，才敢行批评之事。这跟西方评论界的传统，好像正相反。其实，只有当一个人在世时对他提出批评，才是对他的尊敬，而在他死后进行鞭挞，那才残忍得很。”③多表扬和吹捧而少深刻剖析和批评，这对任何形式的评价而言都是“要不得”的，这就要求批评者必须树立明确的责任意识，以确保翻译批评的价值得以实现。

（本文系与刘云虹合作）

---

① 蒂博代著《六说文学批评》，赵坚译，三联书店，2002年，第24页。
② 蒂博代著《六说文学批评》，赵坚译，三联书店，2002年，第25页。
③ 杨晓荣著《翻译批评导论》，中国对外翻译出版公司，2005年，第29页。

文化多样性与翻译的使命

2001年11月,联合国教科文组织大会于巴黎通过了《世界文化多样性宣言》,该宣言的第六条明确指出:“[……]表达的自由、传媒的多元、语言的多元、艺术表现和科技知识的——包括数字形式的知识——平等分享,以及各种文化在使用各种表达与传播手段方面拥有机会,这是文化多样性的保证。”[①]近几年来,随着世界化进程的加快,面对经济一体化的强劲势头,关于维护“文化多样性”的呼声越来越高。联合国教科文组织发表的《世界文化多样性宣言》正是回应了这一呼声,将“文化多样性”的问题提高到事关世界各民族的相互交往、相互交流和世界和平建设的高度来认识。对于这一个重要的宣言,中国政府和法国政府以实际行动予以热烈响应,中法政府互办文化年就是一个旨在促进不同文化之间的平等对话和交流,维护文化多样性的具有典范意义的创举。法国文化与传播部长让-雅克·阿亚贡在法国中国文化年开幕式上的讲话明确地表达了“法国坚决捍卫文化多样性”的立场,并指出“中国加入文化政策国际网络,证明中国对文化问题的观点与法国一致。因此,中国支持联合国教科文组织通过关于文化多样性的公约。今年12月,将在北京举行亚欧会议,为我们继续探讨这一主题提供了机会。然而,我深知,要实现文化的多样性,仅有这些努力是不够的,我们还应该同时推进国家、地区和文化团体间的文化交往。”[②]确实,维护文化多样性,是一项十分艰巨的任务。而要维护文化多样性,“语言的多样性”是一个首要的条件。问题是,不同民族之间的相互交流实际上存在着“语言的障碍”,那么,既要克服语言的障碍,又要维护“语言的多样性”这一看似具有悖论的、事关维护文化多样性的重任,该如何承担呢?本文试图在世界化的语境下,从维护文化多样性的角度出发,就翻译的精神与使命作一思考与探讨。

---

① Oustinoff, Michaël. La traduction. Paris: Presses universitaires de France. 2003. p.117.

② 让-雅克·阿亚贡《在法国中国文化年开幕式上的讲话》,李克勇译,《法语学习》2004年第1期,第9页。

一　文化多样性与语言多元

根据联合国教科文组织大会第三十一届会议上通过的《世界文化多样性宣言》，文化多样性是人类共同的遗产。宣言第一条明确指出："文化在不同的时代和不同的地方具有各种不同的表现形式。这种多样性的具体表现是构成人类的各群体和各社会的特征所具有的独特性和多样化。文化多样性是交流、革新和创造的源泉，对人类来讲就像生物多样性对维持生态平衡那样必不可少。从这个意义上讲，文化多样性是人类的共同遗产，应当从当代人和子孙后代的利益考虑予以承认和肯定。"从第一条中，我们可以清楚地看到三点：首先是文化多样性是人类各群体和各社会的特征所具有的"独特性和多样化"，反言之，抹杀或破坏了文化多样性，即抹杀或破坏了人类各群体和各社会的独特性；其次，文化多样性是"交流、革新和创造的源泉"，进一步说，丧失了文化多样性，也就切断了人类各群体和各社会交流、革新和创造的源泉；再次，应从人类发展的角度把文化多样性当作人类共同遗产来加以维护。

对于文化多样性的问题，联合国前秘书长布托-加利先生有着非常深刻的思考。2002 年 5 月，加利先生访问南京大学，在接受南京大学名誉博士学位的仪式上，发表了题为《多语化与文化的多样性》的重要演讲。我们知道，加利先生于 1991 年底当选联合国第六任秘书长，在五年任期期间，不懈地致力于世界民主化和世界和平的伟大事业，为人类的发展做出了杰出贡献。基于他对世界化进程的清醒的认识，他对文化多样性问题予以了特别的关注。他在演讲中从多个方面对世界化进程与文化多样性、文化多样性与语言多元、文化多样性与世界民主化、语言多样化与和平文化的关系作了透彻的分析。其中有三点特别重要。

第一，世界化进程对文化产生直接影响，有可能危及文化多样性。加利认为，世界化并不仅仅局限于商贸往来或信息交流方式的全球化。从"世界化"这个词的最广泛的含义来看，它首先对文化产生直接的影响，这种影响有时可能是非常危险的。他在演讲中这样说道："也许，大家并不都知道，每两个星期就会有一种语言从世界上消失。随着这一语言的消失，与之相关的传统、创造、思考、历史和文化也都不复存在。是否应该将这种现象视为一种必然呢？是否应该认定世界化必然会导致语言与文化多样性的消亡呢？是否应该屈从于惟一一种语言的霸权呢？我的回答是：不！”[①]世界化的进程是历史发展的必然，它是不可避免和不可阻挡的。世界化进程积极的影响有目共睹，但其隐含的消极影响却有可能在人类的漠然与麻木中酿成人类的悲剧。在这里，加利把语言的问题提到了事关人类文化、历史的存亡的高度来加以认识。对于这一点，法国政府的认识也是极为清醒的，1999 年 9 月，法兰西共和国总理若斯潘访华，在访沪期间，法方邀请中文各界人士数十名在法国人设计的上海大剧院会面。在见面会上，笔者曾针对若斯潘总理在演讲中所强调的“文化价值”的问题，向他发问：“文化与语言密切相关，面对世界的‘英语化’和全球经济的‘一体化’，法国政府何以维护法语的地位，又何以发扬光大法兰西文化？”他没有直接回答笔者提出的问题，而是作了一个原则性的思考：一个民族语言的丧失，就意味着这个民族文明的终结。任何一个维护民族文化价值的国家都不会听任自己的语言被英语所取代。而对世界来说，经济可以全球化，甚至货币也可以一体化，而文化则要鼓励多元化。若斯潘所代表的法国政府对于文化多样性的认识与加利的认识是完全一致的，与联合国教科文组织大会通过的《世界文化多样性宣言》的认识也是一致的。那么又如何维护文化的多样性呢？这便涉及到加利提出的第二点，那就是：语言多元是维护文化多样性的一个基本条件。加利认为，语言多元与文化多样性是两个密切相连的概念。首先，语言和文化的多样性都是丰富的人类遗产中不可分割的一部分；其次，文化的多样性必须以语言的多元为基本条件。根据《世界人权宣言》第 27 条和联合国《经济、社会、文化权利国际公约》第 13 条和第 15 条，“每个人都应当能够用其选择的语言，特别是用自己的母语来表达自己的思想，进行创作和传播自己的作品”。（参见《世界文化多样性宣言》第 5 条）。如果说语言的不断消亡为一种必然，在世界化的进程中任凭世界英语化，任凭一门门语言消亡，那么其结果，就是越来越多的民族将丧失选择自己的母语来表达自己的思考的权利，由此便有可能造成“语言的霸权”。加利因此而提出了第三点：世界的民主与和平有赖于语言的多元与文化的多元。他的这一观点是基于他对语言的正确认识。在他看来，“一门语言，它所反映的是一种文化和一种思维方式。说到底，它表达了一种世界观。如果我们听凭语言的单一化，那将导致一种新型的特权群体，即‘话语’的特权群

① 布特罗斯-加利著《世界化的民主化进程》，张晓明、许钧译，南京大学出版社，2003 年，第 163 页。

体的出现!"[①]为避免这一点，他强调数十万个决策者的世界必须是数十亿的地球居民共同参与的世界。而地球上的居民与他们的身份、文化和语言密不可分。要帮助他们相互接受各自的文化与语言，而不是像技术官僚那样，走单一的语言的捷径。就此而言，我们可以明确一点，那就是语言的单一化会导致语言霸权，语言霸权有可能危害国际关系的民主化。对此加利明确指出:"只有在国际社会的各个权力层次都行动起来，只有保护语言和文化的多样性，国际关系的民主化才能得以实施。因为，正如一国之内的民主必须依托于多党合作，国与国之间的民主也同样必须依托于语言的多样性。就此而言，国际组织中的所有正式工作语言都必须得到切实的尊重，这是至关重要的。因为，如果所有国家都说同一种语言，按照同样的方式思维和行动的话，那么国际范围内极有形成一种极权制度的危险。"[②]至此，我们结合《世界文化多样性宣言》和加利的观点，在世界化的背景之下，对文化多样性的内涵，语言多元与文化多样性的关系，以及语言与文化多样对世界和平与民主的重要性，作了简要的阐述与分析。那么翻译在多元的语境之下，该如何定位？应肩负怎样的使命呢?

二　文化多样性与翻译的精神及使命

翻译在多元文化的语境之下该如何定位？这一问题实际上涉及何为译，即我们对翻译本质的认识。而翻译应肩负怎样的使命，则涉及译何为，即翻译应发挥怎样的作用。在上文中，通过对文化多样性和语言多元关系问题的讨论，我们也许可以获得重要的启示，有助于进一步加深我们对翻译的本质和翻译的使命的认识。

近四十年的翻译研究先后经历了"语言学转向"和"文化转向"。每一次转向都为我们全面理解翻译、认识翻译提供了一种新的可能。而在这两次转向中我们对"语言"与"文化"这两个概念有了更为深刻的理解，如在上文中加利所强调的，语言所反映的是一种文化和一种思维方式;说到底，语言表达了一种世界观。在这里，语言不再被看作是一种操作性的被动的工具，而是具有能动的创造作用。英国学者斯图尔特·霍尔在对当今社会中语言的运作、文化的表象和意指实践进行了

① 布特罗斯-加利著《世界化的民主化进程》，张晓明、许钧译，南京大学出版社，2003年，第164页。
② 布特罗斯-加利著《世界化的民主化进程》，张小明、许钧译，南京大学出版社，2003年，第164页。

深入研究的基础上，曾这样指出："如今，语言是具有特权的媒介，我们通过语言'理解'事物，生产和交流意义。我们只有通过共同进入语言才能共享意义。所以语言对于意义与文化是极为重要的，它总是被看作种种文化价值和意义的主要载体。"①在霍尔看来，语言是在一种文化中表达思想、观念和情感的"媒介"之一，经由语言的表征对意义生产过程至关重要，而"文化首先涉及一个社会或集团的成员间的意义生产和交换，即'意义的给予和获得'。说两群人属于同一种文化，等于说他们用差不多相同的方法解释世界，并能用彼此理解的方式表达他们自己，以及他们对世界的想法和感情。文化因而取决于其参与者用大致相似的方法对他们周围所发生的事作出富有意义的解释，并'理解'世界。"②通过加利和霍尔的观点，我们可以进一步认识到，语言与文化关系密不可分。如果说语言是种种文化价值和意义的主要载体，那么恰如加利所说，一门语言的消失，"与其相关的传统、创造、思想、历史和文化也都不复存在"。如果一门语言就是一种世界观，是文化构建与理解世界的一种方式，那么一门语言的消亡，便意味着使用这一语言的人们丧失了理解世界的自然方式，丧失了表达思想、进行交流的方式，这无异于其存在方式的丧失。正是在这个意义上，我们把语言的多样性和文化的多样性视作是人类共同的遗产。维护一种语言的存在权，便意味着维护这一语言所承载的种种文化价值，意味着维护这一语言的人们表达思想，进行交流，创造文化，丰富人类文化的权利。

然而，当我们强调语言的多元的重要性的时候，我们同时意识到问题的另一面，那就是操不同语言的人们之间如何进行沟通与交流的问题。在这个问题上，人们曾经有过天真的想法：倘若天下共通一语，该为人类交流提供多大的方便呀！柴门霍夫当初创立世界语也许正是抱着这一善良、美好而天真的想法。可是，鉴于语言与文化之间的密切关系，鉴于语言在人的思维与文化创造中所具有的重要作用，语言在文化价值的构建中往往具有某种"特权"，于是，现实世界中不同的语言之间便构成了某种等级，事实上存在着强势语言与弱势语言之分。语言，便成了"斗争之场"，语言不可避免地便充当意识形态与政治的同谋。著

① 斯图尔特·霍尔著《文化表象与意指实践》，徐克、陆兴华译，见《文化和传播译丛》周宪、许钧主编，商务印书馆，2003年，第1页。
② 斯图尔特·霍尔著《文化表象与意指实践》，徐克、陆兴华译，见《文化和传播译丛》周宪、许钧主编，商务印书馆，2003年，第2页。

名的黑人女性主义理论家贝尔·胡克斯在《语言，斗争之场》一文中对语言和支配控制之间的关系进行了深刻的思考。她指出："标准英语不是被逐者的言语。它是征服和统治支配的语言。在美国，它是一副面具，遮蔽了众多土语的丧失：形形色色的本土社群的声音，伽勒语(Gullah)、意第绪语(Yiddish)，以及其他许多未被记住的土语，我们永远也听不到了。"[①]她认识到压迫者利用英语对她的伤害，认识到压迫者"如何将英语形塑为一个设定限制、作出界定的领域，如何使英语变成一种羞辱、作践、殖民的武器"。[②] 胡克斯的这一观点也许过于激烈，但是，无论是从英语与美国境内的其他土著语言的实际关系看，还是从当今世界中英语与其他民族语言的关系看，我们都不能不警惕英语真的成为一种"羞辱、作践、殖民的武器"这一危害的出现。

在经济全球化、一体化进程不断加快的情况下，要充分注意到维护语言多元和文化多样性的重要性，为此，要特别警惕在中外文化交流中出现的某种特权语言和"文化霸权主义"的倾向。德里达认为，翻译就是"那在多种文化、多种民族之间，因此也是在边界处发生的东西"，当他对欧洲中心主义权威、国家-民族权威进行质疑与解构时，首先遭遇的就是"翻译的问题"。没有在多种文化的接触、碰撞中起沟通作用的翻译，就无法保证世界各民族文化的共存、交融与发展。而目前，某些国家以强大的经济势力为基础，以经济利益为诱饵，在推动经济一体化的过程中，谋求强势文化的地位，甚至表现出十足的"文化霸权主义"。在这一方面，"英语"的日益国际化看似为交流提供了某种便利，但实际上是在削弱着处在弱势地位的一些民族文化。殊不知一个民族语言的丧失，便意味着其文化的消亡。在全球化的进程中，我们不能以牺牲民族语言为代价，仅仅"用英语"去谋求与外部世界的交流。相反，在对外文化交流中，我们要坚持使用与发扬中国语言，同时，培养更多的翻译人才来满足日益频繁的国际交往。在这一方面，欧盟的做法有借鉴意义，经济可以一体化，货币也可以一体化，但为了维护文化的多样性，在各种交流中，欧盟鼓励各国使用自己的民族语言，其意义是深远的。多年来一直呼吁维护多元文化价值的欧盟诸国的翻译界，特别强调要充

① 贝尔·胡克斯《语言，斗争之场》，王昶译，见许宝强、袁伟《语言与翻译的政治》，中央编译出版社，2002，第108页。

② 贝尔·胡克斯《语言，斗争之场》，王昶译，见许宝强、袁伟《语言与翻译的政治》，中央编译出版社，2002，第101页。

分发挥翻译在维护文化多样性方面所起的作用，是非常值得我们重视的。

警惕语言的单一化，维护语言的多元和文化的多样性，这对国际关系的民主化和世界和平无疑是至关重要的。我们在上文已经谈到，联合国前秘书长加利非常看重多语化，是因为他把语言的多样性当作是促进一种真正的和平文化的根本途径。当他得知笔者多年来一直从事翻译理论研究与翻译教学工作时，他认为这项工作极为重要，并欣然为笔者当时正在撰写的《翻译论》一书写下了这样几句话："翻译有助于发展文化多样性，而文化多样性则有助于加强世界和平文化的建设。"加利的这几句话，可以说是从跨文化交流的高度对翻译的使命作了本质的界定。正是在加利的这一思想的启迪下，笔者在《翻译论》一书中对翻译的本质、翻译的精神与翻译的使命作了更进一步的思考，现不揣冒昧，择要提出其中的几点，与同行一起探讨。

1. 翻译是一项跨文化的交流活动。翻译在世界文明进程中扮演着重要而独特的角色。社会的发展、文化的积累和丰富与文明的进步是紧密结合在一起的。就我们对翻译本质的认识而言，近三十年来，随着翻译研究的不断发展，翻译文化意识的日益觉醒，人们对翻译的认识与理解也不断深入与提高。当翻译界渐渐达成共识，以"跨文化的交流活动"来对翻译进行定义时，这也就意味着我们应该从文化的高度去认识翻译，去理解翻译。季羡林在为《中国翻译词典》所写的序言中明确指出："只要语言文字不同，不管是在一个国家或民族（中华民族包括很多民族）内，还是在众多的国家或民族间，翻译都是必要的。否则思想就无法沟通，文化就难以交流，人类社会也就难以前进。"①基于这一认识，我们可以说，翻译是因人类相互交流的需要而生，从这个意义上说，寻求思想沟通，促进文化交流，便是翻译的目的或任务之所在。如果说翻译以克服语言的障碍、变更语言的形式为手段，以传达意义、达到理解、促进交流为目的，那么把翻译理解为一种人类跨文化的交流活动，应该说是一个正确的定位。从这一定位出发，我们便不难理解翻译在人类文化发展进程中所起的作用了。

2. 维护文化多样性，建设世界和平文化，需要翻译活动所体现的开放与交流的文化心态。人类的社会始终处于不断发展的状态之中，

① 季羡林《中国翻译词典序》，见林煌天主编《中国翻译词典》，湖北教育出版社，1997，第1页。

而人类社会越发展,越体现出一种开放与交流的精神。人类社会想要走出封闭的天地,首先必须与外界进行接触,以建立起交流的关系,向着相互理解共同发展的目标前进。不同民族语言文化之间的交流,是一种需要。任何一个民族想发展,必须走出封闭的自我,不管你的文化有多么辉煌,多么伟大,都不可避免地要与其他文化进行交流,在不断碰撞中,甚至冲突中,渐渐相互理解,相互交融。而在这样一个过程中,翻译始终起着重要的作用。无论是东方还是西方,一部翻译史,就是一部生动的人类社会的交流与发展史。社会发展到今天,随着全球经济一体化的步伐的不断加快,世界各国间的科技、经济、文化等领域的交流日渐频繁,对翻译的需要越来越多,翻译的重要性也日渐凸现。[①]

3. 在翻译活动中,要以平等的态度去善待各种不同的语言。从理论上讲,世界上的各种语言都具有同等的表达力,在这个意义上,我们也可以说,世界上的各种语言也都具有同等的翻译能力。奈达曾经提出,翻译中有些基本问题的产生,是由于人们对原语和译语抱有错误的观点。为了修正传统的观点,他提出了几条重要的原则:一是语言各有所长。每一种语言都有独特的词法、语序、遣词造句方法、话语标记以及各种特殊的语言形式。每种语言也都有丰富的词汇以表达民族和文化的特征。二是各种语言具有同等表达力。但也必须看到,语言之间不存在完全一致的对等关系和对应关系,因此在翻译中不可能做到"绝对准确"的翻译。三是翻译必须尊重语言各自的特征。奈达认为,译语中如果出现某种缺陷,翻译者不应抱怨,而应尊重它的特征,尽可能地挖掘它的表达潜力。[②] 谭载喜对奈达提出的这几条原则曾给予了高度的评价,认为奈达"帮助创造了一种用新姿态对待不同语言的文化的气氛,以增进人类相互之间的语言交流和了解"[③]。在我们看来,奈达的这些观点,具有重要的启迪和指导价值。法国释意派理论创始人之一塞莱丝柯维奇虽然对奈达的翻译理论有过很多不同的看法,但在语言的翻译能力问题上,与奈达的意见是一致的。她曾在许多不同场合强调过她的看法:对世界上的任何一门语言来说,凡是能表达的,就是可翻译的。鉴于这几点,在翻译研究中,我们要特别关注影响翻译活动的各种因素,关注翻译活动与政治,与意识形态的关系,关注翻译活动在人

① 许钧著《翻译论》,湖北教育出版社,2003,第 200 页。

② 参见谭载喜编著《新编奈达论翻译》,中国对外翻译出版公司,1999,第 2～4 页。

③ 谭载喜编著《新编奈达论翻译》,中国对外翻译出版公司,1999,第 XXII 页。

类跨文化交流活动中所担当的角色。

4. 发扬翻译精神，勇敢地肩负起历史赋予翻译的使命。程章灿在《翻译时代与翻译精神》一文中指出：这是一个翻译的时代，在我们生活的几乎每一个角落，都能见到翻译的身影，网络技术更进一步将“地球村”中的众声喧哗以“同声传译”般的速度传送到我们的耳鼓。我们吸收着翻译带给我们的新思维和新知识，我们随着翻译而进入一个新的世界。在这个世界，翻译不仅是不同世族语言之间的相互沟通理解的方式，也是不同文化和文明之间相互沟通理解的方式。[①] 就我们对翻译的理解，从本质上看，翻译的社会性重交流，翻译的文化性重传承，翻译的符号转换性重沟通，翻译的创造性重创造，而翻译的历史性重发展。交流、传承、沟通、创造与发展，这五个方面也恰正构成了翻译的本质价值所在，从某种意义上，它们也是翻译精神之体现。而发挥这一翻译精神，便有可能承担起加利所希望的“发展文化多样性，加强世界和平文化建设”的历史使命。

结　语

在世界化进程不断加快的今天，我们应该关注语言问题，从跨文化交流，国际关系民主化和世界和平文化建设的高度去认识语言的多元与文化多样性的关系，去理解翻译在当今世界所肩负的历史使命。

（原载《中国翻译》2005 年第 1 期）

① 程章灿《翻译时代与翻译精神》，《文汇读书周报》2004 年 6 月 18 日，第 9 版。

关于翻译理论研究的几点看法

最近一个时期，我国翻译理论界仿佛陷入了反思的困惑和阵痛之中，有人惊呼译论研究走入了死胡同，呼吁摆脱语言学的樊篱，寻找构建翻译学的有效途径[①]；有人号召译界人士"丢掉幻想，揭破'翻译(科)学'的迷梦"[②]；更有人私下断言翻译无规律可言，任何构建翻译学的努力都是无益的。本文不拟就这些观点展开深入的讨论，只想在对我国近年来译论研究有个基本估价的基础上，指出目前译论研究值得注意的几个倾向，并就今后译论的探索在原则、方法和重点等方面提供一些参考意见。

一 对我国近期译论研究的基本估价

应该说，近十五年来，我国译论研究有了长足的发展，其成果是有目共睹的。杨自俭和刘学云共同主编的《翻译新论》[③]是这一时期译论研究成果的一次富有说明力的展现。江西教育出版社的译论丛书也从一个侧面反映了我国学者在翻译理论研究这一领域内辛勤耕耘所获得的成果。关于这一时期译论研究的整个概貌和特点，杨自俭教授在《论我国近期的翻译理论研究》[④]一文中已经从"各类文体翻译研究"、"译学本体论研究"和"跨学科研究"等三个层次作了较为系统、中肯的论述和评价。穆雷也在《外国语》撰文，就中国翻译理论研究的现状谈了自己的看法，对我国翻译理论工作者所作的可贵努力给予了充分肯定[⑤]。然而，也有一些译界人士表达了不同的看法，劳陇先生在《丢掉幻想 联系实践——揭破"翻译(科)学"的迷梦》一文中明确指出："今天我们翻译界的实际情况是：一方面大量进行盲目的实践，另一方面则不断制造空洞的理论"[⑥]。香港岭南学院翻译系的张南峰先生在分析了目前翻译

---

① 张南峰《走出死胡同，建立翻译学》，《中国翻译》1995 年第 4 期，第 15～17 页。
② 劳陇《丢掉幻想联系实践——揭破"翻译(科)学"的迷梦》，《中国翻译》1996 年第 2 期，第 38～41 页。
③ 杨自俭、刘学云主编《翻译新论(1983—1992)》，湖北教育出版社，1994 年 7 月。
④ 杨自俭、刘学云主编《翻译新论(1983—1992)》，湖北教育出版社，1994 年 7 月，第 1～19 页。
⑤ 参见穆雷《中国翻译理论研究现状及展望》，《外国语》1995 年第 4 期。
⑥ 劳陇《丢掉幻想联系实践——揭破"翻译(科)学"的迷梦》，《中国翻译》1996 年第 2 期，第 41 页。

理论研究界出现的一些基本倾向后，认为“翻译的语言学派把翻译视为一门精确的科学，集中研究语言系统的差异、语言形式的转换，从而归纳出一些诸如语态转换、词性转换、增词减词之类的所谓翻译规则，企图以这些机械化的手段达到最大限度的对等——字与字、句与句的对等，却回避了文化差异、翻译动机、译文用途等重要问题”①。据此，他借用西方学者（Holmes，Snell-Hornby）的话，说“语言学派的翻译研究已经走进了‘死胡同’”。同时，他指出：“至于文学派，由于他们翻译的主要是经典作品，原文在他们的心目中有神圣的地位，因此，他们往往把忠于原文看作天经地义的、至高无上的标准，并且把这个标准套在其他一切类型的翻译上面，结果，他们也同样忽视了文化差异、翻译动机、译文用途这些可能会令译文偏离原文的因素，同样走进了一条死胡同”②。劳陇和张南峰先生的观点是否正确，这里不拟作出结论。不过，我们注意到，他们在各自的文章中，都强调了理论联系实践的重要性，认为理论应该来自于实践。同样，我们反思与总结我国近十几年来所进行的译论研究，也必须实事求是。应该说，在近十几年的翻译理论探索中，我们确实走过一些弯路，比如在介绍与引进西方译论研究的成果中，有的人不下力气进行深层次的思考，引进新的观念，新的方法，而往往限于表层次的借鉴，热衷于新术语的借用，导向“术语的泛滥和思想的贫乏”③。结果由于缺乏新的思想、新的视野，可行的探索，可借鉴的方法，而使“翻译学”蒙上了“空洞”的阴影。翻译作为人类文化交流最古老最复杂的活动，几千年来一直争论不休的一些基本问题，我们不可能指望在很短的一个时期内就达到科学的认识，将之纳入“科学”的轨道，轻而易举地构建起系统的“翻译学”。但同样，我们也不能因为这十几年来的可贵探索遇到了一些问题，没有获得突破性的进展，就断言译论研究是走入了死胡同，或断言翻译学只是一个永远无法实现的迷梦，必须丢掉幻想。实际上，若我们留心一下我国近十几年来译论界所作的努力，不难看到我们所走的是一条曲折前行的路，虽有这样或那样的问题，但是在不断地前进着。从大的方面看，首先，译论工作者的理论意识明显增强了，这不能不说是摆脱“盲目的实践”的一条重要途径；其次，研究

① 张南峰《走出死胡同，建立翻译学》，《中国翻译》1995 年第 4 期，第 16 页。

② 张南峰《走出死胡同，建立翻译学》，《中国翻译》1995 年第 4 期，第 16 页。

③ 参见许钧《关于翻译理论研究的思考——兼评张泽乾著〈翻译经纬〉》，《中国翻译》1995 年第 5 期，第 50～53 页。

的视野更为开阔了，并没有只限在所谓的“语言学派”或“文艺学派”的死胡同里制造空洞的理论；再次，译论研究的方法也在不断地丰富与改进。正是因为有了译论工作者的不断努力和不断进步，我们的译论研究领域在渐渐地扩大，译论研究的成果在慢慢得到学术界的承认①，翻译理论研究也一步步跻身于我国“哲学、人文、社会科学研究”的大雅之堂②，长期以来一直处在边缘的地位，被排斥在“科学研究”大门之外的翻译研究，在历史上终于开始拥有自己的一席之地③。在目前看似“静寂”的翻译理论研究界，有一大批不甘寂寞的译论研究工作者，他们根据各自明确的研究方向，以清醒的头脑，勇敢的探索精神，在默默地耕耘。相信在今后的几年里，会有重要的研究成果问世。

二　目前译论研究值得注意的几个倾向

若留心一下目前国内译论研究动向，在看到译界同行所作出的各种努力和取得的宝贵成绩的同时，我们或许也不难发现一些对翻译学科的发展和建设不利的倾向，值得注意。

一是翻译文艺学派对语言学派的绝对排斥倾向。从最近一些翻译研究和外语教学的刊物所刊载的探讨翻译的文章中，我们特别注意到不少译论研究者明确地阐明自己的译论主张，将自己的观点鲜明地标为文艺学派。在译论研究上，有自己的明确的理论追求和主张，并以此为基础渐渐形成自己的理论体系，建立起自成一体的学派，应该是值得鼓励的事。然而问题是，翻译是一项复杂的活动，涉及多方面的问题，在对翻译的探索中，我们往往处在种种矛盾之中，如艺术与科学的矛盾，形式与内容的矛盾，创作和摹仿的矛盾，原作者与译者的矛盾等等，这诸多的矛盾使我们的研究也形成了一种二元对立，非此即彼的习惯，翻译的文艺学派和语言学派相互排斥，水火不相容。最近一段时期，译界又在谈“翻译是科学还是艺术”的问题，比如张经浩教授在最近出版的《译论》一书中就指出：“翻译不是科学，是技术或者艺术”，“翻译是科学的说法不能成立，而且翻译既是一门技术或艺术又是一门科学的说

---

① 一批译论研究成果获国家教委或有关省市的哲学社会科学优秀成果奖。

② 经过译界同仁多年努力和外语界、外国文学界有识之士的支持，译论研究开始受到科研管理部门的重视，翻译理论研究被正式列入国家社会科学基金资助研究课题指南和国家教委人文社会科学研究课题指南。尽管项目分类还不尽科学合理，但毕竟迈出了历史性的一步。

③ 参见许钧、王克非《近年国内立项的翻译研究课题评述》，《外语教学与研究》1997年第1期。

法也不能成立。其实,世界上根本就不存在既是技术或艺术又是科学的混合体”,①还说“正因为翻译不是遵从某些法规的机械性语言转换,而是需要创造力的语言再现艺术,人们原有的机器翻译设想才始终未能取得成功”。② 许渊冲教授在《谈重译——兼评许钧》一文中也明确地说:“我认为翻译是艺术……我要用艺术方法来解决翻译问题”。关于翻译是科学还是艺术,本世纪50年代,西方曾有过一场激烈的大争论,当时,争论双方的观点都有些极端化,语言学派如让-保尔·维纳和让·达尔贝勒纳认为翻译是一个真正的学科,具有自身特殊的技巧和问题,只有采用语言学的研究手段,才能科学地揭示出翻译的规律和本质,费道罗夫更是认为必须把翻译“列入语言学的范围”。文艺学派,如法国著名翻译家爱德蒙·加里认为“文学翻译不是一种语言活动,而是一项文学活动”,语言学对翻译研究毫无指导作用。后来随着争论的深入,不少学者都看到了双方观点都有失偏颇,如法国的乔治·穆南就明确指出:“这是两个极端,双方都仅仅看到一项至少包括两个方面的活动的一个方面”。他认为加里之所以否认语言学对翻译理论的任何辅助作用,是因为他把语言学的定义限制到了形式描写主义的狭隘范围。③ 在我们今天看来,50年代语言学派与文艺学派争论双方的某些观点的极端化与片面性是显而易见的。语言学对翻译研究的指导作用,是有目共睹的,如认为“翻译是艺术”的张经浩教授的新著《译论》就明显得到语言学的启示(如第六章到第十章,而且研究范围基本上没有超过句子),语言学的一些新成果,如语义场理论、语境理论、意义理论、修辞与文体理论,也给了许多翻译者包括文学翻译工作者以各方面的帮助。我们应该看到,20世纪的语言科学不仅仅给翻译,而且给哲学、美学及诸多人文学科各方面的影响与启示,我们应该以科学的态度予以承认,而不应该在翻译研究中,绝对排斥语言学的研究方法。

二是中西译论的相互排斥倾向。在本文的第一部分,我们谈到在近十几年来的译论研究中,我们走过一些弯路,如有的研究者一味推崇西方译论,而否定我国传统译论的价值,认为我国的传统译论没有科学的定义和统一的术语,更没有系统性,总之,是不科学的,而另有一些研究者则排斥西方译论,认为西方译论只能指导西方的翻译实践,对我国

---

① 张经浩著《译论》,湖南教育出版社,1996年10月,第11页。

② 参见该书许渊冲序,第4页,第5页。

③ 参见乔治·穆南著《翻译的理论问题》,伽里玛出版社,1963年,第14～16页。

的翻译实践没有指导价值。目前，这种中西方译论相互排斥的倾向仍然存在，甚至有越来越明显的趋势。我们认为，翻译研究应该与翻译实践相结合，诚如罗新璋先生所说，“任何一种翻译主张，如果同本国的翻译实践脱节，便成无本之木，无源之水，没有渊源的崭新译论，可以时髦一时，终难遍播久时”。但是，翻译作为人类的一项普遍性的文化交流活动，自然会遇到许多带有共性的问题，也会在几千年的翻译实践中，积累一些可以相互启发、相互借鉴的经验。在这个意义上说，翻译理论研究不能与本国翻译实践相脱节，并不就意味着对别国，别的民族的翻译实验或理论研究成果的排斥。实际上，从我国目前的译论研究状况看，我们对国外的译论了解和研究不是太多了，而是太少了，太片面了。平心而论，那些排斥西方译论的人们到底读过多少西方译论，有过多少研究？确实，限于经费和交流渠道的限制，我们以前只限于少数几位西方翻译理论家的成果介绍，对一大批观点不尽一致的，新的研究成果，如文学翻译理论，翻译诗学等介绍甚少。在今后的研究中，我们的视野应该更开阔些，把有借鉴作用的外国译论介绍进来，同时也要深入研究我国的传统译论，把我国在几千年的翻译实践中积累的一整套行之有效的经验向国外同行作介绍，促进中外译论的交流，而不应该相互隔绝，相互排斥。

三是翻译研究的片面性倾向。翻译研究涉及面很广，涉及的问题很多，对一些具体问题的专门研究不仅是应该的，而且是必然的。然而，翻译学科的建设并不是一些具体问题的专门研究成果的简单相加，需要有一种整体的意识，宏观的把握和理论的系统化。不然，翻译研究就有可能因支离破碎，缺乏系统化而丧失其科学性。前段时间，与南京大学张柏然教授谈到翻译学科的建设问题，他指出目前的“译论研究有一味分化，一味求细，带有繁琐哲学的味道”。实际上，除此之外，各类研究缺乏相互沟通，相互衔接的现象普遍存在。如研究翻译史，忽视对翻译理论的总结，只简单罗列翻译事实与介绍翻译人物；研究翻译理论，忽视对历史经验的反思；探讨翻译教学，缺乏对翻译基本理论的正确定位；探讨翻译的主体价值，忽视翻译主体与翻译活动其他因素之间相互依存或相互影响的关系的研究。这种片面的或缺乏整体观的研究倾向对翻译学科的建设无疑是不利的。

除上述的三个值得注意的倾向之外，我们还可以看到与此相关的一些问题，在《中国翻译》最近发表的一些论文，[①]如刘宓庆、杨晓荣等论述翻译研究的有关文章中，已有涉及或讨论，这里不拟赘述。

三 对今后译论研究的若干意见

鉴于我国目前译论研究的现状、出现的一些值得注意的倾向和存在的问题，我们在此提出若干原则性的意见，供同行们在今后的译论研究中参考。

1. 翻译是一项实践活动，其范围、形式和内容在不断扩展，20世纪以来，翻译现象比以往任何一个时期都更复杂，多样化了，在这个意义上说，翻译的内涵在不断扩大，我们对翻译的认识和科学定义要坚持发展的观念。

2. 翻译是历史的活动，翻译的能力是发展着的，随着社会的发展，随着不同时代对翻译提出新的要求，翻译的目的和功能会有变化，而任何方法都是视目的与功能而定的。我们研究翻译方法，不能固定其旧形式而一成不变，应该认识到，翻译是一个发展的过程，任何翻译方法都有相对性。

3. 翻译是复杂的文化交流活动，承担着精神交流的中介作用，译者的作用不可忽视，作为桥梁，翻译的首要职能是沟通。因此，面对作者和读者，面对出发语文化和目的语文化，读者应采取怎样的态度，应采取怎样的沟通方式，是翻译研究不可忽视的一个方面。

4. 翻译是多层次的活动，要认识翻译活动的本质，应该具有系统和层次的观点。对于翻译，特别是文学翻译的本质的认识，应克服片面性。20世纪50年代西方的"艺术派"和"语言学派"之争的历史经验，我们应该记取，应该看到翻译活动的跨学科和综合的性质，应鼓励从不同途径对翻译进行探索。译论研究不应只局限于概念分析，或局限于传统的翻译理论和经验之谈，而要广泛吸取各家各派，借鉴其他学科中有益的东西。但同时，要有翻译学科意识，维护翻译学科的独立性。

5. 翻译研究的科学性首先要求研究方法的科学性。应该重视翻译研究方法的研究。根据目前研究的成果，方法上似应重综合，重对比，重描述。但也鼓励大胆的假设，如翻译机制问题，不过，论证要谨慎，要有其他学科的科学依托。

---

① 参见《中国翻译》1996年第六期。

6. 翻译具有两重意义，一是静态的意义，指翻译的结果，二是动态的意义，指翻译的过程。翻译研究应该加强对翻译过程的动态研究。

7. 翻译不是一个从文本到文本的封闭过程，要跳出以往较为狭隘的视野，从历史、社会、文化等各个方面去认识翻译活动，解释翻译现象，不仅研究“怎么译”，更要注意探讨“为什么这么译”。

8. 翻译人才的培养有赖于翻译教学理论的探索和发展，翻译教学理论是翻译理论研究的一个重要组成部分，在这方面，应借鉴国外的有关成果，特别注重翻译质量评价系统的科学研究。

9. 译论研究应该走出象牙塔，关注文化、社会现象，争取更多的人关心翻译事业，思考翻译问题，如哲学家、社会学家、语言学家、作家等。更要注意搜集读者的意见，对读者的审美期待，文化价值取向等进行研究。

10. 要注意解决好理论与实践相脱节的问题。探讨翻译的客观规律，自然就以实践为研究对象，但不能过分机械地理解翻译理论对翻译实践的指导价值。其价值应该是多方面的，不仅仅表现在具体翻译活动的具体转换方法上，还应有助于人们从哲学高度去把握翻译实质，有意义地发挥翻译在人类交流和物质与精神建设中的作用。

11. 翻译理论体系的构建与翻译学科的建设是一项长期的任务，应进一步加强国内同行之间的联系，对一些重要的课题进行联合攻关。并加强国际同行之间的交流合作，互相借鉴，使译论研究向科学、系统的方向健康发展。

（原载《中国翻译》1997 年第 3 期）

探索、建设与发展

引　言

中华人民共和国成立 60 年来，翻译作为沟通中外的桥梁，在中国的政治、经济、外交、文化和科学等各个领域的迅速发展中，发挥了重要作用。我国的翻译研究和翻译学科建设工作也随着翻译事业的不断发展和日益繁荣，在不懈的探索中前进，在努力的建设中发展，取得了令人瞩目的成就。本文着力回顾、梳理 60 年来翻译研究在中国走过的路程，在反思、归纳、总结的基础上，继而明确在新的历史时期与多元文化语境中翻译所肩负的历史使命，指出中国译学研究应该着重关注的几个问题，并就进一步加强翻译研究和译学建设提出发展思路。

一　中国翻译研究的探索与发展之路

建国 60 年来，翻译研究和翻译学的学科发展之路经历了风风雨雨，大致可以划分为两个重要时期，即 1949 年至 1978 年的前 30 年和改革开放以来的后 30 年。翻译活动历来与国家、民族重大的政治、历史与文化事件相生相伴，与社会的发展密切相关。1949 年新中国诞生，迎来了中国翻译事业与翻译研究发展的新机遇。

1. 社会的进步促进了翻译事业的繁荣与翻译研究的发展

1949 年 10 月 1 日，新中国宣告成立。翻译活动受到了地方和中央政府有关部门的高度重视。解放仅仅一个月 13 天后，即 1949 年 11 月 13 日，上海市翻译工作者协会在新中国率先成立，同时创办了《翻译月刊》；此后一年内，武汉大学编译委员会、南京文联翻译工作者联谊会、天津市翻译工作者互动组等翻译组织相继成立；1950 年 1 月，中央人民政府出版总署翻译局召开座谈会，同年内又数次约请各方面从事翻译工作的专业人员参加翻译工作座谈；1950 年 7 月 1 日，在中国共产党建党 29 周年的日子里，由中央人民政府出版总署翻译局主办的《翻译通报》创刊；1951 年 4 月，中央人民政府出版总署召开了“五四”翻译座谈会；1951 年 12 月，中央人民政府出版总署又召开了第一届全国翻译工作会议；1954 年 8 月，中国作家协会举办了全国文学翻译工作会议；

1954 年 9 月,《俄文教学》编辑部连续举办了两次翻译教学座谈会;1955 年 4 月,沈阳俄专翻译教研组召开了翻译标准讨论会;1957 年 3 月,北京俄语学院举行了四个高等俄语院校合编的俄译汉教材初稿讨论会。从上述有关翻译的各种活动来看,在处于百废待兴的建国初期,作为与外部世界联系的纽带与桥梁的翻译,受到了中央和地方政府部门的高度重视,并不是一种偶然,这是与新中国的建设需要和翻译的本质属性与重要作用密切相关的。翻译工作者组织的相继建立,翻译工作会议的频繁召开和翻译实践与研究刊物的创办,一方面有力地促进了翻译事业的发展,另一方面也为翻译的思考和研究提供了不断拓展的空间。

由于政治方面的原因,1957 年之后到文化大革命结束的这段时期,有关部门对翻译工作关注和支持的力度不断降低,翻译活动逐渐减少,翻译研究也少有展开。从 1949 年至改革开放前这 30 年发表的近 400 篇翻译研究论文看,绝大部分发表于解放后的前 10 年。从发表文章所涉及的领域看,主要集中于翻译实践经验总结、翻译批评、翻译教学探讨和翻译人物介绍等几方面。除了对翻译实践中一些重要问题的探讨外,还有对前苏联翻译理论的译介和探讨,研究者展现了一定的国际视野。总的来说,这一时期的翻译研究多紧密结合翻译实践,针对翻译的实际问题展开讨论。从文章的选题看,研究工作明显受到主流意识形态的影响。翻译理论研究的视野相对狭窄,理论探讨深度不够。

文革十年期间,由于国家对外交流和外交工作的需要,翻译活动并未停止,但其规模和形式均受到控制,尤其在主流意识形态和政治因素的影响下,翻译对象、翻译内容和源语国家的选择严格控制在一定范围内。翻译作品,译者多不署名或以集体署名,并以内部发行的方式传播,读者亦非常有限。对于翻译的思考与研究一度停滞,对外学术交流中断,各种学术刊物停刊,翻译研究基本上处于空白期。

改革开放以后,随着中国国际地位的迅速提高,翻译实践与翻译研究也步入快速发展的轨道。对外交流的繁荣极大地提高了对翻译的需求,新的翻译高潮为翻译研究提供了广阔的空间和丰富的实例,翻译活动与翻译思考形成充分的互动,翻译研究从对翻译标准的思考,到对俄苏翻译理论的介绍,进而到对西方翻译理论的引进,再到对中国传统译论的反思,开拓了汉译外研究、典籍翻译研究、口译实践及其教学研究、翻译工具研究等新的研究领域,不断提出新的研究课题。

2. 翻译研究队伍的成长与翻译学科建设

建国初期,翻译研究队伍主要集中在两方面,一是政治外交战线的翻译实务工作者,二是文学翻译家。他们具有一些共同特点,一是政治觉悟高,二是具有扎实的中外语言基本功,知识面广;三是对翻译工作具有强烈的责任心。在长期的翻译工作中,老一辈翻译工作者善于思考,自觉地总结翻译经验,摸索翻译技巧。文革前17年《翻译通报》、《译文》、《文艺报》以及有关外语学刊所发表的翻译探讨与研究文章可以清晰地展现出这一特点。

改革开放,国门打开,国外起步于20世纪50年代的各家各派翻译理论研究成果被逐渐介绍到中国。中国各个领域的快速发展和对翻译工作不断增长的需求,凸显了翻译的重要性。中国高校的外语教育渐渐地突破了语言与文学的培养传统,对翻译的关注和兴趣慢慢激发了外语界对翻译理论的关注。随着研究生教育的不断发展,外语界的翻译研究队伍逐渐成长,翻译研究逐步摆脱了被忽视、被轻视和边缘化的状况,在90年代末与语言学和文学研究鼎足而立,成为外国语言文学学科的三大支柱之一。

在翻译学科的发展过程中,群众性的学术团体起到了重要的推动作用。一方面,共同的事业追求将一大批有志于翻译研究的学者聚集在一起;另一方面,学术团体有计划、有目标、有针对性地开展学术活动,有力地保证了翻译研究活动的不断深入与发展。成立于1982年的中国翻译工作者协会(中国翻译协会),已设置了9个专业委员会,各省市自治区有近50个团体会员。其中成立于1995年的翻译理论与翻译教学委员会,由全国高校的翻译专家学者组成,该委员会秉承中国翻译协会宗旨,积极开展翻译理论研究、探讨翻译教学、培养翻译人才。中国比较文学学会从学科发展的需要出发,于1994年成立了翻译研究会。同年,中国英汉语比较研究会成立了翻译研究会。三个国家一级学会先后均设立了二级学会,以翻译理论与教学研究为宗旨,以翻译教师和研究人员为主要成员,搭建起翻译研究与人才培养的重要平台。

中国翻译事业的繁荣和社会对翻译人才不断增长的需求,构成了翻译学科发展的重要的推动力。外语学界一批具有宽阔学术视野和强烈学科意识的翻译学者从三个主要方面入手,不断推动翻译学的学科建设。一是以学术探索为基础。把理论建设当作翻译学科安身立命的根本,通过理论探索,明确翻译学的根本任务,不断开拓研究领域,推出研究成果;二是以队伍建设为中心。翻译研究队伍的建设起步晚,起点低,困难大。从解放以来翻译研究所走过的路看,翻译学科的建设经历了曲折而艰辛的道路。在很长一段时间内,翻译没有得到应有的重视,翻译研究在学术界也没有得到足够的认识。正是在改革开放以来,随着翻译在中外文化交流中的地位的凸现,翻译活动所涉及的一些根本问题得以在学术界被认识,被揭示,进行探讨与探索。而在不懈的探索中,研究者的队伍不断壮大,素质显著提高。三是发扬改革创新的精神,以体制改革为推动,翻译学科逐渐摆脱了外语学科传统思想的束缚,在体制层面上不断突破,尤其是在高等教育体制中获得认可,确立了翻译学的学科地位。中国的翻译学科建设经历了一个从"何为翻译学"、"有否翻译学",到"如何建设翻译学"的发展过程,有过疑惑,有过争鸣,但疑惑促进了艰苦的探索,争鸣导向了积极的建设。

在翻译学术与理论建设工作中,《中国翻译》、《外语教学与研究》、《外国语》、《外语与外语教学》、《中国科技翻译》、《上海翻译》等一批充分体现学术探索精神的期刊发挥了不可替代的作用。《中国翻译》更是明确自己的办刊宗旨:开展译学研究,关注前沿动态;切磋翻译技艺,探讨翻译教学;促进国际交流,繁荣翻译事业。明确的追求、开阔的视野和学术自由的取向吸引了越来越多的青年学者加入到翻译学的研究工作中来。在翻译学科每个主要发展时期,有关的刊物均以敏锐的学术意识,适时开辟相关栏目,组织学术争鸣,引导翻译学科的建设朝着健康的方向发展。

同时,中国对外翻译出版公司、湖北教育出版社、译林出版社、上海译文出版社、外语教学与研究出版社、外语教育出版社等越来越多的出版机构关注翻译学建设,支持翻译与翻译研究事业。从以翻译实务为研究基础,以翻译实务指导为己任的"翻译实务丛书",到以促进翻译学科建设为追求,致力于翻译理论建设的"中华翻译研究丛书",到追踪国际译学研究前沿,大力引进国外翻译研究成果的"翻译研究文库",再到充分体现中国新一代译学学者研究成果的"译学新论丛书",见证了出版人对翻译事业的关心和热心,对翻译理论建设的支持与促进。

翻译学科的发展与改革开放以来研究生教育事业密切相关。恢复高考制度和研究生培养制度以后,外语院校外国语言文学硕士点开始培养少量的翻译方向硕士生,1993 年北京外国语大学培养了第一名用翻译研究作学位论文的博士。90 年代中期以后,随着高校对翻译师资的要求越来越多，北京大学、南京大学、南开大学、上海外国语大学等高校在外国语言文学有关的二级学科，特别在语言学与应用语言学博士点开始翻译方向博士生的培养，探索翻译学博士的培养途径。据不完全统计，截止 2008 年，我国内地培养出以翻译研究做学位论文的博士约 260 名，还有 30 多名中国内地学者在港澳台和国外高校获得翻译学博士学位，他们现已成为国内翻译实践、翻译教学和翻译研究的骨干力量，并在国际翻译教学和研究界产生了一定的影响。

正是在各方面大力支持，合作探索，全面建设的过程中，翻译的学术队伍发展壮大。改革开放初期一批年轻的探索者，经过 30 年的不懈努力与追求，成长为翻译学科的中坚力量，在国家的对外交流、翻译人才的培养和翻译理论建设中起到了引领作用。

3. 60 年来翻译研究的基本状况与特点

新中国成立 60 年来，中国的翻译事业和翻译研究工作相互促进，共同发展。一方面，在翻译实践中不断提出的新问题为翻译研究提供了丰富的研究课题，开拓了研究空间，另一方面，翻译研究的不断深入与发展，为把握翻译实践的健康发展方向，解决翻译实践中遇到的各种困难和障碍提供了强有力的理论指导。从 60 年来翻译研究的发展进程看，我们可以发现一条最基本的规律，那就是翻译事业繁荣发展之时，便是翻译研究与思考的兴起与拓展之日。

从翻译研究成果的数量和研究领域的分布情况看，建国以来的前 30 年与后 30 年这两个时期呈现出来殊为明显的差别。

建国以来前 30 年，翻译研究基本附属于外国语言文学研究，进展缓慢。据不完全统计，1949 年到 1978 年间，在国内有关刊物发表的有关翻译思考和研究的文章约为 400 篇。研究的领域主要有：1）翻译人物与思想的探讨，如有多篇文章探讨鲁迅和瞿秋白等无产阶级革命家的翻译思想。2）翻译技巧的切磋，在解放后的前十年，对翻译技巧的探讨非常活跃，一些俄苏文学的翻译家和马克思、恩格斯著作的翻译工作者结合自己丰富的翻译实践，在翻译方法和技巧的层面总结经验，展开研究。3）翻译批评的有效展开，这与解放后的一段时期中央与地方有关部门与机构对翻译质量的重视是分不开的。从那个时期发表的有关翻译批评的文章看，批评的针对性强，有的放矢，对维护翻译工作的严肃性，提高翻译质量具有重要的作用。4）翻译教材的编写，教材编写与翻译人才的培养密切相关，解放后我国各条建设战线对高水平的翻译人员的需求，对我国高校的外语人才培养提出了新的要求，而在传统的外语教育中，翻译教育处于从属的地位，由此翻译教材的编写对于翻译人才的培养便具有特别的重要性。

除了翻译研究的论文外，据不完全统计，1949 至 1978 年间，国内出版的有关翻译的著述或教科书近 90 种。这些著作的内容主要有以下几类：国外翻译理论介绍类，主要译介前苏联的翻译研究成果，如上个世纪 50 年代在国际学术界崛起的是语言学派翻译研究成果；翻译技巧总结与研究类，该类著作占较大比重，多探讨译名和地名的翻译，少部分涉及科技翻译、新闻翻译和法律翻译；教科书或翻译实用手册类，该类书籍主要涉及英汉和俄汉翻译，大多为笔译教材，也有少量的口译手册。值得注意的是，在上世纪 60 年代，机器翻译的研究一度成为国家有关科学研究机构关注的领域，机器翻译研究方面的著作也有问世。

应该说，建国以后前 30 年的翻译研究主要围绕当时的翻译实践问题展开，以翻译实践为关注的重点，总结翻译实践经验，试图解决实践中的各种问题。总的来说，翻译研究处于理论意识薄弱期，对翻译理论的必要性和重要性都缺乏足够的认识，理论意识和学科意识基本缺失，研究成果多为经验总结，技巧探讨，其特点为：主要研究笔译问题，对口译研究关注较少；笔译研究主要集中在政治文献和文学翻译领域，对其他文类翻译的关注较少；以翻译经验总结为主，理论的探索与升华较少；研究以文本为主，多关注语言文字层面的转换，而对文字转换所涉及的其他方面因素的关注与思考较少。

改革开放以来，中国的翻译研究取得了突破性的进展。从数量上看，根据对国内 15 种外语类核心期刊①的分类统计，1979 至 2008 年的 30 年间，仅外语类核心期刊发表的翻译研究论文就达 9000 多篇。翻译研究论文不仅数量多，近 10 来更是呈明显上升趋势，而且研究领域不断拓展，研究方法日益丰富，研究深度不断增加。

1979 至 2008 年间国内出版的翻译研究著作和教材约 1600 多种。与前 30 年相比，研究者的理论意识、方法论意识明显加强，视野开阔，研究趋于系统性和科学性。从 1600 余部的著作与教材发表的时间段看，大多数的出版时间在 1990 年之后。从各类著作所占比重看，占首

① 这 15 种期刊为《中国翻译》、《语言与翻译》、《上海翻译》、《中国科技翻译》、《外语教学与研究》、《外国语》、《外语与外语教学》、《外语界》、《现代外语》、《解放军外国语学院学报》、《外语学刊》、《外语教学》、《外语研究》、《四川外语学院学报》、《中国俄语教学》。

位的是翻译教材类，约占总数的52%；第二位为翻译散论、杂谈类，约占13%；第三位为中外互译技巧类，约占10%，其中英汉翻译技巧占主要部分，内容涉及商务、科技、医药、旅游等翻译技巧；第四位为纯翻译理论研究类，约占9%；此外还有翻译史类、翻译教学类、翻译工具书类等等。就总体而言，有几点值得特别关注：一是翻译教材和翻译散论、杂谈类虽仍居多，但近10年来纯理论研究著作的数量呈逐年上升趋势，且研究范围不断扩大；二是翻译教材的品种扩大，层次有别，特别是在近几年，口译教材数量不断增加，教材开始明确学生层次；三是翻译史的研究成为一个重要的领域，而且从以往的文学翻译史开始逐渐扩展到文化交流史和文学思潮发展史等领域；四是近年来引进国外翻译理论的著作数量及类型增多，从技巧研究到语言学派理论，再到全方位引进；五是翻译教学与研究界近年来对翻译教学研究的重视程度不断增强，教学理论研究有了突破；六是对翻译市场和翻译行业管理的研究有了起步。

60年来，特别是近30来，中国的翻译理论研究能够不断发展，有两个重要的因素值得关注。首先是改革开放以来中国研究生教育对翻译研究与翻译学科的推动。近30年，国内的外国语言文学的二级学科中，有很大一部分设有翻译研究方向，在硕士和博士两个教育层次培养学生，展开研究。数量众多的翻译方向硕士研究生和越来越多的博士研究生为翻译学科注入了活力，为翻译研究不断开辟新的领域，他们越来越注重翻译研究的方法论，注重翻译研究的科学性与系统性，大大推进了翻译学科的发展。从近10年出版的纯翻译理论研究的成果看，有很大一部分是翻译学方向的博士论文。这些著作具有坚实的理论基础和探索精神，视野开阔，方法得当，具有较高的理论价值。其次，中国的翻译研究得到了各级科学研究基金的资助。在很长一段时间里，在中国的科学研究资助体系中，翻译研究一直处于边缘。从1993年开始，国家社科基金开始有翻译研究立项，至2008年共立项63项。翻译研究项目主要涉及以下研究主题：翻译史及译介学研究；翻译理论研究；翻译教学研究；翻译产品、翻译策略、翻译批评研究；翻译过程研究。除了国家社科研究基金外，教育部人文社科基金自上世纪90年代初以来，一直立项资助翻译研究项目，近年来，资助立项的数量呈逐年增长的趋势，如2004年至2008年5年间，教育部人文社科基金立项中翻译研究项目共计立项46项，另外还有教育部人文社会科学研究基地的招标项目数项。同时，国内各高等学校、各省、自治区和直辖市的人文社会科学的资助项目中，翻译研究项目数量也不断增加。外国语言文学学科博士后流动站人员申报的项目中，翻译及相关研究项目的比重也在逐年增加。

4. 日益增强的学术交流活动与不断拓展的学术研究空间

上文谈到，解放之初，地方与中央有关部门、翻译机构和外语院校对翻译工作之重视，对加强翻译工作的反应之迅速，充分说明了翻译之于新中国建设的重要性。尤为值得注意的是，外语院校、翻译组织与机构对翻译的重视、思考与探讨，开启了一种共同探索和研究的良好传统。

据不完全统计，1949 至 1966 年这 17 年间召开了 20 余次重要的翻译工作会议、座谈会和研讨会，内容涉及翻译组织的健全、翻译质量的监控和翻译教材的建设等。其中重要的大会有两次，分别是 1951 年 12 月召开的第一届全国翻译工作会议和 1954 年 8 月召开的全国文学翻译工作会议。第一届全国翻译工作会议由中央人民政府出版总署编译局主办，出席会议的有全国各编译机构、出版社和翻译专家代表 137 人，胡愈之在开幕式的讲话中特别提到"翻译出版物的质量低，重复浪费，翻译工作缺乏计划性"等问题，希望"以后翻译出版物逐步消灭错误，提高质量，走上计划化的道路"①；叶圣陶在闭幕辞中强调"翻译工作必须加强领导，当前的中心任务是提高翻译作品的质量，使翻译工作走向计划化"②，而要达到此目标，"应该从管理公营出版社和机关团体的翻译机构入手，应该从制定初步的全国全年的翻译计划入手"③；沈志远作了题为《为翻译工作的计划化和提高质量而奋斗》的大会发言。在 1954 年召开的全国文学翻译工作会议上，时任文化部部长的茅盾作了题为《为发展文学翻译事业和提高翻译质量而奋斗》的报告，强调翻译工作的重要性。报告指出，文学翻译工作必须在党和政府的领导下由主管机关和各有关方面，统一拟订计划，组织力量，有方法、有步骤地进行。为此，必须有一个全国文学翻译工作者共同拟订的统一的翻译计划，根据现有的力量和可能发掘的潜在力量，有步骤地组织翻译、校订和编审出版的工作。必须加强文学翻译工作中的批评与自我批评和集

---

① 胡愈之在 1951 年第一届全国翻译工作会议上所作的开幕辞，《翻译通报》1951 年第 3 卷第 5 期。
② 叶圣陶在 1951 年第一届全国翻译工作会议上所作的闭幕辞，《翻译通报》1951 年第 3 卷第 5 期。
③ 叶圣陶在 1951 年第一届全国翻译工作会议上所作的闭幕辞，《翻译通报》1951 年第 3 卷第 5 期。

体互助精神，培养新的翻译力量。① 如上文所言，其他多为地方性会议，会议议题多涉及翻译的组织工作，也有一些专业性较强，针对某一翻译问题展开讨论的会议，但基本上没有组织全国性的理论性的翻译学术研讨会。

改革开放以后，中国对外交流的步伐越来越快。1982年，中国翻译协会成立，这是由全国与翻译工作相关的机关、企事业单位、社会团体以及个人自愿结成的学术性、行业性组织。协会成立以后，积极开展对外交流，于1987年正式加入国际翻译家联盟，进入了国际翻译家联盟的领导和学术机构，全面参与国际翻译家联盟的各项重要工作。近10年来，中国译协每年都组团参加各种国际翻译交流活动，如参加美国、英国翻译协会的年会；参加在泰国、约旦、马来西亚和澳大利亚等国举办的各种翻译大会；参加国际翻译高校联盟的年会；组织国内高校到境外参加翻译培训，等等。2005年以来，中国翻译协会的代表一直担任国际译联副主席的职务，为推动中国翻译界与国际翻译界的沟通与合作发挥了重要作用。为加强地区性的协会合作，促进文化和学术交流，中国译协于1995年发起组织“国际译联亚洲翻译家论坛”，目前已经成功地举办了五届。2008年8月4日—7日，由国际翻译家联盟和中国翻译协会联合主办的第18届世界翻译大会在上海隆重召开。与会期间，来自76个国家和地区的1500多名代表围绕着“翻译与多元文化”这一主题，在大会精心组织的90余个分会场，就业界关心的一系列重要问题展开了探讨与交流。这是国际译联在亚洲举办的首次世界翻译大会，中国取得此次翻译大会的主办权，充分表明了改革开放以来中国翻译事业的迅速发展，体现了国际译联和国际翻译界对中国在全球翻译事业发展中所起的重要作用的认可和关注。世界翻译大会得到了中国政府和上海市政府的高度重视和大力支持，也受到了国际相关组织的广泛关注，联合国教科文组织、欧盟委员会翻译总司等30多个国际组织和机构均派代表出席了会议。这次大会的意义深远，将有力地促进人们对翻译的理解与重视，繁荣翻译事业，发挥翻译在跨文化交流与文化建设方面的积极作用。在理论建设方面，这次大会将翻译理论与实践紧密结合，将多元文化的建设与翻译事业紧密结合，开拓了翻译

---

① 茅盾在1954年召开的全国文学翻译工作会议上所作的报告《为发展文学翻译事业和提高翻译质量而奋斗》，《译文》1954年10月号。

研究的领域，增强了翻译与翻译研究工作者的历史责任感。

随着翻译事业的繁荣，在外国语言文学和其他相关学科发展的推动下，翻译研究逐渐受到重视。1984 年开始，中国翻译工作者协会开始举办各类翻译会议。1985 年首届全国中青年文学翻译经验交流会在烟台举行。1987 年首届研究生翻译理论研讨会和第一次全国翻译理论研讨会召开。此后，翻译研究的学术活动不断增加，交流日益频繁，学术会议数量逐年增多，规模不断扩大，研究范围不断拓展，成果影响逐渐深入。翻译学术会议的主题大体可分为翻译实践、翻译理论、翻译批评及翻译教学四大类。科技翻译、文学翻译、汉译外、军事翻译、医学翻译、外事翻译、旅游翻译、民族语文翻译、翻译产业等领域都定期举办翻译经验交流会。

在翻译学科建设和学术交流工作中，中国翻译协会翻译理论与翻译教学委员会和中国比较文学学会翻译研究会起到了重要的引领作用，2001 以来，召开了多次以翻译学科建设为主题的研讨会，重点讨论翻译学的学科范围、学科构架、基本理论等问题，对翻译学的学科建设起到了重要的推动作用。其他一些相关行业学会的学术会议也普遍设立翻译研讨论坛。从学术会议的规模和影响力可以看出，翻译研究的专门论坛、高端会议、区域性会议和国际会议开始增多，这些都说明翻译学日益受到学术界的肯定与重视。国内与国际学术交流平台的搭建，有力地促进了翻译界的学术探讨与交流，有关会议的论文集也充分反映了翻译研究水平的提高和翻译学术视野的不断拓展。另外，中国学者参加国际翻译会议越来越多，开始在国际翻译研究界发出自己的声音。

5. 翻译学科的发展和翻译与翻译研究人才培养体系的建立

中国的翻译活动已有几千年的历史，对翻译现象的思考也相伴相生，产生了许多有影响力的翻译思想和观点。建国 60 年来，随着社会对翻译需求的迅速增加和翻译活动的丰富多彩，中国学者对翻译活动、翻译现象、翻译过程和翻译作品的认识也日益深刻。如果说 20 世纪及其之前，翻译还被视作个体手工操作的行业而备受忽视的话，那么，进入新世纪以后，翻译作为社会发展的一个重要行业开始凸现其专业地位，最突出的表现就是专业翻译人才的培养备受关注。

在很长一个时期内，人们普遍认为，只要学好外语就可以胜任翻译工作，外语人才等于翻译人才，外语教学的培养目标主要是培养翻译人才，这一认识误区把翻译人才的培养长期局限于外语教学的框架之内。

改革开放以后，社会发展对翻译的大量需求逐渐改变了人们对翻译的认识。实际上，在20世纪70年代中期，随着中国国际地位的提高，中国在联合国的合法地位得以恢复后，我国的国际交往明显增多，外交工作和文化交流活动对具有国际视野和娴熟的翻译技能的翻译人才的需求越来越迫切。为满足国家在新时期的需要，1979年，北京外国语学院创办了联合国译员培训班，首次正式培养职业译员，开辟了中国职业化翻译人才的培养之路，在不断探索的过程中，积累了翻译专业教育宝贵的经验，也使国人逐渐开始认识到专业翻译教育的必要性、重要性和不可替代性，认识到翻译研究的重要性，以及翻译学独立的学科地位。

20世纪80年代中期，随着国家对外语人才和高水平翻译人才需求的迅速增加，人们开始思考如何培养专业化翻译人才，翻译人才与一般外语人才的区别何在，培养方式和条件要求有何不同，等等。从上世纪80年代中期开始，以“翻译理论与实践”为名称的二级学科得以建立，虽然翻译学科一度在学科设置的层面受到限制，但随着外国语言文学学科的不断发展，上海外国语大学、广东外语外贸大学和北京外国语大学分别于2004、2006、2008年在外国语言文学一级学科内自主设置了翻译学学位点，培养翻译学的博士生和硕士生。为适应翻译人才培养的需要，从学科探索的角度出发，教育部于2006年批准复旦大学、广东外语外贸大学与河北师范大学设立翻译本科专业，经过三年的发展，迄今已有19所院校获准设立翻译本科专业。2007年，经过广泛的调查和严格的论证，国务院学位委员会批准设置翻译硕士专业学位，为培养高层次、应用型、专业性的翻译人才搭建了平台，首批15所院校获准设置学位点，当年开始招生，2009年又扩大至40所院校。此外，越来越多的青年翻译学者进入全国各外国语言文学学科的博士后流动站开展研究。不同层次相结合，学术型与专业型兼顾，逐步形成了一个由本科、硕士、博士教育和博士后研究组成的完备的学科体系和翻译实践与翻译研究人才的培养体系。

在翻译人才培养机制的探索中，有目标、分层次、有重点地实施翻译教育是一个带有根本性的问题。如何从翻译事业的根本需求出发，探索翻译人才培养的规律，科学地设置不同层次的翻译专业，是中国翻译教育工作者需要思考的重大问题之一。从中国翻译学科的建设过程来看，人们对翻译专业的认识一直存在着误区。经过翻译学者多年不懈的努力，这些错误观念正在得到改变，科学的翻译教育观正在逐步确立。

近10年来，翻译专业建设取得了重大突破，翻译教育也面临着艰巨的任务。全国翻译学科的带头人和学术骨干，勇敢地担当起自己的历史责任，在国家教育行政主管部门的领导下，在各所在院校的支持下，在工作中不断进取，努力开拓。全国翻译硕士专业学位教育指导委员会、全国有关翻译院系的交流协作组和各级翻译教学和研究组织共同努力，积极开展工作，从翻译教育的理念入手，努力探索，统一思想，加深认识翻译专业的内涵，廓清翻译专业与外语专业的关系。在此基础上，借鉴国外高校办学的成功经验，积极开展师资培养，科学设计师资培训的内容，通过师资队伍的建设，提高师资水平，打下翻译专业建设的良好基础，同时在课程设置上进行探索与研究，针对翻译能力的培养和翻译素质的提高开设课程。此外，翻译的教材建设近年来也取得突破性进展，针对不同层次办学的理念和实际要求，"翻译本科专业系列教材"、"全国翻译硕士专业学位系列教材"和"翻译专业必读书系"等定位明确的系列教材的编写与出版，有力地推进了翻译专业的建设，为翻译人才的培养探索有效的途径。

二　新时期翻译的使命与翻译研究需要关注的几个问题

从上面的简要回顾中我们看到，60年来，特别是近20年来，随着我国翻译教学与研究界理论意识、学科意识的不断增强，翻译研究方法的日趋科学化和翻译研究队伍的日渐扩大，翻译研究成果不断问世，学术研究日益深入。

在全球化进程不断加快的今天，翻译对于不同文化之间的相互了解、互相尊重、互为补充无疑具有重要的作用。而要发挥翻译在多元文化语境交流中的作用，我们必须明确当今时代翻译所应具有的精神和所肩负的使命。人类社会始终处于发展的状态中，而人类社会越发展，越体现出一种开放与交流的精神。人类社会想要走出封闭的天地，首先必须与外界进行接触，以建立起交流的关系，向着相互理解共同发展的目标前进。事实上，不同民族语言文化之间的交流是一种需要。以固步自封的态度消极地维护一个民族文化的纯粹性，最后的结果只能是被排除在世界文化的交流、交融之外，造成自身的落后。一种文化，无论其多么辉煌、多么强大，总是存在自身的局限，只有走出自我，在与其他文化的不断碰撞甚至冲突中，才能认识到自身的局限性，并渐渐在与其他文化的相互理解、相互交融中丰富发展。

在世界文化交流的过程中，翻译无疑扮演着重要而独特的角色。德里达指出，"翻译就是那在多种文化、多种民族之间，因此也是在边界处发生的东西"①。翻译，在一定意义上说，是不同语言、民族之间进行文化交流的首要保证。无论是口译还是笔译，它都保证了持不同语言、文化的人之间的相互沟通和理解。无论是东方还是西方，一部翻译史，就是一部生动的人类社会的交流与发展史。翻译与社会的发展、文化的积累和丰富以及世界文明的进步是紧密结合在一起的。没有在多种文化的接触、碰撞中起沟通作用的翻译，就无法保证世界各民族文化的共存、交融与发展。

促成不同文化之间的相互理解，实现不同文化的和平共存，这是历史赋予翻译活动的重要使命，所有的翻译工作者和翻译研究者都要勇敢地承担起这一使命。中国译协副会长黄友义在第18届世界翻译大会的闭幕式上指出："在全球化的今天，文明多样性仍是人类社会的客观现实，是当今世界的基本特征，也比任何时候都更加显得可贵。而维护人类文明多样性、促进不同文明间的对话与交融、促进人类的共同进步是各国翻译工作者义不容辞的使命和职责。"②

基于对翻译及其使命的这一认识，我们进一步看到，翻译实践几千年的厚重历史和当前繁荣的翻译事业，为我们的翻译研究提供了坚实的土壤和广阔的思考空间。在我们所处的这个时代，全球经济一体化日益加快，文化多样性的维护问题被更加严峻地提了出来，而在多元文化语境下如何深化翻译研究，加强翻译学的学科建设，也随之成为一个迫切需要思考的问题。我们认为，在多元文化语境下，必须坚持正确的翻译文化观，进而在翻译文化观的指导下，进一步深化我们的翻译研究。在梳理新中国成立60年来翻译理论研究的发展情况，对翻译研究和翻译学科建设的主要成就进行归纳与总结的基础上，针对国内近30年来翻译研究中某些值得注意的倾向与存在的问题，我们就如何扩大

---

① 雅克·德里达著《书写与差异》，张宁译，生活·读书·新知三联书店，2001年，见"访谈代序"，第22页。

② 黄友义在第18届世界翻译大会的闭幕式上的发言《发展翻译事业，促进世界多元文化的交流与繁荣》，《中国翻译》2008年第4期第9页。

翻译研究的视野，进一步加强翻译研究，在多元语境之下推进翻译理论研究向系统化和深度发展，提出如下几个值得特别关注的问题。

1. 翻译研究要关注历史的发展进程。一部翻译史，就是一部人类文化交流史。要了解翻译在人类文化交流中的贡献，必须关注翻译的历史和文化发展的历史，要从历史发展的角度理解翻译作为人类活动的重要功能；从翻译活动对文化文明发展所作出的贡献着眼，理解翻译的意义、作用与定位，而不仅仅局限于翻译标准、翻译技巧等的讨论。关注历史的发展进程，意味着既要关注翻译活动本身的历史，也要关注与翻译活动相关的文化史、社会史、科技史、学术史等等。另外，我们要坚持翻译的历史发展观，翻译是一项不断发展的实践活动，其范围、形式和内容在不断扩展，进入 21 世纪以来，翻译现象和翻译活动比以往任何一个时期都更加复杂、多样化了，从这个意义上说，翻译的内涵在不断扩大，因此，我们对翻译的认识和理解也要不断加深。

2. 翻译研究要关注现实的重大问题。翻译研究要走出象牙塔，翻译教学和研究界应该密切关注翻译活动在现实政治经济文化生活中的作用，认识翻译在多元文化语境下的使命，探讨在新的历史时期内，在中国文化走向世界的过程中，面对全球经济一体化、文化多样化的大语境，面对人类共同的问题，翻译活动在其中能够发挥什么样的作用、应该采取什么样的策略。进入新世纪以后，中外文化交流日益丰富，科学技术日新月异，人类文明发展迅速，翻译活动应该如何定位？如何在浩如烟海的各类资料中选择翻译的对象？如何加强翻译规划？如何提高翻译质量？如何进行翻译管理？这些重大的现实问题，需要我们有开阔的视野和探索的精神，去面对，去思考，去研究。

3. 翻译研究要关注文明的对话和交流。翻译研究应该关注如何以尊重和开放的心态去面对异质文化与文明，如何在异质文明中进行平等的双向交流，并促进异质文明的交流和对话，以维护语言文化的多样性为使命。翻译作为人类跨文化交流活动，是一项有多种因素参与的复杂活动，我们的研究应该克服就翻译论翻译的狭隘的、技术性倾向，而把翻译置放在一个文化交流的大背景中去考察与研究，以把握翻译的内涵与本质，并从“翻译的跨文化交流”这一本质出发去讨论翻译的标准、原则，去制定翻译的策略、方法与手段。由于翻译是复杂的文化交流活动，承担着精神交流的中介作用，译者在其中的作用不可忽视，作为桥梁，翻译的首要职能是沟通。因此，面对作者和读者，面对出发语文化和目的语文化，译者应采取怎样的态度，应采取怎样的沟通方式，是翻译研究不可忽视的一个重要方面。

4. 翻译研究要关注相关学科的发展。翻译活动不是孤立的，它与人类社会的政治、经济、科技、文化等均有密不可分的联系，特别是人类思想交流一个重要的纽带与桥梁，因此，翻译研究不能把目光局限于翻译自身，而要立足于翻译，放眼于相关学科的发展。翻译学具有跨学科的性质，因此翻译学不可能孤立地发展，必须不断地吸取其他相关学科的理论资源，同时力求对其他相关学科产生影响。这就要求翻译学研究者不断增强学科意识和理论意识，把握研究的定位、研究的基本问题，确定发展规划，保持内在动力，鼓励形成本土的翻译流派或学派。

5. 翻译研究要关注翻译事业未来的发展趋势。日新月异的科学技术彻底改变了传统翻译的手段，职业化的翻译行业也改变了传统翻译教学的理念，翻译研究不仅要关注有关人类交流、文化对话的重大问题，也要关注翻译工具的革新和翻译过程的改进，关注借助新技术改进翻译工作、提高翻译效率的手段。与人类进步和社会发展密切相关的科学技术的新成果、新兴的产业与行业、新的文化市场、新的媒介手段，都应该加以关注，在此基础上，我们要进一步密切关注翻译事业未来的发展趋势，思考社会发展对翻译人才和翻译质量提出的新的要求，以采取积极应对的措施。

在建国以来60年的翻译研究与翻译学科建设的历程中，我们积累了丰富的经验，为今后的发展打下了坚实的基础。在新的历史时期，我们要立足于人类发展的历史和社会发展的现实，肩负起历史赋予翻译的使命，不断加深对翻译活动本质的认识，关注在人类文化交流与文明对话中提出的新问题，开阔视野，把握翻译活动、翻译教育的新趋势、新动态、新问题，进一步加强翻译研究和翻译学的学科建设，探索翻译人才培养之路，为繁荣中国的翻译事业，促进中外文化交流作出自己应有的贡献。

（本文系与穆雷合作，原载《中国翻译》2009年第5期）

翻译研究之用及其可能的出路

三年前，是改革开放30年纪念，两年前，是新中国成立60年纪念。在这两个值得纪念的年份里，我和翻译界的同行一样，曾对新中国成立六十年和改革开放三十年期间的翻译研究工作做过一些梳理、总结，对中国翻译界的翻译研究之途做过回望和思考。尽管出了书，发表了文章，在“中国翻译协会第六次会员代表大会暨新中国翻译事业60年论坛”上还做了报告，但我总觉得有些话还没有说得特别明白，对翻译研究还有一些想法，对翻译研究的发展有些担忧，想说出来与同仁一起探讨。

一 翻译研究给我们带来了什么？

作为一个普通的学者，我在文中不想一开始就用“翻译学”这样的术语，因为经过改革开放三十余年来学界同仁的不断探索，翻译研究的对象越来越明确了，领域越来越清晰了，翻译研究的疆界也越来越受到人文学界同仁的尊重，翻译学是否可以成为一门独立的学科的问题，已经在三十多年的探索中渐渐地做了回答，尽管有不同的声音，有质疑的声音，还有反对的声音，但现在似乎不用在这一方面再讨论了，就像一个人做了很多有意义的实事，而且有理想、有追求、有目标，还那么执著，给不给那个名分是个时间的问题，不要太着急。

从中国体制化的学科建设的角度看，翻译学这个名分给不给却是至关重要的，因为名不正，言不顺，在中国目前的教育体制下，进不了学科目录，就没有出生证，等于是野孩子，在学校就没有安身的位置，就得不到什么什么工程的资助。最近，我在《东方翻译》上看到，一直为翻译学的建立而奋斗的谢天振教授还在质疑，在呼吁，在抗争：“近10年来，我国高校外语院系的学科建设中的一个最大的亮点就是翻译学作为一门独立学科的空前迅速和蓬勃的兴起。然而，令人无比遗憾，甚至倍感失望的是，最近下达的《研究生招生学科目录代码册》以及它所依据的‘国务院学位委员会、教育部新修订的《学位授予和人才培养学科目录(2011年)》’对这一最新变化却毫无反应，外语学科目录的编制与10年前毫无二致。”①这种质疑代表了翻译学界的一种呼声和观点。实际上，上文提及的目录应该是1997年国务院学位委员会、国家教委颁布和修订的《授予博士、硕士学位和培养研究生的学科、专业目录》，是上个世纪的旧目录，并不是经过调整、正式下文且要在2012年启用的新目录。这次下文目的是以此目录为基础，征求修改意见，制定新的目录，以满足学科建设与人才培养的需要。

就我们目前所掌握的情况，国务院学位委员会第六届外国语言文学学科评议组已接受国务院学位委员会办公室与教育部研究生教育主管部门的委托，着手组织编写《外国语言文学一级学科简介》和《外国语言文学一级学科博士、硕士学位基本要求》。关于外国语言文学一级学科内的二级学科设置，我想这次调整应该充分体现近三十年来该学科的发展和社会对于人才的实际需要，使学科目录的调整能真正有利于学科建设和人才培养。鉴于翻译学界近三十年所做的努力，我个人认为翻译学正式入登国务院学位委员会和教育部的学科目录，这次应该是顺理成章的。

从这个意义上说，翻译学科确实已经得到了突破性的发展，翻译本科专业、翻译硕士专业学位、二级学科翻译学的自主设置，以及外国语言文学学科和博士后流动站中翻译方向博士生与流动站进站人员的培养和指导，这些成就有目共睹，翻译教学与研究界无不为之感到欣喜。应该说，翻译学之名在体制内被承认已成定局。但是，学术研究与学科建设毕竟不能等同。我们要考虑的是，除了对体制内的翻译学科建设的推动，翻译研究还给我们带来了什么？

三十多年来，中国的翻译理论研究虽然成绩斐然，但是回顾我们所走过的路，也可以说是充满了艰险。我们曾遭遇过“翻译无理论”说，而且有不少翻译名家也常常持如此的观点。经过多少年的努力，好不容易在翻译理论的体系性建设上取得了一些成绩，再闭着眼睛说“翻译无理论”实在讲不过去了。于是，我们又遭遇了“理论无用”说，说什么翻译理论对翻译实践没有用，说一个好翻译根本用不着什么理论，还说什么做翻译理论的基本上都是一批翻译不怎么样的人。既然翻译无理论，即使有理论也没有什么用，那建设什么翻译学，自然就是一个梦，一

---

① 谢天振《翻译学，何时才能正式入登教育部学科目录——对〈学位授予和人才培养学科目录(2011年)〉的质疑》，《东方翻译》2011年第4期，第4页。

个永远不可能实现的迷梦。

好在有这么一些执迷不悟的人，几十年来对翻译研究不放弃，不抛弃，在他们的影响下，翻译研究的队伍还越来越壮大，获各级社科基金资助的翻译研究课题也越来越多，有的还获得了国家社科基金重大项目。在教育部的哲学社会科学振兴计划中，翻译更是被提高到一个前所未有的高度。我在想，从三十多年前翻译被轻视，翻译研究被忽视，到今天的新局面，除了形势发生了根本性的变化之外，重要的原因之一是翻译学界同仁坚持不懈、勇于探索。我们谈翻译研究之用，以前往往习惯于从理论与实践的关系去看，甚至有的狭隘到将翻译理论之用仅仅归结于对具体翻译活动的指导。但是我觉得，翻译理论研究的作用远非如此，有几点特别值得思考。

1. 三十多年来的翻译研究不断加深了人们对翻译的理解，深化了人们对翻译的复杂性和重要性的认识。翻译有着悠久的历史，最早的笔译活动至少可以追溯到两千多年前，从早期的佛经翻译，到近代的西学翻译，再到新时期的各类文学、社科与技术翻译，从被视为“正宗”的全译，到编译、节译、译述等种种“变译”，翻译的内容越来越丰富，形式也越来越多样。尽管如此，或许也正因为如此，对翻译的理解、对翻译活动的复杂性的认识并没有顺理成章、一劳永逸地完成，而是在翻译研究的艰难探索中逐步得以深化。在这一过程中，翻译研究的语言学转向和文化转向发挥了至关重要的作用。翻译的语言学研究把翻译从经验主义中解放出来，将过去近两千年来一直拘泥于经验范畴进行讨论或争论不休的问题置于科学的层面加以探讨。翻译的文化研究则把翻译从原文中心论中解放出来，以系统理论为基础，以译文为中心，对制约翻译产生与接受的机制进行描述性研究，从而力图对诸如翻译者的主观因素、语言转换中的文化移植、影响翻译的文本外因素等语言学途径难以深入分析的问题及翻译历史上的众多翻译现象提供解释。正是这条从经验到科学、从规定到描述、从语言到文化的翻译研究之路向人们明确而科学地展现了翻译的复杂性，使人们对翻译的理解不断深入。而对翻译理解的深化也促使人们从社会交流、文化传承、语言沟通、创造精神和历史发展等多元角度来看待翻译的价值，对翻译的重要性有了更加全面的认识。在全球化语境下，通过翻译研究，加深对以交流、传承、沟通、创造与发展为内涵的翻译根本价值与精神的认识，有利于在维护文化多样性、促进世界和平方面进一步凸显翻译的重要性。

2. 三十多年来的翻译研究为翻译学科的建设打下了良好的理论基础。我认为,没有翻译研究的坚持不懈和不断深入推进,翻译学科的建设便会是一句空话。学科的设置与建设一般来说有两个标准,一是该学科到底有没有专有的研究对象与领域,二是该学科到底有没有自身的需要。就第一个标准而言,传统的翻译研究往往限于翻译的操作层面,具有明显的感悟式特征和经验化倾向,常见的路径一是以翻译的得失与困难来理解翻译,二是以翻译方法与技巧的探讨来认识翻译。改革开放以来,随着人们对翻译活动的认识与理解不断深入,我国的翻译研究取得了突破性的进展,研究者的理论意识、方法论意识明显加强,研究视野日益开阔,研究途径不断拓展,研究深度也不断增加。在此基础上,翻译研究的系统性和科学性进一步彰显,通过对翻译本质、翻译过程、翻译对象、翻译主体、翻译因素、翻译方法、翻译标准、翻译评价、翻译教学等涉及理论翻译研究和应用翻译研究的诸多方面的探讨,并结合对翻译历史的梳理与反思,明确了翻译研究的对象与内容,逐步建立翻译研究的体系性,为翻译学科的建立奠定了理论基础。就第二个标准而言,在很长的一个历史阶段,我们往往比较重经验不重理论,这一传统的影响在实践性极强的翻译领域表现得尤为明显,此外,把翻译仅仅视为一种语言转换工作的简单主义翻译观在相当长的时期内占据着统治地位,因此,我国翻译研究中一直存在重实践、轻理论的倾向,并由此导致了翻译研究的实用主义态度。这在很大程度上限制了我们对翻译本质的形而上思考,对翻译过程的多层面研究,对翻译价值的多元化追求,从而也无法对翻译实践中出现的问题和现象做出科学的解释。当我们强调"离开实践的理论是空洞的理论"时,千万不要忘记它的前半句:"离开理论的实践是盲目的实践"。在这个意义上,以翻译理论体系构建为重要标志的翻译学科建设不仅是重要的,而且体现了翻译活动自身的迫切需要。同样,翻译学科建设的自身需要还充分体现在翻译人才培养上,无论是翻译实践发展还是翻译理论研究都离不开队伍建设,而没有理论研究的专门化和系统化,翻译人才培养也只能是盲目的。

3. 三十多年来的翻译研究为传统的外语学科注入了活力,开拓了学科的疆界,深化了学科的内涵。在相当长的时期内,人们普遍认为,只要学好外语,再加上良好的中文功底,就完全可以胜任翻译工作,因此,翻译人才无需专门培养,外语教学的主要培养目标就是培养翻译人才。这样的认识误区导致翻译人才的培养被局限于外语教学的框架之下，加上“翻译无需理论指导”的传统观念的影响，在外国语言文学学科中，长期以来都是语言学和文学研究占据绝对的统治地位。改革开放以来，随着翻译在中外交流，尤其是中外文化交流中的地位的凸显，翻译活动所涉及的一些根本问题得以被认识、被探究、被揭示，这促使人们以超越翻译实践的目光来关注和看待翻译活动，从而开始了漫长而艰辛的翻译理论建构之途。对翻译本质、翻译价值、翻译的选择与接受、翻译的质量与评价等翻译理论问题的不懈探索不仅使翻译研究逐步摆脱了被忽视、被轻视的边缘化地位，也为传统的外语学科拓展了研究空间、增加了研究维度、注入了新的生命力。尤其是，近十年以来，随着翻译研究的文化转向，在多元文化的语境下，研究者开始自觉地从文化交流的高度来认识翻译的跨文化交流本质和维护文化多样性的崇高历史使命，进而在翻译文化观的指导下从特定的历史、文化环境出发，充分关注影响翻译活动的语言、文化、历史、政治等互相作用的多重因素。可以说，明确的翻译文化观既赋予了翻译研究新的维度和新的高度，也大大深化了外语学科的内涵，使之超越文字层面的束缚，形成文字、文学、文化三位一体的、顺应时代要求的研究新格局。从语言、文学研究，经由翻译至跨文化研究，传统的外语学科逐步开启了一条新的发展之路。

4. 三十多年来的翻译研究促进了人才培养，培养了一批又一批有志于翻译研究的学者。20 世纪 80 年代中期以来，随着我国改革开放程度的日益加深，国家对高水平翻译人才的需求迅速增加。然而，正如杨自俭所指出的，由于历史的原因和教育观念与体制的问题，翻译人才队伍暴露出三大方面的欠缺：①知识面狭窄，中外语言文化基础薄弱，缺乏译学相关学科知识；②理论修养不够，对本学科和相关学科的理论学习与研究太少；③精通语言、文学之外其他一两门学科的人太少。[①] 于是，人们开始清醒地意识到翻译人才与一般的外语人才不能等而视之，对翻译人才的培养应从理论与实践两个层面同时展开，应体现翻译活动的跨学科性，应以符合翻译活动的特殊要求为目标。正如翻译实践的发展有赖于它与翻译理论之间的互动，翻译人才的培养也有赖于翻译教学理论的探索，而翻译教学理论是翻译理论研究的一个重要组成

① 杨自俭《我国译学建设的形势与任务》，《中国翻译》2002 年第 1 期，第 9 页。

部分，因此，在翻译理论研究相对滞后的现实情况下，深化翻译研究对翻译人才的培养以及翻译学科建设具有决定性的作用。在日益朝着系统性和科学性方向发展的翻译研究的推动下，我国的翻译学科建设经历了“何为翻译学”、“是否有翻译学”、“如何建设翻译学”的发展过程，其间有困惑，也有争鸣，但正是在这充满困惑和争鸣的探索与建设中，越来越多的青年学者加入到翻译学的研究工作中来，使翻译研究者的队伍日益壮大，素质显著提高，在国家的对外交流和翻译学科的持续发展中起到了引领作用。此外，在学科建设层面，翻译研究的深化也促进了研究生教育的不断发展，促使一批热爱翻译事业、具有良好学术素养和探索精神的翻译方向的硕士、博士得以迅速成长，逐渐成为我国翻译实践、翻译教学和翻译研究的骨干力量。值得一提的是，目前已有三篇翻译研究方向的博士学位论文获得国务院学位委员会和教育部组织评选的全国优秀博士学位论文，不仅显示了翻译学科的发展，促进了翻译学科建设，也增强了翻译学科对其他学科的辐射作用，而一个学科成熟的重要标志之一就是该学科是否能与其他学科形成互动与相互影响的关系。

5. 三十多年来的翻译研究为我们理解和探索人类交流的历史开辟了一条新路。翻译活动的产生源于不同文化相互交流的需要，正如王克非在《翻译文化史论》中所指出的，“文化及其交流是翻译发生的本源，翻译是文化交流的产物，翻译活动离不开文化”①。因此，翻译就其本质而言是一种人类跨文化的交流活动，毫不夸张地说，一部翻译史，就是一部文化交流史。另一个同样毋庸置疑的事实是，随着翻译研究的不断发展，翻译活动的复杂性进一步得以被揭示，翻译文化意识日益觉醒，人们越来越认识到，翻译不会发生在真空当中，对影响翻译产生和接受的因素的考察应超越单纯的语言层面，应着力探寻语言、文化、政治、历史等诸多因素共同作用的规范和约束机制在翻译过程中的决定性作用，关注翻译在译入语文学与其他文学互动过程中的地位和作用。翻译文化观的逐步建立不仅促成了翻译理论发展过程中具有深远意义的“文化转向”，也为我们理解人类交流的进程，理解特定文化的演变与其他文化体系之间的关系提供了新的途径，因为，对翻译的跨文化交流性质的确立有助于认识“翻译对于文化（尤其是译入语文化）的意

---

① 王克非编著《翻译文化史论》，上海外语教育出版社，1997年，第2页。

义和影响，它在文化史上的作用，以及文化对于翻译的制约，特别是在通过翻译摄取外域文化精髓时，翻译起到什么样的作用，达到什么样的目的，发生什么样的变异”①。而从翻译性质、翻译选择、文化立场、翻译接受、价值重构等角度探究翻译在与文化的互动中发挥的作用、达到的目的和发生的变异，这正是深入了解一个民族的文化在其发展历程中与其他文化进行交流、接触，发生碰撞，进而相互理解、相互交融、相互丰富的内部动因与外部影响的可靠途径。

6. 三十多年来的翻译研究与国家的发展密切联系，为解放思想、改革开放和中华民族的复兴起到了先锋作用，对新时期中国文化走向世界，提高中国文化软实力，提高中国在国际舞台的形象发挥了重要作用。作为人类社会历史最悠久的活动之一，翻译对社会交流与发展具有强大的推动作用。“翻译与民族的交往共生，与文化的互动同在。一部翻译史就是一部活生生的接受史。从佛经北传到西风东渐，从中国革命到改革开放，翻译既开始了中华民族的精神启蒙，也参与了中国社会的全面改造。”②历史上，无论是梁启超、严复对西学的翻译，还是林纾对欧美小说的翻译，都是通过新思想、新精神、新文化的引进，“启发和教育了整整一代青年，使他们受到了思想启蒙的洗礼”。这种思想启蒙工作具有深远的意义，“它构成了中国国民思想发展前进中的一个不可缺少的过渡环节，尤其是向一大批年轻人提供了由初步接受启蒙洗礼而走向更开阔、更解放的思想境界的阶梯。”③在新时期，翻译同样在我国的文化强国战略中发挥了不容忽视的作用。通过文学和文化的交流了解其他民族，也让世界各国人民更好地走近中国、了解中国，从而与世界各国人民共同建设一个更加和谐、美好的世界，这是中国在经济实力增强、国际地位提高之后的重要奋斗目标，这一目标的实现必须以翻译事业的理性繁荣作为基础和保证。而翻译事业的理性繁荣，无论是译本的选择、翻译策略的确立、翻译评价体系的构建，还是翻译人才的培养、翻译批评的开展，都离不开翻译研究的发展。例如，针对我国翻译界遭遇的翻译质量失控、翻译风气浮躁等不容忽视的问题，翻译界、文学界和出版界的不少学者、专家在《光明日报》等媒体上发表文章，从沟通文化、促进交流的高度看待翻译活动，审视翻译问题，揭示文学名

---

① 王克非编著《翻译文化史论》，上海外语教育出版社，1997 年，第 4 页。

② 汪堂家《可译性、不可译性与思维模式的转换》，《辞海新知》2001 年第 7 期，第 11 页。

③ 连燕堂著《二十世纪中国翻译文学史》(近代卷)，百花文艺出版社，2009 年，第 132 页。

著复译中出现的危机，从翻译学科建设、翻译教学、翻译道德、翻译出版机制、翻译图书质量管理等方面进行全面反思，指出翻译质量问题的症结所在并提出解决的途径与办法。倘若没有翻译研究的深入，梁启超早在一百多年前提出的"择当译之本"、"定公译之例"、"养能译之才"这三条推进翻译事业的主张将无从实现，翻译对国家和社会发展应具有的历史价值也就无从体现。中国文化走出去的战略的制定与实施也将受到限制与影响。

二　有关翻译研究的困惑和思考

在上文，我们从六个方面探讨了翻译研究所起到的作用。我觉得，翻译教学与研究界在体制内生存固然重要，但理论研究的追求不能局限于此。对翻译研究之用的思考有助于我们反思过去走过的路，展望翻译学科发展新的可能性。上面提及的六个方面肯定还不全面，甚至也不正确，我的本意是想引起学界的重视，一方面突破狭隘的理论之用观，另一方面给我们翻译研究界鼓鼓劲，同时也通过对翻译研究所起的作用的探讨，拓展我们研究的思路。我们不能不清醒地意识到，在我们庆幸于翻译学科在体制内逐渐被承认，翻译学之名有了归宿的同时，我们的翻译研究和教学界应该不满足其名而努力追求其实。而名副其实的追求需要我们在这个普遍浮躁的时代始终保持清醒的头脑，开展扎实的工作。从实际情况看，我们翻译学界目前也确实存在一些问题，许多同行，尤其是青年学子有不少困惑，对翻译研究往何处去有些茫然。针对这一情况，我想从几个方面谈谈自己的看法，对目前存在的问题以及翻译研究未来的发展之路做一点思考。

1. 翻译研究的泛文化倾向与研究的本体性回归

从上个世纪 50 年代开始，西方的翻译研究从大的方面来看经历了语言学、文化两次所谓的转向，但前一次转向显然没有后一次转向造成的影响深远。自上个世纪 90 年代起，我国翻译研究界开始密集地引进西方翻译理论，一时间，各种原本并不为传统翻译研究所熟悉的术语一起进入我们的视野，诸如"意识形态"、"权力"、"操纵""文化资本"、"话语权"、"赞助人"、"抵抗式翻译"、"等级"等，还有"多元系统"、"解构主义"、"女性主义"、"后殖民主义"，甚至"食人主义"等等理论或流派。这些理论和相关术语很快吸引了不少学者的目光，相关的研究著作和论文大量涌现。

应该说，作为20世纪后半叶以来学科交叉互涉程度加深、学科间边界不断被跨越的结果，文化学派或文化研究范式的兴起当然不是翻译研究领域独有的景象。其他人文学科领域出现的现象可能更为极端。例如过去的几十年，“theory”一词在美国乃至在受美国理论影响的区域摇身一变，成为首字母大写的“Theory”，指涉及种族、性别、等级、身份等诸多文化社会问题的“后结构主义”或“解构主义”理论，这让人不禁深思，究竟是“理论”一词的意义变狭窄了，还是“解构主义”所指涉的问题几乎无所不包。

我想，文化研究范式之所以能以排山倒海之势夺取许多研究领域的大片江山，获得如此多学者的青睐，原因是多方面的。在翻译研究领域，这首先与翻译活动的本质特征有关。我曾给翻译提出过如下定义："翻译是以符号转换为手段，意义再生为任务的一项跨文化的交际活动。"[①]翻译活动的跨文化属性决定了诸多的翻译现象在一定程度上都可以由文化理论来解释。从某种意义上说，举凡涉及人的精神层面的东西，我们都可以求助于文化理论。文化理论似乎成了一种放之四海而皆准的东西。周宪教授写过《文化研究：为何并如何？》一文，里面有一句话我觉得很有意思，他说："当文化研究取代文学研究时，几乎没有什么不可以成为研究对象。"[②]在翻译研究领域也是如此，我们可以说，当文化研究取代传统翻译研究甚至语言学翻译研究途径时，几乎没有什么不可以成为研究对象，几乎没有什么不可以用文化理论来解释的了。翻译研究中逐渐出现了泛文化的倾向。

不能否认，在产生之初，翻译研究的文化转向的确有着不可抹杀的意义，它有助于我们解释一些依靠单纯的语言学、文艺学无法解决的问题，看到意识形态、文化因素在广义的翻译活动中所起到的重要作用。与此同时，大量引进西方文化学派理论的时期，也与我们努力尝试在中国建立翻译学科的时期相吻合，理论的引进，视野的开阔，疆域的拓展，以及借助文化学派业已在学术界获得的话语权来建立我们自己的话语权，这对于正在为学科的合法地位苦苦挣扎的一代学人来说实在具有非常重要的意义。但我们也知道，过犹不及，喧宾就容易夺主，如果翻译研究泛化成为了文化研究，乃至社会研究、历史研究，那么整个翻译

① 许钧著《翻译论》，湖北教育出版社，2003年，第75页。
② 周宪《文化研究：为何并如何？》，《文艺研究》2007年第6期，第23页。

学也就失去了其作为独立学科存在的基础和意义。

所幸这个问题现已引起了国内一些学者的关注。进入本世纪以来,已有不少学者呼吁翻译研究要回归本体。我自己也一直在思考这个问题。但如何真正实现向翻译研究本体的回归,除了呼吁之外,我们还须面对现实,认真思考,着力于廓清翻译研究的本体,将目光拉回到翻译活动本身,让翻译理论探索围绕翻译活动展开。翻译活动的确是一项跨文化交流活动,但它最根本的属性,是一种语言实践活动,是一种符号转换活动,以狭义的翻译而论,是一种语言转换活动。有学者指出,"从语言和语言学的角度研究翻译可以说是一种回归,一种必然的回归,翻译的栖息地毕竟离不开语言,离不开文本,离不开结构。"①对这一观点,学界同行一定有不同的意见。对翻译研究本体的回归,并不意味着研究方法必然回归到语言学的研究途径。我想能否跳出一种非此即彼的排他性思路。翻译研究,无论是语言学研究途径,文化研究途径,还是女性主义研究途径,都不是排他性的或颠覆性的,其所谓的转向,也不是从根本上对前者的否定,而应该是某种补充、深化或丰富。不同的研究途径会给我们对翻译的认识、理解提供一种新的视角,开启一种新的可能性。我们不应该在强调文化研究途径的时候忽视甚至否定其他研究途径的贡献。我所强调的回归,不仅仅是指方法上,而是一种方向性的,希望学界同仁能够重视探讨并明确翻译研究的对象。没有专属于自己的研究对象,就不可能有真正意义上的独立学科的存在。我认为,翻译研究本体的回归,首先是要明确研究对象,对翻译活动的本质属性有深刻的研究和认识,我曾提出翻译活动的社会性、文化性、符号转换性、创造性和历史性,我觉得无论是翻译研究的语言学转向、文化转向,还是新近提出的社会转向或伦理转向,都离不开对翻译活动本质属性的探索与把握。

2. 翻译研究的理论性资源缺乏与理论创新的可能性

关于前面提到的翻译研究本体回归的问题,我们的确存在一些模糊的认识。与此相关的是,我们翻译研究界在研究方法上似乎遭遇到了发展的瓶颈。翻译研究的泛文化倾向,从某种意义上也说明了翻译研究新方法、新理论的缺乏。我们不能不看到,半个多世纪以来的翻译研究,大都是借助其他学科的理论发展起来的。而我们国内的翻译研

① 王东风《功能语言学与后解构主义时代的翻译研究》,《中国翻译》2007年第3期,第9页。

究界，也已经习惯了某种拿来主义。一方面，西方的翻译理论界遭遇到了理论性资源的缺乏，目前很难再借助其他学科的理论“发展”出什么新的理论；另一方面，中国翻译研究界近二十多年来将很多的精力放在引进西方翻译理论上，虽然这种引进有思考和批评，但更多的是照搬和套用。有学者很早就意识到了这种局限于拿来主义传统的危险，提出了要着力于建设具有“中国特色的翻译学”，但终因为“中国特色”这四个字带有太多的中国政治色彩，太具有主流意识形态的色彩而受到了不少学者，特别是具有国外或境外工作和学习经历的学者的批评。双方的争论没有下文，也没有什么结果。近日到华东师范大学参加“全球化语境下的翻译与翻译教学”国际研讨会，潘文国教授在会上就“中国译论与中国话语”的关系与建设进行了思考，提出了中国学者进行翻译理论研究的一种新思路，探讨了建设具有中国特色的翻译学的可能路径，我个人认为非常重要。

如果没有理论创新，一个学科就无法向前走，所以现在是时候自问，我们应该往哪里走？怎么走？在这里，我觉得我们要处理好几层关系。首先是处理好理论引进与本土化的关系。不可否认，外来的理论对我们的吸引力是很大的，而且很多理论的确具有某种普适的维度。但正所谓一方水土养一方人，一方水土也养一方理论，如果盲目引进，理论到了我们这里水土不服了，我们利用病态的理论，只能结出畸形的果实。比如基于西方语言文学传统的理论是否一定适合我们汉语语言文学系统呢？西方文化语境下产生的现代性概念和解构主义的某些理论是否可以原样照搬到我们国家呢？这些问题都需要我们在接受外来理论过程中持批判的目光和审慎的态度，历史地考察理论，理顺其来龙去脉，选取真正具有共性的维度，来观照我们的问题，在拓展广度的同时，也拓展理论的深度。

其次是要处理好传统与创新的关系。我们国家有悠久的翻译历史和翻译思考的传统，但因中国传统译论话语的方式不太符合今日占统治地位的西方学术话语方式，所以渐渐失去了话语权。但是，传统译论的丰富内涵是不是得到我们足够的重视呢？推陈出新之路，我们不应该忽视。我自己的体会是，在不同阶段用不同视角去审视传统译论，能发现不同的意蕴和内涵。比如我研究傅雷，一部分是对傅雷翻译思想的整理和阐释，通常我们将傅雷的翻译思想归结为“神似”两字，但通过自己对傅雷翻译手稿、译序、跋及与家人友人的书信的研究，发现傅雷对翻译的思考具有整体性，有其一以贯之的诗学追求，有其明确的诗学观。傅雷的个案尚且如此，那么由罗新璋归纳的整整一条"案本——求信——神似——化境"传统译论的脉络能够给我们提供的思考和研究的可能性是不容忽视的。我们要做的，是如何立足当下，对中国传统译论进行再发掘与再阐释，赋予其在新时代的新内涵。中国传统译论可以说是进行理论建设与创新很重要的一个资源。在这方面，我们做过了一些尝试，如对"信、达、雅"翻译标准的再阐释①，对其顽强的生命力予以关注和解释。

最后还要处理好继承与发展的关系。人文学科的一个突出特点是理论传承、拓展与深化，创新很多时候是说起来容易做起来难，写一部著作或一篇文章，不能忽视对前人成果的梳理和探究。翻译研究的理论创新也是如此。新永远是相对旧而言的，如果不很好地理解旧，创新也就无从谈起。近些年来，我有一个感受，各种理论与其说是有机传承、和谐共生，不如说是此消彼长，某一种理论热门了，其他理论似乎就会被冷落甚至被否定。随着全球化进程日渐加快，中外交流日益扩大，目前我们几乎能够实现对西方学术界最新成果的同步接受。这看似一种进步，实际上给我们造成的困扰也不小，因为我们在相对集中的时间内译介了西方在较长时间跨度上发展起来的理论，尤其是近十年，理论更新速度那么快，以至于我们还没来得及消化一种理论，就立即被另一种新的理论淹没。在这种情况下，我们特别需要戒除一种理论速食主义。这种理论速食主义在两点上特别有危害，第一点是浅尝辄止，理论的精髓还没来得及被细细品味，好好加以利用，就已被淘汰出局。第二点是不加鉴别，还没来得及辨别理论本身有没有营养，它就已经被加工成了各种文章论著。理论速食主义导致了一个奇怪的现象：我们的研究看似不断地在出新，实则很多都浮于表面，用孙艺风的话说是："如此走马灯似地你方唱罢我登场的喧闹，有时不免让人有蜻蜓点水般的肤浅感觉。"②在我看来，这种你方唱罢我登台的喧闹，其危害不是在于其肤浅，更在于其对传统的割裂。理论创新，不是凭空可以做到的，也不是通过对前者的一味否定产生的。从历史发展的角度看，没有继承就没有发展。理论创新不是一味否定，也不是一味趋新。在目前阶段，我

---

① 参见刘云虹、许钧《理论的创新与实践的支点——翻译标准"信达雅"的实践再审视》，《中国翻译》2010年第5期，第13～18页。

② 孙艺风《翻译学的何去何从》，《中国翻译》2010年第2期，第5页。

们没有必要因为没有可以引进的新的外国译论而惶惑，也不要因为国际上暂时没有中国创立的什么学派而焦躁。我们需要的是不断反思自身，对我们所走过的路、所做过的努力进行反思，在对以往的理论的思考、批评与探索中发现新的价值，予以继承与发展。比如在目前阶段，对于中国文化如何走出去，如何发挥翻译的作用，我们就可以结合“多元系统论”和西方的文化社会学理论，对中国文化的现实地位、译介心态和传播方式进行研究，提出自己的观点，形成某种译介与传播的理论，其发展前景和作用是不容小视的。在这方面，我们也做过一些探索，就中国文学走出去，促进中外文化交流提出过看法和建议①，有了反响，有关部门作出过积极的回应。

3. 翻译研究的附属性与和翻译研究与其他学科的互动性

Translation一词，从词源看，有“转渡”的意思，用我们古人的话来说，“译即易”。说得宽泛一点，只要涉及到精神层面的转移、转换活动，我们在广义上都可以用“翻译”来指代之。又因语言文化中的“转渡”、“变易”经常伴随着各个层面的冲突，时常会触及人类存在的一些根本问题，因此翻译活动在历史上总会引起一些富有洞察力、思维敏锐的思想家的关注。但我们在欣喜翻译活动重要性得到肯定的同时，也应认识到，很多学者谈论翻译的目的是醉翁之意不在酒，他们往往是借对翻译的思考来阐发自己的思想和观点，发展自己的理论。我们作为翻译研究者，应该具备翻译研究的独立意识，在注意吸收他们对翻译的深刻思考的成果的同时，防止把他们就翻译发表的论说或只言片语当做译学的体系性指南。从三十多年来翻译研究的情况看，我们从哲学、语言学、文化学、文化社会学甚至人类学等种种思潮中吸收了不少养分，但我们发现，在不少情况下，他们对翻译的思考往往是其学科理论研究的副产品，在一定程度上，造成了翻译研究依赖于其他学科的附属性倾向。

翻译研究尽管在中西方都有相当的历史，但从学科角度来说，翻译学才刚刚起步，早些年，将翻译研究归入语言学、比较文学领域的观点于我们并不陌生。近些年，对于研究的地位和归属，我们已经达成了比较明确的共识。那么对于研究方法呢？谭载喜在本世纪之初出版的《翻译学》一书中提出了翻译研究的多种途径，包括文艺学途径、语言学

① 参见高方、许钧《现状、问题与建议——关于中国文学走出去的思考》，《中国翻译》2010年第6期，第5～9页。

途径、交际学途径、社会符号学途径和翻译学途径[①]。对于前面四个途径，我们今天已经很熟悉了，值得思考的是最后那个"翻译学途径"。谭载喜是这样定义的："翻译学途径是一个综合性研究。它不仅综合上述各个途径的优点，同时还综合其他一切翻译研究途径的优点或特点。翻译学途径明确区分翻译和翻译研究，认为翻译本身只能是一种技术、一门艺术，决不是科学；而有关翻译的那门学问却是科学，并且是一门不隶属于任何其他学科(包括语言学)的相对独立的综合性科学。……翻译学途径的主要特点，除高度的综合性之外，还有高度的描述性、开放性和灵活性。"[②]十年过去了，似乎这个翻译学途径并没有建立起来，但就我的理解，谭教授指出的这个翻译学途径，应该是指一种围绕翻译活动展开的跨学科研究途径。

实际上，早在上个世纪 90 年代，就已有不少学者认识到了翻译研究的跨学科性质。例如穆雷在 1991 年指出："翻译学从语言学、文艺学、交际学、符号学、人类文化学、思维科学、应用数学和计算机科学等社会科学与自然科学的角度，对翻译进行多层次、多角度、全方位、立体化的研究和探讨，形成一门综合性、交叉性的研究翻译的新的边缘学科。"[③]杨自俭指出："翻译科学是一门跨学科的综合性很强的学科，它既不属于语言学，也不属于文学或文艺学，而是一门独立的学科。"[④]申雨平也指出："翻译已真正成了跨学科的研究领域……"[⑤]但是，如何真正有效地开展跨学科研究，保证翻译研究能在借助其他学科成果的同时保持自身的独立性，需要我们进行认真思考。国外有些学者探讨过跨学科研究方法，总结出"中心模式、多元模式和整合模式"[⑥]这三种模式。这些模式有各自的优势，例如中心模式强调本学科理论和方法的中心地位，多元模式强调问题的主导地位，整合模式强调多学科间的团结协作来解决同一个大问题。但它们也有各自的致命缺陷，假如本学科研究缺乏具有区别性特征的理论和方法，则很难采取中心模式，多元模式以问题为

---

① 谭载喜著《翻译学》，湖北教育出版社，2000 年，第 40 页。

② 谭载喜著《翻译学》，湖北教育出版社，2000 年，第 51 页。

③ 穆雷《用模糊数学评价译文的进一步探讨》，《外国语》1991 年第 2 期，第 66 页。

④ 杨自俭《谈谈翻译科学的学科建设问题》，《青岛海洋大学学报》1996 年第 1 期，第 85 页

⑤ 申雨平《〈描写性翻译研究内外〉介绍》，《外语教学与研究》1999 年第 1 期，第 75 页。

⑥ Leeuwen, Theo Van. "Three models of interdisciplinarity." *A New Agenda in (critical) Discourse Analysis: Theory, Methodology and Interdisciplinarity*. Ed. Ruth Wodak and Paul Chilton. Amsterdam/Philadelphia: John Benjamins Publishing Company. 2005. pp. 3～18.

导向容易缺失系统性，整合模式综合各个学科却容易失却中心。

综合这几种模式的优劣，我觉得翻译研究必须具备跨学科意识，我们的翻译研究可能要有五点坚持：一、始终坚持翻译研究的中心地位，保持翻译研究的独立性。由于研究对象的特殊性，我们这个领域在建设中似乎总是不得不向其他学科借思想借方法。但正如我不断重申的那样，借来的方法必须是贴合翻译研究的，能为解决我们这个领域的问题服务，能加深我们对自身研究对象的认识，而不是用翻译现象去佐证其他学科的观点。二、坚持进一步明确翻译研究的对象，确立包括翻译基本问题、翻译史、翻译批评、翻译教学以及翻译技术等在内的基本稳定的研究框架和体系，促进各分支领域的发展。三、坚持培养问题意识，以问题为导向，从问题出发去探索理论。而不是反过来，为了理论而理论，为了方法而方法。失去问题意识，理论便有可能成为象牙塔内自娱自乐的文字游戏。四、面对同一个问题，坚持多角度多方法的研究原则，避免以偏概全、以一代多的倾向。方法和视角本身无所谓优劣，只要能够帮助我们认识问题、解决问题，那就是有价值的。五、在坚持研究独立性的同时，加强与其他人文学科的对话。近三十年来，我们的研究取得了长足发展，但在整个人文学科中，我们实际上还是处于边缘地位，很多人对我们的研究不关心不了解更不重视，这在一定程度上影响了我们这一学科的建设和发展。加强对话对于我们自身有利，对于其他学科也未尝不是一件有益的事，因为处于我们视野中心的文化“差异”、“他者”、“碰撞”、“对话”、“补偿”、“相互丰富”、“文化多样性”等问题，关乎人类社会的多元发展，而翻译研究独特的跨文化视角，能为解决这些问题提供某种有益的途径。我认为，从长久的发展看，没有翻译研究的参与，这些与文化交流相关的问题将无法得到全面的认识。跨文化视角的形成和以及跨文化语境下对话意识的培养，有可能使我们的研究为其他学科提供理论参照和借鉴，形成与其他学科的互动，增强翻译学科研究对其他学科的辐射性和影响力。

4. 翻译研究的探索性与对重大社会问题的关注

法国翻译理论家贝尔曼曾说过，“翻译是一种能够在思考中打开自身、(重新)理解自身的经验。更确切地说：从起源来看，作为一种经验，它本身就是一种思考。”①反思性、自省性内在于翻译活动本身，这一方

---

① Berman, Antoine. *La traduction et la lettre ou l'auberge du lointain*. Paris: Seuil. 1999. p. 16.

面从源头解释了翻译理论与实践的关系，另一方面从深层次证实了实践不会也不能缺少理论或思考的维度。翻译的规定性研究与描述性研究，我们应该比较熟悉了。但是，对于翻译研究的探索性，我们以前往往比较关注其方法的层面。理论的探索，应该有历史的担当。我认为，对社会重大问题的关注，是凸显翻译研究探索性的有效途径。

纵观中西方历史，大规模的翻译活动总是出现在每个重大历史转折点或危难时期。从西方来看，古罗马征服希腊一统西方的时期，十五六世纪的文艺复兴、宗教改革时期，十八九世纪的浪漫主义时期都是翻译活动频繁的时期。从中国历史来看，我们曾经历了三次翻译高潮，包括东汉至唐宋时期的佛经翻译、明末清初的科技翻译、五四运动时期的文学翻译，现在可以说是进入了空前繁荣的第四个翻译时代，涉及互译的语种之多、领域之广都是前所未有的，可以说翻译活动已渗透到人类精神生活的方方面面。对于这些现象之间的联系，我们已经做了一些探索。社会文化发展需要推动力，这一推动力，我们可以向传统寻求，也可以向外部寻求，而无论是传统的更新，还是外来文化和思想的引入，都离不开或狭义或广义的翻译，翻译活动往往处于文化交流，乃至宗教和社会变革的先锋地位，这在根本上决定了翻译与重大社会实践之间深刻的内在联系。

我想翻译研究对历史与社会重大问题的关注和贡献可以从以下两个大的方面来考虑：一是从翻译史角度出发对人类交流历史进行研究与探索。通过梳理某个国家某一重要时期的翻译现象、翻译主体活动和重大翻译事件，或通过考察某个具体译者或译本个案，从翻译活动兴起的原因、展开的模式、译介的内容等诸多层面入手，揭示某一国家某一特定历史时期的社会状况和精神面貌，加深我们对历史的了解和认识。这个工作我们已经开展了很多年，并取得了不少重要成果，应该继续深入下去。最近一个时期，中国学术界对“西学东渐”和“东学西传”问题非常关注，我认为翻译学界大有用武之地，无论是个案研究、断代研究或文本研究，中国学者所大力倡导的译介学将随着研究的深入焕发出越来越强盛的生命力。二是从翻译的本质和功能出发去考察翻译活动在整个社会历史变革中的地位，明确翻译活动的作用与使命。文化学派从这个意义上说的确为我们的研究打开了视野。历史上，翻译活动在很多地区和民族的语言文化形成与发展过程中起到了决定性的作用，《圣经》翻译对基督教的贡献，路德的翻译对德意志民族语言和思想的发展的贡献，我国五四时期的文学翻译对我们的语言、文学与文化的改造所作的贡献，大家都是再熟悉不过的。时至今日，一个国家内部的发展与国际地位的奠定很大程度上要依赖文化软实力，而文化软实力无论输入与输出，在我们看来首先是一个翻译问题。在我们这个时代，翻译活动出现了新的特点，翻译活动的走向有了新的变化，我们的社会开始特别关注中国文化与思想的对外译介，这为我们的翻译研究提供了前所未有的机遇，也提出了新的问题。我们应该从自己的视角和立场出发争取发出更大的声音，对翻译活动及以此为依托的跨文化交流活动的机制进行探索，提出建议，促使决策者对跨文化交流中的各种影响因素有更为理性的理解，引导文化交流向更理智、更健康的方向发展，努力减小误读和误解，化解冲突，导向交流的平等对话和双赢结果。在目前阶段，中国对外文化交流空前活跃，也空前迫切。我们翻译研究界责无旁贷，应该在中华民族复兴的进程中，以我们实实在在的能力，做出我们也有的贡献。只有这样，翻译研究才有可能焕发新机，与时代同行，逐渐增强我们研究的社会影响力。

在上个世纪90年代，我曾经说过，我们有数千年悠久的翻译历史，我们的时代对翻译更有着广泛而深刻的要求，翻译活动涉及社会发展的各个方面，深刻影响着人类的精神生活和交流。对这样的活动进行研究，不可能是无源之水，其需要是内在的，其发展是可以期待的。我在上面提出的一些想法可能有失片面，但我希望这些思考和想法能引起学界同行的关注，重视我们翻译研究界目前存在的问题和困惑，对译学未来的研究工作如何发展进行思考并提出积极的建议。

（原载《中国翻译》2012年第1期）

法朗士与人道主义的新声

在中国,阿纳托尔·法朗士(Anatole France 1844－1924)有着鲜明的形象。人们只要谈起法朗士,“人道主义”这个词马上就会显现在脑中。在中国读者的心中,法朗士与“人道主义”是紧密相连的。吴岳添的《法朗士精选集》“编选者序”就以《人道主义的斗士》为题,在开篇第一段这样写道:

> 法兰西民族素有热情奔放、幽默诙谐的天性。在法国文学史上,从拉封丹到贝朗瑞的诗歌,从莫里哀到博马舍的喜剧,从拉伯雷到伏尔泰的小说,讽刺佳作可谓比比皆是。它们有的粗犷豪放,如拉伯雷的《巨人传》;有的小巧玲珑,如拉封丹的《寓言诗》;有的入木三分,如莫里哀的《伪君子》;有的轻松欢快,如罗曼·罗兰的《哥拉·布勒尼翁》。而在伏尔泰之后,法国更出现了一位炉火纯青的幽默大师和讽刺天才,他善于把动人的传说和对现实的抨击巧妙地融为一体,以优雅诙谐的联想来表现寓意深刻的哲理。这位公认的语言大师,就是杰出的人道主义作家阿纳托尔·法朗士。①

“人道主义的斗士”,“人道主义的作家”,中国的法国文学研究者对法朗士的这一定位是明确的。那么,阿纳托尔·法朗士在中国的这一鲜明的形象是如何形成的?法朗士在中国的影响又是如何产生的?本文将围绕着法朗士在中国的翻译历程,结合其思想的传播,对法朗士在中国的译介过程和接受特点作一梳理和探讨。

一　法朗士在中国的译介历程与特点

法朗士是一个跨世纪的作家,他的“写作生涯长达六十年之久,共出版了近四十卷的小说、诗歌、评论、戏剧、政论和回忆录”②。中国对法

① 吴岳添编选《法朗士精选集》,山东文艺出版社,1997 年,见“编选者序”第 1 页。
② 吴岳添编选《法朗士精选集》,山东文艺出版社,1997 年,见“编选者序”第 5 页。

朗士的接触和了解，发生在一个特殊的历史时期。确切地说，中国学者是在新文学运动的发展过程中开始注意到法朗士，继而开始译介活动的。有学者认为，“外国文学的大量介绍，也是构成‘五四’文学革命的一个重要内容，从一九一八年《新青年》出版易卜生专号、译载《娜拉》等作品起，这种介绍就步入一个新的段落，其规模和影响远远超过了近代的任何时期。鲁迅、刘半农、沈雁冰、郑振铎、瞿秋白、耿济之、田汉、周作人等都是活跃的翻译者和介绍者。当时几乎所有进步报刊都登载翻译作品。”①1921年前后，中国对俄罗斯、欧洲各国和日本、印度等国的文学作品的译介达到了高潮。特别是在1921年前后，随着新文学运动的发展，出现了一批新的文学社团和刊物，对国外的一些进步的、革命的作家予以了更多的关注。正是在这样的历史背景下，阿纳托尔·法朗士开始被介绍到了中国。

对法朗士在中国的译介情况，钱林森在《法国作家与中国》一书中做过研究，尤其是对早期的翻译情况，作了比较详尽的梳理。根据钱林森提供的线索，较早介绍法朗士的两家杂志是新文学的阵地刊物中的《小说月报》和《东方杂志》。两个刊物几乎不约而同，在1920年把目光投向了法朗士。1920年“11卷12号的《小说月报》刊发了天迦翻译的‘亚那多尔法兰西’原著的戏剧《快乐的过新年》(*Conte pour commencer gaiment l'année*)”②，而《东方杂志》也是在1920年18卷1号上“译载了英国《观察报》记者访问法朗士的访问记及法朗士本人对欧战的看法”③，向中国读者介绍了法朗士。实际上，在这两家刊物之前，《新潮》杂志在1919年的2卷2期上，就发表了沈性仁翻译的法朗士的剧作《哑妻》(1924年《小说月报》15卷号外又刊载了沈性仁重译的《哑妻》一剧)。除《新潮》杂志外，像《新生命》、《真善美》、《刁斗季刊》和《中法教育界》等，都在上个世纪20年代零星发表过法朗士的短篇小说或长篇节译。

根据《全国报刊索引》，在上个世纪20年代，在《小说月报》、《东方杂志》、《文学旬刊》、《中法教育界》、《真善美》等十余家刊物上，先后刊

---

① 唐弢主编《中国现代文学史》，人民文学出版社，1979年，第一卷，第45页。

② 钱林森著《法国作家与中国》，福建教育出版社，1995年，第507页。据钱林森，《快乐的过新年》的译者为天迦，但据《小说月报》1924年15卷第10期所附的《中译的法朗士著作》所列的篇目，译者为高六珈。

③ 钱林森著《法国作家与中国》，福建教育出版社，1995年，第507页。

载了法朗士的小说、剧作、评论等译文二十余篇，有的为全译，有的为节译或编译。同时，还发表了二十余篇介绍或评论法朗士的文章。在此，我们不拟一一罗列，从刊物选择发表的译文、评价文章和当时的语境看，我们认为有三点值得特别注意和思考。

第一，法朗士在中国的译介，与当时的历史语境是紧密相联的。在上文中，我们已经提及，外国文学的译介，为新文学革命和新文化运动的发展起到了积极的推动作用。早期对俄国文学的特别关注，其意义已经远远超出了文学的范畴。瞿秋白曾就当时中国积极译介俄国文学的动因作过这样的说明：

> 俄罗斯文学的研究在中国却已似极一时之盛。何以故呢？最主要的原因，就是：俄国布尔扎维克的赤色革命在政治上、经济上、社会上生出极大的变动，掀天动地，使全世界的思想都受它的影响。大家要追溯它的远因，考察它的文化，所以不知不觉全世界的视线都集于俄国，都集于俄国的文学；而在中国这样黑暗悲惨的社会里，人人都想在生活的现状里开辟一条新道路，听着俄国旧社会崩裂的声浪，真是空谷足音，不由得不动心。因此大家都要来讨论研究俄国。于是俄国文学就成了中国文学家的目标。①

瞿秋白对俄国文学在中国的一时之盛之动因所作的分析，可为我们理解法朗士在上个世纪 20 年代何以在中国得到积极的译介提供参照和启迪。从某种意义上说，法朗士得以在中国译介，其主要的且直接的动因，在于法朗士其人其作品表现出的精神与思想倾向契合了当时的新文学革命所提倡的精神和追求的目标。不可否认，法朗士在 1921 年获得诺贝尔文学奖，也是他在中国得到传播的重要因素之一。但是，我们应该看到，他在晚年对战争的谴责，对和平的赞颂，对人道主义的呼唤，无疑是他的作品在中国得到特别关注的最重要的因素。

第二，法朗士作品与思想在中国的译介与传播，与新文学革命运动的一些主将的强力推动有关。特别需要指出的是，1921 年之后，文学研究会的《小说月报》为译介法朗士的作品做了大量的工作，特别是沈雁冰接编《小说月报》之后，1921 年，在 12 卷 8 号上，刊载了高六珈翻译

---

① 转引自唐弢主编《中国现代文学史》，人民文学出版社，1979 年，第一卷，第 46 页。

的法朗士的小说《红蛋》。1922 年，在 13 卷 5 号上，不仅在“文学家研究”栏目上发表了陈小航撰写的《法朗士传》和陈小航节译的《布兰兑斯的法朗士论》，还刊载了陈小航编写的《法朗士著作编目》，同时，还以插图的形式刊登了“法朗士最近摄影”、“法朗士最近画像”和“初在法国文坛显名时的法朗士”，标志着在中国全面介绍法朗士的开始。紧接着，在当年的 13 卷 9 号上，又发表了匀锐翻译的法朗士的短篇小说《穿白衣的女人》(La femme en blanc)；1924 年，在 15 卷第 1 号上，沈雁冰和郑振铎亲自主笔，在“现代世界文学者略传”栏目介绍了法朗士、拉夫丹(Henri Lavedan)、白利欧(Eugène Brieux)、伯桑(René Bazin)等多位“现代的法国文学者”。同年 10 月 12 日，法朗士在巴黎逝世，沈雁冰从路透社得知消息后，怀着钦佩而悲痛的心情撰写了《法朗士逝矣！》一文，发表在 10 月出版的第 15 卷 10 号上，同期还附有“中文的论法朗士的著作”、“中译的法朗士的著作”和“英译的法朗士的著作撮要”[①]等三种目录。同年的 15 卷号外上，又刊登了沈性仁重译的《哑妻》。1925 年 16 卷 1 号，《小说月报》又推出了敬隐渔执译的法朗士的短篇小说《李俐特的女儿》(La fille de Lilitts)。1926 年第 17 卷 1 号，李金发在《小说月报》发表了长文《法朗士之始末》，其中引孔子“五百年必有王者兴”之语，称誉法朗士“不惟是法兰西文豪，实亦世界之文豪，英之吉柏龄(Kipling)、意之唐南遮(D'Annezio)的声誉及影响世界文学之价值，无以过之”。[②] 1927 年第 18 卷 1 号上，“现代文坛杂话”一栏又见《左拉与法朗士》的介绍文章。1928 年第 19 卷 4 号，《小说月报》发表了马宗融翻译的法朗士的短篇小说《布雨多阿》。1930 年第 21 卷 5 号上，李青崖发表了《现代法国文学鸟瞰》一文，其中专辟一节，又着重介绍了法朗士。上文所列举的《小说月报》在二十年代有关法朗士的译介情况也许还不完整，但从 1920 年开始到 1930 年，《小说月报》几乎每年都推出法朗士作品的中译或有关法朗士作品与思想的评介文章，沈雁冰本人更

---

① 根据附录提供的条目，我们可以知道，《东方杂志》在译介法朗士方面也做了大量工作。在《东方杂志》上发表的论法朗士的著作有愈之的《佛朗西访问记》(1920 年 18 卷第 1 号)、《得一九二一年诺贝尔奖金的文学家安那都尔佛朗西》(1921 年 19 卷第 1 号)、郑超麟的《佛朗西的非战主义》(1921 年第 19 卷第 2 号)。译文有李伯玄执译的《二年花月的故事》(1920 年 18 卷第 7 号，1921 年 19 卷第 1 号)和仲持译的《圣母的卖艺者》(1921 年 19 卷 1 号)(上述两篇译文均收入《东方文库现代小说集》)。关于《东方杂志》在早期译介法朗士的情况，还可参阅钱林森著《法国作家与中国》一书第 506～508 页。

② 李金发《法朗士之始末》，《小说月报》1926 年第 17 卷 1 号第 1 页。

是身体力行，不仅主笔法朗士的略传，而且在第一时间撰写悼念法朗士的文章。《小说月报》如此坚持译介法朗士，绝不是偶然的，而是体现了新文学运动阵地刊物的办刊宗旨。沈雁冰在《新文学研究者的责任与努力》一文中明确指出：“介绍西洋文学的目的，一半果是欲介他们的文学艺术来，一半也为的是欲介绍世界的现代思想——而且这应是更注意些的目的。……英国唯美派王尔德……的‘艺术是最高的实体，人生不过是装饰’的思想，不能不说它是和现代精神相反；诸如此类的著作，我们若漫不分别地介绍过来，委实是太不经济的事，……所以介绍时的选择是第一应得注意的。”[①]在沈雁冰的这段话中，我们特别注意到“选择”一词，而选择的标准则主要为两条：一是文学艺术的标准，二是思想的标准。在他看来，两者的关系是“一半”对“一半”，不可偏废。总之，西洋文学，不可“漫不分别地介绍过来”。按照沈雁冰的这两条标准，法朗士是值得“介绍过来”的最佳人选。他的文学创作的卓越成就，他的人道主义的思想倾向，他的反侵略反战争的坚定立场，正是沈雁冰所赞许的。由此看来，法朗士在中国的译介与传播，和经过革新、由沈雁冰接编的《小说月报》的立场与宗旨是密切相关的。在“五四”新文学革命时期，译介外国文学风气极盛，有不少“平庸甚至反动的作品”[②]也不加区别地介绍了进来，产生过消极影响，沈雁冰正是注意了这一问题的严重性，在选择当译之本方面厘定了重要的标准。而法朗士得以在中国得到大力译介，与沈雁冰等新文学革命主将及同路人的努力是分不开的。

第三，法朗士在中国的译介与他在法国文学界中的独特地位有关。从法朗士的创作生涯看，他的创作历史之长，他涉及的文类之多，他的创作风格之独特，他的思想倾向之鲜明，为他在法国文坛，在广大的读者之中赢得了重要的地位。1921 年，他荣膺诺贝尔文学奖，确立了他在世界文坛的伟大地位，吸引了全世界的目光。应该说，法朗士为中国所关注，所译介，与他最终获得诺贝尔文学奖存在着必然的联系。从我们手头所掌握的资料看，虽然在 1920 年，中国已经开始注意到法朗士，也对他作了介绍。但主要的译介工作是在他获得诺贝尔文学奖之后展开的。尤其需要指出的是，他在中国得到译介和传播，与当时中国的社

① 转引自唐弢主编《中国现代文学史》，人民文学出版社，1979 年，第一卷，第 53 页。
② 转引自唐弢主编《中国现代文学史》，人民文学出版社，1979 年，第一卷，第 46 页。

会与文化语境、与新文学革命的需要固然有着直接的关系，甚至有着重要的关系，但法朗士作为一个作家所达到的深度和高度，是他的作品在中国能得到持久的译介，产生持续的影响的最根本的原因。

确实，从20世纪20年代开始，除在20世纪的六七十年代，因为那场众所周知的文化大灾难而中断外，法朗士的作品几乎一直在译介与重译之中，他的影响虽然谈不上巨大，但却持久不断，在中国读者中确立了一定的威望。下面，我们根据《汉译法国社会科学与人文科学图书目录》和我们通过南京大学图书检索系统所能检索到的资料对法朗士作品的翻译情况按时间顺序作一大致的梳理。

法朗士作品的汉译在早期主要见于《小说月报》、《东方杂志》、《文学旬刊》等杂志[①]，但译介的大都是篇幅相对较小的短篇小说、剧作和短诗。比较重要的作品有《阿伯衣女》(*Abeille*，金满成译，《文学旬刊》1924年12月5日)、《嵌克庇尔》(*Cranquebille*，马宗融译，《小说月报》1926年23卷7号)和《波纳尔之罪》(李青崖译，《小说月报》1926年23卷13号)等。在同一时期，与有关杂志有着密切关系的出版社也开始出版法朗士的作品。现按初版的出版年代列举如下[②]：

《蜜蜂》	穆木天译	上海泰东图书局	1924年
《法朗士集》	沈性仁等译	上海商务印书馆	1925年
《堪克宾》	曾仲鸣译	上海创造社出版部	1927年
《友人之书》	金满成译	上海北新书局	1927年
《波纳尔之罪》	李青崖译	上海商务印书馆	1928年
《红百合》	金满成译	上海现代书局	1928年
《黛丝》	杜衡译	上海开明书店	1928年
《裁判官的威严》	朱溪辑译	上海北新书局	1928年
《乐园之花》	顾仲彝译	上海真美善书店	1929年
《女优泰倚思》	徐蔚南译	上海世界书局	1929年
《艺林外史》	李青崖译	上海商务印书馆	1930年
《乔加斯突》	顾维熊 华堂合译	上海商务印书馆	1930年

① 详细情况恕不一一列举，请参见钱林森著《法国作家与中国》第506～512页。

② 出版的详细情况请见北京大学中法文化关系研究中心与北京图书馆参考研究部中国学室主编的《汉译法国社会科学与人文科学图书目录》，世界图书出版公司，1992年，第64～67页。

《企鹅岛》	黎烈文译	上海商务印书馆	1935 年
《白石上》	陈聘之译	上海商务印书馆	1935 年
《泰绮思》	王家骥译	上海启明书局	1936 年
《法朗士短篇小说集》	赵少侯选译	上海商务印书馆	1936 年
《红百合花》	伍光建选译	上海商务印书馆	1936 年
《克兰比尔》	赵少侯译	上海三通书局	1940 年
《佛朗士童话集》	谢康译	重庆青年书店	1944 年
《时代的智慧》	徐蔚南译	生生出版社	1944 年
《泰绮思》	徐蔚南译	重庆正风出版社	1945 年
《泰绮思》	徐蔚南译	上海正风出版社	1949 年
《诸神渴了》	萧甘　郝运合译	上海新文艺出版社	1956 年
《法朗士短篇小说集》	赵少侯译	北京作家出版社	1956 年
《企鹅岛》	郝运译	上海译文出版社	1981 年
《一个孩子的宴会》	叶君健译	中国少年儿童出版社	1981 年
《诸神渴了》	萧甘　郝运合译	上海译文出版社	1982 年
《黛依丝》	傅辛译	上海译文出版社	1982 年
《蜜蜂公主》	方德义　宫瑞华合译	上海少年儿童出版社	1986 年
《天使的叛变》	郝运　李伦人合译	上海译文出版社	1989 年
《苔依丝》	吴岳添译	漓江出版社	1992 年
《法朗士小说选》	郝运　萧甘合译	上海译文出版社	1992 年
《鹅掌女王烤肉店》	吴岳添译	重庆出版社	1993 年
《法朗士精选集》	吴岳添编选	山东文艺出版社	1997 年
《法朗士短篇小说选》	金龙格译	湖南文艺出版社	1998 年
《红百合花》	吴岳添　赵家鹤译	北京文化艺术出版社	2003 年
《贞德传》	桂裕芳译	译林出版社	2004 年

上文所列举的法朗士作品的汉译一定有所疏漏，但我们的目的并不在于做一个完整的目录，而是通过列举的翻译书目，看一看法朗士作品的汉译有哪些值得关注的特点。

从时间上看，法朗士的作品的汉译在上个世纪的 20 至 30 年代，80 至 90 年代相对来说比较集中。但在新的世纪，法朗士仍然没有被中国的外国文学界所淡忘，仍有出版社继续向中国读者推荐法朗士的作品，如漓江出版社出版了包括《波纳尔的罪行》、《鹅掌女王烤肉店》和《蓝胡子和他的七个妻子》三个作品在内的作品合集《苔依丝》（诺贝尔文学奖精品典藏文库）、文化艺术出版社重新推出收有《波纳尔的罪行》、《苔依丝》和《红百合花》三部重要作品的合集《红百合花》，译林出版社出版了《贞德传》等。需要特别关注的是，法朗士作品的译介有两个比较集中的时间段，一个是第一次世界大战结束至第二次世界大战开始这个时段，另一个是中国改革开放时期。在前一个阶段，法朗士的作品得以流传，与人们在战后的思想状态不无关系；而在后一个阶段，对于“人道主义”的重新认识与定位，是新时期法朗士得以传播的重要推动因素。从翻译的具体作品看，虽然在各个时期对法朗士的各类创作都有所关注和介绍，如诗歌、戏剧、回忆录、评论，但从数量和关注的程度上，译介主要偏重于他的小说，包括短篇、中篇和长篇。他写的童话集也受到了充分的关注。就整体而言，法朗士的主要作品在中国都有了译介，瑞典学院常务秘书卡尔菲尔特在法朗士获诺贝尔文学奖授予仪式上所致的授奖词中提到的《希尔维斯特·波纳尔的罪行》（1881）、《苔依丝》（1890）、《鹅掌女王烤肉店》（1893）和《诸神渴了》更是有多个译本的存在，一译再译。此外，像《企鹅岛》、《红百合花》等也有多个译本。法朗士的中短篇受到中国读者的格外喜爱，解放前后出版过多个选本，如赵少侯的《法朗士短篇小说集》（1936 年，1956 年）、郝运与萧甘的《法朗士小说选》（1992 年）和金龙格的《法朗士短篇小说选》（1998 年）。相比较而言，在法朗士的创作中占有重要位置的诗歌、戏剧和回忆录，在中国受关注的程度不高，译介也不够充分。

从翻译队伍和译介的选择性看，我们发现无论在解放前，还是在解放后，法朗士作品的译者都比较出色，没有当下某些畅销书（包括可以拥有众多读者的经典文学著作）所遭遇的译者队伍参差不齐、泥沙俱下的现象。在翻译法朗士作品的译者中，我们注意到李青崖、金满成、黎烈文、赵少侯、郝运、吴岳添、桂裕芳等名字，这些优秀的译者的译介工作，在很大程度上，保证了法朗士作品的翻译质量，为中国读者走近法朗士提供了坚定的基础。在上述译者中，吴岳添值得特别关注。是他在新时期最早认识到法朗士的真正价值，意识到在新时期译介法朗士的重要性与必要性。1981年，他在《世界图书》第3期上发表了题为《被遗忘了的法朗士》一文，对法朗士在中国的译介历史、法朗士的创作成就和法朗士的独特价值作了简要评述，指出法朗士不应被遗忘，应该“给法朗士应有的历史地位”。此后，吴岳添对法朗士的译介工作抱以了极大的热忱，潜心研究与翻译，以译序、论文、论著等多种形式，发表了一系列研究法朗士的成果。同时，他又执译了法朗士的主要代表作。特别值得一提的是，他编选了《法朗士精选集》（山东文艺出版社，1997年），在对法朗士的创作作出比较系统而全面的评价的基础上，在篇幅限制的情况下，尽可能地反映出了法朗士的创作全貌。在《法朗士精选集》中，中国读者因此而有幸读到了经过吴岳添精心编选的法朗士的诗歌（胡小跃译）、剧作（赵家鹤译）、文论（吴岳添、林青、郑其行译）、回忆录（吴岳添、刘晖译）、短篇小说（郝运等译）、中篇小说（赵少侯译）和长篇小说（吴岳添、赵家鹤译）。精选集所附的《法朗士生平及创作年表》也为中国读者进一步了解法朗士提供了方便。

二　新文学革命与法朗士在中国的形象塑造

一个作家，要开拓自己的传播空间，在另一个国家延续自己的生命，只有依靠翻译这一途径，借助翻译，让自己的作品为他国的读者阅读，理解与接受。一个作家在异域能否真正产生影响，特别是产生持久的影响，最重要的是要树立起自己的形象。对中国当代读者来说，法朗士的形象是比较鲜明的，如我们在上文中所言，只要提起法朗士，读者脑中马上浮现的恐怕是一个年迈的长者的形象，反对战争，呼唤和平，宣扬人道主义，然后才会想起他的文学创造，想起他的具体作品。

就法国作家在中国的翻译与传播而言，不同的作家命运是不一样的，有的盛行一时，昙花一现，有的影响持久。法朗士在中国已经有了八十余年的译介历史，其间也曾一度被遗忘，但总的来说，他在中国的影响是持久的。他的作品，他的思想，还在中国读者阅读与理解之中。在此，我们把目光聚焦于他在中国的生命历程，看一看他在中国的形象是如何一步步被加以塑造和传播的。

我们知道，文化语境与翻译、与作家的形象构建的关系是息息相关的。翻译作为一种跨文化的交流活动，无论是广义的翻译，还是狭义的翻译，无不在一定的文化语境中进行。而文化语境中所涉及的各个层面的因素，对从翻译的选择到翻译的接受这一整个过程的各个阶段都起着重要的影响作用。英国的西奥·赫尔曼曾从理论的高度，对文化语境与翻译的关系进行过研究。他认为，任何一种文化，都会"觉得有必要或者看到能从其他语言引进文本的机会，并借助翻译达到目的，在这种情况下，我们只要仔细观察以下这些方面就能够从中了解到有关这种文化的很多东西：从可能得到的文本中选择哪些文本进行翻译，是谁作的决定；谁创造了译本，在什么情况下，对象是谁，产生什么效果或影响；译本采取何种形式，比如对现有的期待和实践作了哪些选择；谁对翻译发表了意见，怎么说的以及有什么根据、理由"[①]。在他看来，一种文化或文化的某个侧面会以"自我"和"他者"这些词来标明自己的身份，在这种语境下，"翻译明显地提供了获得外来信息的手段，以便进行文化自我界定。从这一点来说，翻译的各个方面都与文化自我界定有关。"在上文中，我们在梳理法朗士在中国的翻译历史时已经指出，法朗士在中国被关注，被翻译，在很大程度上取决于当时的中国社会与文化语境。值得注意的是，"五四"运动所伴随的，是新文化运动，而新文化运动，离不开白话文运动，而白话文运动，又直接推动了新文学革命。为了推动这些运动或者革命，翻译担任了某种先锋的作用，或拿鲁迅的话说，成了盗火的普鲁米修斯。无论是反帝反封建的需要，还是为了引进新思想，新思维，或是为了改造中国的语言，翻译恰恰可以起到全面而实在的作用。正因为如此，新文化运动或者新文学运动的主将们不仅重视翻译，提倡翻译，而且还身体力行，亲自译介外国文学。然而，虽然在积极提倡与推动的外国文学译介高潮中，曾出现过某些令人遗憾的现象，但总的来说，如何根据当时的现实需要，选择当译的文本，是新文学革命运动的主将们非常关心的一个问题。法朗士在中国的译介和形象的构建过程充分说明了历史、社会与文化语境对翻译，特别是对翻译文本之选择的影响作用或决定作用。

作为一个跨世纪的作家，法朗士在法国文学史上的地位是令人瞩

① 西奥·赫尔曼《翻译的再现》，见谢天振主编《翻译的理论建构与文化透视》，上海外语教育出版社，2000年，第13页。

目的。在1921年诺贝尔文学颁奖仪式上卡尔菲尔特所致的《授奖词》中，我们可以看到，早在1881年，法朗士就以“奇特的小说《希尔维斯特·波纳尔的罪行》引起了法国文学界乃至文明世界的注意”①；他“作为诗歌明星闪耀在当时的明星的星座之中”②；作为“公认的讲故事的大师，他以此创造了一个纯属个人的体裁，博学、富于想象和清澈迷人的风格，以及为了产生神奇效果而深刻地融合在一起的讽刺和激情”③。在《授奖词》中，我们还看到晚年的法朗士渐渐离开“伊壁鸠鲁的花园”，开始把目光从关心，甚至有点虚无、有点耽于享受的精神世界转向了“人浸在血泊之中”的现实世界。我们特别注意到这样一段话：

> 阿纳托尔·法朗士沿着这种倾向离开了他审美的隐居生活，他的“象牙之塔”，使自己投身于当时的社会斗争之中，像伏尔泰一样为自己被曲解的爱国主义、为恢复被迫害的人的权利而大声疾呼。他来到工人之中，设法在阶级之间和民族之间进行调解。他的晚年并未成为一个限制他的坟墓，最后的时刻对于他是美好的。在美惠三女神的宫廷里度过了许多年阳光灿烂的生活以后，他还是抛弃了多彩愉快的学习生涯而投身于理想主义的奋斗，在晚年去反对社会的堕落、物质主义和金钱的影响。他在这方面的活动并未直接引起我们的关心，但是对于在其高尚情操背景下确定他的文学形象却大有裨益。④

对于法国读者乃至西方读者而言，法朗士在长达六十年的创作生涯中，如《授奖词》中所言，是充满想像力和创造力的闪耀的“诗歌明星”，是为“古典的法语”之美作出了新贡献的“最杰出的艺术家之一”，是“公认的讲故事的大师”，以“古典大师之手”，为读者打开了一个个“充满无价之宝的真珠母”，“是最后一位杰出的古典主义者”。作为诗人、小说家和艺术家，法朗士是法国读者公认的大师，他之于法国读者的形象，就其根本而言，是文学的形象。正因为如此，当他在晚年逐步走出美的创造世界，“投身于当时社会斗争”，反对战争，反对沙文主义，特别

---

① 见吴岳添译《苔依丝》，漓江出版社，2001年，分别见书中附录的《授奖词》第603页。
② 见吴岳添译《苔依丝》，漓江出版社，2001年，分别见书中附录的《授奖词》第604页。
③ 见吴岳添译《苔依丝》，漓江出版社，2001年，分别见书中附录的《授奖词》第606页。
④ 见吴岳添译《苔依丝》，漓江出版社，2001年，分别见书中附录的《授奖词》第609～610页。

是在1921年，在他77岁的高龄参加了共产党的时候，法国文学界和众多的读者并不认同这种“斗士”的形象。正是因为这一原因，《授奖词》中强调指出，法朗士晚年“在这方面的活动并未直接引起我们的关心”。

然而，与在法国不同，中国的新文学革命的斗士们在一开始，就敏锐地捕捉到了法朗士在晚年的变化，看到了法朗士与野蛮，与战争抗争的“斗士”形象，而对作为文学家的法朗士，则没有足够的关注。或者说从一开始起，中国就在强化法朗士“社会性”形象的同时，在主观上和客观上忽视、淡化了法朗士的“文学性”形象。在某种意义上，法国读者所形成的法朗士的形象是建立在对其作品的阅读之上的，换言之，在法国，法朗士的形象的构建基础是其作品，是文本。但在中国，法朗士的形象在读者中并不是依靠文本的阅读而形成的，而是通过翻译者或评论者对其作品，特别是对其在晚年的行动的评论与论断而建立起来的。这种方式的形象构建往往是为了目的语国家的文化或社会需要而采取的一种“为我所用”的策略，因此而具有某种“操控”的意味。这种所谓的“操控”力量，在理论上讲，实际上就是对翻译活动起着影响或决定作用的一些外部的因素，它决定了译者对翻译的文本的选择，决定了译者或者评论者对作家的独特的理解视角，而这种理解，不免受到译者或评论者的视野、立场或语境等各种因素的限制。

就法朗士在中国的译介而言，我们通过对手头所掌握的一些重要资料的分析，发现法朗士在中国的前期传播中，翻译的文本起的是第二位的作用，而评论则为塑造法朗士的形象起着决定性的作用。实际上，在中国介绍法朗士的最初几年里，无论是高六珈翻译的《快乐的过新年》，还是沈性仁翻译的《哑妻》，都不是法朗士的代表作，在法朗士的文学创作中并不占有特别重要的地位。就此而言，中国对法朗士的译介，从一开始起，就没有从文学性的角度去加以审视和把握。这一倾向，在早期的评论者的文章中，表现得就更为充分了。下面，我们结合《小说月报》和《东方杂志》在早期介绍法朗士的几篇具有相当代表性的文章，看一看评论者为中国读者介绍的是一个怎样的法朗士，看一看在早期他们是如何一步步树立起法朗士的“爱好和平，反对战争”的形象的。

实际上，在中国介绍法朗士的最早的文章中，《东方杂志》在1920年第18卷的1号上译载的那篇法朗士访问记有着不可忽视的作用。对于中国最早接触法朗士的读者而言，他们对法朗士的认识不是以读他的作品为起点的，而是始于《东方杂志》所凸现的法朗士对欧战的看法与立场。1921年的19卷2号上，《东方杂志》在"欧洲文坛伟大的时局观"一栏，又发表了郑超麟翻译的《法朗士的非战事主义》一文①，进一步强化了法朗士的反战立场。据钱林森的资料，在1921年19卷10号的"补白中，再次刊发了法朗士有关战争的警告，在这里法朗士是以一个和平主义者面目出现的"②。就这样，通过有关评介文章的一次次介绍，从法朗士对欧战的看法，到"非战事主义者"的界定，再到"和平主义者"形象的形成，法朗士的社会性形象因此而一步步得到了强化。

与《东方杂志》一样，《小说月报》在早期评价法朗士的文章中，也在不约而同地突出法朗士反战、反暴力的立场。在早期对法朗士的介绍中，陈小航的那篇《法朗士传》应该说是一篇最为重要的文献。为作家立传，不可能不涉及其人、其作品、其思想。应该说，陈小航的《法朗士传》，对法朗士的作品，对法朗士的思想，对法朗士的生活都有评介。但值得注意的是，陈小航对作品的文学性几乎略而不谈，而对法朗士的作品所体现的思想却格外关注，且善于从法朗士的自述、作品或谈话中梳理出一条清晰而深刻的生命轨迹：青年时代"宽大而和平"，对"宣战的通告"、"满腔忠愤"，在狄德罗和伏尔泰的思想中汲取了"反抗强权和暴力的精神"；中年时对拿破仑"这位代表人类戾气的狂夫"加以批评，后又对德雷福斯事件仗义执言；在晚年，更是"眼见人杀人杀得太不像样了"，所以"常作文演说"，反对战争，呼吁和平。读陈小航的《法朗士传》，我们似乎可以感觉到，作者从头至尾，就是着力塑造一位和平主义者的形象。他在文章的结尾处还特别追溯了法朗士反战态度所形成的最早的影响因素，指出："法朗士小时听见他的母亲说：'我很骇怕战争——天下的母亲都怕战争——因为牠会把你们，孩子，毁灭掉。'"③从生养他的母亲的教育，到在某种意义上代表了法兰西精神的狄德罗与伏尔泰的影响，陈小航所要突出的，就是法朗士的思想发展的必然性。两年后，即1924年，沈雁冰获悉法朗士逝世的消息，在《小说月报》发表悼念文章《法朗士逝矣！》。与陈小航的《法朗士传》相比，沈雁冰的这篇悼文对法朗士的思想与行动予以了更多的关注。在这篇悼文中，沈雁冰首先对法朗士在法国和世界文坛的地位作了肯定，认为法朗士"不独

① 参见钱林森著《法国作家与中国》，福建教育出版社，1995年，第507页。
② 参见钱林森著《法国作家与中国》，福建教育出版社，1995年，第508页。
③ 陈小航《法朗士传》，《小说月报》1922年第13卷5号，第6页。

是法国现代文坛的权威，并且是世界文坛的权威”[①]。紧接着对法朗士的作品在中国的译介情况作了简短的回顾，然后笔锋一转，写道：

> 法朗士在近代法国文坛上的地位，可与罗丹在艺术界的地位，和柏格森在哲学上的地位相比拟，我要赶紧加一句：如果我们专在文学上推崇法朗士，恐怕还是浅测了法朗士，我们要知道他不但是一个伟大的文艺家，并且是一个伟大的思想家。[②]

在沈雁冰看来，法朗士是个伟大的文艺家，更是一个伟大的思想家。如果仅仅在文学上评价法朗士，那么就难深刻地理解法朗士。因此，在整篇悼念文章中，沈雁冰将重点放在全面评价法朗士的思想演变与发展上。他认为法朗士的一生有四个时期，思想上有四个重要变化。“第一期的法朗士是一个优雅和善而对人同情的诗人。他的冷静的头脑和敏锐的目光，早看透了人世间的种种不合理。他说人生尚可耐者，幸有怜悯与冷讽：怜悯时的热泪使人生神圣，而冷讽时的微笑使人生温馨。”[③]在人生的第二个时期，“他第二次拔剑，向着‘偏见与迷信’。”[④]在第三个时期，法朗士的思想发生了重要变化。沈雁冰指出：

> 震动法国朝野的 Dreyfus 案件起来了，法朗士的思想又为之一变，这便是他的第三期。这件所谓卖国的案子，当时成为保守派与急进派争论的焦点；也成为社会主义者宣传社会主义的好材料，法朗士本来是一个自由思想者，他的怀疑论颇近于无政府主义，所以此案起，他也就站在急进派的一边，他渐渐的由赞成社会主义而进为信仰社会主义，后来就成为显明的社会主义者。[⑤]

需要指出的是，德雷福斯案件解决后，法国的急进派却未如愿以偿进入政治舞台，而是完全失败了。沈雁冰认为，急进派的失败，令法朗士由失望到绝望，一度陷入“悲观的虚无主义”，垂垂老矣的法朗士遭遇

---

① 雁冰《法朗士逝矣！》，《小说月报》1924 年 15 卷 10 号第 10 页。
② 雁冰《法朗士逝矣！》，《小说月报》1924 年 15 卷 10 号第 10 页。
③ 雁冰《法朗士逝矣！》，《小说月报》1924 年 15 卷 10 号第 10 页。
④ 雁冰《法朗士逝矣！》，《小说月报》1924 年 15 卷 10 号第 11 页。
⑤ 雁冰《法朗士逝矣！》，《小说月报》1924 年 15 卷 10 号第 11 页。

了他人生“意气最消沉的时期”。“但是一九一四年欧战的炮声又警醒了七十老翁法朗士血液中潜伏的少年精神！他以七十的高龄要求从军。他这种举动，只是他的苏醒的少年精神要活动的表现，未必就是受了爱国主义的麻醉。既不得从戎，法朗士乃奋其健笔，作了许多文章——后合为一集，名为《在光荣的路上》。他对于欧战的意见，与罗曼·罗兰不同，与海尔芙(Gustave Herve)也不同；他是痛恨旧欧洲，渴望一个新欧洲，他是希望这次大战会产生一个新欧洲。所以当俄国劳农革命成功的消息达到法国时，法朗士立刻被鼓动了；他深表同情于苏俄，他且加入共产党。”①

由青年“看透了人世间的种种不合理”，到中年拔剑，向着“偏见与迷信”，再到晚年站在正义的一边，为德雷福斯仗义执言，信仰社会主义，最后在第一次世界大战期间，在70岁的高龄要求从戎，进而加入共产党。沈雁冰在他的悼念文章中，突出了法朗士一生的思想变化。他认为：“在思想方面，法朗士凡四次变化；依此四次思想上的变化，乃成就了法朗士一生伟大的文学作品。”②细读沈雁冰的文章，我们发现作者采用的是一种特别的路径，即从法朗士在其一生中的思想变化来评价法朗士，理解法朗士之所以能成就伟大的文学事业的思想基础。从对法朗士一生的四个不同时期的划分，到指出这四个不同时期法朗士的思想变化，再揭示出这些思想变化与同时期的文学创作间的直接关联，作者因此而着力于为中国读者树立一个“伟大的思想家”的形象，在某种意义上，也是为《小说月报》在前几年所致力于塑造的法朗士的形象的进一步强化。

如果我们将沈雁冰的这篇悼念文章与诺贝尔文学奖的“授奖词”进行对比，不难发现两者的差别殊为显著。沈雁冰与卡尔菲尔特都给予了法朗士高度的评价，但前者突出的是法朗士的思想家形象；而后者赞颂的主要是法朗士的文学“天才”。这两种形象，虽有重叠的部分，但差别是根本性的。革命者沈雁冰看重的是法朗士作品所蕴涵的伟大思想，诺贝尔文学奖“授奖词”撰写人所珍视的是法朗士这个伟大的文学家所闪烁的天才光辉。不同的立场，产生了不同的视角；不同的视角凸现了有别的形象。由此，我们可以看到，社会与文化语境对形象塑造与

① 雁冰《法朗士逝矣！》《小说月报》，1924年15卷10号第12页。
② 雁冰《法朗士逝矣！》《小说月报》，1924年15卷10号第10页。

传播起着重要的影响作用。作为"他者"代表的法朗士经由中国译介这一环节之后，在中国的接受语境中渐渐发生了变化，在新的历史空间形成了为中国读者所认同的形象与身份，进而融入到了接受语境之中。

三　新时期的译介与"人道主义斗士"形象的确立

从法朗士在中国传播至今的八十余年历史看，经由新文学革命所塑造的法朗士形象在中国有着延续性。解放之后，由于高尔基对法朗士的推崇，尽管如以阶级斗争的观点衡量，法朗士的作品中有着太多的"虚无主义"与"官能享受"的腐朽因素，但他的一些作品在解放后还是得以流传，如 1956 年北京作家出版社和上海的新文艺出版社就分别推出了《法朗士短篇小说》（赵少侯译）和《诸神渴了》（萧甘、郝运译）。不过，随着中国政治运动的不断升级，到了文化大革命那场灾难的爆发，法朗士在一个相当长的时间内也在中国渐渐地退出了"历史舞台"。直到 1981 年，吴岳添在《世界图书》上发表了《被遗忘了的法朗士》一文，开启了法朗士在中国译介的新时期。

吴岳添的《被遗忘了的法朗士》一文并不长，但作为一个法国文学研究者，他以敏锐的目光捕捉到了在新时期重新认识法朗士的必要性、重要性与可能性。之所以说重新认识法朗士，是因为在"二十年代的中国曾出现过一个介绍法朗士的热潮"。对于这个热潮，我们在上文已经作了比较详尽的介绍和分析。在吴岳添看来，尽管在法朗士逝世前后中国出现过一个介绍法朗士的热潮，但"解放前对法朗士的评论，大都是从外国人那里寻章摘句，鹦鹉学舌，没有对他的作品做系统的研究"①。从我们手头掌握的材料看，解放前中国对法朗士的评论主要集中在 20 年代。如我们在上文已经指出，在 20 年代的中国，对法朗士的接受不是基于作品的传播与研读，而是基于对法朗士人生、思想与行动的关注与评价。这些评价中的确有如吴岳添所说的"寻章摘句"的现象，但不仅仅是"鹦鹉学舌"，而是有着明确的目的，那就是根据当时的历史文化和社会语境而塑造一个有别于西方的法朗士形象。不少文章，不仅没有"鹦鹉学舌"，反而是与西方的评论大相径庭，如陈小航的《法朗士传》就不同于登在同期的由陈小航执译的布兰克斯的《法朗士论》；沈雁冰的悼念文章如此，李金发的文章《法朗士之始末》如此，胡风

① 吴岳添《被遗忘了的法朗士》，《世界图书》1981 年第 3 期，第 16 页。

在1935年写的《蔼理斯·法朗士·时代》(《太白》1935年第12期)一文中所论及的法朗士与西方一般的评价也有不同。但不可否认的是,在解放前,中国学界对法朗士的作品确实没有做过系统的研究。

然而,"法朗士在文坛上活动了近六十年,创作了近四十卷小说、诗歌、戏剧和评论","他的作品谈古论今,旁征博引,内容十分丰富,加上他善于讽刺,文笔清晰自然,幽默典雅,所以读起来明白流畅,妙趣横生,特别是充满了浓郁的人情味。"①在文章中,基于对法朗士的全面把握,吴岳添重点列举了法朗士的《希尔维斯特·波纳尔的罪行》、《苔依丝》、《红百合花》、《滑稽故事》、《企鹅》、《天使的反叛》和《诸神渴了》等作品,并作了概括性的评价。最后,他强调指出:

> 阅读法朗士的作品,我们不仅可以汲取丰富的知识,获得优美的艺术享受,而且可以了解一个人道主义者与旧世界顽强斗争的曲折历程,在目前对资产阶级人道主义进行重新评价的时候,我们应该把对法朗士的研究和介绍作为文艺评论工作的一项任务,给法朗士以应有的历史地位。②

吴岳添文章的这段结语,意味深长。我们特别注意到最后的一句话,在吴岳添写这篇文章时,国内确实正在就人道主义的问题进行论争,思想界和文学界试图对人道主义进行重新的评价。吴岳添以其思想的敏锐,借国内对资产阶级人道主义进行重新评价的时机,把研究和介绍法朗士的任务提了出来,目的十分明确,那就是给法朗士应有的历史地位。

吴岳添借对资产阶级的人道主义重新评价的时机,提出对法朗士进行研究和介绍,具有两个方面的重要原因。一是如他在文中所说,法朗士"是一个资产阶级人道主义作家。仅此一点,就足以使解放后的文艺评论家退避三舍"③。因此,要评论法朗士,就得以破除资产阶级人道主义这一研究禁区为前提。二是在吴岳添看来,法朗士不是一个一般意义上的资产阶级人道主义者,中国文艺评论界难以评价他,但也难以批判他,因为"法朗士这个人道主义作家还不大好批,他是一个彻底的

---

① 吴岳添《被遗忘了的法朗士》,《世界图书》1981年第3期,第17页。
② 吴岳添《被遗忘了的法朗士》,《世界图书》1981年第3期,第17页。
③ 吴岳添《被遗忘了的法朗士》,《世界图书》1981年第3期,第16页。

无神论斗士。教廷圣职部于1922年下令禁止了他的一切著作。在十九世纪末震动法国的德雷裴斯事件中,他和左拉是民主进步势力的领袖人物。1905年,他担任了'俄国人民之友社'主席,一贯支持俄国革命"①。因此,在1956年之后,中国的文艺界和翻译界处于两难的境地:不能评价法朗士,也无法评价法朗士。于是,只能一时"冷落"法朗士。在吴岳添看来,之所以出现这样的局面,关键是中国学界对人道主义没有正确的评价。因此,当国内开始重新评价资产阶级人道主义的时候,他适时地提出了重新认识和研究法朗士的重要任务。

国内对资产阶级人道主义的重新评价,是随着改革开放新时期的开启而开始的。有学者认为在中国,"新时期人道主义思潮的来源主要是蕴含于世界文学名著中的西方古典人道主义,它首先是由外国古典文学名著的重印引起的。"②文化大革命后,突破思想的禁区,外国文学名著起到了难以替代的作用,而其作用主要是通过作品中所蕴含的人道主义而发挥的。吴岳添正是在思想解放的高度,把握到了重新评价资产阶级人道主义这一时机,提出了评价与研究法朗士的任务。在他看来,法朗士是一个人道主义者,又不是一个一般意义上的人道主义者。理解法朗士,必须基于对他的作品的研读。因此,在新时期,吴岳添不仅研究法朗士,而且翻译法朗士,以加深对法朗士的理解,促进对法朗士的研究,反过来又以研究的成果来指导翻译,同时引导中国读者对法朗士的阅读和理解。翻译与研究的互动,为法朗士在中国的进一步传播起到了积极的推动作用。而作为译者和研究者,吴岳添在新时期为法朗士的作品在中国读者中树立新的形象也作了重要贡献。

勒菲费尔曾经指出:"翻译文学作品树立什么形象,主要取决于两个因素。首先是译者的意识形态;这种意识形态有时是译者本身认同的,有时却是'赞助者'(patronage)强加于他的。其次是当时译语文学里占支配地位的'诗学'。译者采用的翻译策略,直接受到意识形态的支配。原文语言和'文化万象'(universe of discourse)带来的各种难题,译者也会依据自己的意识形态寻找解决方法。"③由于有着明确的思想指导,吴岳添不同于一般的翻译者,无论是选择法朗士的作品进行翻译,还是对法朗士的作品加以评论,他始终考虑如何给法朗士以应有的

---

① 吴岳添《被遗忘了的法朗士》,《世界图书》1981年第3期,第16页。

② 赵稀方《"名著重印"与新时期人道主义》,《外国文学研究》2000年第2期,第110页。

③ 参见陈德鸿、张南峰编《西方翻译理论精选》,香港城市大学出版社,2000年,第177页。

历史地位，也就是如何给法朗士以正确而恰当的定位。这一定位的过程，也就是翻译和评论为法朗士的作品树立形象的过程。从1981年的那篇文章看，吴岳添对法朗士的认识已经非常明确。在其后的翻译与研究中，吴岳添不断深化自己对法朗士的认识和理解，与此同时，法朗士的“人道主义者”形象也不断得到深化与强化。

然而，法朗士的“人道主义者”形象的树立过程，也并不是轻而易举的，它不可避免地要遭遇到主流意识形态所设立的障碍。实际上，在吴岳添发表《被遗忘了的法朗士》那篇文章的同一年，上海译文出版社也意识到了法朗士的重要地位及向中国读者介绍法朗士作品的必要性，在1981年率先出版了郝运翻译的《企鹅岛》，1982年又出版了萧甘与郝运合译的《诸神渴了》和傅辛翻译的《黛依丝》。法朗士的这几部作品在文化大革命之后能有机会先与中国读者见面，是因为在译者与出版社看来，这几部作品代表了法朗士积极的思想倾向，乃至革命的精神。无论是在译后记，还是在介绍作品的内容提要中，我们发现译者和出版者都在根据当时的主流意识形态，着力于给作品树立一种“革命”的形象。就《企鹅岛》而言，译者在“译后记”中没有就作品本身，特别是就作者的独特的创作手法和寓言展开分析，而是基本上因袭了新文学革命时期的那些说法，延续了沈雁冰等老一辈革命评论家对法朗士的评价，着重就法朗士晚年的革命立场与态度来评价《企鹅岛》一书的思想性，如《译后记》中强调法朗士“在七十七岁高龄毅然站到无产阶级战线上来”①，说他的《企鹅岛》对“资产阶级的议会制度、帝国主义的对外政策和贪赃枉法的司法部门进行了毫不容情的批判”②，认为“《企鹅岛》对我们说来不仅有认识历史的作用，还有擦亮我们的眼睛，帮助我们识破假、恶、丑，并且与之作坚决斗争的教育作用”③。无论从语言的使用，还是思想的表达，“译后记”所传达的是一种明确的信息，那就是《企鹅岛》具有符合中国当时的主流意识的翻译与出版价值。

关于《黛依丝》，译者同样写了一个“译后记”，“译后记”不长，对作品的人物和主旨作了简要的介绍，在结尾的那一段，重点说明“鲁迅先生很早就对《黛依丝》有很高的评价”，并引用了鲁迅的有关评价④。“译

① 郝运译《企鹅岛》，上海译文出版社，1981年，见“译后记”第329页。
② 郝运译《企鹅岛》，上海译文出版社，1981年，见“译后记”第330页。
③ 郝运译《企鹅岛》，上海译文出版社，1981年，见“译后记”第331页。
④ 傅辛译《黛依丝》，上海译文出版社，1982年，见“译后记”第192～193页。

后记”的目的也很明确，同《企鹅岛》的“译后记”如出一辙，目的在于强调作品是符合主流意识形态的，从而让出版的主管与检查部门认识到《黛依丝》有翻译也有出版的价值与必要性。至于《诸神渴了》，出版者为该书中译本写的“内容提要”更是不遗余力地为作品打上“革命”的标志：

> 本书是一部描写十八世纪末叶的法国资产阶级革命的小说。
>
> 作者在本书中塑造了一个光辉的爱国分子的形象——主人公哀代利萨物·甘墨兰。他是个心地善良的画家，热爱祖国，忠于革命事业。他以革命法庭陪审员的身份，跟反动的政客、投机奸商、失职的将军、通敌的奸细等展开无情的斗争。最后，在革命遭到危险的时候，他毫不犹豫地抛弃艺术与爱情，把自己的生命献给他的祖国。
>
> 同时，作者在本书里也刻划出了那些背叛革命、出卖革命、窃取革命果实的大军需商、大银行家的丑恶面貌。

萧甘与郝运翻译的《诸神渴了》曾于 1956 年由上海新文艺出版社出版，上海译文出版社的 1982 年版实际上是根据 1956 年版重印的。“内容提要”的作用是多重的，既表明了出版者和译者对作品的认识和理解，也是引导读者阅读与理解该作品的重要提示，更是向审查部门负责为该作品打上了的一个标签。从 1982 年版《诸神渴了》的“内容提要”看，出版者和译者似乎不是在介绍作品，而是按照主流意识形态的要求给作品笼罩上“革命”的光环。“内容提要”区区两百来字，但“革命”一词煞是耀眼，先后重复了七次之多，而与此相对应的，还有诸如“反动”、“丑恶”等常见的革命性、批评性的词语。从上述的译后记和内容提要看，当时的中国思想的禁区刚刚被打开，出版者和译者很难把握政治气候，于是“认同”或假装认同当时的主流思想形态，便成了能保证作品得以翻译和出版的有效策略与方法。至于出版者与译者对作品的这种“革命性”的定位，虽然多多少少能影响读者对作品的理解，但这种影响并不是决定性的，因为读者通过阅读作品，会有自己的理解和认识。

值得注意的是，郝运与萧甘在 10 年后再次合作，于 1992 年还在上海译文出版社出版了《法朗士小说选》，其中收录了《波纳尔之罪》(郝运译)、《诸神渴了》(萧甘　郝运译)和《克兰克比尔》(郝运译)等名篇。这部小说选没有再收进译者的有关后记或说明文字,而是请吴岳添为译本作序。吴岳添的"译本序"于 1989 年 1 月写于北京,那是一个比较特殊的时期。细读"译本序",我们可以看到一条明晰的主线,那就是作者根据他在 1981 年发表的那篇文章的观点,自始至终,将法朗士与"人道主义"结合在一起,通过分析,将法朗士明确地定位于"人道主义者"。"译本序"长达八千字,一开始就明确指出:"从十九世纪末开始,法朗士积极投身于进步的社会活动,倾向于社会主义,成为一个杰出的人道主义者。崇高的政治声望和卓越的艺术成就,使他在生前就被公认为是与拉伯雷、伏尔泰齐名的伟大作家,高尔基赞扬他'是全面地、深刻地和自己人民的精神联系在一起的,他完全可以和全世界最伟大的天才并驾齐驱'。"[①]法朗士作为一个"杰出的人道主义者",不仅仅是表现在他的社会活动中,更是体现在他的文学创作之中。吴岳添在"译本序"中没有延袭新文学革命时期那些评论,而是将重点转向了对法朗士作品的分析。他分析了《波纳尔之罪》,认为法朗士"在波纳尔身上倾注了自己的人道主义理想"[②];他概括了《贝尔热雷基生在巴黎》的主旨,指出"小说描写了神父们争当主教的斗争,揭露了教会的黑幕和民族主义派的复辟阴谋,塑造了人道主义者贝尔热雷的动人形象"[③]。吴岳添认为,"法朗士的人道主义理想在资本主义社会里只能是一种空想",德雷福斯事件的结局使他"十分痛心和失望",但是法朗士仍然没有放弃人道主义理想的追求,他的《企鹅岛》和《天使的叛变》"不仅反映了法朗士成熟的人道主义思想,而且表明作者在艺术上也达到了炉火纯青的地步"[④]。而对于《诸神渴了》,吴岳添更是从作者思想的发展逻辑去把握作者在作品中所表现出的积极的人道主义思想。对《黛依丝》,吴岳添也同样在分析的基础上,指出作品体现了"法朗士人道主义思想的一个基本观念"。"译本序"中,人道主义像一条红线,贯穿了对法朗士作品的整体评价。法朗士的"人道主义"的内涵与发展,在"译本序"中得到了充分阐发与揭示,法朗士的"人道主义者"形象因此而渐渐定格于读者的脑中,为深化广大读者对法朗士的认识与理解提供了新的可能性。

---

① 郝运、萧甘译《法朗士小说选》,上海译文出版社,1992 年,见吴岳添"译本序"第 1 页。
② 郝运、萧甘译《法朗士小说选》,上海译文出版社,1992 年,见吴岳添"译本序"第 3 页。
③ 郝运、萧甘译《法朗士小说选》,上海译文出版社,1992 年,见吴岳添"译本序"第 5 页。
④ 郝运、萧甘译《法朗士小说选》,上海译文出版社,1992 年,见吴岳添"译本序"第 7 页。

差不多在为郝运与萧甘的《法朗士小说选》写序的同时，吴岳添在为漓江出版社的诺贝尔文学奖精品典藏文库翻译法朗士的代表作，后以合集形式出版，以《苔依丝》为名，其中包括《波纳尔的罪行》、《鹅掌女王烤肉店》和《蓝胡子和他的七个妻子》。1993 年，单行本《鹅掌女王烤肉店》由重庆出版社出版。1995 年，他翻译的《红百合花》又在重庆出版社出版。1997 年，吴岳添编选了《法朗士精选集》，山东文艺出版社出版。为所有这些作品，吴岳添以“译者序”或“出版说明”的形式，进行了分析与介绍。其评介文字基本上都包含三个方面的要素：一是介绍法朗士的生平与创作经历；二是强调法朗士在晚年的思想变化与发展；三是对作品的内涵与创作特色进行分析。而在所有评介文字中，我们可以看到贯穿这三个要素的，便是法朗士的人道主义精神。特别是为《法朗士精选集》写的“编选者序”，吴岳添更是以《人道主义的斗士》为题，把阿纳托尔·法朗士明确定位于“杰出的人道主义作家”。[①] 吴岳添前后二十余年，通过其翻译与研究，紧紧地把握着法朗士的思想及其创作之源，为读者接近文本，理解法朗士起到了重要的引导作用，与此同时，也使中国读者对何为法国传统的人道主义有了基本的了解，对法朗士赋予传统的人道主义以新的内涵有了进一步的认识。我们相信，吴岳添为法朗士的定位，他所着力塑造的这一“人道主义者”形象将越来越深刻地活在中国读者心中。

（本文原题为《法朗士在中国的翻译接受与形象塑造》，载《外国文学研究》，2007 年第 2 期）

---

① 吴岳添编选《法朗士精选集》，山东文艺出版社，1997 年，见“编选者序”第 1 页。

纪德与心灵的呼应

2001年，是安德烈·纪德逝世五十周年。这一年，纪德在中国的生命历程似乎达到了高峰，国内出版外国文学的几家著名出版社相继推出《纪德文集》，其中人民文学出版社和花城出版社采取“松散”而又有明确分工的协作形式，联合出版《纪德文集》。前者出版了收入纪德大部分叙事作品的《纪德文集》，包括卞之琳译的《浪子回家》、盛澄华译的《伪币犯》、桂裕芳译的《窄门》和《梵蒂冈地窖》、李玉民译的《背德者》、赵克非译的《太太学堂》、罗国林译的《大地食粮》、张冠尧译的《大地食粮（续篇）》、施康强译的《乌连之旅》、罗贝尔译的《热纳维埃芙》、李玉民译的《帕吕德》和《忒修斯》；后者则推出了五卷本的《纪德文集》，分为日记卷、散文卷、传记卷、文论卷和游记卷，其中有罗国林翻译的《如果种子不死》、朱静译的《访苏联归来》、黄蓓译的《刚果之行》、由权译的《乍得归来》等中国读者熟悉的名篇。译林出版社也以《纪德文集》的名义，于2001年9月推出了徐和谨译的《伪币制造者》、马振骋译的《田园交响曲》和由权译的《苏联归来》。

安德烈·纪德在中国的传播历程早在上个世纪的20年代就已经开始了，据北塔写的《纪德在中国》①，在1923年第14卷第一期的《小说月报》上，由沈雁冰撰写的“法国文坛杂讯”首次介绍了“颇为一般人所喜”的作家纪德的简要情况。从此，纪德开始了他在中国的生命历程，至今已有80年的历史。在这80年中，纪德在中国不断地被介绍、被评论，被译介。他的一些主要作品更是被一译再译，出现在不同的历史时期，出自于不同的译家的笔下。他的思想和创作历程也为中国读者一步步地认识，再认识。在这期间，纪德在中国这块土地上遭受过误解，曲解，乃至批判，但是总的来说，这80年的历程，是中国读者对纪德不断认识，不断加深理解的过程。在本文中，我们将结合纪德在中国译介和接受的情况，着重对这个历程的几个重要阶段作一梳理与分析。

---

① 北塔《纪德在中国》，《中国比较文学》2004年第2期，116—132页。

一 “谜一般的纪德”

在1994年年底和1995年年初,在相距不到半年的时间里,中国的法国文学研究和翻译界先后推出了两本有关法国小说的著作。一部是中国学者撰写的,名叫《法国小说论》[①];另一部是中国学者翻译的法国学者写的《法国现代小说史》[②]。两部著作,一论一史,一东一西,比较中西学者对纪德的小说成就或地位的论述与评价,我们可以发现两者的差异还是相当大的。《法国现代小说史》的作者米歇尔·莱蒙着重展示的是1789年以来法国小说的发展与嬗变。从这种角度去评价安德烈·纪德,我们看到的是怎样的一个纪德呢?

在米歇尔·莱蒙看来,第一次世界大战之后,“在一个被战争弄得动荡不宁,被许多疑问搅得摇摇欲坠的世界里,除了那些描写遁世的小说之外,还出现了一些表现惶恐不安的小说。”[③]而“表现惶恐不安的小说首先就是描写青年人的小说,青年正是萌生种种惶恐不安的时期。青年人的导师之一安德烈·纪德在他从《沼泽》到《伪币制造者》的所有作品中,都在不断地表明他的作用就是使人产生不安,而不是安定人心;就是提出问题,而不是解答问题。他整个的一生都致力于激起人们的不安……”[④]我们特别注意到,米歇尔·莱蒙在《法国现代小说史》中,对安德烈·纪德的评价几乎只限于这么几行字。而从评价的重点看,安德烈·纪德在小说的发展过程中所起的作用几乎被忽略不计,突出的是他的“导师”形象,而这个所谓的导师,并不是传统意义的那种给青年人“指明方向”的导师,而是不断地“提出问题”,一生都致力于激起不安。如他的《伪币制造者》在米歇尔·莱蒙看来,就是“为误入歧途者、精神失常者和悲观绝望者的惶恐不安描绘了一幅宏伟的画面”,进而提出问题,引起人们的思索。虽然对纪德的评价所花的笔墨并不多,但定位是非常明确的,那么,在中国学者的笔下,纪德又是怎样的一个作家呢?

在《法国小说论》中,江伙生和肖厚德两位作者既有对纪德的“生平与创作”的简要描述与评价,也有对纪德的主要作品,如《伪币制造者》

---

① 江伙生、肖厚德著《法国小说论》,武汉大学出版社,1994年。
② 米歇尔·莱蒙著《法国现代小说史》,徐知免、杨剑译,上海译文出版社,1995年。
③ 米歇尔·莱蒙著《法国现代小说史》,徐知免、杨剑译,上海译文出版社,1995年,第211页。
④ 米歇尔·莱蒙著《法国现代小说史》,徐知免、杨剑译,上海译文出版社,1995年,第212页。

的分析与评介。在他们看来，纪德的一生是多变的一生：童年时代的孤僻，青年时代的叛逆，中年时期的我行我素。就纪德作品而言，两位中国学者关注最多的，还是其政治性，如“纪德的作品并不是作为道德范本提供给读者的，他的作品更主要地是某一历史阶段中资本主义社会中精神危机的反映，是对资产阶级虚伪道德的一种反抗”，而“纪德的小说世界中一系列‘伪币制造者’肖像，对于揭露和批判现代西方资本主义社会中的种种伪善和欺诈，具有相当的深度和力度”①。对纪德的作品的这种解读明显带有政治性批评的烙印。若以此为标准，那么对于纪德其他一些作品的理解就会有问题，因为像《刚果之行》、《访苏联归来》等这些引起普遍反响的作品很难从这个角度去加以解读。

实际上，无论是在法国，还是在中国，对纪德其人其作品的理解一直是一个“令人不安”的问题，我们不妨听听对纪德的作品译介最多的两位具有代表性的翻译家在不同的时期发出的声音。盛澄华在 20 世纪 40 年代说：“纪德是一个非常不容易解释的作家”，而在纪德离开我们这个世界的 50 年之后，翻译家李玉民这样说道：“纪德是少有的最不容易捉摸的作家，他的世界就是一座现代人的迷宫。”中国当代作家叶兆言几乎完全认同这两位翻译家的看法，他在一篇题为《谜一般的纪德》的文章中这样写道：

> 纪德是记忆中谜一般的人物，他的书总是读着读着就放下了，我想读不下去的原因，或许自己不是法国人的缘故。从译文中，我体会不到评论者所说的那种典雅。一位搞法国文学的朋友安慰我，说这种感觉不对，有些优秀的文字没办法翻译，譬如《红楼梦》，翻译成别国的语言，味道已全改变了。②

对叶兆言而言，纪德是一个谜一般的作家，一次次读纪德，又一次次读不下去。他试图把原因归结于翻译，认为翻译改变了“评论者”所言的，也是他所期待的纪德的典雅。然而，这一原因显然不是本质的因素，而只是“一个借口”，他“面对纪德感到困惑，有着更重要的原因”。在文章中，他的另一段话引起了我们特别的注意。

---

① 江伙生、肖厚德著《法国小说论》，武汉大学出版社，1994 年，第 266 页。

② 叶兆言《谜一般的纪德》，《扬子晚报》2000 年 10 月 17 日。

我想自己面对纪德感到困惑，更重要的原因，是不能真正地走近他，早在我还是一个初中生的时候，就知道纪德了，那是文化大革命中，这样的文化背景下，一个同性恋者的纪德很难成为我心目中的英雄。有趣的是，纪德在中国人的阅读中，始终扮演着一个若即若离的左派角色，早在二十年代，他就被介绍到中国来，到抗日战争期间，更是当时不多的几年走红的新锐外国作家之一。打个并不恰当的比喻，纪德对于我们父辈喜欢读书的人来说，颇有些像这一代人面对马尔克斯和昆德拉，即使并不真心喜欢，也不敢不读他们的东西。①

纪德的书读不下去，是因为“不能真正地走近他”，也就是上文中两位译家所说的，难以真正理解他。在叶兆言的这段文字中，我们可以比较清晰地看到纪德之于中国读者的形象，以及近八十年来纪德在中国的传播踪迹。确实，如叶兆言所说，早在 20 世纪 20 年代，纪德就已经被介绍到中国。在北塔所写的《纪德在中国》中，纪德首次在中国“登场”的时间以及在 20 年代的译介情况有明确的交待：在 1923 年第 14 卷第 1 期的《小说月报》上，沈雁冰撰写了“法国文坛杂讯”，其中谈到了纪德；1925 年第 20 卷第 9 期的《小说月报》，又发表了赵景深所写的短文《康拉特的后继者纪德》；1928 年 11 月，上海北新书局出版了穆木天翻译的《窄门》。到了 30 年代，随着丽尼翻译的《田园交响乐》（文化出版社，1935 年 6 月）、穆木天翻译的《牧歌交响曲》（1936 年，上海北新书局）这两个不同版本的问世，卞之琳翻译的《浪子回家》（文化出版社，1936 年），以及郑超麟翻译的《从苏联归来》的出版（上海亚东图书馆，1937 年 1 月），纪德在中国迅速“走红”，而且“始终扮演着一个若即若离的左派角色”。值得注意的是，叶兆言指出在那个年代，即使人们“并不真心喜欢”纪德，但却“不敢不读”他的作品。言下之意是：即使读了，恐怕也不能真正理解，无法真正走近他。然而，即使在中国一些翻译家和作家看来，纪德是“最不容易解释”、“最不容易捉摸”、“无法真正走近”的作家，可从上个世纪 20 年代至今的 80 年中，中国文学界和翻译界始终在不断地试图接近他，理解他，走近他的世界。

---

① 叶兆言《谜一般的纪德》，《扬子晚报》2000 年 10 月 17 日。

二　理解源自相通的灵魂

如果说在20世纪20年代初沈雁冰撰写的文坛信息让中国人第一次知道纪德这个名字,那么张若名的博士论文《纪德的态度》则是在真正的意义上,试图走近纪德,深入纪德的世界的一篇具有特别意义的研究力作。

根据我们所掌握的资料,有必要提一提中法里昂大学,因为毕业于中法里昂大学的中国学生中,有两位对纪德有过较为深入的研究,一位就是上文刚刚提及的张若名,另一位叫沈宝基。

在中法文化和文学交流史上,我们发现存在着一些非常有趣的现象。而围绕着对纪德的理解,张若名对纪德的研究可以说是中法文学交流史的一段佳话,值得我们特别的关注。

据盛成为《纪德的态度》一书的中译本①所写的序,张若名,原名张砚庄,于1920年底抵法,后于1924年入中法里昂大学攻文科,1928年获得文科硕士后,专攻文学,《纪德的态度》便是张若名提交的博士论文,于1930年秋通过答辩。盛成对张若名的这篇博士论文赞赏有加,称"若名做了纪德的研究,她也就成了纪德的伯乐。"②

"纪德的伯乐",盛成对张若名的这一评价看似有些过分,但是,从安德烈·纪德给张若名的信中,我们看到了张若名的出色研究之于纪德而言,不仅仅是"发现"纪德的"伯乐",更是赋予纪德以"新生"的知音。纪德在读了张若名的博士论文后,给张若名写了一封充满感激之情的长信,信中这样写道:

> 您无法想象,您出色的工作给我带来了多么大的鼓舞和慰藉。旅行归来后,我拜读了您的大作(我曾将它放在巴黎)。当时,我刚好看完一篇登载在一家杂志上的文章,题为《写给安德烈·纪德的悼词》。作者步马西斯及其他人的后尘,千方百计想证实:如果我的确曾存在过的话,那么已真的死去了。然而,通过您的大作,我似乎获得了新生。多亏了您,我又重新意识到自己的存在。大作第五章特别使我感到欣喜,我确信自己从来没有被别人这样透彻

---

① 张若名著《纪德的态度》,生活·读书·新知三联书店,1994年。

② 盛成《纪德的态度》序,见张若名著《纪德的态度》,生活·读书·新知三联书店,1994年,第2页。

地理解过。每当塑造一个人物，他总是首先使自己生活在这个人物的位置上；等等……前前后后的这些评论，正是我很久以来所盼望的。据我所知，以前还从来没有别人这么说过。①

细读纪德给张若名的这封信，我们至少可以看到两点。首先是纪德当时的处境。从信中看，当时法国的文学界似乎对纪德的文学生命表示怀疑，甚至否定。所谓的"悼词"，是想说纪德"已经死去"。而张若名选择了"死去的"纪德作为博士学位论文的研究对象，不能不说是对纪德莫大的鼓舞和慰藉。在这个意义上，纪德仿佛获得了新生。一个中国女性，在法国文学界对纪德有着种种误解，甚至怀疑否定的时刻，却以另一种目光，亦即东方智慧而理性的目光，观照纪德，为人们理解纪德提供了另一个角度，就像歌德所说，提供了一面"异域的明镜"，为人们认识纪德提供了另一束智慧的光芒。其次，张若名对纪德的选择不是盲目的，对纪德的赞颂也不是出于情感上的认同，而是基于严谨的分析和深刻的理解。是对纪德的理解使她得以言别人之未言，见别人之未见。

《纪德的态度》这篇博士论文篇幅并不长，原文总共128页，然而却以一个东方女性独有的视角，对纪德进行了揭示性的研究，拿纪德自己的话说，她的这篇论文试图"概括说明我的真面目"②。《纪德的态度》分为八个部分，分别为：纪德人格的演变、纪德的宗教信仰、纪德与道德、纪德对待感官事物的态度、纪德的纳瑞思主义（narcissisme）、纪德象征主义美学观的形成、纪德的古典主义与现代人目光中的纪德。从论文所涉及的内容看，张若名的研究具有总体性，旨在总体地把握和全面地"概括"，但从具体章节看，却试图以独特的目光，透过表面，直逼深层，为人们揭示一个真实的纪德。

从译介学的角度看，张若名的研究具有独特的意义，作为一个东方的女性，她的研究无论从角度而言，还是从方法而言，都打上了"中国"的烙印，而其思想，更是闪烁着中国古老智慧的光芒，为法国人理解纪德开启了另一扇大门。对于这一点，我们可以从如下几个方面加以

① 《安德烈·纪德给张若名的信》，见张若名著《纪德的态度》，生活·读书·新知三联书店，1994年，第1页。

② 安德烈·纪德：《安德烈·纪德日记》，转引自张若名著《纪德的态度》，生活·读书·新知三联书店，1994年，第175页。

说明。

第一，张若名以不同于法国人的目光，对纪德进行了全面的观照。如以论文第一部分“纪德人格的演变”为例，在上文中，我们谈到过米歇尔·莱蒙的《法国现代小说史》，该书写于1967年，亦即在纪德离世四分之一个世纪之后，按照莱蒙的观点，纪德的所有作品，“都在不断地表明他的作用就是使人产生不安。”在法国评论界看来，“多变”与“令人不安”，是纪德难以被理解的主要原因之一。这种观点从上个世纪的20年代一直持续到米歇尔·莱蒙，足见其影响之大。但是，在张若名的论文中，我们却看到了截然不同的见解：

> 纪德的人格究竟怎样？表面看来，它似乎游移不变，以其不同的特点引起读者的不安，实际上，纪德却热衷于突出他的每一个倾向，喜欢他们各异，并全部加以保护。他为每种倾向而生，直到创作一部作品来象征它。纪德不愿把自己凝固在他创造的一种或另一种生命形态中。在他看来，每种形态，只要他经历过，就是一个令人非常惬意的住所，但他不会再走进去。每创造一种生命形态，他都会摆脱它。纪德人格的演变像一次次的开花，每次都异常鲜艳夺目。①

张若名的这部博士论文成于1930年。当时，法国文学批评界对纪德的创作看法不一，对他的“多变”表示不理解，甚至有评论说他是“变色龙”。张若名的观点与之截然不同。她以透着东方女性富有色彩的笔触，在认真分析的基础上，直接表明了三个重要观点：一是要分清表面的纪德和本质的纪德；二是纪德的生命在于不断创造，在于不断的超越；三是“纪德人格”之花一次次盛开，“异常鲜艳夺目”。上个世纪30年代初对纪德的人格和文学生命的这一总体的把握和认识如今看来是多么深刻，这是当时许多法国评论家所不及的。

第二，既有严格的分析，又有闪光的洞见。细读张若名的《纪德的态度》，我们在字里行间可以看到体现在张若名身上的中国智慧在具有西方特色的严密分析中时时闪烁出光芒，照耀着读者，引领着读者去发现法国评论家未曾发现或被遮蔽的纪德的不同侧面。如在论文第二章

---

① 张若名著《纪德的态度》，生活·读书·新知三联书店，1994年，第3页。

《纪德的宗教信仰》中，张若名对纪德的信仰及其信仰的“分崩离析”与纪德文学创作的关系进行了分析。在分析中，张若名对纪德的《如果种子不死》、《地粮》、《六论集》等作品的引证，充分表现出了她的洞察力，她在该章的结尾处这样写道：

> 纪德放弃自我，而去拥抱人和人物的生命，并把他们活脱脱地化为己有；他奉献他们以爱心，用自己的力量使他们丰富起来。“对自我的最高肯定寓于自我的否定中”。这是基督教道德的神秘的中心，也是获得幸福的秘诀：个人的胜利在于个性的放弃之中。①

对张若名在论文中闪烁的智慧的光芒，纪德非常欣赏。他在给张若名的信中明确地说道：“我认为这完美地阐述了那些在我看来十分明了的东西，令我诧异的是，这明了的东西，竟有那么多的人觉得很晦涩。”确实，张若名的分析往往能一针见血，揭示出纪德的深刻之处。

第三，张若名对纪德文学作品的理解与领悟，得益于她深厚的中国学养，特别是中国的道家学说对张若名的研究发生了潜移默化的影响。在论文中，我们不时可以读到明显具有中国哲思色彩的语言。对于纪德人格的讨论，法国文学评论者往往观点不一。由于纪德表面上的多变，特别是纪德面对社会、家庭甚至友人的叛逆精神，在一般的论者看来，纪德的人格似乎有着“分裂”的特征，他的道德品格、艺术追求与人生态度也仿佛存在着激烈的矛盾。但是，张若名却以辨证的目光，对纪德人格的演变作出了如下的评价：

> 纵观纪德人格的演变，其中有道德、神话、艺术三种要素同时存在着。它们平行发展，因为各于其人格当中据有自己的领域；又偕同演进，因为它们休戚相关；道德的品格和现实的生活接触，引起纪德焦虑和不安；艺术的品格使纪德津津乐道于这样的情感，并且促使他剖析道德戏剧的每一成分；神秘的品格使纪德遁入生命幽深的境域，引起他的热狂，而道德的品格和艺术的品格从中汲取力量。但三者却朝同一方向发展。②

---

① 张若名著《纪德的态度》，生活・读书・新知三联书店，1994 年，第 20 页。
② 张若名著《纪德的态度》，生活・读书・新知三联书店，1994 年，第 3 页。

从矛盾中洞见其统一，张若名的这一观点深得纪德之心。这一观点几乎贯穿了《纪德的态度》的全文。无论是纪德早期的作品，还是后期的作品，其中的人物充满了矛盾与对立，甚至充满了危机，如"《窄门》第四章里暴发了危机。阿利莎与朱丽叶，热罗姆与阿贝尔俩俩形成对立。他们的意志发生了强烈的冲突，这使朱丽叶精疲力竭，引起了阿利莎的剧痛，造成阿贝尔的疯狂，让热罗姆陷入昏迷状态"；"在《菲罗克忒忒斯》里，狡诈、纯朴与美相互较量。在《浪子回家》里，父亲的宽宏大量，大哥的粗暴，母亲的爱，以及弟弟的仇恨，形成鲜明的对照，使人感到了浪子那痛苦的困惑。"[①]张若名认为，纪德是有意在小说中让过激的东西相撞来引发激动人心的情感，同时借助人物的变化、冲突与对立，让内在的矛盾凸现出来。她进一步分析道："当各种倾向任意滋生，相互碰撞之时，普通人会因为它们对立而感到痛苦，然而无情的艺术家却为之欢欣鼓舞。它们之间的交斗越激烈，在对立中每种倾向之美就显得更加突出；这些倾向远非导致紊乱，而是借助力量的对抗，建立起了高度的平衡。"而"纪德固有的一致性就居于其中"[②]。纪德对张若名的分析非常认同，尤其是对第八章第一节的结语，更是赞赏有加。这句结语确实非常简洁而深刻："两种观点的对立并不意味着思想的中断。"冲突中见和谐，矛盾中见统一，对立中见发展，张若名的分析处处闪烁着哲学的光芒。如张若名对"小我"与"大我"的分析，对纪德创造的人物与创作主体的关系的分析，明显受到中国《道德经》的思想的影响，且看她在此基础上得出的结论：

> 他既是一也是多，作为思维主体他是一，作为那些行动的人物他又是多，因此他的人格高大无比，绚丽多姿。[③]

第四，作者与研究者的灵魂的共鸣。一个东方的女性，在法国批评界对纪德普遍表现出不解甚至否认的时候，却选择了纪德，作为她的博士论文的研究对象，原因何在呢？当法国批评界和普通的读者对纪德的变化及纪德身上所表现出的种种矛盾表现出困惑的时刻，为什么张若名又能以不同的目光，从不同的角度，揭示出一个"人格无比高大"，

---

① 张若名著《纪德的态度》，生活·读书·新知三联书店，1994年，第47页。
② 张若名著《纪德的态度》，生活·读书·新知三联书店，1994年，第47页。
③ 张若名著《纪德的态度》，生活·读书·新知三联书店，1994年，第12页。

寓"一致性"于矛盾之中的纪德形象呢？台湾的林如莲对纪德与张若名之间的这段具有重要意义的历史作了深入的研究，写出了《超越障碍——张若名与安德烈·纪德》一文，发表在台湾《中国历史学会集刊》1991年7月第23期上。在这篇研究性的长文中，林如莲对中国青年赴法的缘起、张若名与新文化运动、张若名对纪德的研究等重要方面进行了有益的探讨，其中有的研究为我们了解张若名何以选择纪德提出了富有启迪性的思路。"人们可能会感到奇怪，甚么原因把一个年轻的中国妇女吸引到纪德的艺术中去呢？"在林如莲看来，原因有多种。一般人认为张若名选择纪德，是因为在20年代末，纪德"声名大噪"，张若名因此而被吸引。但最根本的原因则是"纪德是一位传统的破坏者，同时在许多方面也是一位个人主义者。因此对于一位在新文化运动中首次与传统社会决裂，后来又从新组织近五年的束缚下解脱出来的青年妇女来讲，纪德作品的讯息就非常重要"①。林如莲认为，张若名所著的《纪德的态度》这部论文的主旨显示了一个重要的讯息：她透过摆脱现状和开始新生活来找到她的出路。林如莲的分析揭示了张若名选择纪德并对纪德有着深刻理解的深层原因："对在新文化运动中的中国青年而言，渴望得到自由的个性是最重要的。"②如此看来，张若名的选择不仅是必要的，也是一种必然。正是在灵魂深处对自由的向往，促使张若名对纪德不断靠近。在这个意义上，我们可以说，张若名对纪德的理解源自于接受美学范畴的"视野的融合"，源自于两者灵魂的共鸣。张若名对纪德的理解和纪德对这份理解的分外珍视充分说明了这一点。

三　独特的目光和多重的选择

张若名对纪德的研究与理解的深度充分地体现在我们在上文所介绍的博士论文之中，有必要说明的是，该论文用法文撰写而成，由于语言的障碍，张若名的论文答辩之后，在当时的中国文学翻译界并没有产生影响。直到1994年，该论文由周家树译成中文，由北京三联书店出版，中国翻译界与文学研究界才有幸了解了中法文学关系交流史上的这段佳话。不过，张若名对纪德的关注、研究与介绍并未止于她的这部博士论文，据《纪德的态度》一书所汇集的有关文章和资料，我们知道张

① 转引自张若名著《纪德的态度》，附录部分，生活·读书·新知三联书店，1994年，170—171页。
② 转引自张若名著《纪德的态度》，附录部分，生活·读书·新知三联书店，1994年，第171页。

若名于1931年回国后，多次发表文章，或介绍纪德的创作成就，或表述自己对纪德的认识与态度，如在法国著名文学期刊《法兰西水星》1935年4、5月份合刊上，张若名发表了《关于安德烈·纪德》一文。后来，在1946年《新思潮》1卷2期上，她以司汤达、福楼拜和纪德三位作家为例，对“创作心理”这一问题作了专门探讨，文章题目就叫《小说家的创作心理——根据司汤达(Sthendal)、福楼拜(Flaubert)、纪德(Gide)三位作家》。在同年的《新思潮》1卷4期上，她又撰文，以《纪德的介绍》为题，就中国文学界所关心的几个问题，如“纪德是不是一个‘叛逆者’”，纪德的“宗教精神”与“独创艺术”等发表了自己独特的观点。

从1927年开始以纪德为题撰写博士论文到1946年一年内先后两次发表有关纪德的介绍与研究文章，张若名对纪德的爱已经浸入她的灵魂。在1946年《纪德的介绍》那篇文章中，我们读到了张若名这样的一段灵魂告白：

> 多日不读纪德的文章了，不知不觉地忘掉了我这一个旧日的好朋友，近来正当夏日难度，心绪不宁的时候，翻开纪德著述稍作消遣，不意忽然间又得到无限的慰藉。因而回想起来，当我年幼无知的时候，我就爱读纪德，我爱他那无边的孤寂，我爱他那纯洁的热情；我爱他那心灵里隐藏着的悲痛，我尤其爱他那含着辛酸滋味的爱情。为什么多年没有会见他，我还未曾变更我的本性，我还和往日一样，是一个无知的孩子。在这夜深人静的时候，我怀想到那非洲大沙漠的旅客，强烈的日光照得遍地干渴，干渴到不能忍受的程度，希望着得到一滴清水。我怀想那大沙漠里的“哦阿即斯”(Oasis)，四周围都是阳光，都是干渴，惟有在这一片隐秘的天地里凉爽的透骨。①

张若名对纪德的这份爱和她在“酷热”中感受到的透骨的“凉爽”源自她对纪德的深刻的理解，她的这份理解和由之而产生的爱始终没有改变过。但是，无论在法国，在苏联，还是在中国，自从纪德的《访苏联归来》问世之后，人们对纪德的认识似乎又遇到了新的障碍：从道德的层面，又进入了政治的层面。纪德的文章在苏联曾一度成为禁品，法国

① 张若名著《纪德的态度》，生活·读书·新知三联书店，1994年，第84页。

的左派对纪德加以了公开的谴责和攻击。在中国,恰也是在 1936 年的前后,出现了对纪德的大规模译介和不同角度的研究。

首先我们来看一看《访苏联归来》问世前后纪德在中国的翻译情况。在《访苏联归来》之前,中国翻译界最为关注的是纪德的《田园交响曲》。1935 年,丽尼翻译的《田园交响曲》被列入巴金主编的“文化生活丛书”,由文化出版社出版;1936 年,穆木天的译本以《牧歌交响曲》为题,由北新书局出版。在这些书被介绍到中国之前,纪德的部分作品已有译介。1928 年,穆木天翻译的《窄门》由上海北新书局出版;1931 年,王了一译的《少女的梦》(*L' Ecole des femmes*)由上海开明书店出版。从翻译情况看,纪德在《访苏联归来》问世之前,在中国的传播并不太广,且影响也有限。但是,对于纪德《访苏联归来》一书,中国翻译界与评论界反应则表现得十分迅速。《访苏联归来》于 1936 年 11 月于法国问世,次年 4 月,亦即 1937 年 4 月,郑超麟翻译的《从苏联归来》便由上海亚东图书馆出版,被介绍给了中国读者,译者的署名是郑超麟的笔名,为林伊文。同年 5 月,上海引玉书屋出版了没有译者署名的《从苏联归来》[①];1937 年 7 月,上海亚东图书馆再版了郑超麟译的《从苏联归来》。1938 年,上海亚东图书馆又推出了郑超麟(林伊文)译的《为我的〈从苏联归来〉答客难》。

关于《访苏联归来》出版前后那个时期对纪德的研究工作,值得一提的是沈宝基的研究成果《纪德》,该文发表在《中法大学周刊》九卷一期(1936 年 4 月)上,署名“宝基”。文章首先对纪德的生平作了简要的介绍,继而对纪德的主要作品《刚陀尔王》(*Le roi Candaule* 1901)、《託言》(*Prétextes*, 1903)及《新託言》(*Nouveaux prétextes* 1911)、《背道者》(*L'Immoraliste*, 1902)、《窄门》(*La porte étroite*, 1909)、《田园交响曲》(*La symphonie pastorale*, 1920)、《造假钱者》(*Les faux-monnayeurs*, 1926)、《妇人学校》(*L' école des femmes*, 1929 - 1930)以及《若是种子不死》(*Si le grain ne meurt*, 1926)等作了评述。从研究的范围看,沈宝基的文章涉及到了纪德所创作的戏剧、小说、日记等体裁的作品,足见其视野是相当开阔的。在评述中,沈宝基虽然没有对有关作品进行深入的分析,但往往能够以简洁而略带散文化的语言,三言两语,一针见血地点明作品的主旨和思想。从文章有关纪德的思想转

---

① 参见北塔《纪德在中国》一文,《中国比较文学》2004 年第 2 期。据说该书由盛澄华所译。

变的评论看，沈宝基对纪德的创作与其精神状态之间的联系的分析是相当有见地的，其中有这么一段话："他往往不自觉地，讲起布尔乔亚的虚假，谎言，畸形。但他缺少战斗精神：虽在咒骂压制他生活的环境，他仍然接受了这个环境，不想作强有力的反抗。这一点可以解释了他的社会意识的平凡、他的褊狭和不能超越他自身的阶级的天才的限止。由于他的描写世界崩溃的大胆，由于他的悲哀的结论里表示出中了毒的未来之辈的不可逃脱的命运，我们便知道作者的精神非常不安，总有一天有脱离帝国主义的可能。"①从这段话中，我们可以看到沈宝基对纪德的精神状况及其思考的演变过程是非常关注的。而对于纪德的理解的障碍，恰恰就来自于纪德的思想在不同阶段的突然转变。他在刚果之行与苏联之行前后的思考转变之快也正是造成众多研究者评说纷纭的关键原因。

在沈宝基的文章发表之后不久，刘莹也发表了题《法国象征派小说家纪德》②的评述文章。该文共分十八小节，其写法与沈宝基基本相同，通过对纪德的主要作品的简要介绍，对纪德的精神状态、艺术观念、对上帝和宗教的观念以及他的道德观作了分析。在文章的第十八节，刘莹对纪德的艺术观念作了如下的总结："他以为凡是一种艺术，都是由'物'和'我'相辅而成的。'物'得到'我'的精灵，可以变成一幅美景，'我'这方面，遇到'物'的时节，脱去自己的成见，和'物'结合，这样造成'物''我'相通的作品，才可称作名著。这是他对艺术的主要观念。"③刘莹在文中对纪德艺术观念的这段评说，明显带有中国的"物我相忘"的思想痕迹，与其说是纪德的艺术观的表现，不如说是刘莹对纪德的艺术观念的一种中国式的阐释。

在上个世纪30与40年代，对纪德的翻译与研究工作贡献最大的，当属卞之琳。江弱水在《卞之琳"诗"艺研究》一书中对卞之琳译介与研究纪德的情况作了梳理：

> 卞之琳对纪德其人其文的兴趣明显保持了15年之久。1933年，他就开始阅读纪德。1934年他首次译出纪德的《浪子回家》一

---

① 沈宝基《纪德》，《中法大学周刊》9卷1期，第12页。

② 刘莹《法国象征派小说家纪德》，《文艺》月刊9卷4期，1936年10出版。

③ 刘莹《法国象征派小说家纪德》，转引自贾植芳、陈思和主编：《中外文学关系史资料汇编（1898—1937）》，广西师范大学出版社，2004年，第1053页。

文。1935年译介《浪子回家集》(作为《文化生活丛刊》之一出版于1937年5月,初名《浪子回家》)。1936年译出纪德唯一的一部长篇小说《赝币制造者》(全稿抗战中遗失,仅刊出一章)。1937年译《赝币制造者写作日记》、《窄门》和《新的粮食》。1941年为重印《浪子回家集》撰写译序。1942年写作长文《纪德和他的〈新的粮食〉》,翌年由桂林明日社印行单行本,以之为序。1946年为次年由文化生活出版社出版的《窄门》撰写译序。①

卞之琳对纪德的翻译与评介是在一种互动关系中进行的。作品的翻译为卞之琳深刻理解纪德打下了基础,同时也提供了一般的评者所难以企及的可能性。而反过来,基于对作品深刻理解之上的评论,则赋予了卞之琳对纪德的某种本质性的把握。这种直达作品深层和作者灵魂之底的把握主要体现在两点。首先是对纪德思想的把握,卞之琳突破一般评论者所认为的纪德的"多变"的特征,指出纪德虽然有着"出名的不安定","变化太多端",但"'转向'也罢,'进步'也罢,他还是一贯"②。在卞之琳看来,纪德的多变的价值恰恰体现在其不断的超越和进步之中。在《纪德和他的〈新的粮食〉》一文中,卞之琳如此评价纪德:"因为'超越前去'也就正是'进步'。这也就是纪德的进步,螺旋式的进步。"其次是对纪德的创作手法的领悟。江弱水在《卞之琳"诗"艺研究》一书中,从卞之琳的创作与纪德的创作的比较入手,揭示了卞之琳是如何深谙纪德的"章法文体"之道,是如何吸取纪德的创作手法形成自身创作的文体的:"卞之琳对纪德人格和文体的理解与欣赏,似乎使得自己本来就长于作细密精深的思虑的天性,更自然地结合了对文字的巧妙组织和对感觉的细致安排。小说如此,诗也一样。"③由对纪德的思想与创作手法的双重把握,到化纪德的"章法文体"为我有,卞之琳对纪德的作品的译介与接受由此而打上了鲜明的个性烙印。

如果说卞之琳对纪德的译介与接受具有某种互动的特色的话,那么盛澄华与纪德的精神交流与对纪德的研究则为中国学者选择纪德、理解纪德提供了另一种可能性。从1934年在清华研究院读研究生期间开始接触到纪德起,盛澄华在此后的很长一段时间内,几乎都潜心于

① 江弱水《卞之琳"诗"艺研究》,安徽教育出版社,2000年,第206页~207页。
② 转引自江弱水《卞之琳"诗"艺研究》,安徽教育出版社,2000年,第208~209页。
③ 转引自江弱水《卞之琳"诗"艺研究》,安徽教育出版社,2000年,第206~218页。

与纪德的精神交流之中：潜心读纪德，译纪德，悉心领悟纪德的思想艺术精髓，全面地研究纪德。

盛澄华与卞之琳一样，一方面，他全面地阅读纪德的作品，选择有关作品加以翻译；另一方面，他将更多的精力投入到了对纪德的作品的理解与研究中去。在翻译方面，盛澄华主要是翻译了纪德的三部重要作品：《地粮》《伪币制造者》和《日尼薇》。据北塔写的《纪德在中国》一文，盛澄华翻译的《地粮》一书于1945年由上海迁到重庆的文化生活出版社出版，但根据北京大学中法文化关系研究中心与北京图书馆参考研究部中国学室合作主编的《汉译法国社会科学与人文科学图书目录》，盛澄华译的《地粮》早在1943年就已由重庆的新生图书文具公司出版，收入“作风文艺小丛书”。《伪币制造者》同样由重庆的文化生活出版社出版，时间为1945年。1946年，上海的文化生活出版社又出版了盛澄华翻译的《日尼薇》(*Geneviève*)。盛澄华翻译的这些作品后来又多次重版，特别是在中国改革开放之后，上海译文出版社还在1983年又出版了盛译《伪币制造者》；2002年人民文学出版社和花城出版社联合推出的《纪德文集》中，盛澄华翻译的《伪币制造者》(改名为《伪币犯》)是唯一一部在解放前出版的旧译，足见其译作的生命力之强。

在对纪德的研究方面，盛澄华的努力应该说是继张若名之后中国学者接近纪德的又一次精神交流之旅。据北塔的资料，早在1934年在清华研究院读书期间，盛澄华就写过一篇题为《安德烈·纪德》的介绍性文章。在此后的15年时间里，盛澄华从结识纪德、阅读纪德、翻译纪德到研究纪德，一步步理解纪德，接近纪德。对盛澄华的这一与纪德的交流历程，王辛笛在半个多世纪后撰文追忆，写成了《忆盛澄华与纪德》一文，收入《作家谈译文》[①]一书。在这篇文章中，王辛笛回忆说，1935年，盛澄华赴法国进修学习，而他赴英国爱丁堡大学攻读英国文学。留学期间，辛笛两次赴法国，闲暇时盛澄华与他一起读纪德，谈纪德。他在回忆文章中这样写道：

> 遇到闲暇，澄华还和我一同研读纪德的《地粮》和《新粮》，其文体之优美令我心折，就中尤以纪德“关于我思我信我感觉故我在”的阐释使我终生难忘，受用不浅。澄华当时一面在巴黎大学攻读，

---

① 上海译文出版社编《作家谈译文》，上海译文出版社，1997年。

一面日夜埋头于纪德全部作品的研究,常常亲去登门请教,纪德十分欣赏他的见解和心得,已成为无话不谈的忘年交。①

从王辛笛这篇回忆文章中,我们可以看到,盛澄华与纪德的交往,已经超越了一般的关系,具有相当的深度,而这一关系是建立在他对纪德的作品的研究和对纪德的作品的独特见解之上的。事实上,盛澄华不仅多次当面向纪德请教,而且有不少的通信往来。在对纪德的长达十余年的研读、翻译和思考过程中,盛澄华写下了一系列的文章,在纪德获得诺贝尔文学奖后,盛澄华将他研究纪德的主要心得汇集成书,取名《纪德研究》。王辛笛在他的那篇《忆盛澄华与纪德》的文章中谈到,盛澄华的这部《纪德研究》还是由他推荐给曹辛之办的上海森林出版社(亦即星群出版公司),于 1948 年 12 月出版的。该书由正文与附录两个部分组成。正文收录的是盛澄华自 1934 年起到 1947 年在《清华周刊》、《时与潮文艺》等报刊上发表的九篇文章;附录部分有二,一是《纪德作品年表》,二是《纪德在中国》。关于盛澄华与纪德的关系及他对纪德的研究情况,钱林森在《法国作家与中国》一书中作了较为详细的考察,其中特别谈到三点,即盛澄华对纪德的研究具有一般的研究者所不具备的三大优势:一是"认真地阅读纪德,并且以自己的批评观点",因为在盛澄华看来,"对一个伟大的艺术家应予以理解,而非衡量,他的作品本身就是他自己的尺与秤。"二是盛澄华"真切地通过迻译了解纪德"。三是"由于对作者的熟稔因而可以更多地借助于作者本人的阐释洞烛作品真髓"。并由此三个优势而得出结论:"在中国的许多研究者所砌的攀向纪德的无数面墙中,只有盛澄华最接近纪德。"②对一这结论,我们可能会有不同的看法,如北塔在《纪德在中国》一文中就提出了不同的观点,但如果仔细阅读盛澄华对纪德的研究文章,我们可以发现盛澄华为我们认识与理解纪德,确实提供了不同的参照系。

首先,盛澄华基于对纪德的作品的全面与深入的阅读,从整体上把握与评价纪德在艺术与思想两个方面的发展。在《纪德艺术与思想的演进》一文中,盛澄华以纪德的创作为依据,将纪德的思想与艺术的演进分为了相对独立但又相互影响的三个阶段:由《凡尔德手册》至《地

① 见上海译文出版社编《作家谈译文》,第 32～33 页。

② 参见钱林森著《法国作家与中国》,福建教育出版社,1995 年,第 545～552 页。

粮》的创作，是“纪德演进中的第一个阶段，也即自我解放的阶段”；而《窄门》、《梵谛岗的地窖》、《哥丽童》、《如果麦子不死》等作品的问世标志着纪德演进的第二阶段，即“对生活的批判与检讨”的阶段，要回答的是人“自我解放”了，“自由了又怎么样”这一本质问题；而《伪币制造者》的创作，则代表着纪德进入了其思想与艺术演进的第三个阶段：“动力平衡”阶段。盛澄华在论文中明确写道：“不消说，《伪币制造者》在纪德的全部创作中占着一个非常重要的地位：以篇幅论，这是纪德作品中最长的一本；以类型论，这是至今纪德笔下唯一的一本长篇小说；以写作时代论，这是纪德最成熟时期的产物。它代表了作为思想家与艺术家的纪德的最高表现，而同时也是最总合性的表现。纪德在生活与艺术中经过长途的探索，第一次像真正把握到一个重心。由此我们不妨把纪德这一时期的演进称之为‘动力平衡’的阶段。”①

其次，基于对纪德的思想的深刻理解，盛澄华能突破纪德在艺术与思想等方向所表现的种种自相矛盾的“表面”，试图以辩证的方法揭示纪德的精神本质。他指出：“纪德是那种人：他重视争取真理时真诚的努力远胜于自信所获得的真理。因此他不怕泄露表面的矛盾，因此他教人从热诚中去汲取快乐与幸福，而把一切苟安、舒适、满足都看作是生活中最大的敌人。在这个意义上，纪德才在尼采、陀思朵易夫斯基、勃朗宁与勃莱克身上发现了和他自己精神上的亲属关系。尼采所主张的意志说，陀思朵易夫斯基所观察的‘魔性价值’，勃朗宁所颂扬的‘缺陷美’，勃莱克所发现的‘两极智慧’，以及纪德所追求的不安定的安定，矛盾中的平衡都是对人性所作的深秘的启发，都是主张在黑暗中追求光明与力，从黑暗中发现光明与力，藉黑暗作为建设光明与力的基石的最高表现。”②盛澄华对纪德艺术与思想的发展与演变的轨迹的把握由此可见一斑。对“不安定中的安定”与“矛盾中的平衡”的追求，构成了纪德思想与艺术内核的独特因素。在对立中寻找平衡，也正是由此而得到发展的。面对“艺术的真理”与“生活的真理”这两种互不相让的真理，纪德所要追求的是“协调与平衡”。盛澄华对此作了这样的阐发：“如何在两种对立性上求得协调与平衡，这正是纪德艺术与思想的精神。纪德认为艺术品所追从的是一种绝对性的境域，而艺术家自身则

① 盛澄华《纪德艺术与思想的演进》，《文学杂志》2卷8期，1948年1月出版，第7页。

② 盛澄华《纪德艺术与思想的演进》，《文学杂志》2卷8期，1948年1月出版，第10页。

只藉艺术品中绝对性的表达才能维护他自身相对性的存在。”[①]基于对纪德的精神的这种认识，盛澄华通过对《伪币制造者》的悉心研读与领会，对众说纷纭，难以把握的纪德的“多变”作了不同的解读，提出了自己的观点：“纪德是那种人：骤看，你觉得他永远在变，永远生活在不安与矛盾中；但细加探究，你会发现在他生活中也好，在他作品中也好，无时不保存着内心的一贯。这内心的一贯，即是我所谓的动力平衡。在灵与肉、生活与艺术、表现与克制、个人与社会、古典主义与浪漫主义、基督与基督教、上帝与魔鬼无数对立性因素的探求中纪德获得了他思想与作品的力量，纪德以他最个人性的写作而完成了一个最高人生的作家。而这人性感与平衡感最透彻的表现其实莫过于《伪币制造者》。”[②]“多变”与“一贯”，不安定与执著，矛盾与平衡，在盛澄华看来，正是这种种丰富而深刻的对立性和纪德对其深刻的把握，构成了纪德艺术与思想的内核。

再次，盛澄华基于对纪德思想与艺术发展的全面把握，在对纪德的后期创作的认识和判断上，表达了自己独立的思想和与众不同的观点。在上文中，我们已经谈到，在纪德于1936年11月发表了《从苏联归来》一书之后，无论是在法国国内，还是在国外，纪德处在种种的责难与误解之中。超越了文学层面的种种批评甚至谴责一度淹没了其他声音。但盛澄华没有人云亦云，而是从纪德的思想与艺术的演进角度，对他的《从苏联归来》一书所表达的观点以及思想上的所谓“突变”作了评价。其中有这样一段话：“但当纪德到了六十岁以后突然思想明朗地走入左倾的道路，这是一九三〇年代轰动世界性的一件事情。其实这对一个一生中追求自由与解放，同情被压迫者痛苦的作家如纪德原可看作是最自然不过的事情。”[③]在盛澄华看来，纪德从苏联归来产生的失望以及他对苏联的批评恰恰证明了纪德的一贯态度，是追求真理所表现出的一贯的真诚的态度。在这一点上，盛澄华对纪德的理解确实是深刻的。

从张若名到卞之琳再到盛澄华，我们可以看到，中国学者对纪德的理解与把握，不是对法国文学界的盲目追随，也不是各种声音的简单回响，而是从各自的角度走进纪德的世界，接近纪德，表达不同的观点与认识，表明了他们对纪德的不同理解。无论在对纪德的思想与作品的

---

① 盛澄华《纪德艺术与思想的演进》，《文学杂志》2卷8期，1948年1月出版，第8页。
② 盛澄华《纪德艺术与思想的演进》，《文学杂志》2卷8期，1948年1月出版，第8页。
③ 盛澄华《纪德艺术与思想的演进》，《文学杂志》2卷8期，1948年1月出版，第9页。

评价上，还是对作品的选择上，中国学者充分表现出了目光的独特性和选择的多重性。

四 延续的生命

1947年，78岁高龄的纪德，获得了诺贝尔文学奖。以我们今天的目光来看，这在某种程度上意味着纪德已经被接受，被"认定"。在他被授予诺贝尔文学奖之后，在遥远的东方，确切地说，在中国，曾掀起一个不小的纪德高潮。上文中我们所介绍的卞之琳和盛澄华所翻译的纪德的数部重要著作，在他获奖后得以重版，盛澄华、王锐、赵景深等文坛名家先后撰写了介绍文章。在某种意义上，盛澄华的《纪德研究》也是借着纪德的获奖而得以与中国读者见面的。然而，在高潮之后，纪德和西方当代作家的命运一样，渐渐归入沉寂，在中国经历了一个长达四十年的冷落期。直到改革开放之后，纪德才又开始被中国的翻译界与研究界纳入视野，在20世纪与21世纪之交的那个时期，亦即在纪德离开世界半个世纪的前后，开始了他的新的生命的历程。

对纪德在新中国的命运，北塔在《纪德在中国》一文中作出这样的解释："解放以后，也许是因为纪德的反苏问题使人联想到他的反共，所以国内基本上不再有对他的译介和研究。"①北塔的这一看法自然有其道理，但我们认为，除了政治上的原因之外，纪德的作品中所探讨或所涉及的诸如道德、宗教、人性等重要主题也构成了在新中国成立后的很长一个时期内难以被接受的因素。从文学生命的传播与接受的环境看，我们知道影响的因素有许多，而纪德在新中国所遭遇的，恰正是难以超越的意识形态和政治因素。

有趣的是，中国经历了一系列"运动"与革命，特别是经历了十年浩劫之后，国门再度打开时，中国翻译界也又一次担当起了"开放"的先锋作用。从20世纪80年代开始，纪德慢慢地又开始在中国传播。最先与中国广大读者见面的，是盛澄华在差不多半个世纪前翻译的《伪币制造者》，由上海译文出版社推出。之后，刘煜与徐小亚合译的《刚果之行》(1986，湖南人民出版社)、郑永慧翻译的《藐视道德的人：纪德作品选》(1986年，湖南人民出版社)和李玉民与袁高放合译的《背德者·窄门》(1987年，漓江出版社)相继问世。在20世纪末与21世纪初，纪德

---

① 北塔《纪德在中国》，《中国比较文学》2004年第2期，第126页。

又在中国掀起了一股不小的热潮，先是将中国读者目光引向了《访苏联归来》、《访苏联归来之补充》与《刚果之行》（朱静　黄蓓译，花城出版社，1999年）这三部作品，然后又趁其逝世五十周年纪念之际，他的绝大部分作品得以重译，以文集的形式，由多家出版社出版。

从翻译的角度看，有几点特别值得关注：第一是翻译比较系统，有组织有分工；第二是涉及的面较广，翻译的内容包括纪德的小说、游记、传记、文论等；第三是译者阵容比较强。我们在上文已经交待过，除盛澄华的《伪币犯》为旧译外，其余作品基本上都是在新时期重译或新译的，李玉民、朱静、罗国林、桂裕芳、王文融、施康强、马振骋、徐和瑾等一批优秀的翻译家参与了《纪德文集》的翻译。在这一时期，就翻译而论，李玉民为纪德倾注了不少心血，他译了纪德的散文，并以《纪德散文精选·同几个纪德对话》为题，结集出版（人民日报出版社，1999年），还先后翻译过《背德者》、《窄门》、《田园交响曲》、《帕吕德》、《忒修斯》等作品。

在大规模且系统地重译或新译纪德的作品的同时，国内的文学界和翻译界也对纪德予以了关注。复旦大学的朱静教授撰写了《纪德传》，于1997年由台北亚强出版社出版，不久后，在贾植芳先生的鼓励下，重译了在“三十年代政坛与文坛引起一场轩然大波的”《访苏联归来》，而贾植芳先生则“自告奋勇地向朱静先生推荐自己以一个从历史深处走过来的人的身份，为这个新译本写几句话”[①]。贾植芳为《访苏联归来》的新译本所写的序，应该说是在新时期为中国读者进一步关注纪德起到了决定性的作用。首先，贾植芳作为一个“从历史深处走过来的人”，他与纪德有着相通的心，有些话他是憋在心里几十年，借着新译的问世，而一吐为快。序言相当长，结合纪德所走过的路，针对纪德在不同时期对苏联的认识，特别是通过纪德的《访苏联归来》这部作品，对纪德的思想演变作了透彻的分析，为中国读者展现了纪德说真话求真理的心路历程。读贾植芳的序，我们在字里行间明显可以感觉到在贾植芳与纪德之间，形成了某种对话，产生了强烈的共鸣。特别是在中国经历了文化大革命的浩劫之后，结合纪德对苏联的认识与批评，贾植芳在纪德的作品中似乎得到了更为深刻的启迪，序中有这样一段话，特别意味深长：

① 贾植芳《纪德〈访苏联归来〉新译本序》，见朱静、黄蓓译：《访苏联归来》，花城出版社，1999年，“序”第1页。

[纪德]亲眼所见的苏联现实打破了他的理想式的幻觉。他对苏联各地的自然风物注意得很少,他关心的是苏联人的生存环境和他们的内心世界,他为苏联的前途深深地担忧[……]

尽管苏联人竭力向纪德展示苏维埃式的自由幸福,纪德却以一个崇尚自由,崇尚个性的西方人,从人们穿着的整齐划一,集体农庄居住的房屋,家具都千篇一律的背后,一语道破了天机:"大家的幸福,是以牺牲个人的幸福为代价。你要得到幸福,就服从(集体)吧?"纪德敏锐地指出,在苏联任何事情,任何问题上,都只允许一种观点,一种意见,即我们所熟知的"舆论一律",人们对这种整齐划一的思想统治已经习以为常,麻木不仁了。纪德发现跟随便哪一个苏联人说话,他们说出的话都是一模一样的。纪德说,这是宣传机器把他们的思想统一了,使得他们都不会独立思考问题。另一方面,一点点不同意见,一点点批评都会招来重大灾祸。纪德严厉批评道:"我想今天在其他的任何国家,即使在希特勒的德国也不会如此禁锢人们的思想,人们也不会是如此俯首帖耳,如此胆战心惊,如此惟命是从。"人们所以为人,不同其他低级动物,在于人有头脑,有思想本能,用极权手段剥夺人的思想自由,或者统一人的思想,使人成为真空的地带,无异于抽去人的灵魂,这是极权统治的结果,同时也维护了极权,使之得以继续存在下去。"面对这种思想贫乏,语言模式化的现状,谁还敢谈论文化?"纪德断言:"这将走向恐怖主义。"值得玩味的是,纪德当时的这种隐忧与担心,转瞬之间,就变成了活生生的苏联生活现实。①

细读贾植芳的这段评说,我们不难明白他为何要自告奋勇为《访苏联归来》的新译本写序。"牺牲个人利益"、"舆论一律"、"用极权手段剥夺人的思想自由,或者统一人的思想",纪德在上个世纪30年代对苏联的批评,在我们今天看来具有思想深度的解读,无疑带有强烈的时代色彩,这在上个世纪50年代至60年代是想也不敢想的。而纪德《访苏联归来》在新时期得以在中国传播,在很大程度上,得益于中国的思想解放运动和越来越自由的政治空气。在这个意义上,我们可以看到,一部

① 贾植芳《纪德〈访苏联归来〉新译本序》,见朱静、黄蓓译:《访苏联归来》,花城出版社,1999年,"序"第4～5页。

外国作品要开辟其新的生命空间，既取决于作品本身的价值，也取决于接受国的政治、思想与文化环境。

事实上，对于贾植芳而言，他对纪德的认识也是不断加深的，对纪德的《访苏联归来》这部书的理解也经历了一个历史的过程。1936年末，当《访苏联归来》问世后招致种种批评时，贾植芳认为自己“当时还读不懂这本书”，但随着中国形势的激变，贾植芳经历了解放后的历届政治运动，成了“专政对象”。后来文化大革命结束，他获得人身解放，由“鬼”变成人，又适逢中国改革开放，得以接触“阿·阿夫托尔的《权力学》、鲍罗斯·列维斯基编的作为‘苏联出版物材料汇编’的《三十年代斯大林主义的恐怖》、罗·亚·麦德维杰夫著的《让历史来审判——斯大林主义的起源及其后果》和他的《苏联的少数者的意见》日译本以及被称为西方马克思主义者，德国卡尔·魏夫特的英文本《东方专制主义》等，以及八十年代以来，我国翻译出版的有关描写斯大林统治时期的文艺作品，如帕斯捷尔纳克的《日瓦戈医生》、雷巴科夫的《阿尔巴特街的儿女》、索尔仁尼琴的《癌病房》、《古列特群岛》等等，至九十年代又读了罗曼·罗兰的《莫斯科日记》等之后”，①贾植芳觉得自己“才真正读懂了纪德的《访苏联归来》和《〈访苏联归来〉之补充》，并对这位坚持自己的良知和社会责任感的作家，和他敢于顶住当时的政治风浪的人格力量，表示衷心的尊敬……”②

在新时期，贾植芳对纪德的《访苏联归来》的解读主要是政治性的，他对纪德的接受过程既具有独特性，也具有启迪性。其独特性在于贾植芳以自身的人生经历达到了对纪德之精神的深刻把握和理解以及由此而产生的共鸣；其启迪性在于深刻理解与把握一个作家的思想，正确评价一个作家的作品，是需要时间的，也是需要求真的精神的。在这个意义上，我们便有可能更为深刻地理解纪德对读者所说的如下一段话：

> 你们迟早会睁开眼睛的，你们将不得不睁开眼睛，那时，你们会扪心自问，你们这些老实人，怎么会长久的闭着眼睛不看事实呢？

---

① 贾植芳《纪德〈访苏联归来〉新译本序》，见朱静、黄蓓译：《访苏联归来》，花城出版社，1999年，“序”第9页。

② 贾植芳《纪德〈访苏联归来〉新译本序》，见朱静、黄蓓译：《访苏联归来》，花城出版社，1999年，“序”第9页。

纪德逝世五十多年了，他的生命历程没有结束，法国的读者在睁着眼睛继续读他的作品，中国的读者也在改革开放的年代，勇敢地睁开了一时被遮蔽的眼睛，正视纪德的作品所指向的人类境况、人类的精神和人类的内心世界，进行全面的探索。柳鸣九为漓江出版社《背德者·窄门》写的序《人性的沉沦与人性的窒息》从人性的角度为我们接近纪德开启了新的途径；青年学人陈映红的《寻觅、体验、"存在"的意识——探寻纪德的轨迹》[①]，则见证了年轻人探寻纪德的生命历程所作的努力；同时，我们也感受到了众读者读《访苏联归来》[②]后的强烈反响。[③] 郑克鲁从思想与创作特色两个层面对纪德进行了研究，发表了《社会的批判——纪德小说的思想内容》和《纪德小说的艺术特色》等论文[④]。而徐和瑾、罗芃与李玉民分别为译林版、人民文学版与花城版的《纪德文集》所写的序言，则从各个不同的角度展开了与纪德的对话，为纪德的文学生命在中国的继续拓展与延伸提供了新的可能。

（本文原题为《相通的灵魂与心灵的呼应——安德烈·纪德在中国的传播历程》，载《江海学刊》2007年第3期）

---

① 见《法国研究》2001年第1期。

② 1999年，辽宁教育出版社也出版了郑超麟老先生译于1937年和1938年的《从苏联归来》和《为我的〈从苏联归来〉答客难》。需要指出的是，郑超麟是在狱中翻译了《从苏联归来》。

③ 见东西《纪德〈从苏联归来〉的中国回响》，《方法》1998年第7期；李冰封《纪德的真话和斯大林的悲剧》，《书屋》2000年第1期；郑异凡《作家的良知——读纪德的〈从苏联归来〉》，《博览群书》2000年第2期等文。

④ 分别见《外国文学研究》1996年第4期与1997年第1期。

普鲁斯特与追寻生命之春

对马塞尔·普鲁斯特，当代的中国文学界应该是不再陌生了。他的不朽之作《追忆似水年华》已成为一个重要的现代“文学符号”，占据着20世纪文学的中心地位。诚如安德烈·莫洛亚所言，至少“对于一九〇〇年到一九五〇年这一历史时期而言，没有比《追忆似水年华》更值得纪念的长篇小说杰作了”[①]。莫洛亚认为《追忆似水年华》之所以值得纪念，并不仅仅因为普鲁斯特的这部作品像巴尔扎克的著作一样规模宏大，而是因为普鲁斯特通过他的小说创作发现了新的“矿藏”，突破了巴尔扎克的《人间喜剧》所开拓的外部世界领地，以一场“逆向的哥白尼式革命”，将人的精神重新置于天地之中心。[②] 如果说巴尔扎克的《人间喜剧》描述的是人的外部世界，那么普鲁斯特则致力于探索人的内心世界，以其对小说的独特理解与追求，描写“为精神反映和歪曲的世界”。对于中国而言，这是一个怎样的世界？普鲁斯特发现的是怎样的“矿藏”？他是如何实现那场“逆向的哥白尼式革命”的？在本文中，我们将围绕着上述问题，对普鲁斯特这个伟大的作家在中国的译介历程与接受情况作一描述与思考。

一　迟到的大师

1871年出生于巴黎的马塞尔·普鲁斯特从小喜爱文学，早在巴黎孔多塞中学读书时，就对象征主义发生了兴趣，1888年与同学合办了《丁香杂志》，后又为象征主义杂志《宴会》撰稿。大学毕业后便开始撰写自传体小说，这就是去世后发表的《让·桑特伊》。之后，翻译英国作家罗斯金的《亚珉的圣经》，并于1904年发表，继后又在1906年发表了他翻译的罗斯金的《芝麻与百合》。从1909年开始，动笔撰写长篇小说，一直到1922年因肺炎去世，历时13年，完成了共为七卷的长篇巨制，总名为 *A la recherche du temps perdu*，中文译名为《追忆似水年华》，或《追寻失去的时间》。在他生前，这部巨著中共有四卷出版，即

---

① 见普鲁斯特著《追忆似水年华》，译林出版社，1989年，安德烈·莫罗亚序(施康强译)，第1页。
② 见普鲁斯特著《追忆似水年华》，译林出版社，1989年，安德烈·莫罗亚序(施康强译)，第1页。

《在斯万家那边》、《在少女们的身旁》、《盖尔芒特家那边》与《索多姆和戈摩尔》。弥留世界之际，他还在床榻上为《女囚》的出版劳心劳力。他逝世后，其余三卷《女囚》、《女逃亡者》、《重现的时光》分别于1923、1925、1927年问世。25年后，即1952年，他早年创作的《让·桑特伊》正式出版，而他在《追忆似水年华》之前撰写的一些作品片断，由贝尔纳·法卢瓦整理，于1954年出版，取名为《驳圣伯夫》。从普鲁斯特的文学创作历程看，他的短暂的一生主要贡献给了《追忆似水年华》的创作，安德烈·莫洛亚在《普鲁斯特传》的开篇这样写道：

> 马塞尔·普鲁斯特的历史，就像他在自己的书中描述的那样。他曾对童年时代的奇幻世界怀有温柔的感情，很早就感到需要把这一世界和某些时刻的美感固定下来；他深知自己体弱，长久地希望不要离开家庭的乐园，不要同人们去争斗，而是用殷勤的态度去打动人们；他体会到生活的艰辛和爱情的痛苦，所以变得十分严厉，有时甚至残酷；他在母亲故世后失去了庇荫之地，却因疾病而过上受保护的生活；他在半隐居生活的保护下，利用自己的余年来再现这失去的童年和随之而来的失望；最后，他把这样找回的时间，作为古今最伟大的一部小说的题材。①

在寻到失去的时间过程中，普鲁斯特经受着慢性哮喘和精神痛苦的双重折磨，他真切地认识到："幸福的岁月是失去的岁月，人们期待着痛苦以便工作。"然而，正是由于他在失去的岁月中失去了幸福，他更为强烈地希冀通过小说这一独特的形式，追寻生命之春，企图重新创造幸福。而他最终达到了这一目的，而且是以双重的形式："他以追忆的手段，借助超越时空概念的潜在意识，不时交叉地重现已逝去的岁月"②，找回了失去的时间，从而也重获了失去的幸福，同时，这一追寻的过程整个凝结在《追忆似水年华》之中，使其成为了一部超过时代的不朽之作，让重获的幸福永存。生命的追寻于是成就了普鲁斯特的生命之升华与艺术之不朽。

中国读者对于普鲁斯特的这一双重的生命历程，是在普鲁斯特离

---

① 安德烈·莫洛亚著《普鲁斯特传》，徐和瑾译，浙江文艺出版社，1998年，第5页。
② 安德烈·莫洛亚著《普鲁斯特传》，徐和瑾译，浙江文艺出版社，1998年，"编者的话"第1页。

开这个世界很长时间后，才慢慢开始加以关注，并逐渐有所认识的。应该说，在普鲁斯特的生前，即便是法国读者，对普鲁斯特的独特的生命历程的认识也并不深刻。他的呕心沥血之作《追忆似水年华》的第一卷的出版所遭遇的经历足以说明一点：理解普鲁斯特需要的正是时间。随着时间的流失，《追忆似水年华》这部作品的独特性得以凸现，其价值才渐渐地被人所承认，所关注，所珍视，《追忆似水年华》经受过法斯凯尔出版社的婉拒、《新法兰西杂志》的退稿和奥朗多尔夫出版社的拒绝，更经历过安德烈·纪德初期的误解，奥朗多尔夫出版社社长恩多洛的讥讽[①]，但普鲁斯特在失望、愤怒和痛苦中坚信自己的作品“是美的”，于1913年在格拉塞出版社自费出版了小说的第一卷《在斯万家那边》；七年之后，小说的第二卷《在少女们的身旁》由新法兰西杂志社出版，当年11月荣膺龚古尔奖。小说的获奖并不意味着普鲁斯特已经被全面接受和深刻理解，相反，无论是法国文学界，还是一般的读者，对普鲁斯特的真正的认识与理解，是在他逝世之后，一步步加深的。

中国文学界接触到普鲁斯特，差不多是在他逝世十年后。据我们所掌握的材料，《大公报》“文艺副刊”于288期(1933年7月10日)第三版和289期(1933年7月17日)第三版刊登的《法国小说家普鲁斯特逝世十年纪念——普鲁斯特评传》，应该是国内第一篇较为系统地介绍普鲁斯特的文字，作者为曾觉之。有心的读者也许已经注意到了，普鲁斯特逝世于1922年，怎么会在1933年发表普鲁斯特逝世十周年的纪念文章呢？周刊的编者按中有这样一段话：“普鲁斯特逝世十周年纪念为去年十一月十八日。此文早已撰写。原当公是日登出。乃因本刊稿件异常拥挤，不得已而缓登。”对于当时的中国读者而言，普鲁斯特总是很陌生的；而从《大公报》副刊的这段编者按看，中国文学界对于普鲁斯特的了解也并不迫切，或者从另一个角度看，对普鲁斯特的重要性认识不足，不然绝不会“因稿件异常拥挤”，而推迟发表纪念普鲁斯特逝世十周年的长文，且一推就是七八个月。不过，“文学副刊”对中国读者认识并逐渐理解普鲁斯特还是做出了不可否认的贡献。曾觉之的文章，长达两万余言，共分四个部分，分别为“绪论”“普鲁斯特之生活”“普鲁斯特之著作”和“结论”。这篇文章对普鲁斯特的生活与创作和普鲁斯特的

---

① 恩布洛在给普鲁斯特的退稿信中这样写道：“亲爱的朋友，也许我愚昧无知，但我不能理解，一位先生竟会用三十页的篇幅来描写他入睡之前如何在床上辗转反侧。我徒劳地抱头苦思……”见安德烈·莫洛亚著《普鲁斯特传》，徐和瑾译，浙江文艺出版社，1998年，第266页。

作品的价值发表了重要的观点。在"结论"中，有这样一段话，特别意味深长："作家距我们太近，我们没有够长的时间以清楚的审察；看事物，尤其是评判一位作家，太切近了，是使人目眩心迷而不知所措的。"确实，理解一个作家需要时间，而评判普鲁斯特这一位独特的作家就更需要时间了，何况在当时，外国人士对于普鲁斯特的批评，"赞成的说他是一位稀有天才，为小说界开一个新纪元，反对者说他为时髦的作家，专以过度的琐屑与做作的精巧炫人。"面对外国人士的是非判别，曾觉之则以一个中国人独特的目光做了如下的结论：

> 普鲁斯特在他的作品中，想以精微的分析力显示真正的人心，想以巧妙的艺术方法表出科学的真理。即他的野心似乎使艺术与科学合一；我们不敢说他是完全成功，但他的这种努力，他从这种努力所得的结果，我们可以说，后来的人是不能遗忘的。他实在有一种崭新的心理学，一种从前的文学没有的新心理学；他将动的观念，将相对的观念应用在人心的认识上，他发见一个类是崭新而为从前所不认识的人。这是近代的人，近代动的文明社会中的人，则他的这种发现的普遍性可想而知了。①

今天看来，曾觉之的结论不完全正确，但他却抓住了普鲁斯特的某些本质特征。他对普鲁斯特其人其事的评析，应该说是第一次向中国学界和中国读者比较全面地介绍了法国文学的这位巨匠。就在这篇文章发表七个月后，还是在《大公报》文学副刊，发表了普鲁斯特《追忆似水年华》第一卷开头几段的译文，以《睡眠与记忆》为题。根据我们掌握的情况，这一部分译文也许是国内第一次译介普鲁斯特的文字。当半个世纪之后，《追忆似水年华》全书由译林出版社组织翻译，即将出版之际，卞之琳在《中国翻译》1988年第6期发表了一篇《普鲁斯特小说巨著的中译名还需斟酌》一文，文中有这样一段回忆性的文字：

> ……三十年代我选译过一段。我译的是第一开篇一部分，据法国版《普鲁斯特片断选》(*Morceaux choisis de M . Proust*)加题

① 曾觉之《法国小说家普鲁斯特逝世十年纪念——普鲁斯特评传》，《大公报》文学副刊1933年7月10日第3版。

为《睡眠与记忆》，1934 年发表在天津《大公报》文艺版上，译文前还说过几句自己已经记不起来的介绍语，译文收入了我在上海商务印书馆 1936 年出版的《西窗集》①。

根据卞之琳的这段话，我们查阅了《大公报》，在文艺副刊 1934 年 2 月 22 日第 12 版上，我们读到了《睡眠与记忆》这一篇译文，也见到了卞之琳写下的一段他"自己已经记不起来的介绍话"，其中有这样一段：

有人说卜罗思忒是用象征派手法写小说的第一人。他惟一的巨著《往昔之追寻》(A la recherche du temps perdu)可以说是一套交响乐，象征派诗人闪动的影像以及与影像俱来的繁复的联想，这里也有，不过更相当于这里的人物，情景，霎时的欢愁，片刻的迷乱，以及层出不穷的行品的花样；同时，这里的种种全是相对的，时间纠缠着空间，确乎成为了第四度(The fourth dimension)，看起来虽玄，却正合爱因斯坦的学说。②

在介绍的话中，卞之琳还提到了曾觉之的文章，他的翻译显然受到了曾觉之那篇文章的影响。卞之琳对 Marcel Proust 的名字及书名的译法，有所不同。曾觉之译为"普鲁斯特"与《失去时间的找寻》，卞之琳却译为"卜罗思忒"与《往昔之追寻》。关于书名，在 1934 年以后，有过不少译法，其中折射的不仅仅是语音的转写问题，而是关系到对作品理解与再表达的深层次问题，在下面的讨论中，我们将会涉及。

卞之琳的译文是《追忆似水年华》第一卷《在斯万家那边》开篇的一个片断，在文学副刊上，共分为五段。这五段译文可以说是在后来的四十多年间仅见的普鲁斯特作品的中文译文，篇幅虽不多，但流传甚广。据卞之琳自己介绍，他在上海商务印书馆 1936 年出版的《西窗集》中收录了这个片断的译文。上个世纪 70 年代末，香港翻印了《西窗集》；后于 1981 年，江西人民出版社又出版了《西窗集》的修改版，其中一直收有这个片断。2000 年 12 月，安徽教育出版社出版了《卞之琳译文集》，在上卷中，也收入了卞之琳译的这个片断。有必要说明的是，此时作者

① 卞之琳《普鲁斯特小说巨著的中译名还需斟酌》，《中国翻译》1988 年第 6 期，第 26 页。

② 曾觉之《法国小说家普鲁斯特逝世十周年纪念——普鲁斯特评传》，《大公报》文艺副刊 1934 年 2 月 21 日，第 12 版。

名已从俗为“普鲁斯特”，但五段译文经过修订，恢复了原作本来的面貌，变为八段，冠名为《〈斯万家一边〉第一段》，但总的书名，卞之琳还是坚持用《往昔之追寻》。

在卞之琳的译文发表之后，出现了几乎长达近半个世纪的沉默，或者说是淡漠，中国文学界和翻译界似乎对普鲁斯特没有表示出应有的重视或兴趣。对《追忆似水年华》这部巨著，也没有发现谁有翻译的意图或志向。直到80年代，随着中国改革开放的步伐不断加快，思想的禁区不断被打开，中国学者才开始注意到了普鲁斯特在西方小说历史发展过程中的特殊位置，在《外国文学报道》上陆续出现了介绍普鲁斯特的文字[①]，对普鲁斯特的《追忆似水年华》也有了一些新的认识。1986年长沙铁道学院主办的《外国文学欣赏》第3期上，刊出了刘自强翻译的《追忆流水年华》(节译)(后又在1986年的第4期与1987年的第2期继续刊出，总共约两万字)。就在同一年，即1986年的《外国文艺》第4期上，发表了郑克鲁翻译的普鲁斯特早期写的两篇短篇小说，一篇叫《薇奥朗特，或名迷恋社交生活》(Violante ou la mondanité)，另一篇叫《一个少女的自白》(La confession d'une jeune fille)，均选自于他的短篇小说与随笔集《欢乐和时日》(Les plaisirs et les jours)。1988年，《世界文学》在当年的第2期上刊登了徐知免翻译的《追忆似水年华》第一卷《在斯旺家那边》的第一部《孔布莱》的第一章，其中包含“玛德兰蛋糕”那个有名的片断[②]。差不多就在80年代中期，一方面，法国几家有影响的出版社，竞相出版普鲁斯特的《追忆似水年华》新版，如伽利玛出版社于1987年推出了由让-伊夫·塔迪埃(Jean-Yves Tadié)主持的七星文库版，弗拉马里翁出版社则在同年出版了著名的普鲁斯特研究专家让·米伊(Jean Milly)的校勘版。另一方面，在国内，译林出版社也开始积极物色译者，准备推出《追忆似水年华》的全译本。

在组织翻译出版《追忆似水年华》的工作中，译林出版社的首任社长李景端与编辑韩沪麟无疑作出了重要的贡献。关于组织翻译出版该书的工作，译林版的《追忆似水年华》的“编者的话”有明确的说明。在“编者的话”中，编者交待了组织翻译普鲁斯特《追忆似水年华》这部在“法国乃至世界文学史上[……]占据着极其重要的地位”的巨著的背

① 如在1982年，《外国文学报道》的第2期与第5期，分别刊登了徐和瑾的《马塞尔·普鲁斯特》与冯汉津的《法国意识流小说作家普鲁斯特及其〈追忆往昔〉》两篇文章。

② 见《世界文学》1988年第2期，第77～121页。

景，对小说的艺术形式与价值作了探讨，然后对翻译这部书的必要性作了如下的阐述：

> 对于这样一位伟大的作家，对于这位作家具有传世意义的这部巨著，至今竟还没有中译本，这种现象，无论从哪个角度来看，显然都不是正常的。正是出于对普鲁斯特重大文学成就的崇敬，并且为了进一步发展中法文化交流，尽快填补我国外国文学翻译出版领域中一个巨大的空白，我们决定组织翻译出版《追忆似水年华》这部巨著。

对于中国文学界而言，普鲁斯特确实是一位姗姗来迟的大师。一部在 20 世纪世界文学史上公认的杰作，等了半个多世纪之后，才开始被当作一个“巨大的空白”，迫切地需要填补。在这段话中，我们特别注意到两点：一是编者把组织翻译《追忆似水年华》这部巨著提高到了“发展中法文化交流”的高度来认识，二是要“尽快”填补这个“巨大的空白”。在改革开放进程加快的 80 年代中期，随着中法文化交流的不断深入，中国读书界和中国文学界确实有了迫切了解《追忆似水年华》的需要，而时任江苏人民出版社译文室主任的李景端及时把握到了这一需要。在与李景端先生的交谈中，我们了解到，实际上，在《译林》杂志社于 1982 年在杭州召开的“中青年译者座谈会”上，韩沪麟和罗国林等不少与会译家与学者就提出了要尽快翻译普鲁斯特的那部传世名著。当时还就中译本的书名展开过讨论。会议后不久就开始酝酿如何组织翻译工作。有人提议应该物色一位高水平的翻译家独立翻译。但鉴于《追忆似水年华》的巨大篇幅与该书难以比拟的翻译难度，当时的法语翻译界普遍认为难有人敢于担此重任。在此情况下，出版社的李景端与韩沪麟倾向于以法语翻译界集体的力量，协力完成。为推进翻译的顺利进行，同时保证翻译质量，出版社的领导与编辑采取了一系列有力的措施，对此，“编者的话”中有明确的说明：

> 外国文学研究者都知道，普鲁斯特这部巨著，其含义之深奥，用词之奇特，往往使人难以理解，叹为观止，因此翻译难度之大可想而知。为了忠实，完美地向我们读者介绍这样重要的作品，把好译文质量关是至关重要的。为此，在选择译者的过程中，我们做了

很多的努力。现在落实的各卷的译者，都是经过反复协商后才选定的，至于各卷的译文如何，自然有待翻译家和读者们读后评说，但我们可以欣慰地告诉读者，其中每一位译者翻译此书的态度都是十分严谨、认真的，可以说，都尽了最大的努力，对此，我们表示衷心的感谢。为了尽可能保持全书译文风格和体例的统一，在开译前，我们制定了“校译工作的几点要求”，印发了各卷的内容提要、人名地名译名表及各卷的注释；开译后又多次组织译者经验交流，相互传阅和评点部分译文。这些措施，对提高译文质量显然是有益的。

从落实各卷译者到最后交稿编辑出版，前后经历了差不多六年时间。1989 年 6 月，由李恒基、徐继曾翻译的第一卷《在斯万家那边》终于与中国读者见面了。之后，译林出版社陆续推出了七卷本的全套《追忆似水年华》，全书有安德烈·莫罗亚的序（施康强译）和罗大冈的《试论〈追忆似水年华〉》（代序）。还有徐继曾编译的《普鲁斯特年谱》。七卷的书名与译者分别为：第一卷《在斯万家那边》（李恒基　徐继曾译）、第二卷《在少女的身旁》（桂裕芳　袁树仁译　1990.6）、第三卷《盖尔芒特家那边》（潘丽珍　许渊冲译　1990.6）、第四卷《索多姆和戈摩尔》（许钧　杨松河译　1990.11）、第五卷《女囚》（周克希　张小鲁　张寅德译　1991.10）、第六卷《女逃亡者》（刘方　陆秉慧　译　1991.7）和第七卷《重现的时光》（徐和瑾　周国强译　1991.10）。《追忆似水年华》全套出版不久后，江西的百花洲文艺出版社又出版了王道乾翻译的《驳圣伯夫》（1992 年 4 月）。1992 年 6 月，由柳鸣九先生组织，沈志明选译的《寻找失去的时间》“精华本”分上下卷由安徽人民出版社出版。关于“精华本”的选编与翻译，柳鸣九在题为“普鲁斯特传奇”的长序附记中这样写道：

……在几年前，当我创办《法国 20 世纪文学丛书》的时候，不能不对《寻找失去的时间》这部在法国 20 世纪文学中举足轻重的杰作有所考虑。很显然，这套丛书作为法国 20 世纪文学的文库，不应该缺少这个选题，但考虑到全书庞大的规模与一般读者有限的需要，七大卷当然没有必要完全收入，特别是从读书界广泛的需要来看，有了一个供研究用的全本的同时，一个比较简略、使人得以窥其全豹，并充分领略其艺术风格的选本，实大有必要。

在这里，可以看到，柳鸣九是从为一般读者考虑的角度，兼顾到《法国20世纪丛书》的体例，才决定选编“精华本”的。如何选取“精华”？柳鸣九先生在附记中作了说明：

> 既然不能单选一卷，就得取出整部作品的一个缩影，但从七卷中平均取出，篇幅亦很可观，是“法国20世纪丛书”的袖珍书所难容纳的，这样，我就只能把注意力放在这部巨著原来的三个基本“构件”，即普鲁斯特1913年所完成的三部：《在斯万家那边》、《在盖芒特那边》与《重新获得的时间》上，这三个“构件”组成了莫洛亚称之为“园拱”的主体，这“园拱”正是一个浑然整体，正表现出了“寻找失去的时间”这个主题，而在这三部进行的选择的时候，所要注意的则是：与其照顾叙事详尽性，不如照顾文句的完整性与心理感受的细微程度以及围绕“时间”的哲理，此外，普鲁斯特那种百科全书式学者的渊博也最好有所保存。①

“精华本”的取舍不是一个简单的篇幅问题，它体现了编者独特的眼光和对原著的理解，应该说，普鲁斯特的这个“精华本”是中国视角下产生的一个独一无二的“版本”。后来，在沈志明编选的《普鲁斯特精选集》（山东文艺出版社，1999年）中，也收入了这个“精华本”，同时还有沈志明翻译的《驳圣伯夫》和《论画家》。

从译林出版社七卷本的《追忆似水年华》到柳鸣九主持编选的《寻找失去的时间》的“精华本”，无论从书名的翻译，还是从对版本的选择②，都体现了不同的编辑思想，更反映了对作品的不同理解，在下一节中，我们将结合对作品的理解问题就此展开更进一步的讨论。

两个不同版本的出现，“一个全译本，一个精华本，两者相得益彰，不失为社会文化积累中的一件好事”③，似乎已经可以为普鲁斯特在中国的翻译画上一个休止符。姗姗来迟的大师在逝世近七十年后，终于在中国延续了生命。然而，一个由十五个翻译者参加翻译的全译本和

---

① 普鲁斯特著《寻找失去的时间》（精华本），沈志明译，安徽文艺出版社，1992年，柳鸣九序第23页。
② 译林版依据的是1985年的七星文库版，“精华本”依据的是1987年的七星文库版。
③ 见沈志明译《寻找失去的时间》（精华本），安徽文艺出版社，1992年，柳鸣九序第24页。

一个仅从"园拱"主体中选取的"精华本"从一开始问世起就带有某种公认的"缺陷",前者的"风格不统一"与后者的"内容不全面"的遗憾注定要给有志还普鲁斯特真面貌的追求者以进一步接近普鲁斯特的雄心。在中国最早翻译《追忆似水年华》片断的卞之琳先生在《追忆似水年华》的全译本还没有面世的时候呼吁"普鲁斯特小说巨著的中译名还需斟酌",同时以非常激烈的言辞指出:

> 文学作品的翻译,除了应尽可能保持在译入语种里原作者的个人风格以外,译得好也总不免具有译者的个人风格。译科学著作、理论著作,为了应急,集体担当,统一审校,还是行得通的,而像普鲁斯特这样独具风格的小说创作,组织许多位译者拼凑,决不会出成功的译品。照原书分七部的情况,最多组织七位能胜任的译者分部进行,最好同时在进行中由这几位合作,互据原文校核(翻译总难免疏忽),由责任编辑统一审订润饰,这是不得已的可行办法,我也顺便作此门外建议。①

十五个译者翻译一部《追忆似水年华》,虽然有译林出版社周密的组织,有译者之间的相互切磋,有责任编辑的严肃把关,难免有"拼凑"之嫌,更有"风格不统一"之虑。作家赵丽宏直言不讳地指出:

> 到八十年代中期,译林出版社首次印发了《追忆似水年华》的全译本,使我第一次浏览小说的全貌。中国读者能读到的这个译本,其实并不理想。很多翻译家参与其事,每一卷有好几个译者,有时一卷有三个译者,每人翻译三分之一。尽管那些翻译家大多有一定的水平,有的水平很高,但是他们对文字的理解以及把法文转换成中文的习惯和能力不一样,这就造成了这个译本的问题,全书的风格的不统一。②

作为一个读者,赵丽宏对翻译有自己的判断和看法,虽然对出版年代和全书翻译的分工情况他不太了解,因不通法文对原文到底为何种

① 卞之琳《普鲁斯特小说巨著的中译名还需斟酌》,《中国翻译》1988年第6期,第29页。
② 赵丽宏《心灵的花园——读〈追忆似水年华〉随想》,《小说界》2004年第4期,第168页。

风格也难以体味，但作为一个作家，他对风格问题有特别的敏感和关注，因此他的看法应该说是有针对性的。事实上，出版此书的译林出版社也意识到了这个问题：

> 由于《追忆》原先法文版本的版权已到期，加之该译本有十五位译者和译而成，风格不尽统一，又留下了诸多缺憾，所以该社拟重新组译此书，由一位认真负责，对《追忆》有研究的资深译者单独承担，不限定交稿时间。只要求他细斟慢酌，拿出一个高质量的译本。①

翻译风格的不统一，因此而成为了一个重新翻译此书的根本理由。出于对原著的尊重，更出于对真对美对善的追求，当年参加翻译《追忆似水年华》的十五位译者中，有多位都曾想过要在一个适当的时期，倾余生独立翻译全书。但译者中有的已经过世，有的年事已高，"美好"而勇敢的想法难以付诸实施。直到 20 世纪末，上海的周克希与徐和瑾几乎不约而同地开始了各自"寂寞"的精神之旅，依据不同的版本，重新翻译普鲁斯特的不朽之作。多年的努力过后，我们终于等来了周克希翻译的《追寻逝去的时光》第一卷《去斯万家那边》（上海译文出版社，2004 年 5 月）和徐和瑾翻译的《追忆似水年华》第一卷《在斯万家这边》（译林出版社 2005 年 4 月）。当年，普鲁斯特的《追忆似水年华》从 1920 年开始出书至 1927 年出齐，前后经历了七年；如今，周克希与徐和瑾中译本的出版，要出齐，恐怕至少也要七年之后，好在，姗姗来迟的大师已并不在意他的不朽之作是否急于在中国以新的面目问世，因为普鲁斯特在中国的生命历程还很长，很长。

二　跨越语言障碍，理解普鲁斯特

普鲁斯特作为世界公认的文学大师，在中国的译介却明显出现了滞后。他为何姗姗来迟？柳鸣九先生在为《精华本》所写的长序的附记中对此作了简要的回答：

---

① 家麒《先着手研究，再动手翻译——记新版插图本〈追忆似水年华〉译者徐和谨》，《译林》2005 年第 3 期，第 210 页。

翻译介绍《寻找失去的时间》，一直是我国法国文学工作者企望达到的目标。但这部巨著，由于其题材内容与艺术形式，长期以来在我国被视为一部“资产阶级性质十足的作品”，翻译介绍始终未能提上日程。1978 年，外国文学领域里对日丹诺夫论断的批判，大大突破了 20 世纪西方文学译介研究的原来状况，开辟了文学翻译的新局面，从此，对 20 世纪外国文学的译介开始蔚然成风。然而，《寻找失去的时间》却又因为其篇幅浩大与翻译难度以及票房价值可能很低而使各出版社望而止步。

在柳鸣九的说明中，我们可以看到一部书的翻译，不仅仅是简单的语言转换，而是要受到多种因素的限制。他所提及的“政治因素”、语言因素与经济因素都有可能造成译介的障碍。对于普鲁斯特而言，政治因素与语言障碍无疑是推迟了普鲁斯特在中国传播的两大重要因素。关于前者，我们在此不拟展开分析，谁都可以理解，一部“资产阶级性质十足的作品”是不可能在“阶级斗争为纲”的年代翻译出版，毒害人民的。关于后者，即语言障碍，我们不妨先从书名的翻译开始分析。

有心的读者，一定已经发现，在上文梳理普鲁斯特的不朽名著在中国的译介文字中，作品名的翻译很不统一。就总的书名而言，从曾觉之的《失去时间的找寻》、卞之琳的《往昔之追寻》，到刘自强的《追忆流水年华》，译林出版社版的《追忆似水年华》，沈志明的《寻找失去的时间》，再到周克希的《追寻逝去的时光》，其中的差异是多个层面的。至于各分卷的书名，别的不论，单就第一卷而言，有卞之琳的《史万家一边》、李恒基、徐继曾的《在斯万家那边》，还有周克希的《去斯万家那边》和徐和谨的《在斯万家这边》，从“一边”到“那边”，再到“这边”，出现的不仅是差异，不是大同小异，而是迥然而异，“那”与“这”，一字之差，虽谈不上南辕北辙，至少也是大方向有别了。我们知道，翻译过程虽然复杂，但理解是基础。书名如此不统一，甚至迥然而异，涉及到的正是对原著的理解问题。

关于书名的翻译，几乎从一开始介绍普鲁斯特以来，就一直存在着分歧。从语义角度看，分歧主要存在于三个关键词：首先是 A la recherche de 这个短语，分别译为“追忆”、“追寻”与“寻找”，“找寻”，其中最大的分歧在于“寻”与“忆”，从原文看，“寻”是贴近的，“忆”是实施“寻”之行为的方式；其次是 le temps，分别译为“时间”、“时光”与“年华”，其区别在于词的内涵有别，且语阶也有异；再次是 perdu 这个形容词，分别译为“失去的”、“逝去的”、“似水”与“流水”，有修辞性的、语域的区别，而且十分明显。关于不同译法的区别，有的认为这只是翻译方法的不同，如译林版的“编者的话”中就有这么一段说明：

> 关于此书的译名，我们曾组织译者专题讨论，也广泛征求过意见，基本上可归纳为两种译法：一种直译为《寻求失去的时间》；另一种意译为《追忆似水年华》。鉴于后一种译名已较多地在报刊上采用，按照“约定俗成”的原则，我们暂且采用这种译法。

作为译林版《追忆似水年华》的译者之一，笔者曾参加过上述的译者专题讨论，记得是在 1987 年暑假在北京大学召开的，离宁赴京开会前，我专门去拜见赵瑞蕻教授，征求他的意见，他的意见很明确，说应该译为《追寻失去的时间》。那次开会讨论的情况，责任编辑韩沪麟有专文发表的《中国翻译》1988 年的第 3 期上。确实，对于书名的翻译，与会的译者观点不一，最后勉强形成“编者的话”中所述的两种意见，但最终取哪一译名，竟采取了表决的方法，结果是九比九。出版社的意见比较倾向于《追忆似水年华》，觉得比较美，符合传统的小说名，容易被一般读者接受，当然销路也会好一些。当时与会的柳鸣九先生态度也很明确，他说可以尊重出版社的意见，但作为法国文学研究者，他明确表示会用《寻找失去的时间》。国内第一个翻译介绍普鲁斯特的卞之琳先生，对译林出版社准备选定《追忆逝水年华》这一译名提出了尖锐的批评意见，与韩沪麟针锋相对，认为“普鲁斯特小说巨著的中译名还需斟酌”。对于自己的译名《往昔之追寻》，卞之琳说自己也“不满意”，但对译林出版社准备用《追忆逝水年华》的译名，他指出：

> 恕我不客气说，时下风气就是附庸风雅，以陈腔滥调为“喜闻乐见”，以荒腔走调，写写五、七字句，自以为美，自以为雅，这正是我依据我国汉语特有的性能而最不敢领教的习气。[①]

在卞之琳看来，这不仅是一个“直译”与“意译”的问题，而是涉及到

---

① 卞之琳《普鲁斯特小说巨著的中译名还需斟酌》，《中国翻译》1988 年第 6 期，第 28 页。

“文风”的根本问题。在他看来，“说到全书名，则我敢大胆说，现定的译名不妥，还需要至少小改一下。我国耍笔杆的，为文命题，遣词造句上附庸风雅的回潮复旧习气，由来已久，‘五四’白话文学运动的高潮之后，即时有流行，不仅乱搬风花雪月字眼，还瞎凑五七言以至四言句。”①他认为“逝水年华”在中文中“文理欠顺”，说日译本用的是“逝水年华”，中译本若用，不仅是“鹦鹉学舌”，而且是“舌学鹦鹉”。关于何种译法为妥，他有两个选择：一个是《思华年》，他很赞同：“现在听说罗大冈同志，不约而同，也建议用这个名字，我觉得理由很充分。虽说此名不如原名一样长，截取李商隐绮丽诗句，以其特殊风味和气氛，正符合普鲁斯特这部小说华丽的情调和风格。”另一个是《寻找失去的时间》，他说：“张英伦同志等索性照原文干脆译成《寻找失去的时间》，（古译名为《追寻失落的时光》）‘因为该书的灵魂是时间，作者也是围绕“时间”两字[一词]做文章的……此外，最后一部“Le Temps retrouvé”，即《重新找回的时间》与书名遥相呼应，寓言深长’，我认为也很有道理。”②

对卞之琳的观点，译林出版社在原则上没有接受，但在语言层面，将“逝水”改为了“似水”。对于卞之琳的批评，译林版的不少译家想必不会赞同，在会上坚持要用《追忆逝水年华》的如许渊冲先生，就反对卞之琳的观点。他在后来出版的回忆录，就用了《追忆逝水年华》这个书名。《追忆似水年华》也绝不是附庸风雅的产物，更不是“陈腔滥调”。后来这一书名被读者广为接受，也在一定程度上说明了这一点。

但值得思考的是，张英伦的观点是很有代表性的。柳鸣九是法国文学研究专家，他的观点也很明确，在为《寻找失去的时间》（精华本）写的序中有这样一段话：

> 这部小说巨著的主题是什么？主要角色是谁？对这两个问题，批评家都答曰：“是时间。”没有看过这部作品的人一定会感到难以理解，这对于一部文学作品来说，简直就是一件不可思议的事！但实际情况的确如此。作者在写这部作品的时候说：“时间的观念今天是如此强有力地压在我的心头”，“我一定要把这个时间的印章打在这部作品上”（见安·莫洛亚：《从普鲁斯特到加缪》第

---

① 卞之琳《普鲁斯特小说巨著的中译名还需斟酌》，《中国翻译》1988年第6期，第28页。
② 卞之琳《普鲁斯特小说巨著的中译名还需斟酌》，《中国翻译》1988年第6期，第27页。

33 页，Académique Perrin 版），他给作品取了这样一个富有哲学意义的标题：《寻找失去的时间》，就准确无误地概括与标明了整部作品的目的、主旨与内涵。[①]

柳鸣九的这段评说应该说十分明确地谈了他对小说主题、主旨与主角的认识与看法，基于对小说的如此理解，他坚持用《寻找失去的时间》译名便不难理解了。在这段评说中，我们可以看到“时间”一词的四次出现，如果以“时光”或“年华”来取代“时间”一词，也许柳鸣九的这段评论也就失去了其深刻的意义，也就难以“准确无误地概括与表明”整部作品的目的、主旨与内涵，原作书名的“哲学意义”便会在中译名中大大减弱。看来，对于 le temps 一词的翻译是书名翻译的焦点所在，而能否传达原书名的“哲学意义”便成了关键的关键。正因为如此，《寻找失去的时间》“精华本”的译者、《普鲁斯特精选集》的编选者沈志明始终坚持柳鸣九的观点，无论在翻译中，还是在研究、评论中，用的都是《寻找失去的时间》这个书名。

上海译文出版社版的译者周克希作为译林版的第五卷的译者之一，他对围绕书名的翻译而存在的分歧自然十分了解，因此，在重新翻译普鲁斯特的这部巨著时，书名的翻译也成了他一个不得不面对的重要问题。在“译序”中，周克希也同样对该书的主题谈了自己的看法：

> ［普鲁斯特］是柏格森的姻亲，并深受这位膺获诺贝尔文学奖的法国哲学家的影响。柏格森创造了“生命冲动”和“绵延”这两个哲学术语，来解释生命现象。他认为，生命冲动即绵延，亦即“真正的时间”或“实际时间”，它是唯一的实在，无法靠理性去认识，只能靠直觉来把握。普鲁斯特接受了柏格森的观点，认为“正像空间有几何学一样，时间有心理学”。每个人毕生都在与时间抗争。我们本想执著地眷恋一个爱人、一位朋友、一些信念；遗忘却从冥冥之中慢慢升起，湮没我们种种美好的记忆。但我们的自我毕竟不会完全消失；时间看起来好像完全消失了，其实也并非如此，因为它在同我们自身融为一体。这就是普鲁斯特的主导动机：寻找似乎已经失去，而其实仍在那儿、随时准备再生的时间。普斯斯特用了

① 普鲁斯特著《寻找失去的时间》（精华本），沈志明译，安徽文艺出版社，1992 年，柳鸣九“序”第 3 页。

A la recherche du temps perdu("追寻逝去的时光")这么个带有哲理意味,而又不失文采和诗意的书名,就再也清楚不过地点明了这部卷帙浩繁的作品的主题。①

若对照柳鸣九的那段评论来读周克希的这段话,我们发现两人探讨的几乎是同一问题,即对书名的理解。在周克希的这段话中,我们同样可以看到"时间"一词的多次重复出现,准确地说,共 6 次出现,但在关键的第七次应该出现的时候,周克希却用了"时光"一词取而代之,看去似乎有些违反他的初衷。我们特别注意到其中这样一句话:这就是普鲁斯特的主导动机:寻找似乎已经失去,而其实仍在那儿、随时准备再生的时间。主导动机已经再也明确不过,在周克希的高度概括中,我们已经找到"寻找""失去的""时间"这几个最为关键的词,也恰好是柳鸣九所解读的那几个词:"寻找失去的时间"。有趣的是,周克希笔锋一转,出人意料地在最为关键处,将"时间"改为了"时光"。原因何在?原来柳鸣九在原书名中看到的是"哲学意义",而周克希从中看到的不仅是"哲理意义",而且是"不失文采和诗意",于是在左右权衡之下,原本被他高度概括的主导动机中的"寻找"一词,改为了"追寻","失去的"改为了"逝去的","时间"改为了"时光"。柳鸣九所强调的整个书名的哲学意义因此而在周克希的笔下让位给了"文采"与"诗意",由《寻找失去的时间》变成了《追寻逝去的时光》,此重心的转移,是得还是失,这是一个问题。

是得还是失?对此问题,周克希应该是认真权衡或考虑过的。为了回答这个问题,或者说为了寻找此书名的翻译的正确性,他举了英修订本 *In Search of Lost Time*,德文译本 *Auf der Suche nach der verlorenen Zeit*,西班牙文译本 *En busca del tiempo perdido*,意大利文译本 *Alla ricerca del tempo perduto* 的译名为证,认为意思均为"追寻逝去的时光"。但若细究,无论是英文的"time",德文的"Zeit",西班牙文的"tiempo",意大利文的"tempo",都可以直接对译成"时间",而限定"时间"的 Lost,verlorenen,perdido,perduto,原意均为"失去的"。特别是 1934 年问世的英译本书名中的 Past 在 1992 年的修订本中改为

① 普鲁斯特著《追寻逝去的时光》第一卷《去斯万家那边》,周克希译,上海译文出版社,2004 年,"译序"第 2~3 页。

Lost,正是从"逝去的",改为了"失去的"。在"译序"中,译者如顺应分析的逻辑发展,应该是自然而然地译为《寻找失去的时间》的。可周克希为何却最后选定了《追寻逝去的时光》呢?

彭伦发表在2004年2月7日《深圳商报》上《周克希访问》也许能为我们解答这个问题,当彭伦问:"《追忆似水年华》这个书名在读者当中可以说是深入人心。这个重译,为什么要改成《追寻逝去的时光》?"周克希回答说:

> 《追忆似水年华》当然是非常优美的书名,让人想起李商隐的诗句"锦瑟无端五十弦,一弦一柱思华年"和《牡丹亭》里的唱词"如花美眷,似水流年"。但是从法语原名的意思上来说,这个译名似乎不太准确。这一点,也可以从其他语言译本上得到印证。英译本*Remembrance of Things Past*(意为"往事的回忆")于1934年问世;1992年,英国企鹅出版社出版修订本易名为*In Search of Lost Time*(意为"追寻失去的时光")。德文译本、西班牙译本、意大利译本大致上均意为"寻找逝去的时光"。我去年9月份应法国文化部邀请到法国访问,特地向法国普鲁斯特研究专家塔蒂埃先生请教过书名的问题。他觉得"追寻逝去的时光"或"寻找失去的时间"都比"往事的回忆"更贴近于*A la recherche du temps perdu*的本意。至于英文书名中的lost,他以为不如用past好。听他一席言,我在《寻找失去的时间》和《追寻逝去的时光》这两个待选的书名中肯定了后者。后来我见到程抱一先生,他也认为《追寻逝去的时光》比《追忆似水年华》好,他们的意见坚定了我改名的决心。

周克希的回答似乎难以从根本上对他的选择作出回答。若以"准确性"为翻译标准,他必须舍弃《追忆似水年华》,哪怕在他看来这个书名"非常优美",哪怕它在读者中"已经深入人心"。但问题是,在兼顾"准确性"的同时,他又难以割舍所谓的"文采",再加上塔蒂埃与程抱一的意见,他"坚定了改名的决心"。但此处有两点疑问,一是塔蒂埃认为"追寻逝去的时光"或"寻找失去的时间"都比"往昔的回忆"更贴近于*A la recherche du temps perdu*,不知在与塔蒂埃的交谈中,周克希是如何用法文回译"追寻逝去的时光"或"寻找失去的时间"的差别的,如果是le temps passé与le temps perdu的差别,想必塔蒂埃不会赞同以"逝去的”(passé)替代“失去的”(perdu)。二是程抱一的选择是在《追寻逝去的时光》与《追忆似水年华》之间,他认为前者好于后者,但若在《寻找失去的时间》与《追寻逝去的时光》之间,不知程抱一更倾于哪一个?

如果说上海译文版的译者周克希对采取何种译名有过思考,有过分析,也有了自己明确的选择,译林新版的译者徐和瑾则没有在总书名上过于纠缠,他在“译后记”中几乎重复了1990年版的“编者的话”:

> 关于小说的总书名,当时译林出版社曾组织讨论,结果有两种意见,一是直译为《寻找失去的时间》,二是意译为《追忆似水年华》,后又进行表决,结果各得九票,平分秋色,最后译林出版社决定用后一个书名。

徐和瑾是应译林出版社之约重译《追忆似水年华》,也许是这一书名真的如彭伦所说,已经深入人心,按照接受美学的观点,该书名符合读者的审美期待,得以留存。作为新版的译者,徐和瑾恐怕也有自己的想法。实际上,无论是在1982年发表的《马塞尔·普鲁斯特》一文中,还是在1985年翻译的热奈特的《普鲁斯特和间接言语》中,或在1998年翻译出版的《普鲁斯特传》中,徐和瑾基本上没有用《追忆似水年华》的译法,而是分别译为了《探索消逝的时光》《追寻失去的时间》和《寻找失去的时间》。在《普鲁斯特传》的“译后记”中,我们读到了如下一段话:

> 对于普鲁斯特小说的书名 *A la recherche du temps perdu*,国内曾有过各种各样的译法:《追思失去的年华》、《探索消逝的时光》、《追忆往昔》、《追忆年华》、《追忆似水年华》、《寻找失去的时间》等,目前最常用的是后两种译名。一九八七年,译林出版社在北京召开讨论会,会上对书名的译法进行了讨论,与会者还投票表决,结果这两种译法各九票。出版社最后决定采用意译的译名,即《追忆似水年华》。这部小说贯穿始终的主题是“时间”(temps),译成“年华”、“时光”等虽说文雅,却失去了“时间”的哲学涵义。介词短语 *à* la recherche de 可与具体的名词连用,表示“寻找”,也可与抽象的名词连用,表示“探索”、“研究”。在普鲁斯特小说的书名中,这个短语兼有这两种涵义,即表示叙述者通过无意识回忆来寻

> 找失去的时间，又表示一种哲学上的探索。另外，总的书名中 temps perdu（失去的时间）和第七卷的卷名 Le temps retrouvé（找回的时间）相对应，如按译林版译本的译法（似水年华/重现的时光），一般读者就无法看出其中的对应之处。根据让·米伊先生的建议，并参照德语、意大利语、俄语等语言的译名，我采用直译的方法，把小说的书名译为《寻找失去的时间》①。

值得注意的是，上海译文出版社和译林出版社依据的原文版有别，周克希依据的是塔蒂埃校勘的版本，徐和瑾依据的是让·米伊校勘的版本，他们在确定中译本的书名时，各自都说征询了校勘者塔蒂埃和让·米伊的意见，由此而取了不同的译名，但有趣的是，法国两位普鲁斯特研究的权威，对普鲁斯特的书目应该没有不同的意见。另外我们注意到，徐和瑾在《普鲁斯特传》的“译后记”（写于 1997 年 3 月）中的这段话与他写于 2004 年 12 月的译林新版“译后记”的那段说明有明显的矛盾之处。按照徐和瑾在 1997 年的观点，他是不同意用译林出版社的《追忆似水年华》这一译名的。但七年之后，当他应出版社之约重译小说时，却用了《追忆似水年华》这一译名，其中必有出版社的意见在起作用。在这个意义上，总书名的选择就不仅仅是译者本人的选择，而是涉及到“读者期待”、“约定俗成”或“翻译赞助人”的意愿等多种因素了。如此看来，翻译的问题，不是一个简单的语言转换问题，理解固然重要，再表达则是在新的历史与文化语境中进行的，作者的意图、文本的意义、译者的理解与读者的期待在这一新的语境中，接受的是多层面的考验。普鲁斯特在进入中国的近八十年历史中，围绕着其小说的书名的翻译所展开的种种讨论、争论，恰正表明了翻译问题的复杂性。体现了“准确性”的《寻找失去的时间》，追求文雅的《追忆似水年华》，还有想兼具准确而又不失文采的《追寻逝去的时光》，普鲁斯特无法对之进行选择，译者又有不同的追求，看来能作出选择的只能是读者。作家赵丽宏的看法也许可以从读者的角度对书名的翻译表明一个基本的态度：

> 我不懂法文，据正在重译此书的翻译家周克希先生说，《追忆似水年华》这个书名的翻译不太准确。英文译本的书名是

① 安德烈·莫洛亚著《普鲁斯特传》，徐和瑾译，浙江文艺出版社，1998 年，“译后记”第 332～333 页。

Rememer branch of Things Past（赵丽宏的原文如此，有误——笔者注），就是《寻找失去的时间》，我想英文对法文的转译应该是比较准确的，那么较为准确的翻译，这本书就该叫《寻找失去的时间》，这也许与普鲁斯特的本意更接近一些。时间已经失去了，但是它还在，在你的心里与灵魂中，你可以通过你的方式把它找回来。周克希告诉我，他的译本不会用《追忆似水年华》这个名字，就用《寻找失去的时间》。其实，我觉得《追忆似水年华》也是可以的，基本上也有了"寻找失去的时间"的意思，而且更有诗意。对这样一部名著，书名其实不重要，只要你能静下心阅读，就会被它吸引，不管它叫哪个名字。①

围绕着总书名的翻译所展开的争论以及所展示的种种观点，使我们看到了对普鲁斯特这一巨著的理解是在一步步加深的。尽管在翻译方法上和文字风格上，各译者有不同的追求，在翻译中体现了自己的主体性，但通过对总书名的讨论，至少对该书的"主题"和"主角"已经有了比较一致的理解。从卞之琳等的片断翻译，到十五个人合力翻译全书，再到沈志明在柳鸣九的建议下选译"精华本"，如今周克希与徐和瑾又在独自追寻各自心目中的普鲁斯特，希望给读者一个更真实的普鲁斯特。在追寻普鲁斯特的过程中，译者在不断加深对普鲁斯特的理解的同时，也为不懂法文的外国文学研究者和广大读者提供了接近普鲁斯特，理解普鲁斯特的可能性。

通过翻译，超越语言的障碍，为中国外国文学界研究普鲁斯特提供了方便，也为中国作家与文学大师普鲁斯特的相逢提供了可能。姗姗来迟的大师普鲁斯特终于渐渐地为中国文学界，为中国广大读者所知晓。在这一历程中，翻译与研究又形成了互动的关系，为理解、接近普鲁斯特打开了通道。

中国对普鲁斯特的关注与研究主要开始于中国改革开放初期的80年代。确实，没有思想的开放，西方的现代派作品就难以进入中国人的视野。就我们所掌握的资料，在1980年之后，中国的法国文学界开始把目光投向了普鲁斯特。1981年的《大学生丛刊》第3期上，王泰来发表了《从普鲁斯特的小说片断看意识流的表现手法》，在新时期开启了

① 赵丽宏《心灵的花园——读〈追忆似水年华〉随想》，《小说界》2004年第4期，第174页。

解普鲁斯特的历程。在文章中，王泰来以简洁的文字对普鲁斯特的长篇小说作了不乏见地的介绍：

> 普鲁斯特的主要成就就是创作了一部长达十五卷，多达七部长篇组成的多卷集小说《寻找失去的时光》(1913—1927)。这是一部用第一人称（个别章节用第三人称）写作的故事错综复杂、结构新颖的作品。既像回忆，又不完全是回忆；时间、空间概念与传统小说完全不同。①

为了说明普鲁斯特的创作特点，王泰来选择了书中那个著名的有关“马德兰小点心”片断，进行了评说。在王泰来的文章中，普鲁斯特是被当作意识流小说的先驱介绍给中国读者的。1982 年，徐和瑾与冯汉津分别在《外国文学报道》的第 2 期与第 5 期上发表文章。徐和瑾的文章着重介绍普鲁斯特的生命及其长篇小说的创作过程，对小说的主题、结构和特色也作了简要的分析，其中也特别提到了小说第一部分中那块“玛德莱纳小甜糕”在普鲁斯特小说创作中的重要意义。冯汉津的文章从意识流入手，将普鲁斯特列为西文文学中意识流写作方法的“开山鼻祖”之一，进而就小说的“精神人物”、小说描写的“精神世界”和创作手法进行了讨论，他认为“时间无疑是主宰这部作品的‘精神人物’”，也又一次论述了“蛋糕浸在茶里的那段著名描写”。

在王泰来、徐和瑾和冯汉津之后，中国法国文学研究界的不少学者都对普鲁斯特表示出了兴趣，陆续在《外国文学欣赏》、《外国文学研究》、《当代外国文学》、《外国文学》和《外国文学评论》等杂志上发表文章。在译林版的《追忆似水年华》问世之前，国内发表的有关普鲁斯特及其小说创作的文章主要有：廖星桥的《普鲁斯特和他的〈忆流水年华〉——法国现代派文学浅深之三》、韩明的《灵魂探索的历程》、刘自强的《普鲁斯特的寻觅》、罗大冈的《生命的反刍——论〈追忆逝水年华〉》和徐知免的《论〈追忆逝水年华〉》②。

1989 年 6 月，译林出版社推出了《追忆似水年华》的第一卷《在斯万家那边》，之后，又艰难地出版了两卷，由于出版效益问题，出版社曾一

---

① 王泰来《从普鲁斯特的小说片断看意识流的表现手法》，《大学生丛刊》1981 年第 3 期，第 54 页。
② 分别见《外国文学欣赏》1985 年第 1 期、《法国研究》1987 年第 1 期、《当代外国文学》1987 年第 3 期、《外国文学评论》1989 年第 4 期、《当代外国文学》1989 年第 4 期。

度延缓其他各卷的出版，后来，在法国驻华大使贡巴尔的支持下[①]，译林出版社在1991年陆续推出了其他各卷。根据统计，从译林版《追忆似水年华》出版以来，十六年间在大陆共发行了七卷本48180套（第一卷49690本）、三卷本69500套，两卷本52000套，如此大的发行量，想必读者不少。《追忆似水年华》的全部出版和广为发行在客观上推动了对普鲁斯特的研究与了解。从1990年至今，报纸上的零星报道或涉及该书的文章不计，发表的有关《追忆似水年华》的评介文章或研究论文超过六十篇。作者主要分两类，第一类为懂法文的法国文学研究者，如柳鸣九、郑克鲁、张新木、刘成富、涂卫群、刘波等，参加翻译此书的部分译者也以译者序、散论或专论的形式发表了一些文章，如沈志明、许钧、张寅德、袁树仁、徐和瑾、周克希等等；第二类是不懂法文的作家和外国文学研究者，如赵丽宏、曹文轩、马莉、曾艳兵等。《追忆似水年华》的全集出版不仅推动了对普鲁斯特的介绍和研究，也推进了有关普鲁斯特的生平与研究的文献的翻译与出版，如让-伊夫·塔迪埃的《普鲁斯特和小说》由桂裕芳和王森执译，于1992年由上海译文出版社出版；热拉尔·热奈特的《叙事话语　新叙事话语》由王文融翻译，于1990年由中国社会科学出版社出版；安德烈·莫洛亚的《普鲁斯特传》由徐和瑾翻译，于1998年由浙江文艺出版社出版；《文学与思想丛书》还以贝克特等著的长文《普鲁斯特论》的名字为书名结集出版了爱尔兰、俄罗斯、法国等文论家论普鲁斯特、莎士比亚作家创作的论文（科学文献出版社，1999年）；《外国文艺》1999年第一期发表了英国马尔科姆·布雷德伯里的《马塞尔·普鲁斯特》（刘凯芳译）等，而这些文献资料与研究成果的翻译出版，反过来又为研究普鲁斯特提供了方便。在翻译与研究互动的基础上，中国年轻一代的学者还撰写了《普鲁斯特评传》[②]，被认为是我国学者研究普鲁斯特作品的第一部力作。

从改革开放之后，我国法国文学界的学者开始把目光投向普鲁斯特至今，已经过去了25年。25年来，应该说对普鲁斯特的研究与理解是在一步步加深，下面我们结合有关文章，看看中国学者是如何看待普鲁斯特及其小说，又从哪些方面对普鲁斯特的小说进行了研究的。

---

① 笔者于1990年在南京“中法委员会”成立期间，为前来与会的贡巴尔大使当翻译，谈及了《追忆似水年华》翻译及出版困难等情况，他当即表示法方可以资助，后来笔者向李景端汇报了此事，出版社经过努力，获得了出版资助。

② 涂卫群著《普鲁斯特评传》，浙江文艺出版社，1999年。

首先需要指出的是，译林版的安德烈·莫洛亚长序（施康强译）和罗大冈的代序《试论〈追忆似水年华〉》对后来的研究者产生了较大的影响。而让-伊夫·塔迪埃的《普鲁斯特和小说》与热奈特的《叙事话语 新叙事话语》为研究者提供了方法论的参照与重要的观点支撑。从我们目前所掌握的五十余篇文章看，经一一检视，发现在80年代发表的大部分文章基本上都没有注释注明文章引用的资料来源。到了90年代之后，也许是有关杂志社对论文的引文标注开始有了比较严格的要求，大部分论文都有文献标注。经过检索，所有论文所引用的参考资料加起来不超过十种，而被引用最多的就是上文提及的《普鲁斯特和小说》、莫洛亚的长序以及他所著的《普鲁斯特传》的有关观点与文献。热奈特的观点被直接引用的不算太多。如曹文轩发表在《十月》2000年第3期上的《寂寞方舟——关于普鲁斯特》一文，其引文就是取自《普鲁斯特和小说》、《普鲁斯特传》和《普鲁斯特论》三部译成中文的书籍。即使是法国文学研究界的学者，包括张寅德在内，使用的资料也基本上为上述的有关资料。从发表的论文看，张新木使用的原文资料比较丰富，除上述资料外，他还使用了德勒兹的《普鲁斯特与符号》（法国大学出版社，1964年）、巴特的《新评论集》中的《普鲁斯特和名字》（瑟伊出版社，1972年）、乔治·布莱的《普鲁斯特的空间》（伽利玛出版社，1963年）以及法国《诗学》杂志上的有关普鲁斯特的文章。除这些新的资料外，郑克鲁使用的一些研究资料也值得注意，如他发表在《临沂师范学院学报》2004年第2期上的《普鲁斯特〈追忆似水年华〉的多声部叙事艺术》中就标明引用了布雷的《失去的时间到重现的时间》（法国美文出版社，1950年）、柏格森的《论意识的直接材料》（法国大学出版社，1917年）、皮孔的《阅读普鲁斯特》（瑟伊出版社，1963年）和马塞尔·穆勒的《〈追忆似水年华〉中的叙述声音》（日内瓦·德罗兹书局，1983年）等重要资料；在《普鲁斯特的意识流手法》（《社会科学战线》1992年第2期）和《普鲁斯特的语言风格》（《外国文学评论》1992年第2期）这两篇论文中，他使用的也有不少原文资料，如乔治·卡托伊的《失去和重新找到的普鲁斯特》（普龙出版社，1963年）、克洛德·莫里亚克的《普鲁斯特》和让·穆通的《普鲁斯特的风格》（巴黎尼泽出版社，1973年）等。由于张新木与郑克鲁掌握的材料相比较来说比较丰富，所以他们的研究角度与途径就有所不同，对此下文还将详述。

除了译林1999年版的莫洛亚长序与罗大冈的代序之外，我们特别注意到柳鸣九为安徽文艺出版社版的《寻找失去的时间》(精华本)所作的长序《普鲁斯特的传奇》,沈志明为《普鲁斯特精选集》所写的编选者序《普鲁斯特的创作思想和小说艺术》,以及周克希为上海译文出版社版《追寻逝去的时光》写的译序与徐和瑾的译林新版的译后记,对《追忆似水年华》进行了各自的阐释。柳鸣九着力探讨了两个主题:一是小说的主题与主要角色是谁;二是普鲁斯特具有何种条件能谱写出如此的人生传奇。沈志明的长序主要回答了三个方面的问题:普鲁斯特的创作历程、创作思想和创作特色。其中他明确说明"普鲁斯特并非柏格森主义者"。关于这一点,沈志明的观点与中国学界以往对普鲁斯特的介绍是完全不同的。他指出:"人们在谈论普鲁斯特的时候,往往先讲一通柏格森,说什么'普鲁斯特师承伯格森主义','是柏格森的信徒','普鲁斯特的作品图解柏格森的哲学',等等。我们认为这些说法有失偏颇。诚然,普鲁斯特受过柏格森的教诲,受到一定的影响,但他不是柏格森主义者。"①他认为,"普鲁斯特的直觉印象说非但与柏格森的直觉主义不同,而且与象征派非理性的、梦幻式的直觉说也迥然有异。"②周克希的译序与柳鸣九和沈志明的长序相比,具有另一种风格。他没有就小说本身作深入的思考,而是从一个译者的角度,以散文化的笔调,记叙了他对小说结构、小说风格和小说创作历程的认识,字里行间,透出他对小说的一份挚爱以及他迻译的艰难与奋斗。徐和瑾是一个学者型的翻译家,他是新时期最早关注普鲁斯特的学者之一,加之他又翻译过莫洛亚的《普鲁斯特传》,应该说,他对普鲁斯特作品的了解与理解是比较全面深入的。在译后记中,他以十分精炼的文字,对《追忆似水年华》的涉及的几个重要问题作了提纲挈领式的阐述:意识流——内心独白;无意识回忆:马德莱娜蛋糕;房间卧室——回忆的场所;贡布雷——真实和虚构;"斯万之恋"——普鲁斯特爱情理论的范例;卡特利兰花;小乐句——樊特伊奏鸣曲和斯万的梦。借助对作品所涉及的这些重要问题的简释,徐和瑾为中国读者接近和理解《追忆似水年华》打开了一扇扇窗户。确实,作为《追忆似水年华》的译者或研究者,柳鸣九、沈志明、周克希与徐和瑾为《追忆似水年华》在中国的传播作出了不可替代的重要贡献。

---

① 沈志明编《普鲁斯特精选集》,山东文艺出版社,1999年,"编选者序"第13页。
② 沈志明编《普鲁斯特精选集》,山东文艺出版社,1999年,"编选者序"第17页。

在研究《追忆似水年华》的中国学者中，郑克鲁、张寅德和张新木的工作值得特别推荐。郑克鲁从上个世纪90年代初开始，一直关注普鲁斯特，他在《外国文学评论》、《社会科学战线》等刊物发表了多篇研究普鲁斯特的文章，后又在他著的《现代法国小说史》中专辟一章，题为"意识流小说家马塞尔·普鲁斯特"，对"普鲁斯特的生平与创作"、"普鲁斯特的意识流手法"和"普鲁斯特的语言风格"作了较为系统的研究，他认为"《追忆似水年华》的独创性首先表现在意识流手法的运用上"，而"普鲁斯特的意识流手法表现为回忆"，"既然是回忆，就必然与时间相连。普鲁斯特创造了一种'时间心理学'"。从意识流这一独创性因素入手，郑克鲁对普鲁斯特的特点作了探讨和分析，进而归纳出普鲁斯特意识流手法的五个特点①。除了对普鲁斯特意识流手法的探讨之外，郑克鲁对普鲁斯特的语言风格研究也颇具特色，他指出："构成普鲁斯特的语言风格的基本要素是：繁复重叠的长句，和谐多彩的句型；前者为主要特色，后者如众星拱月，起着平衡和多变化的辅助作用。两者相得益彰，不可或缺。繁复重叠的长句与细腻曲折的感情宣泄相适应，而和谐多彩的句子与优美、柔和、自然、机智的表达方式相合拍，这正是普鲁斯特的文字在感情色彩上表现出来的风格特点。"②

意识流手法是普鲁斯特创作的独创性因素，而风格则是普鲁斯特区别于其他作家的本质性因素，郑克鲁对这两者的分析和探讨的价值是显而易见的。张寅德关注的焦点与郑克鲁不同，他最早探讨的是"普鲁斯特小说的时间机制"问题，之后逐渐关注普鲁斯特的叙事手法与风格。1992年，张寅德在三联书店（香港）有限公司出版了《意识流小说的前驱：普鲁斯特及其小说》一书，全书共四章，分别为"普鲁斯特的生平"、"普鲁斯特的作品"、"普鲁斯特与时代"和"《追忆似水年华》评析"。特别值得一提的是该书的第四章，着力于分析《追忆似水年华》的"三重主题、叙事主体、时间结构与艺术风格"四个重要问题。从全书的写作看，张寅德对《追忆似水年华》的分析主要得益于热奈特的叙事理论。

张新木对普鲁斯特的研究采用的是符号学途径，他发表了《用符号重现时光的典型——试释〈追忆似水年华〉的符号体系》、《论〈追忆似水年华〉中的符号的创造》和《论〈追忆似水年华〉的叙述程式》等三篇系列

① 见郑克鲁著《现代法国小说史》，上海外语教育出版社，1998年，第99～116页。
② 见郑克鲁著《现代法国小说史》，上海外语教育出版社，1998年，第116～117页。

论文。他认为,“普鲁斯特的小说创作主要依靠两个形式,即‘我’和时间。‘我’统一了叙述视野,使人物服从于中央视角。同时‘我’没有打上明确的个性印记,具有足够的普遍性,成为一切人的我。[……]时间则控制着小说的进展、故事的叙述和人物的生活。”《追忆似水年华》是“以符号的形式重新创造和安排时间,使过去、现在、未来融为一体,组成一个独特的时光体系,造就了《追忆似水年华》的巨大魅力。”①关于普鲁斯特在小说创作中的符号创造,张新木指出:“从提取时间并使它成为符号的方法来看,《追忆》中有反理性法、组合法、运转法等。”②而整部小说“采用了三部生产作品的机器:生产零碎物品的机器,生产共鸣效果的机器和非道、非逆向运动的机器。每台机器都生产出真理,生产出时光符号:零碎物品显示消逝的时光,共鸣显示重现的时光,非逆向运动用运转法显示时光的消逝,赋予时光符号一种统一的形式”③。从张新木的研究看,符号学的研究途径有助于整体把握普鲁斯特的小说创作手法和内在联系。

就总体而言,中国学者对《追忆似水年华》的研究应该说是一步步前进的,而且研究的角度也有所变化。但不否认的是,无论是研究的深度,还是研究的广度,都与普鲁斯特及其巨著《追忆似水年华》在文学史上的地位极不相称。从研究的内容看,我国学者所关注的问题比较集中,或者说比较单一,大部分都只局限于一般的介绍;从研究的方法看,除上文中提及的一些较有特色的研究之外,不少文章都是采用中国传统的方法,着重于生平和创作思想的评介。很少就作品的本身展开系统的分析与深入的研究。而且,重复性的研究比较突出,绝大多数文章都基本上围绕着小说创作的主题——时间、柏格森对普鲁斯特的影响、无意识回忆等手段展开,甚至连举的例子都有雷同的倾向,小玛德莱娜蛋糕几乎成了一个永恒的例证。就此而言,中国学界对普鲁斯特的研究在某种意义上只是刚刚起步,期待着更深入、更为系统的探索。

三　普鲁斯特在中国的影响

从 1934 年卞之琳以《睡眠与记忆》为题翻译了普鲁斯特那部不朽名著开篇几个段落开始,到 1991 年译林出版社出齐了《追忆似水年华》

---

① 张新木《论〈追忆似水年华〉中符号的创造》,《外国文学评论》1997 年第 2 期,第 42 页。
② 张新木《论〈追忆似水年华〉中符号的创造》,《外国文学评论》1997 年第 2 期,第 43 页。
③ 张新木《论〈追忆似水年华〉中符号的创造》,《外国文学评论》1997 年第 2 期,第 46 页。

的全译本，再到2004年和2005年上海译文出版社与译林出版社推出分别由周克希和徐和瑾执译的重译本的第一卷，普鲁斯特在中国的翻译历史前后已经历经了七十多个春秋。作为在世界文学史上有着重要位置的文学大师，普鲁斯特在中国的译介历程远远没有结束，他的长达数十卷的《书信集》在中国基本没有译介，只是零星的介绍[①]；周克希与徐和瑾分别执译的重译本至今也只出版了第一卷，其余六卷的出版遥遥无期；特别是中国学界对普鲁斯特的研究，大都只局限于一般的介绍，少有深入的探讨，更遑论系统全面的研究，如中国社科基金迄今没有有关普鲁斯特研究的课题立项。在这个意义上说，普鲁斯特在中国的生命历程还将继续。在上文中，我们对普鲁斯特在中国的译介历程作了比较客观的描述与浅要的分析。从中，我们可以看到，译林出版社于1989年开始陆续推出普鲁斯特的《追忆似水年华》的全译本，对于普鲁斯特在中国的传播与影响而言，是一个具有历史性意义的事件。对于翻译者与出版者而言，《追忆似水年华》全译本的问世，填补了我国外国文学翻译史上的一个巨大的空白；对于作者普鲁斯特而言，他终于在人数众多、历史悠久的汉语世界赢得了广大的读者；对于读者而言，通过汉译本，他们终于有缘可以结识20世纪最伟大的作家之一普鲁斯特，在他创造的神秘的符号世界中与大师交流；对于研究者而言，无论是通晓法语的，还是不懂法语的，《追忆似水年华》全译本的问世，无疑为他们的探索与研究提供了莫大的便利，在某种意义上也直接推动了中国学者对普鲁斯特的关注与研究。

在上文中，我们已经提到，在杂志上对普鲁斯特的片断译介和有关出版社出版的普鲁斯特的著作不计，单就译林出版社推出的《追忆似水年华》的全译本而言，从1991年全译本问世至2005年底，总计发行169680套(不包括该书的台湾版发行的7500套)，足见中国读者对普鲁斯特的关注和喜爱程度，当然也不排除某种好奇与从众的阅读心理。

1991年，当《追忆似水年华》全译本问世时，在中国应该是产生了巨大的轰动效应，从新华社到《人民日报》、《光明时报》等各大媒体，纷纷报道普鲁斯特这部不朽名著中译本的问世，中央电视台和国际广播电台也作了报道。次年，《追忆似水年华》全译本荣膺中国新闻出版署主办的"中国首届全国外国文学优秀图书一等奖"(1992年)和江苏省

---

① 如袁莉翻译的《普鲁斯特至安德烈·纪德的信》，见《当代外国文学》1995年第2期，第140～141页。

第二届文学艺术金奖。在此之前，笔者曾用法文撰文，将普鲁斯特《追忆似水年华》在中国的问世过程作了介绍与分析，以《神秘的普鲁斯特与好奇的中国人》为题，分别发表在法国著名的文学刊物《文学半月刊》(1990 年 2 月 16—28 日刊)和《世界报》(1990 年 1 月 20 第 2 版)上，引起了法国学者和读者对普鲁斯特在中国的译介与传播过程的关注。

《追忆似水年华》全译本的问世，不仅产生了一时的轰动，而且还产生了持续的影响。中国文学界和外国文学界对普鲁斯特始终抱以极大的兴趣，特别是对于中国作家而言，普鲁斯特的《追忆似水年华》是不能不读的作品。2000 年，漓江出版社出版了由刘锋、张杰、吴文智主编的《20 世纪影响世界的百部西方名著提要》，《追忆似水年华》毫无争议地入选此书，由宋学智撰写提要就《追忆似水年华》的主要内容、结构、创作方法与特色进行了探讨，对普鲁斯特的地位与影响作了世纪性的认定。

普鲁斯特借助翻译，在中国得以延伸其生命，全译本巨大的发行量、无数的读者和持续不断的关注，构成了其影响的表征，但在我们看来，一部文学作品真正的持久的影响力，并不完全决定于其发行量的多少，而要看其是否能作用于人类的灵魂，是否能对后来的作家的创作产生影响。

在《追忆似水年华》全译本在中国问世后发表的有关阅读或评论普鲁斯特的文字中，我们特别注意到了赵丽宏的《心灵的花园——读〈追忆似水年华〉随想》。普鲁斯特的追忆作用于赵丽宏的随想，而在赵丽容的随想中，我们可以真切地感受到普鲁斯特对于他的灵魂与精神的影响。赵丽宏在文章中开篇这样写道：

> 读《追忆似水年华》，是一次美妙的精神漫游。在一个个寂静的夜间，独自静静地品读，静静地走进普鲁斯特的世界，可以看到一个人的心灵怎么繁衍、成长为一个阔大涵深的花园。①

在赵丽宏看来，“世界上最丰富和博大的不是我们可以看见的客观的世界，而是人类的心灵，这种博大和丰富是无穷无尽的。”他读《追忆似水年华》就有这样的感受。普鲁斯特“把自己的心灵开掘出来，打开

① 赵丽宏《心灵的花园——读〈追忆似水年华〉随想》，《小说界》2004 年第 4 期，第 167 页。

心门，让内心深处最隐秘的情感源源不断地喷出来、流出来、飞出来，显现出一个丰富而美妙的世界。因此我说它是心灵的一片花园”①。

在普鲁斯特开辟的这片心灵的花园中，赵丽宏感到了普鲁斯特用诗意的语言所构筑的对时间、空间和生命的种种感受，具有无比渗透的影响，因此而激起了赵丽宏“强烈的共鸣”：

> 一个热爱艺术的人，拒绝大自然的亲近，那是无法想象的。这点引起我强烈的共鸣。我也是一个非常迷恋大自然的人，曾经在农村生活过多年。“文革”时期，我“插队落户”在崇明岛一个偏僻的村庄里，生活艰苦，处境孤独，心情也忧郁，但我和美妙的大自然朝夕相处，常常会面对着大自然万种风情产生各种各样的遐想。那时有些农民看见我独自一人坐在海堤上看落日沉江，一直到天黑才回家，担心我这个沉默寡言的知青是不是变傻变呆了，甚至以为我有自杀的倾向。其实他们不了解我，那恰恰是我陶醉享受的时光。面对着美妙的大自然，一切忧伤和忧愁都会在瞬间烟消云散。所以读普鲁斯特对大自然的那些描绘特别能使我引发共鸣。[……]在《追忆似水年华》中，我听见普鲁斯特时时都在对我说：“好好看，世界上所有奇妙的秘密都蕴藏在这些最简单的事物中。因为你愚钝，因为你麻木，所以你才会视而不见！”现在那种科技高度发达、物欲汹涌泛滥的生活会使很多人愈益愚钝麻木，尽管他们觉得自己的聪明胜过前人。我想，如果能静下来读读《追忆似水年华》这样的书，我们的精神世界就会丰富一点，我们的愚钝和麻木或许会少一点。②

在赵丽宏的这段文字中，我们不难看到，普鲁斯特对于他的影响是深刻的。普鲁斯特为他打开了心灵的世界，在这个世界里，他看到了激情的生命过程的重演，看到了失去的时光在重现，看到了人的精神世界在丰富，看到了人的心灵在成长。

在 2005 年上海图书馆纪念上图讲座 25 周年活动中，赵丽宏在上海图书馆“名家解读名著”讲坛上，与广大听众分享了他阅读理解普鲁斯特的《追忆似水年华》的经历，通过“空中图书馆”，将他所体验的普鲁

---

① 赵丽宏《心灵的花园——读〈追忆似水年华〉随想》，《小说界》2004 年第 4 期，第 168～169 页。

② 赵丽宏《心灵的花园——读〈追忆似水年华〉随想》，《小说界》2004 年第 4 期，第 171 页。

斯特介绍给更多的读者与听众。

赵丽宏阅读普鲁斯特的经历与感受，从一个侧面反映了普鲁斯特对读者的心灵世界的影响力与渗透力。同时，在中国当代作家的一些著述中，我们还发现了在写作的层面，中国作家从普鲁斯特那里所受到的启迪与影响。余华的《在细雨中呼喊》就留下了普鲁斯特的痕迹。

《在细雨中呼喊》成书于 1991 年 9 月 17 日，是余华的第一部长篇力作。据上海文艺出版社的作品简介，“小说描述了一位江南少年的成长经历与心灵历程。作品的结构来自于对时间的感受，确切地说是对记忆中的时间的感受，叙述者天马行空地在过去、现在和将来这三个时间维度里自由穿行，将记忆的碎片穿插、结集、拼嵌完整。”《在细雨中呼喊》的这段介绍性的文字，自然而然地将笔者的目光引向了普鲁斯特的《追忆似水年华》，两者之间，显然存在着某种关联。1991 年前后，是《追忆似水年华》在中国最为轰动的一段时间，赵丽宏在用心阅读《追忆似水年华》之后写过这样一段话：

> 时间。回忆。普鲁斯特小说中的这两个主题是发人深省的。时间在毁灭一切，而回忆可以拯救已经消失的往昔。其实人世间任何一刻只要发生过的就不会消失，只要你记得它，只要你愿意回忆它，只要你珍惜它。如果你是一个珍惜光阴、热爱生命、喜爱艺术的人，那么你曾经经历过的生活——那些美妙的、哀伤的、刻骨铭心的瞬间，就可能在你意想不到的时候，当一个特定的情景在你的周围发生时，它们就会不期而至，把你重新找回到已经消逝的时光中，激情的生命过程重现了，重演了。这是一种奇妙的境界。我们相信每个人都可以达到这种境界，普鲁斯特用他的小说为我们作了示范。[①]

我们不知余华是否在《在细雨中呼喊》中达到了普鲁斯特的这种境界，也不知余华是否承认普鲁斯特的小说为他创作“作了示范”，但《在细雨中呼喊》的作品简介的这几行文字足以显示两者之间所存在的隐秘的联系。实际上，余华在 1998 年 8 月 9 日为《在细雨中呼喊》的意大利文版写的自序中，或多或少地披露了源自于普鲁斯特的《追忆似水年华》的某种影响：

---

① 赵丽宏《心灵的花园——读〈追忆似水年华〉随想》，《小说界》2004 年第 4 期，第 178 页。

> 我想，这应该是一本关于记忆的书。它的结构来自对时间的感受，确切地说是对已知时间的感觉，也就是记忆中的时间。这本书试图表达人们在面对过去时，比面对未来更有信心。[……]当人们无法选择自己的未来时，就会珍惜选择过去的权利。回忆的动人之处就在于可以重新选择，可以将那些毫无关联的往事重新组合起来，从而获得了全新的过去，而且还可以不断地更换自己的组合，以求获得不一样的经历。①

余华评介自己作品的这段话，完全可以用于评介普鲁斯特的《追忆似水年华》。安德烈·莫洛亚为《追忆似水年华》所写的长序有类似的评说：《追忆似水年华》的"第一主题，是时间。他的书以这个主题开端、告终"，时间于是又成了全书的结构之源："'过去'便是我们每个人身上都存在的某种永恒的东西。我们在生命中某些有利时刻重新把握'过去'，便会'油然感到自己本身是绝对存在的'。所以，除了第一个主题：摧毁一切的时间而外，另有与之呼应的补充主题：起保存作用的回忆。"②拿余华的话说，回忆，是为了获得过去，一个"全新的过去"。看来，余华对普鲁斯特创作的奥秘是心领神会的。他在 2003 年 5 月 26 日为韩文版写的自序中进一步道出了他创作《在细雨中呼喊》的初衷，也坦言了普鲁斯特对他的影响：

> 我要说明的是，这虽然不是一部自传，里面却云集了我童年和少年时期的感觉和理解，当然这样的感受和理解是以记忆的方式得到了重温。
>
> 马塞尔·普鲁斯特在他那部像人生一样漫长的《追忆似水年华》里，有一段精美的描述。当他深夜在床上躺下来的时候，他的脸放到了枕头上，枕套的绸缎可能是穿越了丝绸之路，从中国运抵法国的。光滑的绸缎让普鲁斯特产生了清新和娇嫩的感觉，然后唤醒了他对自己童年脸庞的记忆，他说他睡在枕头上时，仿佛是睡在自己童年的脸庞上。这样的记忆就是古希腊人所说的"和谐"，当普鲁斯特的呼吸为肺病困扰变得断断续续时，对过去生活的记忆成为了维

① 余华著《在细雨中呼喊》，上海文艺出版社，2004 年，"意大利文版自序"第 5 页。

② 普鲁斯特著《追忆似水年华》，译林出版社，1989 年，安德烈·莫罗亚"序"第 7 页。

持他体内生机的气质，让他的生活在叙述里变得流畅和奇妙无比。①

显然，对于普鲁斯特，余华是认同的。安德烈·莫洛亚说："普鲁斯特的主要贡献在于他教给人们某种回忆过去的方式。"借助于普鲁斯特传授的某种回忆过去的方式，余华通过创作《在细雨中呼喊》，得以"在记忆深处唤醒了很多幸福的感觉，也唤醒了很多辛酸的感受"②。

像余华一样，在普鲁斯特那儿悟到了某种回忆过去的方式的作家在中国恐怕还有。像作家史铁生，当他在轮椅上用心阅读《追忆似水年华》的时候，也许他获得的，不仅仅是回忆过去的方式，更是他追寻生命之春，赋予生命新的本质的某种启迪。又如评论家费振钟，在他的近作《为什么需要狐狸》一书的自序"梦到狐狸也不惊"中，他这样写道：

感性在时间之中存在，并且在时间中生长，追寻失去的时间，在普鲁斯特那里，就是追寻那些时间之中的感性世界。你读普鲁斯特的小说，就知道早在写作《驳圣伯夫》时，每天早晨谛听天鹅绒窗帘之外的阳光，他对于时间的幻想和认识，总是与他复活感性的努力联系在一起。感性在时间远处，体现了它记忆的长度和历史厚度。一个能够回到感性的历史之中的人，才说得上感性的复活，才有真正的感性。③

读费振钟的这段话，再读他的《为什么需要狐狸》，我们可以相信，费振钟也在普鲁斯特那儿，找到了回到感性的历史之中的道路，也找到了重新找回失去的时间的道路。普鲁斯特应该为此感到高兴，他所开辟的独特的"回忆"之路，将会继续在全世界，在中国，为人们与时间抗争，与遗忘抗争，寻找失去的时间，进而追寻生命之春提供种种可能性。

（本文原题为《普鲁斯特在中国的译介历程》，载《中国翻译》2007年第1期）

---

① 余华著《在细雨中呼喊》，上海文艺出版社，2004年，"韩文版自序"第7页。

② 余华著《在细雨中呼喊》，上海文艺出版社，2004年，"韩文版自序"第7页

③ 费振钟著《为什么需要狐狸》，江苏文艺出版社，2006年，"自序"第2页。

圣埃克絮佩里与另一种目光

圣埃克絮佩里，在法国文学史具有独特的地位，他是个战士，是个作家。他的作品在全世界拥有无数的读者。翻译家马振骋对他这样评价：

> 圣埃克苏佩里有着双重身份，飞行员与作家，这两个生涯在他是相辅相成的。从《南方邮件》(1928)到《小王子》(1943)这十六年间，仅出版了六部作品，都以飞机为工具，从宇宙的高度，观察世界，探索人生。这些作品篇幅不多，体裁新颖，主题是：人的伟大在于人的精神，精神的建立在于人的行动。人的不折不挠的意志可以促成自身的奋发有为。

马振骋是中国翻译圣埃克絮佩里作品的主要译家之一，他对圣埃克絮佩里的作品，对他的人生，对他的精神世界，有着独特的理解。他对圣埃克絮佩里作品的解读与理解具有相当的代表性。在本文中，我们将就圣埃克絮佩里在中国的翻译状况，特别是结合《小王子》的翻译与接受情况，对圣埃克絮佩里在中国的生命历程作一梳理，对其影响作一探讨。

一　“小王子”在中国

圣埃克絮佩里(Antoine de Saint-Exupéry)与20世纪一起诞生。1900年，圣艾克絮佩里出生在法国里昂一个传统的天主教贵族家庭。童年生活，有过温馨和希望，但更有过惶惑和迷惘。第一次世界大战的爆发，就像尼采说的“上帝死了”那样，令圣埃克絮佩里的心中从失望到绝望，在战争的废墟上，对他而言再也没有了信仰。1921年，圣艾克絮佩里应征入伍，被编入斯特拉斯堡第二飞行大队担任机械修理工。同年12月，他获得军事飞行证书，从此和飞行结下了不解之缘。

圣埃克絮佩里与飞行的不解之缘是双重的。《圣埃克絮佩里作品集》的主编黄荭认为：“对于圣埃克絮佩里，如果说飞行给圣艾克絮佩里提供的是肉体感性的飞升，那么写作就是诗人灵魂智性的翱翔。”[①]飞行，远离大地和人类，给了圣埃克絮佩里观察人类赖以生存的地球与思考人类存在的新的空间。1926 年，他在《银舟》杂志发表了短篇小说《飞行员》。在此后的 18 年里，他飞行，写作，写作，再飞行，直至在 1944 年的 7 月 31 日，44 岁的圣埃克絮佩里在执行侦察任务时，永远消失了——消失在空中。

圣埃克絮佩里的一生是短暂的，他在身后给我们留下了的作品也不多：《南线邮航》(1928)、《夜航》(1931)、《人的大地》(1939，英译名《风沙星辰》)、《空军飞行员》(1942)、《小王子》(1943)和《要塞》等。但是，随着岁月的流逝，他的生命因升华而成了传奇，他的作品因独特而变为不朽。

对于当今的中国读者而言，圣埃克絮佩里，就是《小王子》的化身。近年来，圣埃克絮佩里的作品，在中国拥有了越来越多的读者。根据北京大学中法文化关系研究中心和北京图书馆参考研究部中国学室主编的《汉译法国社会科学与人文科学图书目录》[②]，早在 1942 年，陈占元就向处在抗日战火中的中国文学界介绍了埃克絮佩里这位独特的作家，当时作家的名字译为圣·狄瑞披里。陈占元翻译的作品为《夜航》，列入“西洋作家丛刊”，由明日社出版。不过，圣埃克絮佩里的这部作品在当时的中国并没有产生多大的影响，也未见有深入的评价。直到 1979 年，商务印书馆在“法汉对照读物”系列中，推出了程学鑫与连宇合译注的《小王子》，圣埃克絮佩里才真正开始了他在中国的生命之旅。

中国对圣埃克絮佩里的翻译与接受主要集中在近二十年。上个世纪 80 年代初期，他的主要作品《夜航》与《小王子》开始出现不同的译本，90 年代初，《空军飞行员》和《人类的大地》又陆续被介绍给中国读者，李清安还编选了《圣爱克苏贝里研究》，于 1992 年由中国社会科学院出版社出版。到了新的世纪，圣埃克絮佩里似乎获得了重生，他受到了中国读者格外的关注，他的遗作《要塞》由马振骋执译，于 2003 年由海南出版社出版，《小王子》更是得中国读者青睐，国内一时刮起了一股《小王子》复译的热潮。根据我们掌握的资料，我们列了一份近二十五年来圣埃克絮佩里作品汉译目录：

① 黄荭《圣艾克絮佩里的人生和创作轨迹》，《当代外国文学》2006 年第 2 期，第 171 页。

② 由世界图书出版公司 1996 年出版。

《夜航》,圣埃克絮佩里著,汪文漪等译,外国文学出版社,1981
《夜航》,圣埃克絮佩里著,汪文漪等译,人民文学出版社,1989
《夜航》,圣埃克苏佩里著,吴岳添译,接力出版社,1996
《夜航人类的大地》,圣艾克苏贝里著,刘君强译,安徽文艺出版社,1997
《夜航·人类的大地》,圣埃克絮佩里著,刘君强译,上海译文出版社,2003
《夜航·人的大地》,圣埃克絮佩里著,黄天源译,漓江出版社,2006
《人的大地》,圣埃克苏佩里著,马振骋译,外国文学出版社,1999
《人类的大地》,圣艾克絮佩里著,黄荭译,江苏教育出版社,2005
《风沙星辰》,安东尼·德·圣艾修伯里著,艾柯译,哈尔滨出版社,2002
《风、沙与星星》,圣埃克苏佩里著,雨过天晴译,海南出版社,2002
《空军飞行员》,圣埃克苏佩里著,马振骋译,外国文学出版社,1991
《空军飞行员》,圣埃克苏佩里著,马振骋译,漓江出版社,1996
《战争飞行员》,圣艾克絮佩里著,黄旭颖译,江苏教育出版社,2005
《圣爱克苏贝里研究》,李清安编选,中国社会科学院出版社,1992
《要塞》,安东尼·德·圣埃克苏佩里著,马振骋译,海南出版社,2003
《小王子》,圣·德克序贝里著,程学鑫、连宇译注,商务印书馆,1979
《小王子》,圣-埃克絮佩利著,胡雨苏译,中国少年儿童出版社,1981
《小王子》,圣-埃克絮佩利著,张荣富译,浙江少年儿童出版社,1985
《小王子》,安东尼·德·圣-埃克絮佩利等著,萧曼等译,贵州

人民出版社,1997

《星王子》,圣·埃克絮佩利原著,杨玉娘译,21世纪出版社,1998

《小王子》,圣埃克苏佩里著,胡雨苏译,中国友谊出版公司,2000

《小小王子》,安东·圣·爱克苏贝著,毛旭太译,作家出版社,2000

《小王子》,圣埃克苏佩里著,薛菲译,萧望图文编纂,浙江文艺出版社,2000

《小王子》,圣埃克苏佩里著,林珍妮译,译林出版社,2001

《小王子》,安东·德·圣艾修伯里著,艾柯译,哈尔滨出版社,2001

《小王子》,圣埃克絮佩里著,周克希译,上海译文出版社,2001/2002

《小王子》,圣埃克苏佩里著,潘岳译,南海出版公司,2002

《小王子》,安东尼·圣修伯里原著/绘图,吴淡如编译,新蕾出版社,2002

《小王子》,圣爱克苏贝里著,小意译,中国社会科学出版社,2002

《小王子》,圣爱克苏贝里著,程惠珊译,伊犁人民出版社,2003

《小王子》,圣埃克苏佩里著,马振骋译,人民文学出版社,2003

《小王子》,安东·德·圣艾修伯里著,王宝泉译,延边人民出版社,2003

《小王子》,圣埃克苏佩里著,郑闯琦译,侯海波图,金城出版社,2003

《小王子》,安东尼·圣艾修伯里著,李思译,中国华侨出版社,2004

《小王子》,圣·德克旭贝里著,白栗微译,春风文艺出版社,2004

《小王子》,安东尼·圣埃克苏贝里著,戴蔚然译,文化艺术出版社,2004

《小王子》,圣埃克苏佩里著,刘文钟译,中英对照,中国书籍出版社,2004

《小王子》,圣埃克絮佩里著,周克希译,上海译文出版社,2005

《小王子》,圣爱克苏佩里著,胥弋译,山东友谊出版社,2005

《小王子》,圣艾克絮佩里著,黄荭译,江苏教育出版社,2005

《小王子》,圣埃克絮佩里著,郭宏安译,北京十月出版社,2006

《小王子》,圣爱克絮佩里著,柳鸣九译,沈宏绘,中国少年儿童出版社,2006

《小王子》,圣埃克絮佩里著,周克希译,上海少年儿童出版社,2006

《小王子》,圣埃克苏佩里著,八月译,北京连环画出版社,2006

《小王子》,埃克絮佩里著,大壮译,黑龙江人民出版社,2006

《小王子》,圣爱克苏佩里著,紫陌译,哈尔滨出版社,2006

截至2006年的这份书目也许还不完整,但通过这份书目,我们不仅对圣埃克絮佩里在中国的翻译情况可以有个大致的了解,而且还可以从中发现有关译介活动的一些值得关注的现象。

首先,最为引人关注的,是圣埃克絮佩里的作品在中国的重译现象。除《要塞》外,圣埃克絮佩里的每部作品都有复译,如《夜航》、《人类的大地》、《空军飞行员》等,短时间内,有四五个译本问世。特别是《小王子》一书,在2000年至2006年间,出现了二十多个不同的译本,加上此前出版的译本,总数超出三十。这在中国的外国文学出版史上,也许是绝无仅有的。

其次,是译者队伍与出版社的庞杂。在译者中,我们可以看到一些非常熟悉的名字,他们是国内法语界多年来从事法国文学与语言研究的重要学者,且有相当的丰富经验,如汪文漪、柳鸣九、胡玉龙、吴岳添、马振骋、周克希、郭宏安、李清安、刘君强、黄天源和黄荭等。但也有许多在法语界很不熟悉的名字,甚至有的也许根本不懂法语。如在书目中显示的,艾柯、雨过天晴、杨玉娘、小意等等署名,显然是笔名,或一时编造的笔名。众多的出版社参与了圣埃克絮佩里的作品的翻译出版,其中有国内专事外国文学出版的专业出版社,也有在翻译出版外国文学作品方面做出过重要成绩的出版机构,如人民文学出版社、外国文学出版社、上海译文出版社、译林出版社、漓江出版社等,还有一些近年来涉及外国文学出版的一些知名的出版社。值得关注的是,专业出版社或在出版外国文学作品方面有着丰富经验的出版社往往与知名的法语学者或译家合作，如汪文漪、马振骋与外国文学出版社、刘君强、周克希与上海译文出版社、黄天源与漓江出版社。另有一点特别需要指出的是，除《小王子》外的几部作品，基本是由法语界的学者翻译的；而译者队伍之“庞杂”，主要体现在《小王子》一书的翻译上。

再次，是原文本和译介形式的多样化。我们发现，各个译本所依据的不仅仅是法语版，还有英语版，甚至可能是德文版。如作家出版社出版的毛旭太的译本，译者标明“1997 年译于德国波鸿”，文中也未注明译自何种版本。另外，译介的形式也显多样化，如商务印书馆于 1979 年出版的，是译注本，都主要面向法语爱好者；哈尔滨出版社和中国书籍出版社出版的，是“中英对照”版；还有的采用了“编译”的形式，如新蕾出版社的译本。新技术也被用于了译本的生产与传播，如中国书籍出版社的“中英对照”本还随书赠 MP3，将视与听结合在一起。此外，我们还注意到，《小王子》的大部分译本都采用原著的附图，但有的译本，出版社请人根据原图重新绘摹，注入了新的元素，甚至还有译者自己既翻译，又描摹，图与文一致，全都“翻译”了一遍。

有关圣埃克絮佩里作品翻译的上述几个现象，特别是《小王子》的一译再译，应该说不是孤立的现象。翻译本身就是一项复杂的跨文化交流活动，作品的翻译与传播与接受语境紧密相联，“翻译的过程不是一个相对封闭的过程，从一个原文本的选择到它在目的语中的接受与传播，都或多或少地要受到诸如社会环境、文化价值取向和读者审美期待等因素的影响，而这些因素也都不是一成不变的，而是随着历史的发展而处在不断变化的开放态势之中。”①《小王子》在中国的翻译接受情况就是一个非常典型的例子。《小王子》在中国受到读者的喜爱，应该说是《小王子》被一译再译的最根本的原因之一。实际上，《小王子》不仅仅在中国广为流传，它在全世界的各个地方都有知音。《小王子》在全世界的广为翻译，也是中国出版社和译者所津津乐道的。有的说《小王子》“全球有 46 种译文”②；有的说“《小王子》至今已译成八十多种语言。不同民族、宗教、语言或社会地位的群体对这部作品表示一致的喜爱”③。还有的说“《小王子》在西方国家是本家喻户晓的书，它的发行量

---

① 许钧著《翻译论》，湖北教育出版社，2003 年，第 197～198 页。

② 见哈尔滨出版社 2001 版封一。

③ 见马振骋为 1998 年外国文学出版社《人的大地》写的前言第 5 页，该书实际上是一个合集，其中除《人的大地》之外，还收有马振骋译的《夜航》、《空军飞行员》和《小王子》。

仅次于《圣经》”[①]。有网民也跟着说:“已然被译成五十多国文字的《小王子》,据称,它还是本世纪以来全世界阅读率最高的第三本书(第一是《圣经》,第二是《可兰经》)”[②]。出版者、译者或普通读者的这些说法虽然不一,而且也没有准确的依据,但就其根本而言,传达的信息是一致的,那就是《小王子》在全世界的被喜爱和广为传播。

读者的喜爱,对于出版社而言,便意味着潜在的市场。短短的几年时间里,数十家出版社参与《小王子》的译事,纷纷推出中文译本,不可否认的是,市场因素起到了决定性的作用。自上个世纪 90 年代初以来,复译现象在中国成为了一个令人关注也值得思考的社会现象。只要哪一部名著有市场,且没有版权的约束,就会有许多出版社瞄上这部作品,跟风出版。在纯经济利益驱动下问世的这些版本,不可避免地都会遇到一个问题,那就是翻译质量的良莠不齐,鱼龙混杂,像读者熟悉的《红与黑》、《简爱》、《钢铁是怎样炼成的》等等,都有近十个甚至二十个译本,其中当然不乏优秀的译作,但也有质量低下,甚至拼凑、“抄译”而成的盗本。《小王子》的翻译看去一片欣欣向荣,且形式多样,但其后却隐藏着莫大的危机。其最重要的后果之一,就是普通读者难以在众多的译本中做出比较准确的选择。加之翻译批评缺乏,读者没有行家的引导,购买翻译图书都是以作者的名气为准,很少注意译者在翻译中所起的创造性、决定性的作用,因此购买翻译图书基本上不考虑译者是否优秀,译本是否可靠。在这样的状况下,读者买的要是一个质量得不到保证或者说质量低劣的译本,那么读者就无法真正欣赏到原文本的魅力,领悟到其真正的价值。在这个意义上,那些质量低下的译本实际上是在扼杀原文本的生命,在伤害读者的同时,也在双重的意义上伤害原作者,因为质量低劣的译本一方面有碍于作品的传播,另一方面它歪曲了原文本的精神,破坏了原作者的真实生命。《小王子》在中国的翻译,无疑也存在着类似的问题。记得在几年前,国内一位著名的兼写儿童文学的作家,想读一读《小王子》,但读了之后说了一句话:“《小王子》写得不像人们赞美的那样好。”笔者很诧异,经了解后才知道该作家读的是北京一家出版社的译本,根本不是出自法语语言文学专家之手。于是,笔者向该作家推荐上海译文出版社的译本。读了这个译本,这位

---

① 周克希译《小王子》,上海译文出版社,2005 年,“再版译序”第 1 页。

② 见 elong 网陈建忠《沉重的童话——重读小王子》一文。

作家得以领悟原文本的美妙所在，认为《小王子》确实是一部好书，同时对翻译家的创造性的劳动也有了新的理解。这件事引起了我们深刻的思考，确实，优秀的译本有助于拓展原作的生命空间，有助于其传播，而低劣的译本，则阻隔了读者接近原作，理解原作，欣赏原作的道路。在这个意义上，《小王子》在中国看似繁荣的译事，实际上对于圣埃克絮佩里而言，并不是一件值得庆幸的事，因为他在中国的生命历程中，由于存在着不少质量没有保证的译本，他有可能因遭受歪曲、误解、甚至“厌弃”，而失去大量读者。

二　是战士，也是作家

对圣埃克絮佩里，中国读者的认识或理解过程，可大概分成两个阶段或两个方面。而这两个阶段或两个方面的接受，与翻译的过程，与评论家和译者对圣埃克絮佩里作品的评介是紧密相连的。中国读者对圣埃克絮佩里的作品的阅读、理解与接受，有一个发展和变化的过程。

在上文中，我们提到，圣埃克絮佩里是个战士，也是个作家。对于这一两者兼有的形象，无论是法国读者，还是中国读者，基本都是认同的。但是，翻译的接受与接受国的社会文化语境紧密相联，中国对于圣埃克絮佩里的接受，是动态的。在第一个阶段，读者偏重的，是作为英雄飞行员的圣埃克絮佩里；而在第二个阶段，则是作为“小王子”化身的作家圣埃克絮佩里。

在法国，圣埃克絮佩里作为一个作家，评论界与一般读者所看重的，既有一致的地方，也有不同的地方。两者看法一致的，是圣埃克絮佩里的双重形象，而不一致的，特别是主流小说评论界与一般的读者相异的地方，就是前者比较看重《夜航》等前期作品，而后者则偏重于《小王子》。这一情况在中国也基本一致。

米歇尔·莱蒙在其编撰的《法国现代小说史》中，将圣埃克絮佩里列入“描绘人类境遇”的小说家之列，与塞林、马尔罗、贝尔纳诺斯、蒙泰朗和阿拉贡等作家在上个世纪30年代“确立了自己的声望，取代了过去那些大师的地位”。他指出：

> 这些作家并不怎么关心使读者得到消遣娱乐，只是企图去影响他们的思想。他们在自己的作品中提出了某种生活的方式。精神和道德的内容在他们的小说中占据了首要地位。他们笔下的人

物与其说是社会典型人物的代表，毋宁说是种种价值的具体化身。小说本身要成为一种行动，而不是一种描写。①

对于圣埃克絮佩里的创作，米歇尔·莱蒙在其著作中列举了他的《南方邮航》、《夜航》、《人的大地》和《空军飞行员》四部作品，并作了分析，但对《小王子》却只字未提。米歇尔·莱蒙的这一选择无疑是具有某种倾向性的，他看重的是作为小说家的圣埃克絮佩里对于小说艺术的贡献，而不是作品在普通读者之中产生的共鸣。为此，他特别强调圣埃克絮佩里的创作关键，“已不是去虚构一个假想的世界，而是使读者去体味作者亲身经历过的感受，使他们进入人生的崇高境界。”②于是，在圣埃克絮佩里的作品中，经历、行动与叙述结为一体，而从中所要凸现的，是人类应该正视的生存方式，在道德与精神的层面得到升华。

米歇尔·莱蒙的评价是从小说创作的倾向出发的。中国的法国文学研究界对米歇尔·莱蒙的这一看法在很大程度上是认同的。无论是江伙生与肖厚德合著的《法国小说论》，还是郑克鲁著的《现代法国小说史》，都给了圣埃克絮佩里相应的位置。《法国小说论》为圣埃克絮佩里专辟一章，对圣埃克絮佩里的生平与创作情况进行了简要的评述，其中详述的还是圣埃克絮佩里的飞行经历和与之相关的创作成果。与米歇尔·莱蒙不同的是，江伙生和肖厚德选择了《夜航》与《小王子》两部书作为圣埃克絮佩里的代表作加以重点评介。在评介中，两位作者特别强调法国文学界对圣埃克絮佩里的评价：“在不少教科书、文学史和小说史中，圣-戴克絮佩里都被列为‘人类处境小说家’之列，认为‘从那时起，他便提倡为适应时代的要求而创造一种英雄主义’。③ 这就是，面对严酷的大自然，人类应该克服自身的弱点，特别是内心（情感）的弱点。”④在江伙生和肖厚德看来，《夜航》便是创造这一种“英雄主义”的尝试。对于《小王子》，《法国小说论》的作者则采用法国文学史家雅克·勃来纳的观点，认为《小王子》的“主题是友谊和驯化人类的艺术”；同时，他们强调《小王子》是“一部呼唤人类友谊的小说”⑤。

① 米歇尔·莱蒙著《法国现代小说史》，徐知免、杨剑译，上海译文出版社，1995年，第293页。
② 米歇尔·莱蒙著《法国现代小说史》，徐知免、杨剑译，上海译文出版社，1995年，第295页。
③ 皮埃尔·亚伯拉罕、罗兰·戴斯纳《法国文学史》第六卷570页，法国社会出版社。
④ 江伙生、肖厚德著《法国小说论》，武汉大学出版社，1994年，第322页。
⑤ 江伙生、肖厚德著《法国小说论》，武汉大学出版社，1994年，第323页。

郑克鲁的《现代法国小说史》是一部关于法国现代小说发展、演变的系统性著作，一方面，他从时间的角度，将20世纪两端的小说家分为“跨世纪小说家”与“新一代小说家”；另一方面，他又根据小说家的创作倾向和特点，将他们的创作分为“意识流小说”、“长河小说”、“心理小说”、“社会小说”、“乡土小说”、“超现实主义小说”、“存在主义小说”和“新小说”等。在他的这部著作中，他把圣埃克絮佩里的作品归入了“社会小说”之列。郑克鲁从“生平与创作”、“小说内容”与“艺术特点”三个方面对圣埃克絮佩里进行了评价。他认为“安东尼·德·圣艾克絮佩里是法国20世纪上半叶的现实主义小说家，他以独特的题材征服了广大读者，在小说史上占据了一个突出的地位”①。关于圣埃克絮佩里的生平，郑克鲁与江伙生和肖厚德的介绍基本是一致的。与《法国小说论》不同的是，郑克鲁力图在总体上把握圣埃克絮佩里的创作内容与特色。就其创作内容而言，郑克鲁归纳了三点：一是“圣埃克絮佩里的小说描写了飞行员的生活，给人们展示了飞行员惊险多变、生死莫测的职业和勇敢大胆、进取开拓的精神”②。二是圣埃克絮佩里“力图表达深邃的哲理。他提倡责任感，要阐明一种行动的哲学。圣埃克絮佩里的全部作品，从《夜航》至《城堡》，都对行动作出道德上的辩解”③。三是“圣埃克絮佩里的小说充满了人道主义精神”④。郑克鲁对圣埃克絮佩里的这三点评价，与米歇尔·莱蒙的观点明显是一种呼应。米歇尔·莱蒙强调“精神和道德的内容”在马尔罗、蒙泰朗、圣埃克絮佩里等小说家的作品中“占据了首要位置”，且“小说本身要成为一种行动”，郑克鲁在其评析中，突出的也正是“精神”、“道德”与“行动”这三个层面。

李清安是国内对圣埃克絮佩里进行过较为全面与深入研究的重要学者，他编选的《圣爱克苏贝里研究》⑤收录了王苏生翻译的《南线邮航》、马振骋翻译的《人的大地》、马铁英翻译的《战区飞行员》（节译）和肖曼译的《小王子》。还收录了“圣爱克苏贝里杂文选”，其中包括《给一个人质的信》（马铁英译）和《城堡》（葛雷　齐彦芬　节译）。此外，他还收录了罗歇·卡佑阿的《〈圣爱克苏贝里文集〉序言》和玛雅·戴斯特莱

① 郑克鲁著《现代法国小说史》，上海外语教育出版社，1998年，第327页。
② 郑克鲁著《现代法国小说史》，上海外语教育出版社，1998年，第331页。
③ 郑克鲁著《现代法国小说史》，上海外语教育出版社，1998年，第335页。
④ 郑克鲁著《现代法国小说史》，上海外语教育出版社，1998年，第336页。
⑤ 李清安编选《圣爱克苏贝里研究》，中国社会科学出版社，1992年。

姆的评论《面对评论界》。李清安在“编选者序”中对圣埃克絮佩里的创作的独特价值和思想倾向进行了探讨,并加以肯定,其中有两点意味深长,需要特别关注。

第一点涉及圣埃克絮佩里作品的独特性。李清安指出,圣埃克絮佩里“对人类的贡献并不止于飞翔,他还作为一个作家在飞翔中体验了人生,探求并且表达了由此得来的独特的哲理。[……]崇尚行动,塑造‘超人’,这一点圣爱克苏贝里与海明威确乎相似。但是,只要做更进一步的分析,我们就会发现,圣爱克苏贝里作品的思想内涵比《老人与海》等名作有着更深更高的哲学意味。圣爱克苏贝里在自己的创作历程中,始终不是注重故事的陈述,而是着力于表现自己独特的感受,并且更多是阐发某种人生哲理。比较起来,他的作品甚至不如他本人的经历更富情节性。他的特色、他的价值以及他所引起的争论,盖源于此”①。西方评论界有人将圣埃克絮佩里称为“会飞的康拉德”,空中的海明威。李清安强调圣埃克絮佩里有别于康拉德和海明威,其独特性表现在作品的“行动性”大于“途述性”,由此而揭示的精神与蕴涵的价值更具影响。不过,他认为圣埃克絮佩里作品的思想内涵高于深于《老人与海》,这一步值得商榷。

第二点涉及对圣埃克絮佩里所倡导的“英雄主义”的理解。法国评论界对圣埃克絮佩里的“英雄”与尼采的“超人”之间的关系有着不同的观点。赞扬者认为前者的“英雄主义”有着独特的含义,责难者认为圣埃克絮佩里的“英雄”与尼采的“超人”一脉相承。如在上个世纪 70 年代,法国社会出版社出版的《法国文学史读本》就以激烈的口吻指出:“由于圣爱克苏贝里认定行动的领域和义务与幸福的领域是正好吻合的,所以他的道德观与尼采及其信徒们的道德有着危险的近似之处。不幸的是,众所周知,不久以前就有过血的教训,如果不惜任何代价去扮演‘超人’或‘英雄’,将会导致何等卑鄙无耻的恶果。”②针对这一观点,李清安援引萨特的思想,提出“要能正确地理解一个思想,那就必须起码把握思想和作品的整体,把握‘其文’与‘其人’的关系”③。李清安指出,“圣爱克苏贝里的作品中着意强调行动对实现人的价值的重要意义,却很少表明人所突出的是一种什么价值。这颇有些‘只管耕耘,勿

① 李清安编选《圣爱克苏贝里研究》,中国社会科学出版社,1992 年,第 4 页。
② 李清安编选《圣爱克苏贝里研究》,中国社会科学出版社,1992 年,第 9 页。
③ 李清安编选《圣爱克苏贝里研究》,中国社会科学出版社,1992 年,第 9 页。

问收成'的意味。但是应当承认,他作品中的人,都是有着具体的行动指向的,诸如开辟航线,架设桥梁,反对法西斯等等。"鉴于此,虽然年轻时圣埃克絮佩里对尼采的"超人"之说有着共鸣,但"无论从具体内容,还是从社会效果看,圣爱克苏贝里的'行动哲学'与尼采的'超人哲学'均有本质不同。代表邪恶势力的法西斯纳粹曾从尼采那里找到了理论依据,却没有也不可能从圣爱克苏贝里的著作中捞到任何好处"①。他相信,为进步和正义事业而战,并为维护人的尊严而呼唤的圣爱克苏贝里将真正留在人类的记忆之中。②

李清安的观点具有相当的代表性。从他的"编选者序"中,我们发现,他所关注的,主要是圣埃克絮佩里的思想价值与精神导向。他所分析的作品,也主要是体现圣埃克絮佩里"行动哲学"的《夜航》和《人的大地》等。而对《小王子》,与法国的米歇尔·莱蒙持一样的态度,基本上没有提及。

文学评论家对圣埃克絮佩里的关注与普通读者对之的关注具有明显的不同点。不管在西方,还是在东方,圣埃克絮佩里对于读者的影响,主要集中在被评论界所忽视的《小王子》。就圣埃克絮佩里在中国的影响而言,李清安、郑克鲁、江伙生、肖厚德的观点固然起到了一定作用,但真正引起广大读者共鸣的,则是随着译本一起进入中国文化语境,走向普通读者的"副文本"。

三 永远活着的"小王子"

翻译是一种历史的奇遇。虽然在中国存在种种质量低劣的译本,但值得庆幸的是,圣埃克絮佩里在中国不乏知音。首先是他遇到了优秀的译者,像我们在上文已经提到的汪文漪、马振骋、胡玉龙、吴岳添、周克希、郭宏安、黄荭、黄天源等。他们有着丰富的译事经验,更有着严谨的译风。在与圣埃克絮佩里的相遇中,他们不断接近圣埃克絮佩里,一步步加深对他的理解。在考察一个作家在国外的翻译与接受情况时,译者的介绍与评论值得特别注重。安妮·布里塞在《翻译的社会批评——1968—1988年间在魁北克的戏剧与他者》一书中指出:

> 我们首先要探究的是编辑机制是如何垒造"异"之形象的。为

① 李清安编选《圣爱克苏贝里研究》,中国社会科学出版社,1992年,第9~10页。

② 李清安编选《圣爱克苏贝里研究》,中国社会科学出版社,1992年,第10页。

> 此，我们要对副文本进行研究，所谓的副文本，就是与出版的译本结合在一起的序、后记、生平介绍、评介以及插图，因为插图也是文本性的另一符号形式。①

从我们手中掌握的一些材料看，对于圣埃克絮佩里在中国的评介以及圣埃克絮佩里在中国之形象的形成，安妮·布里塞所说的副文本确实起到了非常重要的作用。随着译本出版的序言和译后记，往往为普通读者起着导读的作用。这些文字或介绍作者的生平与创作经历，或探讨作品的结构与写作特点，或译介作品的主题、思想与价值，对普通读者了解作者，理解作家起着直接的影响作用。何况普通读者在阅读正文之前，往往会先阅读序言、后记或相关的介绍文字。在这个意义上，副文本对于读者而言，就成了读者认识作者，形成作者或文本之"形象"的先入为主的影响要素，其作用不可低估。

在翻译圣埃克絮佩里的众译者中，马振骋是非常突出的一位。他翻译了圣埃克絮佩里的《夜航》、《人的大地》、《空军飞行员》、《小王子》和《要塞》(一译《城堡》)等主要作品。作为翻译者，马振骋对圣埃克絮佩里的理解角度与深度与一般的研究者或评论者有着明显的区别。首先是马振骋几乎翻译了圣埃克絮佩里的全部作品。翻译，在某种意义上，是理解与使人理解。译者对于一个作家的理解与评价，主要的功夫是用在文本上。马振骋对圣埃克絮佩里的评价，也主要是从文本出发，而不是根据国外评论者的观点，再加上中国长期以来形成的作品分析模式，从生平到思想再到写作特色的路径进行评价。其次，马振骋对圣埃克絮佩里的评价，不是从观念出发，而是善于从作品的字里行间去把握作者的思想脉搏，触及作品的深层，领悟其奥妙之处，进而评价其精神价值。他以译本的"前言"、"序言"和读后感等多种副文本的形式，发表了一系列解读圣埃克絮佩里作品的文字，这些文章随着译文的大量发行而广为流传，一些精彩的篇什还发表在国内较有影响的报刊杂志上，如《背负青天看人间域廓——圣埃克絮佩里生平与作品》②、《圣埃克苏佩里与〈小王子〉》③、《小王子，天堂几点了——圣埃克苏佩里的〈夜

---

① Annie Brisset, *Sociocritique de la traduction*: *Théâtre et altérité à Québec* (*1968～1988*), Les Editions du Préambule, 1990. p. 38.

② 见《外国文学》1982 年第 1 期。

③ 见人民文学出版社 2003 年版《小王子》的"中译本前言"。

航〉与〈人的大地〉》[1]、《圣埃克苏佩里的〈小王子〉生在纽约》[2]和《逆风而飞的作家——圣埃克苏佩里和〈要塞〉》[3]等文章。仅从上述的文章名看，马振骋对圣埃克絮佩里的研究是与翻译紧密相结合的。早期的文章主要是对圣埃克絮佩里的整体评介，后期则结合翻译的文本，重点就作品本身展开讨论。作为译者，马振骋特别重视与读者的交流与对话，读他评介圣埃克絮佩里的文字，看不见观念性的评说，难解的术语，有的是质朴但深刻的见解，不知不觉中会跟着他的指点，渐渐走近圣埃克絮佩里的世界。在这个意义上，一个好的译者对于作者而言，无疑是个福音，因为优秀的译者，将有助于拓展作者的生命空间。

像马振骋一样，翻译圣埃克絮佩里作品的其他一些译者也大都以序言或译后记的形式，将自己对圣埃克絮佩里的认识与理解形成文字，与读者进行交流。如周克希，为《小王子》的初版和再版都写过译序，他在序中以清新而简洁的文字，与读者谈圣埃克絮佩里其人其文，还与读者谈理解与翻译圣埃克絮佩里的甘苦，还把 apprivoiser 一词的翻译当作一个"有待解决的问题"，向读者求教，从而拉近了与读者的距离。又如黄荭，在翻译了圣埃克絮佩里的妻子龚苏萝·德·圣埃克絮佩里写的《玫瑰的回忆》[4]后，被龚苏萝和圣埃克絮佩里的故事打动了，征服了，心中挥不去龚苏萝心中那个"小王子"圣埃克絮佩里的形象，"知道自己终有一天也会把《小王子》占为己有"[5]，而这种占有，便是由忘情地阅读圣埃克絮佩里开始，到组织《圣埃克絮佩里作品集》的翻译，再到自己翻译《小王子》，为中文版《小王子》画插图。在她写的《小王子》译后记中，我们看到的，不是有关"精神"、"道德"与"行动"的评说与判断，而纯粹是从一个普通"读者"（译者在某种意义上就是"读者"）的角度，以敏感而有些惆怅的笔调，把读《小王子》，当作分享"人生一次灰色的感悟"的过程，且伴随着"对成长过程中失去纯真的一份痛惜"。这样的译后记，它作用的，不再是读者的心智，而是读者的情怀。

通过译本的副文本，让译本走近读者，再吸引读者走进作者的世

---

① 见《中国图书商报》，2002 年 4 月 18 日，后收入马振骋的《镜子中的洛可可》一书，上海社科出版社，2004 年。

② 见《译文》2002 年第 1 期。

③ 见《文景》2003 年第 4 期。

④《玫瑰的回忆》由上海译文出版社 2002 年出版。

⑤ 黄荭译《小王子》，江苏教育出版社，2005 年，"译后记"第 89 页。江苏教育出版社误将此书的译者署名为黄旭颖。

界，译者、读者与作者因此而形成了一种互动的关系，为圣埃克絮佩里在中国的传播起到了积极的推动作用。特别是《小王子》一书，有的版本不仅有译序，还有导读。还有的出版社，还借助名家的影响力，请名家为译本作序，如周国平就为中国友谊出版公司胡雨苏的译本（2000年）写过译序。中国友谊出版公司的译本出自胡玉龙之笔，胡雨苏是其笔名。胡玉龙长期从事法语语言文学的教学与研究。早在1981年，他的译本就在中国少年儿童出版社出版，后来他的译本又被收入郭麟阁先生与文石选编的《法国中篇小说选》下册[①]。对于《小王子》，胡玉龙有独特的理解，他对《小王子》的象征意义的研究很有深度，曾以《〈小王子〉的象征意义》为题将其研究心得发表在《外国文学评论》1998年第1期上。2000年，中国友谊出版公司选择了胡玉龙的译本，邀请在中国读者中具有重要影响力的周国平写序。优秀的译本加上具有影响力的学者写的译序，引起了广泛的反响，为圣埃克絮佩里赢得了无数的中国读者。

特别需要关注的是，《小王子》的这些副文本通过英特网这一强大的媒介，为《小王子》在中国的传播起到了不可忽视的作用。通过"百度"搜索引擎搜寻，《小王子》的条目竟高达3840000条[②]。不少出版社，书店，还有网民，在网上开辟讨论区，围绕《小王子》的认识与理解展开热烈的讨论，使《小王子》的传播一步步扩大，深入。那么，在中国读者的眼里，《小王子》到底意味着什么呢？

在Elong网上，我们读到了一篇署名陈建忠的文章，文章的题目叫《沉重的童话——重读〈小王子〉》。他在文中这样写道：

> 已然被译成五十多国文字的《小王子》，据称，它还是本世纪以来全世界阅读率最高的第三本书（第一是《圣经》，第二是《可兰经》），而光是国内，就有不下十种译本以上。看到市面上如此多的《小王子》译本，我经常都会翻阅他们对圣艾修伯里文学的介绍，不过每每还是会为国内贫瘠的阅读文化而感到不满。可以确定的是，无论出版商或译者、导读者，都只让读者停留在将作者视为一个童话作家，或者，充其量是一个喜欢飞行的作家这样的印象上，而这远不是圣艾修伯里在二十世纪法国文学史中的评价。

---

① 《法国中篇小说选》下册由中国青年出版社1985年出版。
② 2006年9月17日查询。

陈建忠的这篇文章不知写于哪一年，《小王子》也不知是否如他所说“被译成五十多国文字”，他对“国内贫瘠的阅读文化而感到不满”，对出版商或译者、导读者的质疑，也不一定完全在理，但他的那篇文章实实在在地说明了他想深入接近圣埃克絮佩里的努力。在上文中，我们说过，专业评论者和读者对圣埃克絮佩里的评价有一定差别。这里，我们将目光集中在《小王子》上，看一看在我们中国，评论者、译者、学者和普通读者是如何看《小王子》的。

1. 对《小王子》的政治性解读。江伙生与肖厚德是比较看重《小王子》的评论者。在他们合著的《法国小说论》中，他们对《小王子》有如下一段评说：

> 圣-戴克絮佩里是一位反法西斯斗士，他在反法西斯战斗的间隙中，创作了《军事飞行员》这样的战斗檄文般的反法西斯小说；但圣—戴克絮佩里更多地是一位人道主义小说家，他的人道主义一方面如《夜航》中所体现出的冷峻的英雄主义，认为为了战胜大自然这个人类的劲敌(从某种意义上讲)，就不能感情用事；人类中个别个体的牺牲是必要的，是人类必须忍受的；另一方面如在《小王子》中，圣—戴克絮佩里的人道主义则体现为一种“一体主义”，认为不仅仅应该战胜和揭露法西斯的罪恶，更重要的是用伟大的人道主义精神去反对法西斯的野蛮行径。在《小王子》中，作者喻示了这样一个真理，即人不能绝对孤立地生活，个人需要和他人相互依存。小说中出现的狐狸，它需要人类(实为他人)的友谊，也希望他人需要自己的友谊，甚至那朵本来清高孤傲的玫瑰，也希望得到他人的“收养”和需要“收养”他人。①

结合圣埃克絮佩里的人生经历，解读其《小王子》的内涵，是国内评论界常见的一种方法。在《小王子》中读出“反对法西斯的野蛮行径”，是这种解读途径的必然结果。

2. 对《小王子》的主题性解读。张彤在《外国文学评论》1995 年第 4 期上发表过一篇题为《法国作家笔下的第二次世界大战》的文章，文章中她对圣埃克絮佩里的《夜航》、《人的大地》和《小王子》进行了分析。

① 江伙生、肖厚德著《法国小说论》，武汉大学出版社，1994 年，第 324 页。

关于《小王子》，她写道：

> 在美国出版家的建议下，圣埃克絮佩里创作发表了一部给成人看的童话，一部看似简单，实则高扬人类理性、尊严，高扬和平、博爱和人道主义的作品——《小王子》。[……]作者选择了童话作为载体，以一个天真未凿、形似自然之精灵的儿童的视角，将自己对于人类的理性与非理性、人的存在价值与存在的荒诞性命运等问题的深刻思考，对于战争与和平、自由与义务、文明与自然等问题的独特见解，以春秋笔法，深藏于童话意象的底蕴之中。①

张彤对小说的价值的这番解读，不可谓不深刻。在文章中，她所提炼的作品的主题与价值，有助于成年读者去更深刻地领悟作品的内涵，对人类所生存的环境进行思考。

3. 对《小王子》的寓言性解读。《小王子》看似一部童话，但它是给成年人看的童话，简单的故事后深藏着复杂的思考，简单的语言后有着深刻的内涵。译者胡玉龙（胡雨苏）在他的那篇题为《〈小王子〉的象征意义》的文章中，对《小王子》进行了寓言性的解析，试图从中挖掘出丰富而深邃的象征意义。他认为，要解读《小王子》的象征意义，需要特别注意以下三个方面的问题：

第一，“《小王子》中运用的象征是扎根于现实的。圣埃克絮佩里以哲人的眼光来看待生活，以跨越时空的界限来研究长期积累的、具有普遍意义的心理经验。这篇童话是作者从生活中提炼、升华的人生哲学的集中表现”，因此，他认为要解读《小王子》的寓意，不能忽视《小王子》所扎根的现实。

第二，《小王子》的象征大都取材于生活，且为我们所熟知。需要仔细揣摩，反复思考才能解读出其中的含义。他指出，若要领悟书中蛇、狐狸、花、水与井等等的寓意，应该把握列维·斯特劳斯所说的“历史性横组合轴”与“共时性纵组合轴”。在这个意义上，解读《小王子》，需要一定的理论指导。

第三，要解读《小王子》的象征意义，还要善于从作者所处的时代背景和西方的文化传统角度去进行探讨。

---

① 张彤《法国作家笔下的第二次世界大战》，《外国文学评论》1995 年第 4 期，第 52 页。

除了上述三点之外，胡玉龙还借用神话的途述模式的解析方法，对《小王子》的叙事结构进行了分析。

4. 对《小王子》的感悟式解读。这一类的解读与上述三种解读方式有着明显的差别。它的特点是完全从文本出发，结合读者自身的经历，走进文本的世界，从中获得某种感悟。周国平为中国友谊出版公司的《小王子》所写的序中有这样一段话：

> 我说《小王子》是一部天才之作，说的完全是我自己的真心感觉，与文学专家们的评论无关。我甚至要说，它是一个奇迹。世上只有极少数作品，如此精美又如此质朴，如此深刻又如此平易近人，从内容到形式都几近于完美，却不落丝毫斧凿痕迹，宛若一块浑然天成的美玉。
>
> 令我感到不可思议的一件事是，一个人怎么能够写出这样美妙的作品。令我感到不可思议的另一件事是，一个人翻开这样一本书，怎么会不被它吸引和感动。我自己许多次翻开它时都觉得新鲜如初，就好像第一次翻开它时觉得一见如故一样。每次读它，免不了的是常常含着泪花微笑，在惊喜的同时又感到辛酸。我知道许多读者有过和我相似的感受，我还相信这样的感受将会在更多的读者身上得到印证。①

周国平不是作为哲学家，也不是作为专业的文学评论家来解读《小王子》的。他完全是以一个普通读者的身份来读《小王子》，谈他读《小王子》含着泪花的微笑，惊喜时的辛酸，谈他的种种感受与感悟。后来，他还写过一篇重读《小王子》的文章，这是一篇感悟性的文章。也许正是他以这种普通读者的姿态写下的充满真情实感的文字，才受到广大读者的格外青睐。应该说，周国平为《小王子》写的序，在中国读者中产生了巨大的影响。他的写作风格也被广大读者所效仿。网上有许多谈《小王子》的文章，都带有类似的散文化、随感式的印记。

有评论说，"《小王子》是自传，是童话，是哲理散文。它没有复杂的故事，没有崇高的理想，也没有深远的智慧，它强调的只是一些本质的、显而易见的道理，惟其平常，才能让全世界的人接受，也因其平常，这些

---

① 见胡雨苏译《小王子》，中国友谊出版公司，2000年，周国平"序"。

道理都容易在生活的琐碎里被忽视，被湮灭，被视而不见。”[1]这段评说与我们在上面提及的第一种和第二种解读看似格格不入，但却揭示了《小王子》之所以为全世界读者所喜爱的根本原因之一。周国平希望“把《小王子》译成各种文字，印行几十亿册，让世界上每个孩子和每个尚可挽救的大人都读一读”，因为“这样世界一定会变得可爱一些，会比较适合于不同年龄的小王子们居住”。[2] 全世界的人读《小王子》，当有各种各样的读法，也会有各种各样的感受。

在英特网上，我们在有关《小王子》的条目中，读到了一个“豆娘童话专栏”，其中有豆娘于 2006 年 3 月 11 日发表的一篇文章，题目叫《走进〈小王子〉》，其中有这样一段充满感情的话：

> 《小王子》是那么的迷人，常看常新，每次都会有不同的感受与不同的发现，但是，不变的是带给我内心深刻却淡然的感动，可以说，只要心中有爱，或至少是有过爱，就不会不为《小王子》而动容。虽然作者说这是一部童话，但是看过之后就能明白这绝不仅仅是一部童话……短短几万字的语言，简单清新的童话小故事，一个那么忧伤的小王子，在我看来却是一个世纪来最触及人心底深处的作品，我们会发现，我们遗忘过那么多的撞击过心灵的事，我们忽略过那么多的在乎着我们的人，当我们匆忙地活在成人世界里，我们应该庆幸，有《小王子》为我们打开了一扇门，一扇通往心底最纯净处之门。文学的最大魅力莫过于如此……可以说，《小王子》是童话的奇迹，更是文学的奇迹。[3]

豆娘的这段话，如果能传达到在另一个世界的圣埃克絮佩里，他一定会感到欣慰，一定不会再感到忧伤，因为“小王子”没有在地球上消失，他连同圣埃克絮佩里，永活在读者心中，在中国，在全世界。

（本文原题为《圣埃克絮佩里的双重形象与在中国的解读》，载《当代外国文学》2008 年第 2 期）

---

① 黄荭译《小王子》，江苏教育出版社，2005 年，“译后记”第 90 页。
② 见胡雨苏译《小王子》，中国友谊出版公司，2000 年，周国平“序”。
③ 见 http://www.dreamkidland.com/blog/more.asp? name=douniang&id=544。

学术年谱

1975 年,21 岁

2 月,南京解放军第二外国语学校法语专业毕业,留校任教。

1976 年,22 岁

南京大学外文系法语教师进修班进修。8 月赴法国布列塔尼大学留学。

1977 年,23 岁

法国布列塔尼大学留学。

1978 年,24 岁

法国布列塔尼大学留学。8 月回国,在南京解放军外国语学院任法语专业教师。

1979 年,25 岁

发表论文《对〈法语中近年常见的新语法现象〉一文的意见》(《外语教学与研究》1979 年第 4 期)。

1980 年,26 岁

南京解放军外国语学院任法语专业教师。

1981 年,27 岁

南京解放军外国语学院任法语专业教师。

1982 年,28 岁

发表论文《词义理解与运用》(《教学研究》1982 年第 4 期)。6 月,译著《永别了,疯妈妈》(钱林森、许钧译)由湖南人民出版社出版。

1983 年,29 岁

发表论文《法语动词虚拟式现状及用途缩小原因分析》(《教学研究》1983 年第 1 期)。3 月,译著《沙漠的女儿》(2008 年诺贝尔文学奖得主勒克莱齐奥原著,钱林森、许钧译)由湖南人民出版社出版。

1984 年,30 岁

发表论文《略论当代法语发展趋势》(《外国语》1984 年第 5 期)。7 月,译著《秘密军谋杀戴高乐》(袁明　晨光译)由群众出版社出版。

1985 年,31 岁

进入南京大学外国语言文学系读研。发表论文《论基础法语教学》(《南外学报》1985 年第 1 期)、《论法语名词结构的语法特征与功能》(《法国研究》1985 年第 3 期)、《法语民俗语的创新与理解》(《外国语文》1985 年第 3 期)。6 月,译著《安娜・玛丽》(1981 年龚古尔文学奖得主博达尔原著,许钧、钱林森译)由江苏人民出版社出版。

1986 年,32 岁

南京大学外国语言文学系读研。发表论文《论风格再现》(《南外学报》1986 年第 2 期)、《法语偏离手段的运用原则与文体价值》(《南京大学学报・外国语言文学版》1986 年第 4 期)。1 月,译著《潜影》由军事译文出版社出版;6 月,译著《最后的季节》(陈宗宝、许钧译)由海峡文艺出版社出版。

1987 年,33 岁

南京大学外国语言文学系读研。发表论文《蕴涵义的理解与翻译》(《外国语文》1987 年第 1 期)、《简论不同语言符号系统的转换基础》(《南京大学研究生学报》1987 年第 2 期)、《试论诗歌翻译的层次》(《南外学报》1987 年第 3 期)、《论翻译的层次》(《中国翻译》1987 年第 5 期)。3 月,译著《拿破仑外传》(杨松河、许钧译)由军事译文出版社出版;5 月,译著《法律社会学》由上海人民出版社出版;11 月,译著《莫斯科人》(钱林森、许钧译)由春风文艺出版社出版。5 月,组织举办了在南京大学举办的中国首届研究生翻译理论研讨会;7 月,赴青岛参加了第一届全国翻译理论研讨会。

1988 年,34 岁

在南京大学外国语言文学系取得硕士学位。发表论文《论乔治・穆南的翻译观》(《语言与翻译》1988 年第 1 期)、《论文学形象与形式审美价值的再创造》(法国《翻译论坛》1988 年第 4 期)、《〈红与黑〉汉译漫评》(《外国语文》1988 年第 4 期)。3 月,译著《月神园》由海峡文艺出版社出版;5 月,译著《反间谍战》由群众出版社出版。

1989 年,35 岁

发表论文《翻译层次论》(《现代外语》1989 年第 3 期)、《论文学翻译再创造的度》(《中国翻译》1989 年第 6 期)。5 月,赴西安参加首届全国青年翻译理论研讨会暨出版交流会,论文《论文学翻译再创造的度》获全国首届青年翻译理论研讨会优秀论文奖。

1990 年,36 岁

发表论文《自然传神刻意求工——〈追忆似水年华〉卷一汉译本简评》(《外国语文》1990 年第 1 期)、《普鲁斯特在中国》(法国《世界报》(*Le monde*)1990 年 1 月 20 日第 2 版)、《神秘的普鲁斯特与好奇的中国人》(法国《文学半月刊》(*La Quinzaine littéraire*)1990 年 2 月 16—28 日)。4 月,译著《追忆似水年华》(卷四)(普鲁斯特原著,许钧、杨松河译)由江苏人民出版社出版;同年为江苏电视台译制法国 52 集电视连续剧《白杨谷》。

1991 年,37 岁

调至南京大学外国语言文学系法语教研室任教。发表论文《〈追忆似水年华〉卷四翻译札记》(《外语研究》1991 年第 1 期)、《文学翻译与世界文学——歌德对翻译的思考及论述》(《中国翻译》1991 年第 4 期)、《法国文学在中国的又一座丰碑》(《北京周报》1991 年 12 月 16 日)。11 月,译著《名士风流》(波伏瓦原著)由漓江出版社出版,该译著入选国家"八五"规划重点图书项目;节译法国语言学家乔治·穆南名著《翻译的理论问题》,发表于《语言与翻译》1991 年第 1、2、3 期;11 月,参与翻译的《追忆似水年华》获中国首届外国文学优秀图书奖一等奖、江苏省第二届文学艺术奖集体大奖。

1992 年,38 岁

因在科研教学方面的成绩被南京大学破格提升为教授。12 月,专著《文学翻译批评研究》由译林出版社出版。发表论文《论普鲁斯特隐喻的再现》(《国际译联通讯》(*Translatio*)1992 年第 4 期)、《关于文学翻译批评的思考》(《中国翻译》1992 年第 4 期)。4 月,译著《诉讼笔录》(勒克莱齐奥成名作)、译著《荒唐的游戏》(瓦扬原著,许钧、蔡锦秀译)均由安徽文艺出版社出版;10 月,译著《约翰·地狱》(1977 年法国龚古尔文学奖得主德库安原著)由漓江出版社出版,这三本译著均入选国家"八五"规划重点图书项目;11 月,译著《中国之欧洲》(上卷)(艾田蒲原著,许钧、钱林森译)由河南人民出版社出版,该译著获法国外交部资助。

1993 年,39 岁

发表论文《形象与翻译——评〈追忆似水年华〉汉译隐喻的再现》

(《外国语文》1993 年第 1 期)、《句子与翻译——评〈追忆似水年华〉汉译长句的处理》(《外语研究》1993 年第 1 期)、《论文学翻译批评的原则与方法》(《语言与翻译》1993 年第 1 期)、《风格与翻译——评〈追忆似水年华〉汉译风格的传达》(《中国翻译》1993 年第 3 期)、《一曲"幸福"的哀歌——评鲁瓦的〈转手的幸福〉》(《加拿大文学论文集》,译林出版社 1993 年 5 月版)、《论文学翻译的审美层次》(国际译协第 13 届代表大会暨国际翻译理论研讨会论文集,伦敦,尚佩龙出版社,1993 年 8 月版)。荣获法国外交部与文化部颁发的"奖译金",赴法国访问三个月,与法国翻译协会进行了交流。

1994 年,40 岁

发表《思维・语言・翻译》(《语言与翻译》1994 年第 3 期)、《当代法国翻译理论研究现状浅析》(《中国翻译》1994 年第 3 期)、《重复・超越——文学名著复译现象剖析》(《中国翻译》1994 年第 3 期)等论文。10 月,译著《中国之欧洲》(下卷)(艾田蒲原著,许钧、钱林森译)由河南人民出版社出版;12 月,译著《桤木王》(1970 年法国龚古尔文学奖得主图尔尼埃原著)由安徽文艺出版社出版。著作《文学翻译批评研究》获江苏省第四届哲学社会科学优秀成果奖三等奖,论文《普鲁斯特隐喻的再现》获江苏省首届普通高等学校人文社会科学优秀成果奖二等奖。

1995 年,41 岁

晋升为南京大学外国语学院博士生导师。发表《是复译还是抄译——评海南版〈红与黑〉》(《出版广角》1995 年第 3 期)、《一个值得探讨的问题——〈红与黑〉人地名的翻译》(《外语与翻译》1995 年第 3 期)、《"翻译诗学"辨》(上、下)(袁筱一、许钧,《外语研究》1995 年第 3、4 期)、《章法研究与法语教学及其它》(《外语教学与研究》1995 年第 4 期)、《是否还有个度的问题——评罗新璋〈红与黑〉》(《中国翻译》1995 年第 4 期)、《文学翻译应该追求整体风格的和谐统一》(《出版广角》1995 年第 5 期)、《关于翻译理论研究的思考》(《中国翻译》1995 年第 5 期)、《社会,语言及其它》(《读书》1995 年第 12 期)、《关于〈红与黑〉中译本的对话》(许钧、赵瑞蕻,《文汇读书周报》1995 年 4 月 1 日)、《〈红与黑〉汉译读者意见征询》(《文汇读书周报》1995 年 4 月 29 日)、《就〈红与黑〉汉译致许渊冲信》(《文汇读书周报》1995 年 5 月 6 日)、《给文学翻译一个方向》(许钧、袁筱一,《文艺报》1995 年 5 月 20 日)、《重在交流　旨在沟通——"文化交流中的文学翻译"研讨会观点综述》(《文汇读书周报》

1995年6月24日)、《为了共同的事业——〈红与黑〉汉译读者意见综述》(许钧、袁筱一,《文汇读书周报》1995年7月1日)等论文及文章。4月,译著《邦斯舅舅》(巴尔扎克原著)由译林出版社出版;与钱林森教授合译的《中国之欧洲》(上、下卷)获中南五省(区)第十七次优秀社科读物优秀图书奖、北方十五省市自治区第十届哲学社会科学优秀图书奖。因在科研教学方面的贡献荣获南京大学"樱松奖"特别奖、南京大学青年教师学术研究奖。

1996年,42岁

发表《文字·文学·文化——关于"文字翻译"与"文学翻译"》(《南京大学学报》1996年第1期)、《译者、读者与阅读空间》(《外国语》1996年第1期)、《〈红与黑〉风格的鉴识与再现》(《四川外语学院学报》1996年第1期)、《"借尸还魂"与形象变异——〈红与黑〉两中译本中德·瑞那夫人形象比较》(《中国比较文学》1996年第1期)、《一门正在探索中的科学——与R.阿埃瑟朗教授谈翻译研究》(《中国翻译》1996年第1期)、《评〈翻译、改编与多语种出版物〉》(《国际翻译家联盟通讯》1996年第2期)、《从翻译的层次看词的翻译——还是译为"小城"为宜》(《外语研究》1996年第2期)、《"化"与"讹"——读许渊冲译〈红与黑〉有感》(《外语与外语教学》1996年第2期)、《切磋译技　交流译论——1996香港"翻译学术会议"观点综述》(《中国翻译》1996年第4期)、《译者的追求与读者的审美期待及其它》(《解放军外语学院学报》1996年第5期)、《翻译不可能有定本》(《博览群书》1996年第8期)、《余光中的"'的'的不休"说》(《博览群书》1996年第9期)、《中港台译名混乱"信、达、雅"是否过时——刘靖之三十年经验谈翻译》(《香港星岛日报》1996年7月6日)、《译事、译技、译德——读郁达夫谈翻译的文字有感》(《文汇读书周报》1996年7月6日)、《翻译的哲学与宗教观》(《文汇读书周报》1996年10月5日)等论文及文章。2月,编著《文字·文学·文化——〈红与黑〉汉译研究》由南京大学出版社出版;主编《法国中篇名作精品丛书》,由漓江出版社出版;课题"文学翻译基本问题研究"获批成为国家教委人文社会科学研究"九五"博士点重点研究项目。获南京大学第四届研究生导师教书育人奖、南京大学青年教师学术研究奖。4月,赴香港中文大学参加了"国际翻译研讨会";8月至9月,赴日本庆应大学参加了"国际法语教师代表大会"。

1997 年,43 岁

发表《译者的"客观性"》(《出版广角》1997 年第 1 期)、《近年国内立项的翻译研究课题评述》(《外语教学与研究》1997 年第 1 期)、《社会、语言及其它——读海峡彼岸的〈红与黑〉》(《现代外语》1997 年第 1 期)、《怎一个"信"字了得》(《译林》1997 年第 1 期)、《文化"差异"与翻译》(《中国比较文学》1997 年第 1 期)、《中国翻译研究》(《出版广角》1997 年第 2 期)、《〈当代法国翻译理论〉评介》(《外语教学与研究》1997 年第 3 期)、《关于翻译理论研究的几点看法》(《中国翻译》1997 年第 3 期)、《溶生命之美于再创作之中》(《出版广角》1997 年第 4 期)、《译普鲁斯特难,译蒙田更难》(《书与人》1997 年第 4 期)、《"不忠的美人"辨析》(《译林》1997 年第 4 期)、《翻译是有限度的》(《文汇读书周报》1997 年 3 月 8 日)、《法国的文学翻译面面观》(《文艺报》1997 年 5 月 20 日)、《文学翻译的"束缚"和"自由"》(《光明日报》1997 年 11 月 11 日)等论文及文章。6 月,编著《译学论集》(张柏然、许钧主编)由译林出版社出版。《文字·文学·文化——〈红与黑〉汉译研究》系列论文获江苏省第五届哲学社会科学优秀成果奖二等奖。获南京大学青年教师学术研究奖。

1998 年,44 岁

发表《谈文学翻译中的再创造》(《译林》1998 年第 1 期)、《翻译释意理论辨——与塞莱斯科维奇教授谈翻译》(《中国翻译》1998 年第 1 期)、《语言学与翻译——乔治·穆南论翻译的理论问题》(上、下)(《外语研究》1998 年第 1、2 期)、《历史会给予肯定》(《出版广角》1998 年第 2 期)、《翻译的得与失》(方平、许钧,《译林》1998 年第 2 期)、《在继承中发展》(《中国翻译》1998 年第 2 期)、《论翻译活动的三个层面》(《外语教学与研究》1998 年第 3 期)、《翻译:"美化之艺术"》(许渊冲、许钧,《译林》1998 年第 3 期)、《翻译之为用大矣哉》(季羡林、许钧,《译林》1998 年第 4 期)、《翻译也要出精品》(叶君健、许钧,《译林》1998 年第 5 期)、《形神皆备:诗歌翻译的一种追求》(江枫、许钧,《译林》1998 年第 6 期)、《一项真正的基础工程》(《文汇读书周报》1998 年 2 月 14 日)等论文及文章。5 月,《当代法国翻译理论》(许钧、袁筱一等编)由南京大学出版社出版;8 月,译著《安娜·玛丽》修订版由译林出版社出版;11 月,译著《海上劳工》(雨果原著)由河北教育出版社出版,译著《诉讼笔录》修订版由上海译文出版社出版。11 月,主编的《翻译思考录》由湖北教育出版社出版。参与编撰的《中国翻译辞典》获中国图书奖。荣获南京大学奖教金二等奖，并再度获法国文化部颁发的“奖译金”。6月，赴法国参加“翻译及其影响”研讨会；10月至12月，赴法国讲学访问。

1999年，45岁

3月，与王克非共同主编国际知名译学杂志*META*专号“*Theory and Practice of Translation in China*”(《中国翻译理论与实践》，*META*1999年第44卷第1期)，由加拿大蒙特利尔大学出版社出版。发表《文学翻译基本问题思考》(*Meta*杂志1999年第1期)、《翻译这门学问或艺术创造是没有止境的》(萧乾、文洁若、许钧，《译林》1999年第1期)、《翻译与创作》(赵瑞蕻、杨苡、许钧，《译林》1999年第2期)、《思考应该是自由、闪光、多彩的——〈翻译思考录〉代前言》(《中国翻译》1999年第2期)、《对翻译的历史思考》(《上海科技翻译》1999年第3期)、《自设藩篱，循迹而行》(郭宏安、许钧，《译林》1999年第3期)、《关于加强翻译学科建设的几点看法》(《上海科技翻译》1999年第4期)、《〈红与黑〉汉译与文学翻译批评》(《香港语言学人》1999年第4期)、《“信达雅”与“真善美”》(屠岸、许钧，《译林》1999年第4期)、《关于文学翻译基本问题研究的设想》(《外语与外语教学》1999年第5期)、《老老实实做人，认认真真翻译》(草婴、许钧，《译林》1999年第5期)、《尽可能多地保持原作艺术风貌》(吕同六、许钧，《译林》1999年第6期)、《要把翻译当作基础文化工程来抓》(《文汇读书周报》1999年8月7日，《新华文摘》1999年11月全文摘录)等论文及文章。12月，译著《贝姨》由上海译文出版社出版。课题“当代西方翻译理论研究”获教育部资助优秀年轻教师基金立项。编著《当代法国翻译理论》获江苏省第六届哲学社会科学优秀成果奖三等奖。荣获法国政府签发的“法兰西金棕榈教育勋章”、南京大学校长特别奖。4月至5月，赴香港岭南学院访问；5月，赴北京外国语大学参加外语教学指导委员会议及“法语基础教学研讨会”；10月，参加南京大学举办的“二十世纪法国作家与中国”国际学术研讨会，并作主题报告；11月，参加南京大学举办的“法语教育高层国际研讨会”，并作主题报告。

2000年，46岁

发表《翻译，再现原作的再创造》(李芒、许钧，《译林》2000年第1期)、《外国传记文学的翻译与出版面临“死胡同”》(许钧、宋学智，《中国翻译》2000年第1期)、《应该加强翻译教学改革》(《外语研究》2000年第2期)、《译者应该有多种“套路”》(李文俊、许钧，《译林》2000年第2

期)、《漫谈文学翻译主体》(杨武能、许钧,《译林》2000 年第 3 期)、《语言与翻译》(陈原、许钧,《译林》2000 年第 4 期)、《拉美文学的介绍与翻译》(林一安、许钧,《译林》2000 年第 5 期)、《翻译是一种特殊的艺术创造》(《译林》2000 年第 6 期)、《20 世纪法国文学的翻译与出版》(上、下)(《出版广角》2000 年第 9、10 期)、《"橙红色的梦魂啊,会年年放歌!"——读赵瑞蕻〈离乱弦歌旧游〉》(《雨花》2000 年第 11 期)、《多元文化语境下的翻译研究》(《文汇读书周报》2000 年 9 月 30 日)、《对神话的批判》(《中华读书报》2000 年 10 月 11 日)等论文及文章。4 月,译著《桤木王》修订版由上海译文出版社出版;5 月,译著《名士风流》修订版由中国书籍出版社出版;9 月,译著《关于电视》由辽宁教育出版社出版。1 月,主编《杜拉斯文集》(十六卷),由春风文艺出版社出版;5 月,主编《外国翻译理论研究丛书》,由湖北教育出版社出版;9 月起,与周宪共同主编的《现代性研究译丛》(三十种)及《文化与传播译丛》(二十种)陆续由商务印书馆出版;11 月,主编《夏多布里昂精选集》,由山东文艺出版社出版。课题"法国文化研究"获法国外交部资助;课题"20 世纪法国文学在中国的翻译研究"及"浪漫主义与夏多布里昂研究"获横向项目经费资助。6 月,参与翻译的《雨果文集》在国家新闻总署主办的第五届"全国外国文学优秀图书奖"评选活动中荣誉一等奖及国家图书奖提名奖;主编的《杜拉斯文集》获第五届全国外国文学优秀图书奖一等奖。5 月,赴西安外国语学院参加外语教学指导委员会会议及"法语学术研讨会";7 月,赴法国巴黎参加第十届"国际法语教师代表大会";11 月,赴北京语言文化大学参加法国大使馆与中国教学研究会主办的"第四届全国法语教师教学研讨会",并作主题报告。

2001 年,47 岁

发表《切实加强译学研究和翻译学科建设》(《中国翻译》2001 年第 1 期)、《二十世纪法国文学在中国的译介的特点》(《当代外国文学》2001 年第 2 期)、《译学探索的忠实记录和理性总结》(《中国翻译》2001 年第 2 期)、《从高校外语专业博士点建设看翻译学科的发展》(《外语教学与研究》2001 年第 3 期)、《尊重、交流与沟通——多元文化语境下的翻译》(《中国比较文学》2001 年第 3 期)、《文学的转换与文化的播迁》(《中国翻译》2001 年第 6 期)、《再现原作的风格应成为翻译家的自觉追求》(《文艺报》2001 年 7 月 24 日)等论文及文章。4 月,著作《文学翻译的理论与实践——翻译对话录》由译林出版社出版。课题"翻译论"获江苏省哲学社会科学研究“十五”规划基金立项(重点项目);课题“20世纪法国文学在中国的译介与接受”获教育部人文社会科学研究“十五”博士点基金立项。论文《要把翻译事业当作一项文化基础工程来抓》获江苏省第七届哲学社会科学优秀成果奖三等奖。荣获江苏省“优秀哲学社会科学工作者”称号。4月,赴青岛海洋大学参加了中国翻译工作者协会“全国译学学科建设学术研讨会”,并作主题报告;7月,赴青岛大学参加法国驻华使馆举办的“翻译研讨班”,并作“翻译研究与翻译教学”与“文学翻译的若干问题”两场学术报告;7月至8月,赴北京参加中国翻译工作者协会主办的“高级翻译讲习班”,并作主题报告;9月,法国著名哲学家德里达访问南京大学,参加了与德里达的座谈会,担任座谈会的翻译工作;12月,赴上海外国语大学参加全国法语教学研究会常务理事会;12月,赴北京出席全国第六次作家代表大会,并在北京外国语大学作了题为《文学翻译的基本问题》的公开讲座。

2002年,48岁

发表论文《试论译作与原作的关系》(《外语教学与研究》2002年第1期)、《拓展国际学校交流途径,促进研究生培养工作》(《中国翻译》2002年第1期)、《论翻译之选择》(《外国语》2002年第1期)、《翻译研究与翻译文化观》(《南京大学学报(哲学、人文、社科版)》2002年第3期)、《作者、译者与读者的共鸣与视界融合》(《中国翻译》2002年第3期)、《翻译的挑战》(《光明日报》2002年1月10日)、《世界心灵交流》(《光明日报》2002年3月28日)、《从全译到变译——“变译理论”与翻译观念的革新》(《光明日报》2002年7月18日)、《“遭遇”莎士比亚》(《中华读书报》2002年11月20日)等论文与文章。5月,《面向21世纪的译学研究》(张柏然、许钧主编)由商务印书馆出版;与唐瑾共同主编的《巴别塔文丛》(十二卷)由湖北教育出版社出版;与周宪共同主编《知识分子译丛》(八种)及《终结者译丛》(八种)由江苏人民出版社陆续出版(2002—2003);主编的《法兰西书库》(六十种)由广西师范大学出版社陆续出版(2002—2004)。5月,赴长沙湖南师范大学参加中国作家协会与湖南师范大学合作举办的“文学翻译学术研讨会”,并作主题发言;6月,赴上海外国语大学参加教育部高等院校外语专业教学指导委员会会议;8月,在南京参加中国比较文学学会主办的“比较文学国际研讨会”,并作主题发言;10月,赴北京参加中国译协和外交部等部门召开的“有关核心词语的法语翻译”审定会;11月,应邀赴法国访问巴黎高等师范学校、巴黎第八大学和国际法语国家组织，与联合国前秘书长加利先生会晤；11 月，赴上海外国语大学参加“译学研究观念现代化高层论坛”，并作主题报告；12 月，赴香港中文大学讲学，被授予香港中文大学“龚雪因杰出学人”荣誉称号。

2003 年，49 岁

发表《音意兼译——外来词汉译的最佳途径》（胡清平、许钧，*BABEL* 2003 年第 49 卷第 4 期）、《翻译过程的实际体验与理论探索》（《外语与外语教学》2003 年第 1 期）、《“创造性叛逆”和翻译主体性的确立》（《中国翻译》2003 年第 1 期）、《“形”与“神”辨》（《外国语》2003 年第 2 期）、《〈不能承受的生命之轻〉翻译谈》（《译林》2003 年第 3 期）、《简论杜拉斯作品在中国的译介、研究与接受》（宋学智、许钧，《当代外国文学》2003 年第 4 期）、《翻译的主体间性与视界融合》（《外语教学与研究》2003 年第 4 期）、《创新型外语人才的理念与内涵——调查与分析》（《外语界》2003 年第 4 期）、《从文化观看文学翻译的指导原则》（宋学智、许钧，《江苏社会科学》2003 年第 6 期）、《不再背叛昆德拉》（《新闻晨报》2003 年 7 月 6 日）、《复译是一种文化积累》（《文汇报》2003 年 7 月 9 日）等论文及文章。1 月，专著《译事探索与译学思考》由外语教学与研究出版社出版；12 月，专著《翻译论》由湖北教育出版社出版；1 月起，与刘成富共同主编的《法语阅读理解》书系（八卷）由上海译文出版社陆续出版（2003—2006）；3 月，译著《世界化的民主化进程》（布特罗斯-加利原著，张晓明、许钧译）由南京大学出版社出版；6 月，译著《左手的记忆》由台湾皇冠文化出版有限公司出版，译著《被遗忘的性》（刘伟、许钧译）由广西师范大学出版社出版；7 月，译著《不能承受的生命之轻》（昆德拉原著）由上海译文出版社出版。课题“建设新世纪外语专业创新型人才的培养体系”被列入省教育厅教改项目。著作《文学翻译的理论与实践——翻译对话录》获江苏省第六届高校哲学社会科学优秀成果奖二等奖、江苏省第八届哲学社会科学优秀成果奖三等奖，并在中华人民共和国新闻出版总署主办的第六届“全国外国文学优秀图书奖”评选活动中荣获三等奖；主编的《巴别塔文丛》获第六届“全国外国文学优秀图书奖”一等奖。论文《作者、译者和读者的共鸣与视界融合》获由香港中文大学翻译研究中心颁发的“宋淇翻译研究论文纪念奖”。编著《当代法国翻译理论》入选教育部 2002—2003 年度推荐的研究生教学用书。7 月，赴上海图书城作题为《理解昆德拉》的主题报告；10 月，赴上海外国语大学参加“译学丛书”编委会会议；12月，赴香港中文大学讲学；12月底，赴广州中山大学参加“翻译与诠释跨学科研讨会与全国跨学科逻辑学研讨会”。

2004年，50岁

发表《“异”与“同”辨——翻译的文化观照》（许钧、高方，《南京大学学报》2004年第1期）、《简论理解和阐释的空间与限度》（《外国语》2004年第1期）、《翻译动机、翻译观念与翻译活动》（《外语研究》2004年第1期）、《翻译价值简论》（《外语与外语教学》2004年第1期）、《法国荒诞派戏剧在中国的翻译与研究》（宋学智、许钧，《外国文学研究》2004年第2期）、《翻译的文化社会学观》（俞佳乐、许钧，《中国翻译》2004年第2期）、《翻译学科建设任重道远》（《中国翻译》2004年第3期）、《萨特研究在中国：从新时期到新世纪》（宋学智、许钧，《四川外语学院学报》2004年第4期）、《流亡之梦与回归之幻——论昆德拉的新作〈无知〉》（《外国文学评论》2004年第4期）、《法国存在主义在我国新时期之前的存在轨迹》（宋学智、许钧，《外语教学》2004年第5期）、《一部具有探索精神的译学新著——〈翻译适应选择论〉评析》（刘云虹、许钧，《中国翻译》2004年第6期）、《流亡之魂与知识分子的良知——读〈失却家园的人〉》（《跨文化对话》2004年总15期）、《魂归布拉格——读昆德拉的〈无知〉》（《文汇读书周报》2004年7月16日）、《中国文化：不可抵挡的力量——毕基埃先生谈中国文学在法国的译介》（《文汇读书周报》2004年8月27日）、《解读中国古代文人的悲秋情怀——读郁白著〈悲秋：古诗论情〉》（《文汇读书周报》2004年12月3日）等论文及文章。4月，译著《失却家园的人》（许钧、侯永胜译）由台湾桂冠图书股份有限公司出版；5月，《当代法国翻译理论》（教育部推荐研究生教学用书）第二版由湖北教育出版社出版；6月，主编的《雅卡尔科学人文系列》由广西师范大学出版社出版；8月，译著《无知》（昆德拉原著）由上海译文出版社出版。文章《翻译的挑战》获江苏省哲学社会科学规划办公室2001—2003年国家、省社科基金优秀研究成果奖；论文《文化多样性与翻译》获中共中央编译局和中国翻译工作者协会等单位联合颁发的“第四届全国中译外学术研讨会优秀论文”奖；译著《不能承受的生命之轻》获江苏省紫金文学奖翻译奖、第五届金陵文学奖荣誉奖。4月，赴北京参加欧盟委员会主席普罗迪演讲会暨“中欧欧洲研究中心项目”启动与主任圆桌会议；5月，赴英国布里斯托大学、德国哥廷根大学、法国巴黎第十二大学访问；

8月，应上海图书馆邀请作了题为《理解与翻译——解读〈不能承受的生命之轻〉》的讲演；10月，应苏州大学邀请参加了第16届韩素音翻译奖颁奖大会并作了有关翻译的学术报告；12月，参加了在南京大学举办的"教育部高等院校外语专业教学指导委员会、中国法语教学研究会暨法国文学教学与研究研讨会"。作为教育部专家组成员参加了对北京第二外国语学院本科教学工作水平的评估工作；应邀赴北京外国语大学参加"全国外语院校比较文学学科建设研讨会"；应邀赴广州外语外贸大学为研究生与青年教师作了题为《翻译研究与翻译学科建设》的学术报告。

2005年，51岁

任南京大学研究生院副院长，任南京大学教学委员会副主任，任南京大学新一届学术委员会副主任。发表《文学翻译的经验与理论升华》（许钧、刘和平，*META* 2005年第49卷第4期）、《文化多样性与翻译的使命》（《中国翻译》2005年第1期）、《在善恶之间：人性与魔性的交织与倒错——〈桤木王〉评析》（《外国文学评论》2005年第3期）、《促进大众对翻译的关注、思考与理解——〈翻译〉简介》（《外语教学与研究》2005年第3期）、《法国"新小说"与中国当代先锋文学》（宋学智、许钧，《外语与外语教学》2005年第3期）、《〈情人〉的中国情结：杜拉斯与中国当代女作家》（宋学智、许钧，《外语研究》2005年第5期）、《翻译的危机与批评的缺席》（《中国图书评论》2005年第9期，《中华文摘》2005年第22期转载）、《以"学术为本"，不懈探索与创新——〈外语与外语教学〉特色谈》（《外语与外语教学》2005年第11期）、《关键在于为翻译正确定位》（《光明日报》2005年3月21日）、《观察历史真实的"碎片"——"西方文明进程"译丛序》（《大公报》2005年4月16日；《文汇读书周报》4月22日）、《"译"与"作"交融的翻译家》（《中华读书报》2005年5月11日）、《揭开"公共舞台"后的真实世界》（《中华读书报》2005年5月11日）、《关注公共舞台后的私人空间——简说两套丛书中的"新历史观"》（《文汇报》2005年6月4日）、《粗糙、失误还是缺乏警觉》（《文汇报》2005年6月11日）、《品味文学翻译——读〈昂代斯玛先生的午后〉有感》（《文汇读书周报》2005年9月30日）、《少一分虚假的伟大，多一分真实的平凡——读〈荣誉的造象〉》（《大公报》2005年11月7日；《文汇读书周报》11月11日）、《汉语的境况令人担忧——从〈汉语的危机〉谈起》（《文汇报》2005年11月26日）等论文及文章。1月起，主编的《西方文明进程丛书》(六种)由广西师范大学出版社陆续出版;2月,主编的《日常生活译丛》(第一辑十二种)由山东画报出版社出版;8月起,与户思社共同主编的《西方文明溯源丛书》(共八种)由广西师范大学出版社陆续出版;10月起,与张柏然共同主编的《译学新论丛书》(共八种)由上海译文出版社陆续出版;11月,译著《现代性的五个悖论》由商务印书馆出版;12月,专著《译道寻踪》由文心出版社出版。在中法文化交流年中,负责的翻译项目中共有8部书入选"中法文化年——傅雷出版资助计划",获法国外交部资助。译著《不能承受的生命之轻》获第五届南京市文学艺术奖金奖、江苏省第二届(1999—2004)紫金山文学奖文学翻译奖。获"南京大学先进工作者"称号。指导的硕士论文《罗兰·巴特在中国的翻译与接受》(张晓明)获江苏省优秀硕士论文奖;指导的学士论文《从混沌的"眼"到晶莹的"境":唐诗意境重构与"优势竞赛论"》(陈寒)获南京大学本科优秀论文一等奖。4月,赴上海外国语大学参加教育部高等院校外语专业教学指导委员会法语组会议;8月,赴深圳大学参加了中国比较文学年会暨国际学术研讨会,应邀赴清华大学参加了首届海峡两岸翻译与跨文化交流研讨会,并作了题为《谈谈我国译学界当前应该面对的几个重大问题》的大会发言;9月,赴香港接受香港翻译学会授予的荣誉会士衔,并在香港大学作题为《意识、视野、判断力与思想——译道行之回顾与反思》的学术报告;10月,被天津外国语学院校长聘为天津外国语学院法语学科兼职学科带头人,10月底赴天津外国语学院参加聘任仪式,并为该校师生作了题为《翻译研究的历史与现状》的学术报告;11月至12月,应邀赴法国巴黎访问,在为期一周的访问期间,先后与巴黎第十一大学副校长科莱特·芙瓦桑教授、该校法律、经济与管理学院院长福热尔教授、巴黎第八大学校长吕奈尔教授、校学术委员会副主席雅克·纳夫斯教授以及比较文学系主任蒂菲娜·萨莫洛约教授就合作研究、研究生培养和共同举办国际学术会议等事宜进行了广泛与深入的交流。

2006年,52岁

发表《关于翻译实践与翻译研究的互动关系——许钧教授访谈录》(穆雷、许钧,《外语与外语教学》2006年第1期)、《翻译出版对翻译学科建设的启示》(《中国翻译》2006年第1期)、《网络与文学翻译批评》(许钧、高方,《外语教学与研究》2006年第3期)、《生命之轻与翻译之重——许钧教授访谈录》(朱竞、许钧,《文艺研究》2006年第3期)、《意识、视野、判断力与思想——我的翻译研究之路》(《外语界》2006 年第 3 期)、《谈傅雷精神的内涵及其当下意义——傅雷逝世 40 周年纪念》(宋学智、许钧,《外国语》2006 年第 5 期)、《“信达雅”没有过时》(《中国图书评论》2006 年第 8 期)、《译可译,非常译——谈翻译之道》(《文汇报》2006 年 5 月 20 日)等论文及文章。9 月,译著《海上劳工》修订版由长江文艺出版社出版。课题“傅雷翻译研究”获国家社科基金立项,“开放性研究生课程体系建设研究与实践”被列为江苏省“十一五”研究生创新教育研究重点课题。获南京大学“教学名师”称号,获南京市委和市政府颁发的“首届南京十大文化名人”称号,应聘出任中国图书评论学会学术委员会委员。专著《翻译论》获江苏省第九届哲学社会科学优秀成果奖二等奖,指导的博士研究生刘云虹的论文《文本意义与翻译批评研究》获南京大学和江苏省优秀博士学位论文。

3 月,代表南京大学作为教育部代表团成员,赴巴黎参加中法博士生学院成立大会暨学术交流活动;4 月,应邀赴上海交通大学作该校设立的“文治”讲座,讲座题目为“谈文学翻译”;5 月,作为特约嘉宾赴香港参加了由香港中文大学文学院主办、由香港翻译学会会长金圣华教授为筹委会主席的“第三届新纪元全球华文青年文学奖”颁奖活动;6 月,赴苏州参加了国家教育部高等学校外语专业教学指导委员会法语组会议;8 月,赴美国访问斯坦福大学、加州大学伯克利分校等大学;9 月,应邀参加了由上海市文联、上海翻译家协会与上海南汇区博物馆主办的“傅雷著译作品研讨会”;11 月,赴广州参加了国务院学位委员会办公室召开的翻译硕士专业学位专家论证小组成立暨第一次工作会议,并出任专家论证小组副组长,赴北京参加了中国作家协会第七次代表大会,在京期间应邀为北京对外经济贸易大学和北京师范大学作了有关文化与翻译和翻译研究的学术报告,赴武汉大学参加了全国高校外语专业教学指导委员会法语组会议;12 月,赴上海参加了国务院学位委员会办公室召开的翻译硕士专业学位专家论证小组第二次工作会议。

2007 年,53 岁

发表《普鲁斯特在中国的译介历程》(《中国翻译》2007 年第 1 期)、《阅读傅雷　理解傅雷》(《中国图书评论》2007 年第 1 期)、《法朗士在中国的翻译接受与形象塑造》(《外国文学研究》2007 年第 2 期)、《相通的灵魂与心灵的呼应——安德烈·纪德在中国的传播历程》(《江海学刊》

2007年第3期)、《中国翻译史研究及其方法初探——兼评五卷本〈中国翻译通史〉》(许钧、朱玉彬,《外语教学与研究》2007年第6期)、《关于"文字翻译"的多重维度》(曹丹红、许钧,《外国语》2007年第6期)、《民国时期罗曼·罗兰的中国行》(宋学智、许钧,《外语与外语教学》2007年第8期)、《〈小王子〉在中国的生命历程》(《中国图书评论》2007年第10期)、《苏童小说在法国的翻译与接受》(杭零、许钧,《文汇报》2007年3月4日)、《我国翻译史研究的新进展》(许钧、朱玉彬,《中华读书报》2007年10月5日),Diversité culturelle, la misssion de la Traduction (*HERMES*(法国社会科学院主办)2007年12月第49卷)等论文及文章。8月,译著《安娜·玛丽》由上海人民出版社再版;8月起,主编《日常生活译丛》(第二辑八种),由上海人民出版社陆续出版;10月,专著《二十世纪法国文学在中国的译介与接受》(许钧、宋学智著)由湖北教育出版社出版,专著《生命之轻与翻译之重》由文化艺术出版社出版。11月,主编的《解读杜拉斯》由作家出版社出版,主编的教材《法汉翻译教程》由上海外语教育出版社出版;主编的《法语阅读理解》被评为江苏省精品教材;指导的博士生宋学智的博士论文获南京大学与江苏省2007年度优秀研究生博士学位论文;开设的"翻译通论"课入选江苏省研究生优秀课程。9月至10月,应邀访问法国巴黎高等师范学校,与巴黎高师、巴黎第三大学、第四大学、第八大学多位学者教授就法国文学与文化进行了广泛交流,同时访问了法国文化部语言署署长以及法国外交部法语处处长,就法语语言政策与法语教育问题进行了探讨。

2008年,54岁

应聘担任国务院学位委员会第六届外国语言文学学科评议组召集人。发表《关于普鲁斯特小说译名的争议与思考》(《外语教学》2008年第1期)、《圣埃克絮佩里的双重形象与在中国的解读》(《当代外国文学》2008年第2期)、《傅译巴尔扎克的启示》(《外语与外语教学》2008年第3期)、《永远的杜拉斯》(黄荭、许钧,《中国图书评论》2008年第3期)、《赤子之心,人文情怀——傅雷永远活着》(《中国翻译》2008第4期)、《走进傅雷的翻译世界》(《文汇读书周报》2008年8月29日)、《解读2008年诺贝尔文学奖得主》(许钧、丁尘馨,《中国新闻周刊》2008年10月20日)、《我所认识与理解的勒克莱齐奥》(《光明日报》2008年10月27日)等论文及文章。1月,译著《邦斯舅舅》、《贝姨》(巴尔扎克原著)均由华夏出版社出版;3月,编著《走进傅雷的翻译世界——傅雷译文精选与评论》(许钧、宋学智编)由高等教育出版社出版;8 月,《中国之欧洲》全译修订本由广西师范大学出版社出版;10 月,编著《译学新论》(张柏然、许钧主编)由上海外语教育出版社出版;11 月,译著《诉讼笔录》由上海译文出版社出版。课题“傅雷翻译研究”获国家社会科学基金立项。指导的博士生宋学智的博士论文《翻译经典文学的形成与影响——傅译〈约翰·克利斯朵夫〉研究》被评为 2008 年全国优秀博士学位论文。参与主持的“构建拔尖人才培养平台,提升博士生科研创新能力——培养创新型博士生的改革与实践”获 2007 年度江苏省高等教育教学成果奖一等奖。

3 月,赴广州参加了“全国翻译专业硕士教育指导委员会”会议;4 月,应邀赴北京参加了在国家图书馆展览厅举行的“洁白的丰碑——纪念傅雷百年诞辰展览”,并在开幕式上代表学术界与翻译界作了题为《赤子之心　人文情怀》的讲话;4 月,至北京人民大会堂参加了由中华人民共和国文化部、中国作家协会和上海市人民政府主办的“傅雷先生诞辰百年纪念座谈会”,并在座谈会上作了题为《傅雷永远活着》的讲话;4 月,应邀在国家图书馆作了题为《阅读傅雷　理解傅雷》的学术讲座;5 月,主持了在南京大学召开的“傅雷诞辰百年纪念暨‘傅雷与翻译’国际学术研讨会”,该研讨会由南京大学、江苏作家协会和中国翻译协会联合主办,南京大学法语系及翻译研究所承办,香港翻译学会、全国法国文学研究会和大众书局协办;8 月,赴上海参加了国际翻译家联合会第 18 届世界翻译大会,担任大会学术委员会委员,并主持了“翻译批评”分论坛;9 月,应武汉大学外国语学院、湖北省作家协会和湖北省艺术馆邀请,赴武汉参加了“《傅雷家书》与当代教育”研讨会,并作了题为《〈傅雷家书〉及其当代意义》的大会报告;9 月,参加在南京大学举行的“跨文化对话暨丛刊十年庆国际研讨会”,并作了题为《文化多样性与翻译的使命》的会议发言;10 月,参加了在浙江大学召开的“一流大学建设系列研讨会”;10 月,参加了在北京召开的全国翻译硕士专业教育指导委员会主任会议;10 月,参加江苏省翻译协会年会暨学术研讨会,并作了大会主旨发言;11 月,主持了由南京大学法语系、上海译文出版社与法国驻中国大使馆文化处联合主办的“波伏瓦及其当代的意义”国际学术研讨会;11 月,应邀访问法国巴黎第八大学和巴黎高等师范学校,在法国巴黎第八大学作了题为《二十世纪法国文学在中国的译介与接受》与《翻译基本问研究》的两场学术报告,并在法国巴黎与 2008 年诺贝尔文学奖得主勒克莱齐奥先生会面；12 月，赴四川外国语学院参加了教育部法语专业教学指导分委员会暨中国法语教学研究会年会，赴北京参加了全国翻译专业硕士教育指导委员会主任会议。

2009 年，55 岁

任南京大学研究生院常务副院长，出任南京大学新一届学术委员会副主任，人文组召集人。1 月，译著《音乐教师与音乐神童》(沈珂、许钧译)由湖南少年儿童出版社出版；3 月，专著《翻译概论》由外语教学与研究出版社出版；9 月，编著《翻译学概论》(许钧、穆雷主编)由译林出版社出版；12 月，编著《中国翻译研究》(1949—2009)(许钧、穆雷主编)由上海外语教育出版社出版。发表《中国翻译学研究三十年(1978—2007)》(许钧、穆雷，《外国语》2009 年第 1 期)、《试论勒克莱齐奥的创作与创作思想》(高方、许钧，《当代外国文学》2009 年第 2 期)、《勒克莱齐奥的文学创作与思想追踪——访诺贝尔文学奖得主勒克莱齐奥》(《外国文学研究》2009 年第 2 期)、《译者的隐身——论傅译作品的语体选择》(胡安江、许钧，《中国翻译》2009 年第 2 期)、《从傅雷译作中的注释看译者直接阐释的必要性》(杨振、许钧，《外语教学》2009 年第 3 期)、《〈第二性〉在中国的译介历程》(沈珂、许钧，《江海学刊》2009 年第 4 期)、《西蒙·德·波伏瓦德多重形象及其在中国的接受》(沈珂、许钧，《南京社会科学》2009 年第 5 期)、《傅雷翻译实践的成功路径及其意义》(宋学智、许钧，《江苏社会科学》2009 年第 6 期)、《探索、建设与发展——新中国翻译研究 60 年》(许钧、穆雷，《中国翻译》2009 年第 6 期)等论文及文章。指导的高方博士的博士学位论文《中国现代文学在法国的翻译和接受》获得南京大学与江苏省优秀博士学位论文，与高方共同主持的《翻译理论类教材的编写研究》获 2009 年度全国翻译硕士专业教育指导委员会科研项目资助。2 月，根据国务院学位委员会办公室安排，受全国翻译硕士专业教育指导委员会委托，带领专家组对中国海洋大学、山东大学、华中师范大学、武汉大学、西安外国语大学、四川外国语学院等六所翻译硕士专业培养资格申请学校进行了考察，分别听取了上述六所学校的校领导的有关汇报、召开了翻译教师座谈会，并对办学条件进行了综合考察；3 月，参加了由教育部召开的全国专业学位教育指导委员会主任会议，听取了教育部陈希副部长和国务院学位委员会办公室主任杨玉良院士的报告，并参加了全国专业学位教育的经验交流；3 月，赴广州参加了第三届中欧社会论坛的筹备会议，作了题为《跨文化对话的挑战与机遇》的报告；3月，赴长沙参加了2009年全国翻译硕士专业教育指导委员会会议；3月，赴西安交通大学参加了中国研究生院院长联席会主席会议；3月，代表南京大学赴德国参加了中德科教年开幕式并与德国精英大学的领导进行了学术与研究生培养工作交流；4月，应法国艾克斯-普罗旺斯大学校长邀请，参加了该校与西安外国语大学联合培养的博士生答辩；4月，应邀参加了人民文学出版社和江苏省作家协会主办的苏童新作《河岸》出版座谈会，就苏童在法国的翻译与影响以及《河岸》的创作特色作了发言；5月，参加了在上海同济大学举办的中法高等教育校长论坛，并代表南京大学作了题为《南京大学与法国高校的教育合作与交流——现状与展望》的大会发言；8月，应邀赴北京为"首届高校翻译本科专业师资培训班"作了题为《多元文化语境下的翻译与翻译研究》的专题讲座；8月，应邀赴广东外语外贸大学为全国翻译硕士专业学位师资培训班作了有关"翻译概论"课及其教材编写的报告，并代表全国翻译硕士专业教育指导委员会在培训班闭幕式上作了总结报告；9月，应邀参加韩国文学翻译院组织的"国际翻译家论坛"，并作了题为《文学翻译再审思》的大会报告，应邀参加韩国高丽大学的"翻译批评国际研讨会"，并作了题为《多元文化语境下翻译的使命与批评》的大会报告；9月，在江苏省翻译工作协会举行的第五届理事会工作报告会和换届大会上当选为新一届江苏省翻译工作协会会长，11月，应邀赴巴黎参加了巴黎第八大学和巴黎国立艺术研究院主办的"翻译的地缘：法国、俄罗斯、中国"的国际研讨会，作了题为《在中国的外国文学摆渡人》的大会报告，作为大会组委会成员和学术委员会主席，参与主持了两场圆桌讨论会，会议期间，专门与法国国家艺术史研究院院长安托瓦娜·勒诺曼-罗曼女士就中法文化交流合作问题进行了会谈；11月，赴北京参加了中国翻译协会第六次会员代表大会暨新中国翻译事业60年论坛，当选为第六届中国翻译协会常务副会长，并在论坛上作了题为《探索、建设与发展——新中国翻译研究六十年》的主题报告。

2010年，56岁

为刘云虹博士的法文专著《文本意义与翻译批评研究》作序、发表 Etudes sur l'interprétation en Chine：Résultats et enjeux（刘和平、许钧，*Forum* 2010年第8卷第2期）、《关注过程：现代翻译教学的自然转向》（朱玉彬、许钧，《外语教学理论与实践》2010年第1期）、《关于翻译硕士专业学位教育的几点思考》(《中国翻译》2010年第1期)、《从“市民作家”到女性知识精英——池莉在法国的形象流变》(杭零、许钧,《文艺争鸣》2010年第2期)、《〈兄弟〉的不同诠释与接受——余华在法兰西文化语境中的译介》(杭零、许钧,《文艺争鸣》2010年第4期)、《法语〈圣经〉(新译本)的诗性维度》(曹丹红、许钧,《南京大学学报》2010年第5期)、《无力面对的镜子——耶利内克在中国的译介与接受》(陈民、许钧,《南京社会科学》2010年第5期)、《理论的创新与实践的支点——翻译标准“信达雅”的实践再审视》(刘云虹、许钧,《中国翻译》2010年第5期)、《翻译与中国当代文学的接受——从两部苏童小说法译本谈起》(杭零、许钧,《文艺争鸣》2010年第6期)、《翻译的对话艺术——以傅译〈杜尔的本堂神父〉为例》(宋学智、许钧,《外语教学》2010年第6期)、《翻译理论素养的培育与翻译理论类教材的编写》(许钧、高方,《外语与外语教学》2010年第6期)、《现状、问题与建议——关于中国文学走出去的思考》(高方、许钧,《中国翻译》2010年第6期)、《又见勒克莱齐奥》(《跨文化对话》第25辑)等论文及文章。3月,译著《沙漠》(许钧、钱林森译)由人民文学出版社出版;7月,译著《名士风流》修订版由上海译文出版社出版;7月,译著《不能承受的生命之轻》百万纪念版由上海译文出版社出版;8月,译著《一只狮子在巴黎》由南京大学出版社出版。作为第一主持人主持国家社科基金重大项目“新中国外国文学研究60年”子课题项目“新中国60年外国文学翻译考察与分析”。

1月,应邀参加上海交通大学主办的《当代外语研究》新刊发布暨第一届编委会,受聘为北京师范大学兼职教授,参加了该校组织的聘任仪式,作了题为《翻译与翻译研究》的学术报告,赴北京参加了中国翻译协会常务会长会议,主管协会翻译研究与教育工作;1月至2月,参加了江苏省作家协会第七次代表大会,并当选江苏省作家协会副主席;3月,参加了全国翻译硕士专业学位教育指导委员会年会,并在大会上作了总结报告,参加了教育部全国高校外语专业教学指导委员会会议,参加了全国省级学位委员会办公室主任暨全国研究生院院长联席会议;4月,被聘为新成立的“国际生态翻译学研究会”第一届顾问委员会主席,共同担任委员会主席的有丹麦哥本哈根大学 Cay Dollerup 教授。美国著名翻译理论家 Edwin Gentzler、国际译联主席 Marion Jean Boers、香港浸会大学谭载喜教授、广东外语外贸大学仲伟合教授等受聘担任顾问委员会成员。应聘出任国务院学位委员会第六届外国语言文学学科评议组召集人，6 月，赴北京参加了国务院学位委员会第六届学科评议组召集人会议及国务院学位委员会第六届外国语言文学学科评议组会议；7 月，被聘为东南大学兼职教授；7 月，为中国翻译协会与教育部翻译专业硕士学位教育指导委员会举办的“全国高校翻译师资培训班”的全体学员作了题为《全球化语境下的翻译研究》的学术报告，并代表主办方在闭幕式上作了总结报告；8 月，应邀参加了中国作家协会举办的汉学家文学翻译国际研讨会，并作了题为《我看法国文学在中国的译介》的大会发言；9 月，应邀参加了韩国文学翻译院主办的“全球化语境下中韩当代文学的交流与互动”南京论坛，并作了题为《全球化语境下中外文学的译介与交流》的大会主旨报告；9 月，应邀赴上海参加了教育部社会科学委员会语言文学、新闻传播学和艺术学学部 2010 年度工作会议暨学术研讨会；9 月，参加了中国翻译协会翻译理论与教学委员会、教育部翻译硕士专业学位教育指导委员会和中国比较文学学会翻译研究会主办，哈尔滨师范大学承办的“翻译专业教学理念与翻译教材编写”研讨会，在开幕式上讲话并作了题为《翻译理论素养与翻译理论类教材编写的思考》的主旨报告；10 月，应邀赴北京外国语大学作了题为《文化的多样性与翻译的使命》的学术报告，被北京外国语大学聘为兼职教授；12 月，受聘成为上海外国语大学学科建设顾问。

2011 年，57 岁

发表《理论意识与理论建设——〈红与黑〉汉译讨论的意义》（《外语教学理论与实践》，2011 年第 2 期）、《傅雷译作的文化意义》（《外语教学与研究》，2011 年第 43 卷第 3 期）、《带读者走到更远的地方》（许钧、勒克莱齐奥，《中国新闻周刊》2011 年第 33 期）等论文及文章。1 月，译著《关于电视》由南京大学出版社出版；4 月，主编《傅雷的精神世界及其时代意义——“傅雷与翻译”国际学术研讨会论文集》，由中西书局出版；4 月，《追忆似水年华》（卷四）由台湾联经出版事业股份有限公司出版。“多元化拔尖外语人才培养模式的研究与实践”（许钧、刘成富主持）入选江苏省教改项目。荣获 2011 年度宝钢优秀教师特等奖、江苏省高等院校教学名师奖。专著《20 世纪法国文学在中国的翻译与接受》获江苏省第十一届哲学社会科学优秀成果奖一等奖；主编的教材《法汉翻译教程》（许钧　曹丹红　杭零编著）被评为教育部 2011 年普通高等教育精品教材，该教材曾入选普通高等教育“十一五”国家级规划教材。

1月，赴北京参加了中国翻译协会常务会长会议暨中国翻译协会第六届第三次常务理事会；3月，受聘担任浙江大学兼职教授，在受聘仪式上为浙江大学外国语学院的师生作了题为《理论意识与理论建设——关于翻译研究》的学术报告，3月，参加了国务院学位委员会办公室召开的2011年省级学位委员会工作会议暨研究生院长联席会扩大会议，主持了分组讨论；3月，参加了全国翻译专业学位研究生教育指导委员会主任和全国翻译专业学位研究生教育指导委员会扩大会议，在会上作了有关培养大纲、考试大纲和教材建设的报告和会议总结报告；3月，参加了国务院学位委员会第六届学科评议组外国语言文学学科评议组会议；4月，赴长沙参加了"全国首届翻译批评学术研讨会"，作了题为《理论意识与理论建设》的主旨报告；5月，参加了"傅雷家书与傅雷精神暨上海浦东傅雷文化研究中心成立大会"，作了题为《傅雷的文化意义》的主旨报告，并应邀担任上海浦东傅雷文化研究中心顾问；5月，邀请加拿大蒙特利尔大学教授、*META*杂志主编旺达尔教授来南京大学访问，并主持了她的学术报告会；8月，与2008年诺贝尔文学奖得主勒克莱齐奥、著名作家毕飞宇在上海书展进行了对话，陪同勒克莱齐奥先生在上海书展进行了《都市中的作家》主题演讲并主持了演讲会；8月，主持了勒克莱齐奥先生在南京大学举行的公开演讲会；11月，参加了浙江大学主办的人文学术文献翻译与传播国际研讨会，作了题为《关于人文学术文献译介的几点看法》的报告；11月，参加了中国作家协会第八次全国代表大会；11月，参加了华东师范大学主办的"全球化语境下的翻译与翻译教学国际学术研讨会"，作了题为《翻译研究之用及其出路》的主旨报告。

2012年，58岁

发表《翻译研究之用及其可能的出路》(《中国翻译》2012年第1期)、《2011年出版的翻译图书印象》(《中国图书评论》2012年第2期)、《试论翻译的隐喻性》(曹丹红、许钧，《中国外语》2012年第1期)、《何为家？何为家人？》(《扬子江评论》2012年第3期)、《从国家文化发展的角度谈谈翻译研究和学科建设问题》(《中国翻译》2012年第4期)、《法国文学与文学翻译》(《解放日报》2012年2月12日)、《好作者＋好译者＝历史奇遇》(《新华日报》2012年6月6日)等论文及文章。6月，译著《追忆似水年华》(卷四)由译林出版社再版；12月，译著《海上劳工》由译林出版社再版；12月，《文字·文学·文化——〈红与黑〉汉译研究》

（增订本）由译林出版社出版。12月，在于北京举行的“全国翻译工作座谈会暨中国翻译协会成立30周年纪念大会”上荣获“翻译事业特别贡献奖”，为中国翻译研究和教育界获此荣誉的两位学者之一。

2013年，59岁

发表《翻译与创作——许钧教授谈莫言获奖及其作品的翻译》（许方、许钧，《小说评论》，2013年第2期）、《傅雷文学翻译的精神与艺术追求——以〈都尔的本堂神甫〉翻译手稿为例》（许钧、宋学智，《外语教学与研究》2013年第5期）、《我看中国现当代文学在法国的译介》（《中国外语》2013年第5期）、《试论傅雷翻译的影响》（许钧、沈珂，《外语与外语教学》，2013年第6期）等论文及文章。7月，译著《不能承受的生命之轻》新版由上海译文出版社出版；专著《20世纪法国文学在中国的译介与接受》被列入江苏省社科基金学术外译项目；主编的《翻译学概论》（许钧　穆雷）获第六届中国高校人文社会科学优秀成果奖二等奖；11月，获首届“南京大学人文研究贡献奖”。5月，在教育部成立的2013—2017年教育部高等学校教学指导委员会中担任外国语言文学类专业教学指导委员会法语专业教学指导分委员会副主任委员。5月11日，赴华东师范大学参加了“戈宝权先生纪念会”；10月，主持了法国著名作家、2008年诺贝尔文学奖得主勒克莱齐奥先生与南京大学外国语学院法语系师生的对话交流活动；10月11—12日，由南京大学和法兰西公学院、法国奥尔良大学主办，外国语学院法语系承办的“索绪尔逝世一百周年纪念暨索绪尔语言学思想国际学术研讨会”在南京大学成功召开，任研讨会学术委员会双主席之一；10月30日主持勒克莱齐奥先生与南京大学法语系师生交流会；11月22—25日陪同勒克莱齐奥先生赴泰州地区访问《水浒传》作者施耐庵故乡和毕飞宇的家乡；赴淮安访问了《西游记》作者吴承恩的故乡；11月28—30日与勒克莱齐奥访问武汉大学，参加武汉大学建校110周年纪念活动，勒克莱齐奥发表了《书籍：探索之舟》演讲；12月1—2日与勒克莱齐奥先生访问广东外语外贸大学，勒克莱齐奥发表了题为《困境时代的作家》的演讲。

2014年，60岁

发表《矻矻经年　自成一格——〈译者行为批评：理论框架〉与〈译者行为批评：路径探索〉序》（《山东外语教学》2014年第1期）、《高校青年外语教师如何自我定位与发展——南京大学许钧教授访谈录》（黄新炎、许钧，《上海翻译》2014年第1期）《关于加强中译外研究的几点思考——许钧教授访谈录》(许方、许钧,《中国翻译》2014 年第 1 期)、《翻译的使命与翻译学科建设——许钧教授访谈》(许钧、曹丹红,《南京社会科学》2014 年第 2 期)、《科学研究、问题意识与研究方法——许钧教授访谈录》(祝一舒、许钧,《山东外语教学》2014 年第 3 期)、《直面历史 关注现实——关于新时期翻译研究的两点建议》(许钧,《外国语》2014 年第 3 期)、《文学翻译模式与中国文学对外译介——关于葛浩文的翻译》(刘云虹、许钧,《外国语》2014 年第 3 期)、《面向中西交流的翻译史研究》(许多、许钧,《解放军外国语学院学报》2014 年第 5 期)、《"忠实于原文"还是"连译带改"》(《人民日报》2014 年 8 月 8 日)、《关于目前我国宗教经典翻译研究的几点思考》(《宗教经典汉译研究》序,社会科学文献出版社,2013 年 8 月)等论文及文章。3 月,译著《贝姨》(译文名著精选版)由上海译文出版社出版;译著《不能承受的生命之轻》新版由上海译文出版社出版,译著《无知》新版由上海译文出版社出版;5 月,专著《从翻译出发——翻译与翻译研究》由复旦大学出版社出版,专著《翻译论》增订本由译林出版社出版。9 月,参与的"以研究性课程建设为抓手,构建研究型外语专业教学体系"教改项目荣获 2014 年高等教育国家级教学成果奖二等奖;12 月,"跨学科、前沿性、国际化——学术学位博士研究生培养模式的新探索"(许钧、吕健、卞清、朱俊杰、吴晓曼)获全国研究生教育成果奖二等奖。在中法建交 50 年之际,中央电视台拍摄了专题片《许钧:文学大师的翻译家》,在中央电视台法语频道与法国国家电视 5 台播出,160 余个国家与地区的电视观众可以收看到此节目。

4 月 12 日,参加在南京举办的语言服务产业发展论坛,做了题为《关于语言服务产业发展的几个问题》的主旨报告;4 月 18—20 日,赴江苏大学参加了《外语教学与研究》编辑部主办的外语学科发展论坛,做了题为《科研意识与研究方法》的主题报告;4 月 20—22 日,参加了华东师范大学主办的"文学对外译介国际学术研讨会",任大会学术委员会主任,做了题为《文学翻译模式与中国文学对外译介》的大会报告;6 月 13—16 日,参加了宁波大学主办的翻译研究新视野国际学术研讨会,做了题为《多元文化语境下的翻译研究》的主题报告;7 月 23—25 日,参加中国翻译协会主办的中国翻译研究研讨班,做了题为《翻译研究大视野》的学术讲座;8 月 15—18 日,赴西安参加了西安市政府与陕西卫视主办的莫言与勒克莱齐奥"丝绸之路"对话;10 月 15 日,主持勒克莱齐奥先生在南京大学开设的通识课《艺术的互动——文学经典与电影改编》开讲仪式；10 月 19 日，作为点评嘉宾，参加了南京法语联盟主办的勒克莱齐奥、毕飞宇与尼米埃的文学对话；11 月 7—9 日，主持召开了在福州大学举办的翻译学术研讨会，做了题为《论译者的立场、选择与原则》的大会报告；11 月 27—29 日，赴华东师范大学参加了"杜拉斯国际学术研讨会"，担任大会学术委员会主席，做了研讨会总结报告；11 月底，在南京大学外国语学院与 2008 年诺贝尔文学奖获得者、南京大学人文社会科学高级研究院"杰出驻院学者"勒克莱奇奥进行了主题为《教育与人生》的对话；12 月 4—7 日，赴丽江参加了丽江市政府与《大家》编辑部主办的文学研讨会，勒克莱齐奥做了演讲，本人做了题为《中国文学对外译介的现状与问题》的演讲；12 月 11 日，参加浙江大学外国语学院主办的外语学科高层论坛，做了题为《新时期翻译研究》的大会报告；12 月 16—18 日，赴山东大学访问，参加了莫言与勒克莱齐奥关于文学与人生的对话，并访问了莫言的家乡。12 月，应聘担任中文学术图书索引指导委员会外国语言文学学科专家组召集人。3 月，指导的法语专业施雪莹同学的本科论文获江苏省优秀毕业设计（论文）一等奖。

2015 年，61 岁

发表《文字　文学　文化　思想——南京大学许钧教授访谈录》（黄新炎、许钧，《学位与研究生教育》2015 年第 2 期）、《关于新时期翻译与翻译问题的思考》（《中国翻译》2015 年第 2 期）、《中华文化典籍的对外译介与传播——关于〈大中华文库〉的评价与思考》（许多、许钧，《外语教学理论与实践》2015 年第 3 期）、《从"译中求异"到"异中求译"——安托万·贝尔曼〈异的考验：德国浪漫主义时代的文化与翻译〉解析》（李露露、许钧，《中国外语》2015 年第 3 期）、《关于文学与文学翻译——莫言访谈录》（许钧、莫言，《外语教学与研究》2015 年第 4 期）、《译入与译出：困惑、问题与思考》（《中国图书评论》2015 年第 4 期）、《中国文化价值观与中华文化典籍外译》（周新凯、许钧，《外语与外语教学》2015 年第 5 期）、《教育与人生——勒克莱齐奥和许钧对话录》（许钧、勒克莱齐奥，《南京社会科学》2015 年第 6 期）、《中西古今关系之变下的翻译思考》（《中国外语》2015 年第 6 期）等论文及文章。6 月，译著《贝姨》、《邦斯舅舅》由上海三联书店出版；7 月，专著《历史的奇遇——文学翻译论》由南京大学出版社出版；编著《翻译批评研究之路——问题、方法与途径》(刘云虹、许钧主编)由南京大学出版社出版;10月,著作《外国文学译介研究》(《新中国60年外国文学翻译之考察与分析》卷五,谢天振、许钧主编)由北京大学出版社出版;10月,《推石上山者——〈柳鸣九文集〉评论集》王文融、许钧、许渊冲、罗新璋等著,海天出版社出版。2月,被浙江大学聘为浙江大学求是讲座教授;4月,国务院学位委员会下文,被聘为国务院学位委员会第七届外国语言文学学科评议组召集人;4月19至21日,参加中国翻译协会第七届代表大会,在中国翻译协会第七届理事会第一次会议的选举中当选中国译协第七届理事会常务副会长;6月,被江苏省委、省政府授予"江苏社科名家"称号。4月,参加全国翻译专业学位研究生教育年会,做大会总结报告;5月,应上海市教委邀请,担任上海高峰学科外语学科评审专家组组长,主持上海外国语大学申报上海市高峰学科的项目评审会;9月7日,赴北京出席《柳鸣九文集》(15卷)发布会,做了题为《朴素的存在与真性的光芒》的发言;10月19—21日,赴吉林华桥外国语学院参加职业化时代翻译的重新定义与定位高层论坛,任大会学术委员会主任,致大会开幕词;10月16—18日,应邀访问北京师范大学国际写作中心,主持了勒克莱齐奥与余华的文学对话会,参与了莫言主持的勒克莱齐奥关于文学创作的演讲会;10月25—26日,参加了北京大学主办的北京大学博雅人文论坛,做了题为《圣埃克絮佩里的双重形象与在中国的解读》的演讲;11月,应聘担任华中科技大学国际写作中心驻院学者,11月9日,在华中科技大学做了题为:《文学与翻译——从〈不能承受的生命之轻〉谈起》的演讲;11月10日,在武汉与勒克莱齐奥就文学问题进行对话,11月14日,在湖北省图书馆的"长江讲坛"做了题为《翻译,是历史的奇遇——我译法国文学》的演讲。

后 记

2013年，江苏省委、省政府表彰了首届10位“江苏社科名家”，在省内外产生广泛影响。为彰显江苏社科强省建设成效，打造江苏社科名家的整体形象，发挥社科名家的学术引领示范作用，江苏省委宣传部、省社科联决定编纂出版《江苏社科名家文库》（以下简称《文库》），集中展现社科名家的学术成就和治学经验。2015年6月《文库》（第一辑）问世后，受到广泛好评，《新华日报》曾辟专版予以宣传、推介。

2015年，江苏省委、省政府表彰了第二届“江苏社科名家”，他们是：许钧、刘志彪、杨亦鸣、张异宾、张颢瀚、周晓虹、赵曙明、钟甫宁、莫砺锋和樊和平共10位专家。经请示省委宣传部同意，省社科联正式启动《文库》（第二辑），编纂工作历时一年。省委常委、副省长杨岳，省委常委、宣传部长王燕文担任《文库》编委会主任；省委宣传部常务副部长周琪，省社科联党组书记、常务副主席刘德海，凤凰出版传媒集团董事长张建康担任《文库》编委会副主任；江苏省社科联党组副书记、副主席汪兴国，省社科联党组成员、副主席徐之顺，凤凰出版传媒股份有限公司总编辑佘江涛，省委宣传部理论处处长李扬，江苏人民出版社总经理徐海担任编委会委员。编委会下设编辑部，徐之顺兼任编辑部主任，省社科联学会部负责编辑部的具体工作。

第二辑《文库》的编纂方针、装帧设计等与第一辑基本一致。江苏人民出版社将第二辑《文库》编纂工作列入了2016年度重点出版项目计划。徐海总经理负责牵头协调，韩鑫总经理助理协助，第四编辑室投入了精干的编辑力量，编辑室主任张凉具体组织实施书稿的编校工作。

《文库》(第二辑)的作者均在岗在职，公务繁忙，但他们克服种种困难，严谨细致撰稿，并按规定时间高质量地完成书稿，为《文库》如期出版付出了辛勤努力。双传学(新华日报社总编辑、党委副书记)、刘德海、汪兴国、徐之顺、李扬等同志参加了书稿的统稿工作。李扬以及省社科联学会部程彩霞、夏东荣、何国军、鱼雪萍等同志承担了《文库》(第二辑)编纂出版的组织联络工作。

《文库》(第二辑)编纂出版工作还得到南京大学、江苏省社科院等作者所在单位的大力支持，相关单位为作者配备学术助手，为编纂工作顺利推进提供了条件。在此，谨对各有关单位领导和各位专家、学者表示由衷的感谢！

由于水平和时间所限，书中难免疏漏和不当之处，恳请广大读者予以指正。

《江苏社科名家文库》编委会

2017 年 1 月 10 日

图书在版编目(CIP)数据

江苏社科名家文库. 许钧卷 / 许钧著. -- 南京 : 江苏人民出版社, 2016.6

ISBN 978-7-214-18294-4

Ⅰ. ①江… Ⅱ. ①许… Ⅲ. ①社会科学—文集②翻译学—文集 Ⅳ. ①C53②H059-53

中国版本图书馆 CIP 数据核字(2016)第 119282 号

书　　名	江苏社科名家文库·许钧卷
著　　者	许　钧
责任编辑	周晓阳
责任监制	王列丹
出版发行	凤凰出版传媒股份有限公司 江苏人民出版社 江苏凤凰美术出版社
出版社地址	南京市湖南路 1 号 A 楼,邮编:210009
出版社网址	http://www.jspph.com
经　　销	凤凰出版传媒股份有限公司
照　　排	江苏凤凰制版有限公司
印　　刷	江苏凤凰通达印刷有限公司
开　　本	718 毫米×1 000 毫米　1/16
印　　张	22.75　插页 4
字　　数	300 千字
版　　次	2017 年 1 月第 1 版　2017 年 1 月第 1 次印刷
标准书号	ISBN 978-7-214-18294-4
定　　价	56.00 元

(江苏人民出版社图书凡印装错误可向承印厂调换)